Agile Arbeit rechtssicher gestalten

Britta Redmann

Agile Arbeit rechtssicher gestalten

Leitfaden für die unternehmerische Praxis

1. Auflage

Haufe Group
Freiburg · München · Stuttgart

Bibliografische Information der Deutschen Nationalbibliothek

Die Deutsche Nationalbibliothek verzeichnet diese Publikation in der Deutschen Nationalbibliografie; detaillierte bibliografische Daten sind im Internet über http://dnb.dnb.de abrufbar.

Print: ISBN 978-3-648-13594-5 Bestell-Nr. 14123-0001
ePub: ISBN 978-3-648-13595-2 Bestell-Nr. 14123-0100
ePDF: ISBN 978-3-648-13596-9 Bestell-Nr. 14123-0150

Britta Redmann
Agile Arbeit rechtssicher gestalten
1. Auflage, 2019

www.haufe.de
info@haufe.de

Bildnachweis (Cover): shutterstock.com

Produktmanagement: Anne Rathgeber
Lektorat: Decorum Fachlektorat, Doreen Ludwig

Inhaltsverzeichnis

#Agiles Intro

Dieses Buch ist ein »agiles« Buch – nicht nur des Inhalts wegen, sondern auch, weil es juristischen Input mit praktischen Erfahrungen vernetzt. Es geht um die Verknüpfung des »agilen Gedankens« mit der anzustrebenden rechtlichen Konformität. Im Mittelpunkt steht dabei immer das Interesse des Lesers.

In drei sich gegenseitig ergänzenden Teilen werden Nutzen, Hintergründe, praktische und theoretische Aspekte sowie die rechtlichen Rahmenbedingungen von agilem Arbeiten im Unternehmen beleuchtet. Dies alles soll zu einem weitreichenden Überblick über die Einsatzmöglichkeiten und Chancen von Agilität in Unternehmen führen, anregende Impulsen geben und Sie für den Unternehmensalltag rüsten, um agiles Arbeiten rechtssicher und damit nachhaltig erfolgreich umzusetzen. Gleichzeitig soll durch die persönlichen Erfahrungen von Betriebspraktikern als auch wesentliche Mustervereinbarungen eine anschauliche Verlinkung zum »wahren Leben« stattfinden.

Ganz im Sinne einer agilen Orientierung gibt es für die Lektüre dieses Buches keine vorgeschriebene Reihenfolge, sondern Sie, liebe Leserin, lieber Leser, entscheiden nach Ihrem individuellen Bedürfnis, welche Kapitel Sie in welcher Reihenfolge lesen wollen. Agil eben!

Danke ...

... sagen möchte ich an dieser Stelle insbesondere meinen Interviewpartnern, die mich zu vielen Themen inspiriert haben und ohne die Teil 3 dieses Buches nicht hätte entstehen können:

Prof. Dr. Gunther Olesch, Miriam Schilling, Karl-Heinz Reitz, Frank Schlesinger, Stefan Lange, Dan Schwarzlmüller, Nils Fuhrmann, Jasper Grote, Thu Pakasathanan, Matthias Schultze, Karl-Heinz Hageni, Dr. Wolf Wehner, Sudan Jackson, Dr. Ralf Gräßler, Prof. Dr. Sarah Hatfield, Dr. Winfried Felser, Prof. Dr. Stephan Fischer, Dr. Frank Edelkraut und Sandra Bierod-Bähre.

Britta Redmann

Köln, im November 2019

Teil 1: Bedeutung von Agilität in der Arbeitswelt

1 Die Not der Veränderung

1.1 Wer ist agil?

In der Öffentlichkeit mehren sich die Nachrichten darüber, welche »großen« Unternehmen schon agil arbeiten. **Daimler** verkündete[1], dass seine Mitarbeiter bald vom Schwimmbad aus arbeiten können, und knüpft hier an eine Rede des Vorstandsvorsitzenden Dr. Dieter Zetsche an, in der es um den Aufbau einer neuen Arbeitskultur und neuer Arbeitsweisen geht.[2] **Siemens, Philips** und **Microsoft** – beispielhaft genannt – haben sich für Bürokonzepte entschieden, die feste, altbewährte Arbeitsplätze auflösen: Wer morgens ins Büro kommt, geht nicht an seinen festen Schreibtisch, sondern sucht sich den Platz seiner Wahl. Hier wird der Schreibtisch nicht mehr als individueller Platz gesehen, sondern wird auf das Wesentlichste beschränkt, denn in erster Linie zählt das Know-how. [3] Die **Deutsche Telekom** hat mit ver.di einen eigenen Tarifvertrag zum mobilen Arbeiten abgeschlossen.[4] **Trumpf** steigt auf eine »agile Jahresarbeitszeit« um, um mehr Flexibilität zu schaffen.[5] **Weleda** vernetzt die Kommunikation und Zusammenarbeit von Mitarbeitern durch eine soziale Plattform.[6] **Adidas** berichtet von einer agilen Führung.[7] **Continental** vernetzt sich seit Jahren über ein internationales Guide-Konzept und schafft neue Formen der kollaborativen Zusammenarbeit.[8] **Klöckner & Co** will traditionelle Geschäftsprozesse aufbrechen und mit einem eigenen Start-up in Berlin mit einer Serviceplattform zu »Amazon des Stahlhandels« werden.[9] **Bosch** setzt mit agiler Produktentwicklung auf Erfolg und will »noch besser als zuvor auf neue Anforderungen seiner Kunden und zunehmend volatile Märkte eingehen«.[10]

---

1 www.faz.net/aktuell/wirtschaft/daimler-mitarbeiter-koennen-bald -im-schwimmbad-arbeiten-14361724.html.

2 https://www.daimler.com/dokumente/investoren/hauptversammlung/daimler-ir-hv-redezetsche-2016.pdf.

3 http://www.manager-magazin.de/unternehmen/it/neue-microsoft-zentrale-in-schwabing-clean-desks-fuer-nomaden-a-1114368.html.

4 https://www.welt.de/newsticker/news2/article158171180/Deutsche-Telekom-und-Verdi-schliessen-Tarifvertrag-fuer-mobiles-Arbeiten.html.

5 http://www.faz.net/aktuell/beruf-chance/arbeitswelt/mehr-flexibilitaet-trumpf-steigt-auf-die-jahresarbeitszeit-um-14426488.html.

6 http://www.faz.net/aktuell/beruf-chance/arbeitswelt/wirtschaftlich-digitale-evolution-der-konzerne-14430812.html; http://www.it-zoom.de/it-mittelstand/e/mitarbeiterportal-mit-sozialem-netzwerk-sorgt-fuer-bessere-kommunikation-12557/; http://www.cancom.info/2015/10/weleda-verbessert-teamwork-mit-social-tool-yammer/.

7 http://www.humancapitalclub.de/aktuelle-informationen/auf-dem-weg-zur-agilitaet.html.

8 http://www.cio.de/a/continental-die-interne-kulturrevolution,2913747,3.

9 http://www.harvardbusinessmanager.de/blogs/stahl-kloeckner-ruehl-strategie-porter-wettbewerb-a-1125661.html; http://www.derwesten.de/wirtschaft/kloeckner-co-will-der-amazon-des-stahlhandels-werden-id11626161.html; https://www.welt.de/wirtschaft/article138116657/Stahlhaendler-Kloeckner-Co-entdeckt-das-Internet.html; http://www.kloeckner-i.com/.

10 http://www.bosch-presse.de/pressportal/de/mit-agiler-produktentwicklung-schnell-zum-erfolg-42983.html.

Fast wöchentlich finden wir neue Berichte von bekannten Unternehmen zu neuen oder agilen Arbeitsweisen, die dabei unterstützen sollen, den aktuellen und zukünftigen Herausforderungen erfolgreich zu begegnen.[11] Hierbei kristallisieren sich für agiles Arbeiten bestimmte Indikatoren heraus:

- Auflösung starrer Arbeitsorte
- Schaffung neuer (Arbeits-)Räume
- variable Gestaltung von Arbeitszeiten
- Organisationen als Netzwerke
- bestimmte Arbeitsweisen (Scrum, Design Thinking, Barcamps)
- ein erweitertes Performance-Verständnis.

Diese Merkmale lassen anhand der in der Presse veröffentlichten Beschreibungen darauf schließen, dass dadurch agiles Arbeiten entsteht oder gefördert werden kann. Des Weiteren scheinen dies Modelle zu sein, mit denen heutige Herausforderungen und Anforderungen an Arbeit erfüllt werden können. Die einzig richtige Lösung für Unternehmen oder den einzig richtigen Weg zur Agilität gibt es derzeit nicht.[12] Unternehmen sind daher stärker als bisher gefordert, Spielräume für sich zu schaffen bzw. diese zu nutzen. Dies bedeutet, sich in dem bisherigen rechtsverbindlichen Rahmen zu bewegen und lösungsorientiert das eigene Unternehmen durch agile Konzepte für die Zukunft fit zu machen.

Doch was bedeutet es für Unternehmen, zukunftsfähig zu sein, und warum werden so viele agil?

Wir leben derzeit alle in einem Prozess der Veränderung. Verschiedene Einflüsse wirken auf uns persönlich und unsere Gesellschaft ein. Ein wesentlicher Treiber hierfür ist der rasante Wandel der Technologie.

11 Fischer/Weber/Zimmermann, Was ist Agilität und welche Vorteile bringt eine agile Organisation? Personalmagazin 4/2017; IG Metall (Hrsg.), digital DL, Agiles Arbeiten gestalten, 2018; http://assets.kienbaum.com/downloads/Change-Management-Studie-Kienbaum-Studie-2014-2015.pdf?mtime=20160810120630.

12 So auch das Fazit der Expertengruppe des Bundesministeriums für Arbeit und Soziales in ihren Handlungsempfehlungen zur digitalen Arbeit: http://www.bmas.de/SharedDocs/Downloads/DE/PDF-Pressemitteilungen/2016/bericht-plattform-digitale-arbeitswelt.pdf;jsessionid=737705B0EE1B50B2932BAB12ECBEDD3F?__blob=publicationFile&v=3.

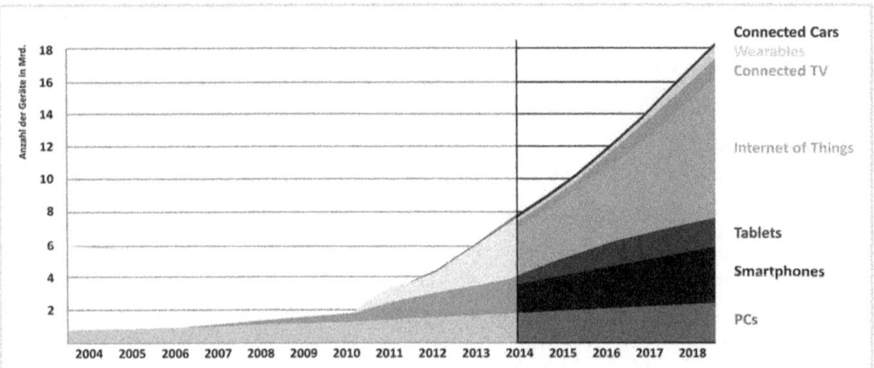

Abb. 1: Zeitliche Entwicklung des technischen Fortschritts (Quelle: BI Intelligence Estimates, Februar 2014)

Brauchte das Festnetztelefon über 100 Jahre[13], um sich in allen Haushalten zu etablieren, waren das Internet mit rund 30 Jahren[14] und das Handy mit ca. 20 Jahren schon erheblich schneller, um sich in allen Haushalten und in unserem Alltag zu integrieren. Haben sich PCs, Smartphones und auch Tablets z.B. in den letzten 20 Jahren eher in einem moderaten Tempo als auch in der Nutzung konstant weiterentwickelt, so unterliegen vernetzte Systeme – unter dem Begriff »Internet der Dinge« bzw. IOT bekannt[15] – einer Entwicklungsgeschwindigkeit von zwei Jahren. Und wenn wir uns »wearables«[16] oder sogar die selbstfahrenden Autos anschauen, dann stellen wir fest, dass sich hier in immer kürzerer Zeit sogar die Anzahl der IOT-Geräte teilweise mehr als verdoppelt hat. Das heißt: Neue Technik verändert sich wesentlich schneller und gewinnt noch schneller an Marktpräsenz, als wir das bisher kannten und gewohnt waren. Dieses Phänomen scheint sich weiter zu verfestigen.

Und wir können ebenfalls davon ausgehen, dass wir uns zukünftig immer schneller aufgrund dieses Fortschritts verändern werden und auch verändern müssen.

1.2 Auswirkungen des technischen Fortschritts auf die Arbeitswelt

So wie im privaten Umfeld, wandelt sich auch unsere berufliche Umwelt durch Digitalisierung und technischen Fortschritt: Die Digitalisierung ist (langsam) bei uns angekommen. Kaum ein Unternehmen, das dieses Thema nicht auf dem Schirm hat. Geschäftsprozesse

13 https://de.wikipedia.org/wiki/Geschichte_des_Telefonnetzes.

14 https://de.wikipedia.org/wiki/Geschichte_des_Internets.

15 Internet of Things: Der Begriff Internet der Dinge (IdD) (englisch: *Internet of Things* [IoT]) beschreibt, dass der (Personal-)Computer zunehmend als Gerät verschwindet und durch »intelligente Gegenstände« ersetzt wird, https://de.wikipedia.org/wiki/Internet_der_Dinge.

16 Wearable Computing (engl. tragbare Datenverarbeitung) ist das Forschungsgebiet, das sich mit der Entwicklung von tragbaren Computersystemen (Wearable Computer oder kurz Wearables) beschäftigt. Ein Wearable Computer wiederum ist ein Computersystem, das während der Anwendung am Körper des Benutzers befestigt ist, https://de.wikipedia.org/wiki/Wearable_Computing.

werden digitalisiert. Das bedeutet, dass Waren und Services ihre physische Dimension verlieren. Schlüssel, Codes, Kreditkarten, Fotos, Tonträger etc. werden in einer Software oder App abgebildet, sodass sich bislang begrenzende Faktoren, wie Zeit, Ort, Masse oder Gewicht, auflösen.[17] Der Einsatz von Künstlicher Intelligenz (KI) ist keine Utopie mehr, sondern nimmt konkrete Gestalt an. Hier liefern Maschinen jetzt und in weiterer Zukunft aller Voraussicht nach genauere und schnellere Ergebnisse als Menschen.[18] Politik, Wirtschaft und Gesellschaft bewegen sich insoweit in einem dynamischen Spannungsfeld, was unsere Nachrichten uns täglich beweisen. Langfristige Zielplanungen mit konkret terminierten Maßnahmen werden damit für Unternehmen immer schwerer vorhersehbar.

Neue Geschäftsmodelle werden zunehmend entstehen, tradierte Modelle lösen sich auf und verschwinden vom Markt. Daneben wachsen unterschiedliche Branchen zusammen und vernetzen sich.[19] Es können wohl zahlreiche menschliche, oft einfache, aber auch komplexe Verrichtungen zukünftig ersetzt werden.

Märkte und Preise werden immer transparenter und für den Konsumenten direkt vergleichbar. Neue Verkaufswege und Werbekonzepte rütteln jeden satten Markt auf. Der Gedanke der Vernetzung steht immer im Vordergrund. Diese Veränderungen werden einen zunehmenden Einfluss auf unsere Arbeit haben: alle Tätigkeiten, unsere Zusammenarbeit und die Unternehmenskulturen. Menschen werden lernen, agil in ihren Unternehmen zusammenzuarbeiten.

Der Prognos Deutschland Report 2025/2035/2045 führt hier zur Digitalisierung aus:[20]

> »Die Digitalisierung verändert die Lebenswirklichkeit. In der Arbeitswelt verschwinden bestehende Berufe und Tätigkeiten, gleichzeitig entstehen neue Jobs. Von den Veränderungen sind nahezu alle Bereiche betroffen. In Zukunft werden die Beschäftigten weniger Routinearbeiten erledigen müssen. Dafür stehen zunehmend Daten und Algorithmen im Mittelpunkt der Arbeit. Das Zusammenspiel und die Arbeitsteilung zwischen Mensch und Maschine werden neu definiert. Um die Beschäftigungsfähigkeit zu erhalten, ist eine fortgesetzte Weiterbildung erforderlich, gerade auch in digitalisierungsnahen Themenfeldern wie Programmiersprachen, künstlicher Intelligenz, maschinellen Lernen. Ergänzend dazu sind angepasste Inhalte in Schule, Ausbildung und Studium erforderlich.

---

17 https://www.t-systems-mms.com/expertise/archiv/karl-heinz-land-ueber-die-dematerialisierung.html; siehe auch Günther/Böglmüller, Arbeitsrecht 4.0 – Arbeitsrechtliche Herausforderungen in der vierten industriellen Revolution, NZA 2015, 102.

18 Land, Karl-Heinz im Interview: https://www.welt.de/regionales/nrw/article183198920/Alles-was-sich-digitalisieren-laesst-wird-digitalisiert.html; https://www.dfki.de/fileadmin/user_upload/import/9744_171012-KI-Gipfelpapier-online.pdf.

19 Digitale Transformation 2018, Hemmnisse, Fortschritte, Perspektiven, etventure-Studie 2018; Redlich, Moritz, Wulfsberg, Interdisziplinäre Perspektiven zur Zukunft der Wertschöpfung, Springer Gabler 2017.

20 https://www.prognos-deutschlandreport.com/.

> Gleichzeitig erfordert die Digitalisierung neue Qualifikationen. Wichtiger werden Kommunikationsfähigkeit, soziale Kompetenz, Kreativität. ... Die Digitalisierung nimmt auch Einfluss auf die Art und Zusammensetzung der Einkommen. An der Hauptquelle der Einkommenserzielung dürfte sich gleichwohl nicht viel ändern: Nichtselbständige Arbeit bleibt auch in Zukunft die dominierende Einkommensquelle. Die Digitalisierung wird aber zu einer (weiteren) Diversifizierung beitragen. Wenn sich zunehmend Freelancer, Crowdworker und Solo-Selbständige auf dem Arbeitsmarkt ausbreiten, werden Einkünfte unbeständiger. Sie unterliegen stärkeren Schwankungen und kommen häufig aus vielen verschiedenen Quellen.
>
> Für die Wirtschaft stellt die Digitalisierung eine entscheidende Voraussetzung für ein fortgesetztes Wachstum dar.[21] Die digitale Transformation eröffnet den Unternehmen ganz neue Möglichkeiten der Produktivitätssteigerungen oder die Etablierung innovativer Produkte und Leistungen. Sie stellt jedoch auch traditionelle Geschäftsmodelle in Frage und erleichtert neuen Wettbewerbern den Markteinstieg. Einen Vorteil in diesem Transformationsprozess stellen die traditionellen Stärken der deutschen Industrie dar, qualitativ hochwertige Präzisionsmaschinen, Anlagen und Produkte herzustellen. In Kombination mit digitalen Features lassen sich Produktionsverfahren entscheidend verbessern (z. B. Vernetzung) oder revolutionieren (z. B. 3-D-Druck) und bekannten Produkten können völlig neue Eigenschaften verliehen werden.
>
> Darüber hinaus lassen sich zuvor nicht realisierbare Geschäftsmodelle entwickeln. Durch die Verbindung der alten Welt der Mechanik und Elektronik mit der neuen Welt der Bits und Bytes bieten sich denjenigen Unternehmen Chancen, die in beiden Welten zu Hause sind. Oft wird es hierzu Kooperationen bedürfen, mit innovativen Start-ups oder auch mit einem der Internet-Giganten ....«

Diese Entwicklungen wirken auf verschiedene Ebenen unserer Gesellschaft und unserer Arbeitswelt ein. Wir können und müssen davon ausgehen, dass sie uns auch in Zukunft stark prägen werden.

Der Brockhaus von früher und vergleichbare Nachschlagewerke werden durch Google und Wikipedia zunehmend ersetzt. Das Kaufhaus von nebenan wird durch Online-Anbieter 24 Stunden täglich »besuchbar«. Gleichermaßen werden Märkte und Preise immer transparenter und für den Konsumenten direkt vergleichbar. Neue Verkaufswege und Werbekonzepte rütteln einen satten Markt auf. So ist es z. B. in Südkorea möglich, seine Lebensmittel an den U-Bahn-Haltestellen mittels QR-Code zu bestellen. Und mit

21 https://www2.deloitte.com/content/dam/Deloitte/de/Documents/Mittelstand/Deloitte-Erfolgsfaktoren-Mittelstand-Arbeitswelten-2018.pdf.

dem Eintreffen vor der Haustür steht die Lieferung just-in-time bereits vor der Tür. Einkaufen funktioniert damit über das Anzeigen von Fotos – der Supermarkt besteht nur noch »virtuell«.[22] Es bedarf weder Verkaufsstätten noch weiterer Verkäufer. Einkaufen wird zur Dienstleistung, die über ein Netzwerk entsteht, das Produkt und Logistik über eine Plattform verbindet.

Ähnlich sind auch zunehmende Service-Provider, wie z. B. Uber,[23] zu betrachten, die reine Vernetzung von Services anbieten und gar keine eigenen Betriebsmittel – in diesem Fall z. B. Fahrzeuge – vorhalten. Auch hier steht also der Vernetzungsgedanke im Vordergrund und die IT bringt Verkehr und Waren zusammen. Dadurch entstehen ganz neue Geschäftsmodelle, die alteingesessene, herkömmliche Modelle herausfordern, vielleicht noch nicht vom Markt verdrängen, diesen aber zumindest mitbesetzen und bedienen.

Abb. 2: Teilen statt Haben – Unternehmen der »Share Economy« (Quelle: DER SPIEGEL 34/2014)

22 https://mediawandel.wordpress.com/2013/04/25/virtuelle-shops-in-u-bahnen-s-dkorea-machts-vor/.

23 Uber ist ein Online-Vermittlungsdienst für Fahrdienstleistungen des gleichnamigen amerikanischen Unternehmens. Er vermittelt Fahrgäste an Mietwagen mit Fahrer (Eigenbezeichnung *UberX* und *UberBlack*) sowie auch private Fahrer (*UberPop*) mit eigenem Auto. Ferner werden auch reguläre Taxis vermittelt (*UberTaxi*). Die Vermittlung erfolgt über eine Smartphone-App oder eine Website, https://de.wikipedia.org/wiki/Uber_(Unternehmen).

Die zunehmende Technologie in der Welt greift daher notwendigerweise auch in unsere Arbeitswelt ein. Oder besser gesagt: Alle diese technischen Entwicklungen betreffen gleichermaßen unser berufliches Umfeld: Tätigkeiten, Zusammenarbeit, Unternehmensstrukturen und Kulturen verändern sich – und müssen sich verändern.[24]

Auswirkungen von Megatrends auf unsere Arbeitswelt

Neben der Technik beeinflussen zusätzlich weitere gesellschaftliche Megatrends die Erwerbswelt. Ein Megatrend[25] zeichnet sich insbesondere durch folgende drei charakteristische Eigenschaften aus: er ist langfristig, global und durchsetzungsstark.[26] Die bedeutsamsten Megatrends, die uns derzeit beeinflussen sind in Abb. 3 dargestellt.

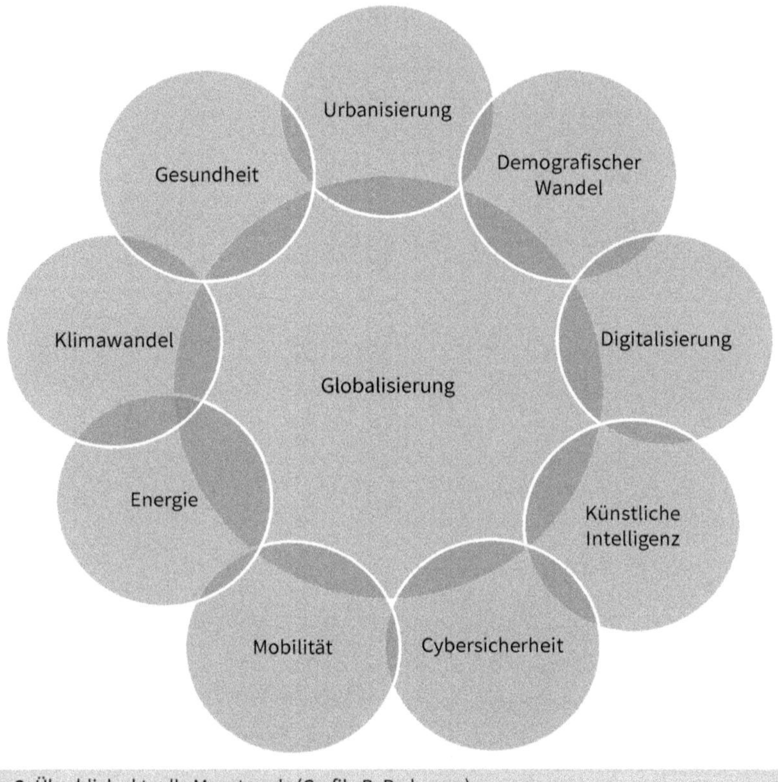

Abb. 3: Überblick aktuelle Megatrends (Grafik: B. Redmann)

24 Siehe auch Beitrag von Prof. Dr. Stephan Fischer in Teil 3, Kapitel 12.3.

25 Siehe hierzu auch http://www.onpulson.de/lexikon/megatrend/.

26 http://de.megatrends.wikia.com/wiki/Megatrend.

Die direkte und indirekte Einflussnahme dieser Megatrends kann sich mit dem technischen Fortschritt wechselseitig verstärken. Durch diese Evolution entstehen neue Formen von Arbeit und ebenfalls neue Ansprüche an Arbeit.[27] Nicht nur unsere Arbeitswelt verändert sich, sondern auch unser Verständnis von Leistung.[28] Unsere ganze Arbeitsgesellschaft befindet sich daher in einem Prozess der Umgestaltung.[29]

Wie wirkt sich diese Entwicklung auf Unternehmen aus?
Empirische Studien haben gezeigt, dass das Überleben von Organisationen von bestimmten Prinzipien abhängt.[30] Danach haben große Organisationen einen Vorteil in Märkten, die sich nur teilweise, eindimensional und ohne Paradigmenwechsel ändern. Man spricht hier auch von einem innovativen Wandel oder einem *Wandel der 1. Ordnung*. Kleinere Organisationen haben einen Vorteil, wenn es sich um mehrdimensionale, vollständige und auch Änderungen mit Paradigmenwechsel in Märkten handelt. Dieser *Wandel der 2. Ordnung* verläuft disruptiv.

Welchen Wandel in der Umwelt gibt es?[31]

Wandel 1. Ordnung (innovativ)	Wandel 2. Ordnung (disruptiv)
Eindimensionaler Markt	Mehrdimensionaler Markt
Teilweise Änderungen: • quantitativer Wandel • Kontinuität, gleiche Richtung • inkrementell • logisch, rational • einzelne Ebenen	Vollständige Änderung: • qualitativer Wandel • Diskontinuität, neue Richtung • revolutionär • vermeintlich irrational • umfasst alle Ebenen
Ohne Paradigmenwechsel: Eine bestehende Technologie, ein Produkt, eine Dienstleistung werden weiterentwickelt.	Mit Paradigmenwechsel: Eine bestehende Technologie, ein Produkt, eine Dienstleistung werden vollständig verdrängt.

Waren es früher also eher die größeren Firmen, welche die kleineren verdrängt haben, sind es heute eher die sich schnell verändernden Unternehmen, die die »langsamen« abhängen. Eine hohe Wandlungs- und Anpassungsfähigkeit sorgt für eine stabile Marktbehauptung. So lässt sich erklären, dass plötzlich Start-ups zum Vorbild von

27 Suckale, Margret, »Chancen nutzen, Mitarbeiter mitnehmen«, S. 14, Chemie Digital, Arbeitswelt 4.0.
28 Thesen zu einem Performance-Management der Zukunft, DGFP, http://static.dgfp.de/assets/publikationen/2015/2015-10-30-PraxisPapierPerformanceManagement.pdf.
29 https://www.bmas.de/SharedDocs/Downloads/DE/PDF-Publikationen-DinA4/gruenbuch-arbeiten-vier-null.pdf?__blob=publicationFile, S. 12 ff.
30 Hannan/Freeman,, »Organizations and Social Structure«, in: Organizational Ecology.
31 Vortrag von Prof. Dr. Stephan Fischer, »Agilität, was ist das, wozu brauchen wir sie und wie bilden wir sie aus?«, HR Agile Conference 13.04.2016, Köln: https://hr-pioneers.com/hrpevent/agile-hr-conference-2016/.

Konzernen werden und dass ferner eine ausgeprägte permanente Veränderungshaltung und -kultur als unternehmerische Lebensart angestrebt werden. In diesem Zusammenhang gestalten Unternehmen ihre Organisationsformen, ihr Wissensmanagement und entwickeln auch bestimmte Werte in ihrer Unternehmenskultur.

1.3 Organisationen im Wandel

Soweit Organisationen ihre »Arbeitsweise« verändern oder umstellen, sind hierfür momentan verschiedene Begrifflichkeiten in aller Munde, wie z. B. Industrie 4.0, New Work oder Arbeiten 4.0. Was verbirgt sich dahinter?

1.3.1 Industrie 4.0

Der Begriff »Industrie 4.0« bezeichnet die vierte Industrielle Revolution: von der Einführung mechanischer Produktionsweisen (Industrie 1.0) zur Akkord- und Fließbandarbeit (Industrie 2.0), schließlich über die Automatisierung (Industrie 3.0) bis hin zur Digitalisierung (Industrie 4.0) und insbesondere der Vernetzung von Prozessen.[32] Im Vordergrund steht die Vernetzung technischer Abläufe und die Unterstützung menschlichen Handelns durch Assistenzsysteme. Der Begriff »Industrie 4.0« steht damit für eine neue Epoche der industriellen Produktion, die geprägt ist von grundlegenden »Veränderungen der Prozesse, Strukturen, Geschäftsmodellen und industriellen Arbeitsbedingungen in der gesamten Wertschöpfungskette eines Unternehmens«.[33]

Im Grünbuch »Arbeiten 4.0« des Bundesministeriums für Arbeit und Soziales (BMAS) wird Industrie 4.0 definiert als »*eine hochautomatisierte und vernetzte industrielle Produktions- und Logistikkette. Dabei verschmelzen virtuelle und reale Prozesse auf der Basis sogenannter cyberphysischer Systeme. Dies ermöglicht eine hocheffiziente und hochflexible Produktion, die Kundenwünsche in Echtzeit integriert und eine Vielzahl von Produktvarianten ermöglicht.*«[34] Es geht also um die Vernetzung von Mensch und Technik.

---

32 https://industrie-wegweiser.de/von-industrie-1-0-bis-4-0-industrie-im-wandel-der-zeit/; https://de.wikipedia.org/wiki/Industrie_4.0.

33 Vassiliadis, Michael, »Industrie- und Arbeitsbeziehungen im digitalen Wandel, Chemie Digital Arbeitswelt 4.0«.

34 https://www.bmas.de/SharedDocs/Downloads/DE/PDF-Publikationen-DinA4/gruenbuch-arbeiten-vier-null.pdf?__blob=publicationFile, S. 15.

Abb. 4: Die vier Stufen der Industriellen Revolution (Quelle: Deutsches Forschungszentrum für Künstliche Intelligenz GmbH [DFKI])

1.3.2 New Work

Das Konzept von New Work und der Begriff wurden schon in den 80er-Jahren des 20. Jahrhunderts von einem amerikanischen Philosophen namens Frithjof Bergmann entwickelt.[35] Das Kernthema seiner Forschung kreiste immer um die Frage: Wie kann der Mensch Freiheit erlangen? Erst im Zusammenhang seiner Forschungen zur Arbeitswelt ist sein New-Work-Konzept entstanden. Danach steht auch hier der Freiheitsgedanke in dem Sinne im Mittelpunkt, dass jeder Arbeitnehmer seine Arbeit möglichst selbst definieren und bestimmen kann. Der Job wird dabei als mehr gesehen denn als reine Erwerbstätigkeit. Im Vordergrund steht die Selbstverwirklichung.[36] Eine klare anerkannte Definition zu New Work gibt es bislang nicht. Jedoch finden sich auch in Deutschland seit einigen Jahren immer mehr Menschen, die eine Neugestaltung der Arbeitswelt im Sinne eines zunehmend eigenverantwortlichen Gestaltungsraums einfordern.[37] Es geht also um Sinnhaftigkeit.

1.3.3 Arbeiten 4.0

Arbeiten 4.0 umfasst mehr als nur die Betrachtung der Industriellen Revolution, und es geht auch um mehr als nur den eigenen Gestaltungsraum von Arbeit. Im Grünbuch des Bundesministeriums für Arbeit und Soziales (BMAS) ist formuliert: »Viel-

35 https://de.wikipedia.org/wiki/New_Work.
36 Bergmann, Frithjof, Neue Arbeit, Neue Kultur, Freiburg, 2005.
37 http://cmueller.de/was-ist-new-work_560__a.html; siehe auch: Laloux, Frederic, Reinventing Organizations – Ein Leitfaden zur Gestaltung sinnstiftender Formen der Zusammenarbeit.

mehr zeigt Arbeiten 4.0 neue Perspektiven und Gestaltungschancen in der Zukunft auf. Der Titel »Arbeiten 4.0« knüpft damit an die aktuelle Diskussion über die vierte Industrielle Revolution (Industrie 4.0) an, rückt aber die Arbeitsformen und Arbeitsverhältnisse ins Zentrum – nicht nur im industriellen Sektor, sondern in der gesamten Arbeitswelt.«[38] So beschrieb die frühere Arbeitsministerin Andrea Nahles Arbeit 4.0 als etwas, das »*die Arbeit der Zukunft in ihrer ganzen Breite und Vielfalt betrifft. Dabei ist der technologisch ermöglichte Wandel nur ein wichtiger Treiber. Eine stille Umwälzung geht von den Menschen selbst aus.*«[39]

Arbeit 4.0 ist also das, was wir meinen, wenn wir von unseren veränderten Arbeitsbedingungen und Arbeitsplätzen von morgen und auch übermorgen sprechen.[40] Es geht damit um die zukünftige Gestaltung von Arbeit.

Allen unterschiedlichen Begrifflichkeiten ist gemein, dass sich Unternehmen mit einer neuen, veränderten Arbeitswelt auseinandersetzen und hier ihre Arbeitsweisen und ggf. auch ihre Organisationsformen unter den gegenwärtigen und zukünftigen Einflüssen neu gestalten müssen. Was verändert sich aber dadurch?

38 https://www.bmas.de/SharedDocs/Downloads/DE/PDF-Publikationen-DinA4/gruenbuch-arbeiten-vier-null.pdf?__blob=publicationFile, S. 32.

39 http://www.bmas.de/SharedDocs/Downloads/DE/PDF-Publikationen-DinA4/gruenbuch-arbeiten-vier-null.pdf?__blob=publicationFile; Nahles, Andrea, Chemie digital – Arbeitswelt 4.0, S. 17, in: Chemie Digital Arbeitswelt 4.0.

40 Siehe auch hierzu: ARBEIT 4.0: Megatrends digitaler Arbeit der Zukunft – 25 Thesen, Ergebnisse eines Projekts von Shareground und der Universität St. Gallen August 2015, https://www.telekom.com/static/-/285820/1/150902-Studie-St.-Gallen-si.

2 Konsequenzen einer veränderten Arbeitswelt

Durch die Veränderungen in der Arbeitswelt verändern sich auch die Ansprüche, die an Arbeitsleistung und Erfolg gestellt werden.[1] Verlangt werden:

- digitalisierte und möglichst gebündelte Arbeitsprozesse
- hohe Markt- und Kundenorientierung
- Informationsmanagement
- Veränderungskompetenz.

Arbeitsprozesse sollen möglichst gebündelt und intelligent gesteuert werden. Auf Veränderungen des Marktes soll umgehend eingegangen werden. Informationen sollen zusammengefügt, begriffen und richtig angewandt werden. Komplexität soll beherrscht werden und Produkte sollen so kundenspezifisch wie möglich entstehen. Der Kundenwunsch soll im besten Fall sofort nach dessen Entstehen umgesetzt werden können. Das erfordert einen engen Austausch mit dem Kunden, sodass der Kunde ggf. sogar Teil des Unternehmenssystems wird. Damit steigt insgesamt auch die Anforderung an die Veränderungskompetenz des Einzelnen und des Unternehmens.

2.1 Auswirkungen auf das Arbeitsumfeld

Diese neuen Einflussfaktoren wirken sich auf unser Arbeitsumfeld aus.[2] Voraussichtlich werden Tätigkeiten mit erhöhter Verantwortung und Steuerungsfunktionen zunehmen,[3] dagegen werden einfache, standardisierte menschliche Tätigkeiten entfallen bzw. durch Assistenzsysteme ersetzt. Die Steuerung von Technik lässt sich wahrscheinlich an verschiedenen Arbeitsorten ausführen und ist nicht an den Ort des technischen Einsatzes gebunden. Somit müssen nicht mehr zwingend bestimmte Arbeitsorte oder bestimmte räumliche Arbeitsplätze vorgehalten werden. Aus dem gleichen Grund lösen sich auch feste Arbeitszeiten auf bzw. müssen viel anpassungsfähiger gestaltet werden.

1 https://www.bmas.de/SharedDocs/Downloads/DE/PDF-Publikationen-DinA4/gruenbuch-arbeiten-vier-null.pdf?__blob=publicationFile, S. 35.

2 FD-ArbR 2016, 384159.

3 Siehe hierzu Expertenkommission Forschung und Innovation (Hrsg.): Informations- und Kommunikationstechnologien in Deutschland und im internationalen Vergleich – Ausgewählte Innovationsindikatoren. Studien zum deutschen Innovationssysteme, Nr. 11, 2014, https://www.e-fi.de/daten-und-informationen/indikatorenstudien/2014/.

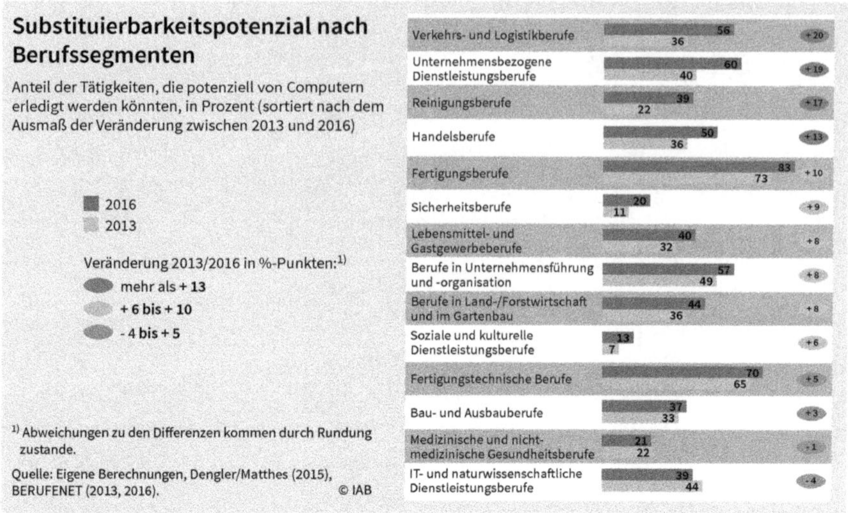

Abb. 5: Substituierbarkeitspotenzial nach Berufssegmenten aus IAB-Kurzbericht 4/2018, Quelle: Dengler/Matthes (2015), BERUFENET (2013, 2016).

Durch digitale Technik und Assistenzsysteme, die den Menschen stärker unterstützen, wird es immer leichter, Arbeit von bestimmten Orten und Zeiten zu entkoppeln. Dies schafft gleichzeitig für Mitarbeiter mehr Raum für ihre privaten Bedürfnisse. Neues Arbeiten schafft somit Freiräume. Auf der anderen Seite ist eine erweiterte und kontinuierliche Qualifikation von Mitarbeitern notwendig, um aktuellen und zukünftigen Veränderungen begegnen zu können. Durch die Aufhebung von typischen »Bindungsmitteln«, wie Arbeitszeit und Präsenz, wird auch die Synergie von Mitarbeitern und der Kultur des jeweiligen Unternehmens an Bedeutung zunehmen. Dies gilt umso mehr für das Erreichen der Unternehmensziele. Es wird darum gehen, Mitarbeiter zu Unternehmenstreue, Verantwortung und Veränderung zu motivieren, auch wenn Führungskräfte, Teams oder Kollegen keine oder immer weniger echte Nähe zu ihnen haben.

KONSEQUENZEN VON NEUER ARBEIT

- Zunahme verantwortlicher Steuerungsfunktionen
- Abnahme standardisierter menschlicher Tätigkeiten
- Auflösung von Arbeitszeit und Arbeitsraum
- Flexibles Anpassen von Arbeitsbedingungen
- Verbindung von Arbeit und privaten Bedürfnissen
- Kontinuierliche Qualifikation von Mitarbeitern
- Gestalten von Beziehungen über verschiedene Kommunikationskanäle

2.2 Neues Leistungsverständnis und Performance-Systeme

Diese neuen Anforderungen an Arbeit wirken sich auf das Verständnis von Leistung aus. Seit Jahrzehnten versuchen sich Unternehmen daran, die Leistung ihrer Mitarbeiter zu messen, zu katalogisieren und zu honorieren. Manager wollen Leistung erhalten oder fördern, indem sie – ihrer Meinung nach – wirksame Anreize bieten. Oft stellt sich die Frage, ob der finanzielle Anreiz letztlich doch der entscheidende ist oder andere Faktoren wirksam oder sogar wirksamer sein können?[4] So besteht das Leistungsmanagement häufig im Wesentlichen in der Festlegung quantitativer und qualitativer Ziele sowie deren Messbarkeit und Kontrolle durch Kennzahlen. Dies hat zur Folge, dass Ziele und Leistungsvorgaben lediglich top-down runtergebrochen werden, Anweisungen anstelle eines »Miteinanders auf Augenhöhe« erfolgen und das alles ohne Rücksichtnahme darauf, dass sich die Arbeitswelt, die Anforderungen und Herausforderungen an Unternehmen und Führung gerade völlig wandeln.[5]

Vor dem Hintergrund der aktuellen Herausforderungen werden diese klassischen, herkömmlichen Leistungssysteme Unternehmen nicht helfen, mit Veränderungen schneller und besser umzugehen; Selbstverantwortung und unternehmerisches Denken und Handeln bei Mitarbeitern zu stärken, generationenübergreifende Zusammenarbeit zu fördern oder Betriebe erfolgreich zu digitalisieren, gelingt nicht per Dekret. Weder traditionelle Zielvereinbarungen noch Beurteilungssysteme noch weitere heute existierende zahlengesteuerte Instrumente[6] werden hier greifen. Leistung ist heute viel mehr als nur das Erreichen von Kennzahlen: Es geht darum, den aktuellen Anforderungen zu entsprechen, sich zukunftsfähig aufzustellen und dabei den gewünschten Erfolg zu generieren. Und: Nicht nur Leistung alleine, sondern auch die Leistungsfähigkeit von Mitarbeitern tragen entscheidend zur Zukunftssicherung von Unternehmen bei. Das gilt für die körperliche Leistungskraft ebenso wie für die Lust auf Innovation und Veränderung. Die Anpassungsfähigkeit eines Unternehmens – und seiner Mitarbeiter – an veränderte Rahmenbedingungen wird zum Wettbewerbsfaktor.[7] Ebenso wird die Verbindlichkeit nicht allein vertraglich hergestellt, sondern sie gründet vornehmlich auf einem gemeinsamen Werteverständnis und damit einer intrinsischen Motivation der Mitarbeiter.

4 Thesen zu einem Performance-Management der Zukunft, DGFP, http://static.dgfp.de/assets/publikationen/2015/2015-10-30-PraxisPapierPerformanceManagement.pdf.

5 Thesen zu einem Performance-Management der Zukunft, DGFP, http://static.dgfp.de/assets/publikationen/2015/2015-10-30-PraxisPapierPerformanceManagement.pdf.

6 Ähnlich Balance ScoreCard, SixSigma, Kaizen, TQM etc.

7 Vgl. Beitrag von Prof. Dr. Stephan Fischer in Teil 3, Kapitel 12.3; Stettes, Oliver, »Digitaler Wandel: keine Bedrohung für betriebliche Mitbestimmung«, IW Köln, 04.11.2016, http://www.iwkoeln.de/studien/iw-kurzberichte/beitrag/oliver-stettes-digitaler-wandel-keine-bedrohung-fuer-betriebliche-mitbestimmung-305366.

Dieses veränderte und erweiterte Verständnis von Leistung vor dem Hintergrund der oben beschriebenen Faktoren führt dazu, dass die klassischen Steuerungssysteme, wie z. B. Zielvereinbarungen, Mitarbeiterjahresgespräche, Leistungsbeurteilungen, nicht mehr ausreichen. Vielmehr bedarf es Verfahren, die umfänglicher sind und die oben genannten Anforderungen unterstützen. Zukünftiges Performance-Management umfasst also nicht nur das Managen von Leistung, sondern insbesondere die Anpassung an Veränderungen und damit die Fähigkeit, mit den Herausforderungen von heute erfolgreich umgehen zu können.

2.3 Erforderliche Führungs- und Mitarbeiterkompetenzen

Damit dieses agile Leistungsverständnis funktioniert und gelebt werden kann, bedarf es bestimmter Kompetenzen und einer Bereitschaft sowohl bei Mitarbeitern als auch bei Führungskräften, sich immer wieder neu auszurichten und anzupassen.[8] Dabei wird es das *eine* einzig richtige Führungsverhalten nicht geben. Führung wird immer vielseitiger, und die Kunst besteht darin, auf unterschiedliche Art und Weise zu führen, je nach Mitarbeiterbedürfnis und nach aktueller Situation. Im aktuellen Umbruch der Arbeitswelt zeichnet sich erfolgreiche Führung dadurch aus, abseits vom Standard und von herkömmlichen Leitfäden zu agieren. Eine Führungskraft in der neuen Arbeitswelt zeichnet sich vielmehr durch Kreativität und Verantwortungsübernahme aus. Sie ist mutig, da es keine ausgetretenen Pfade gibt. Sie muss selbst den eigenen Weg finden, welches Führungsverhalten angemessen und zielführend ist. Eine Führungskraft 4.0 vertraut in ihre Mitarbeiter, kennt deren Bedürfnisse und interessiert sich für sie. Sie teilt Verantwortung und hält Ziele und Erfolge nach. Sie erkennt gemeinsam mit ihren Mitarbeitern, welche Kompetenzen vorhanden sind, entwickelt werden sollten oder auch zu trainieren sind. Die Führungskraft in der neuen Arbeitswelt hat – nach wie vor – keinen einfachen Job, denn es bedarf einer ausgeprägten Fähigkeit und auch Empathie, mit unterschiedlichsten Mitarbeitern individuell zusammenarbeiten zu können. Wer eine solche Führungsaufgabe übernehmen möchte, sollte über eine starke intrinsische Motivation verfügen.[9] Führungskräfte 4.0 sollten sich dafür begeistern, mit verschiedenartigen Menschen etwas gemeinsam zu gestalten. Davon sind sie begeistert und dafür können sie ihre Mitarbeiter begeistern. Präsenz ist nicht mehr allein durch den persönlichen Face-to-face-Kontakt zu gewährleisten. Der Führungskraft von morgen gelingt es vielmehr, Leistung und Kontakt über verschiedene Arten, Kanäle und Medien herzustellen. Sie verfügt auch über eine große Konflikt- bzw. Mediationskompetenz, muss sie doch unterschiedliche Mitarbeitergenerationen (»Digital Natives und

8 Hofert, Das agile Mindset, Springer Gabler, 2018; Stettes, Oliver, »Digitaler Wandel: Keine Bedrohung für betriebliche Mitbestimmung«, IW Köln, 04.11.2016, http://www.iwkoeln.de/studien/iw-kurzberichte/beitrag/oliver-stettes-digitaler-wandel-keine-bedrohung-fuer-betriebliche-mitbestimmung-305366.

9 Vgl. auch Beitrag von Prof. Dr. Stephan Fischer in Teil 3, Kapitel 12.3.

Analog Seniors«) als auch Mitarbeitertypen leistungsstärkend zusammenbringen. Und nicht zu vergessen: Letztendlich ist es die Führungskraft, die entscheidend dazu beiträgt, Mitarbeiter zu mehr Verantwortungsübernahme einzuladen und zu unterstützen und sie kontinuierlich zu qualifizieren bzw. das notwendige Umfeld dafür zu schaffen.[10]

Das alles sind keine neuen Weisheiten – jedoch ist der für eine erfolgreiche Führungskraft 4.0 erforderliche Reifegrad, um diesen Anforderungen gerecht zu werden, wesentlich gestiegen.[11] Will man neues Arbeiten mit Führung fördern und unterstützen, sind diese Kompetenzen wichtiger denn je.

Anforderungen an neue Führungs- und Mitarbeiterkompetenzen

Führungskompetenzen 4.0	Mitarbeiterkompetenzen 4.0
• Gestaltet Beziehungen persönlich und digital	• Hohe Kommunikationsfähigkeit, Empathie
• Transformationskompetenz	• Flexibilitätskompetenz
• Mediationskompetenz	• Kooperationsbereit, lösungsorientiert
• Schafft und fördert Kreativität	• Innovativ
• Vertraut den eigenen Mitarbeitern und teilt Verantwortung	• Denkt und handelt unternehmerisch und verantwortungsbereit
• Stellt Wissensvernetzung her	• Sorgt für eigene Wissenserweiterung – Employability
• Hält Balance zwischen Spielraum und Erfolgskontrolle	• Veränderungsbereit
• Reflektiert	• Reflektiert
• Kollaborationskompetenz	• Kollaborationskompetenz

Und auch der Mitarbeiter 4.0 als Pendant zur Führungskraft 4.0 verfügt im Vergleich zu heute über teils andere, teils erweiterte Fähigkeiten. Er ist bereit, Verantwortung zu übernehmen und vermehrt Entscheidungen selbst zu treffen; dies im Sinne seines Unternehmens, also geprägt von einem eigenverantwortlichen, wirtschaftlichen und nutzbringenden Denken und Handeln.[12] Auch hier ist eine ausgeprägte Reflexionsfähigkeit gefordert. Da der Mitarbeiter in der neuen Arbeitswelt auch nicht permanent an einem festen Arbeitsplatz präsent ist, bedarf es auch bei ihm einer guten Selbststeuerung und ebenfalls einer ausgeprägten Kompetenz, auf unterschiedlichen Kanä-

10 Siehe auch: http://assets.kienbaum.com/downloads/Ergebnisbericht_All-Agile-IT.pdf; Dr. Fischer, Thomas, Chemie digital – Wie ändert sich die Führung, in: Chemie Digital Arbeitswelt 4.0, 2016; Sattelberger, Thomas, Mehr Mut, mehr Kapital, mehr Pioniergeist in Chemie Digital – Arbeitswelt 4.0.

11 Vgl. auch Hofert, Das agile Mindset, Springer Gabler, 2018; Peren, Klaus, https://www.humanresourcesmanager.de/news/agilitaet-wer-braucht-das-eigentlich.html.

12 Siehe auch Hackl/Wagner/Attmer/Baumann, NewWork: Auf dem Weg zur neuen Arbeitswelt, Springer Gabler 2017; Porth, Wilfried, Daimler nutzt die großen Potentiale auch in der Arbeitswelt 4.0, Chemie Digital Arbeitswelt 4.0; vgl. auch Beitrag von Prof. Dr. Stephan Fischer in Teil 3, Kapitel 12.3.

len, mit Teams, Kunden und Kollegen, zu kommunizieren. Kommunikation als starkes Bindeglied erfordert Empathie, da im digitalen Austausch viele nonverbale Einflussfaktoren, wie Stimme, Gestik, Mimik, Tonfall, wegfallen können. Das birgt ein zunehmendes Risiko für Missverständnisse. Der »neue« Mitarbeiter handelt wesentlich selbstbestimmter. Das bedeutet auch, dass er sich stärker um sich und seinen eigenen Wissenserhalt kümmert. Er weiß selbst am besten, wie er sich »fit für morgen« halten kann und damit seinen Aufgaben im Unternehmen gerecht wird. Damit ihm dies auch gelingt, benötigt er ein entsprechendes Umfeld, in dem er sich dieses Wissen aneignen kann und ihm die erforderlichen Ressourcen zur Verfügung gestellt werden.

Eine flexiblere Arbeitsorganisation bringt somit auch einen anderen Qualifikationsbedarf für Unternehmen mit sich.[13]

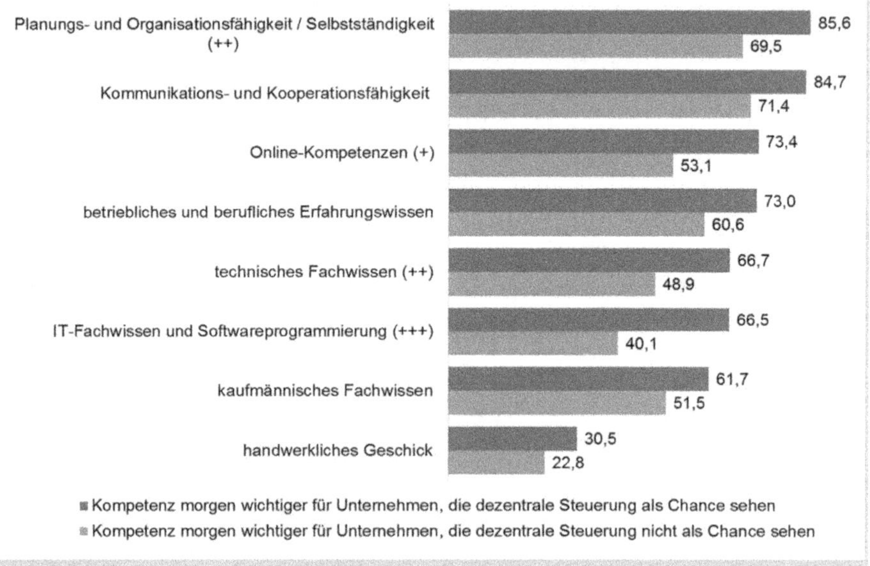

Abb. 6: Flexibilität der Arbeitsorganisation und zukünftige Kompetenzen (Quelle: IW Personalpanel 2014)

2.4 Unternehmenskultur im Wandel

Das Miteinander im Unternehmen – also insbesondere Führung und Zusammenarbeit – stehen in einer starken Wechselwirkung mit der Kultur eines Unternehmens.[14] Ändert sich also mit einem neuen Verständnis von Arbeit der Anspruch an Leistung und auch an Zusammenarbeit im Unternehmen, so wird dies auch die Kultur verändern. Ein gemeinsames Verständ-

13 Wohlstand in der digitalen Welt, Erster IW-Strukturbericht, S. 131 ff., 2016.

14 Hofert, Das agile Mindset, Springer Gabler, 2018; EY Studie Black Box Mittelstand, 2018; Rump, Weitreichender Kulturwandel, AIB 16, 35 ff.

nis von Zusammenarbeit bei Mitarbeitern, Führungskräften und der Unternehmensführung trägt somit wesentlich zur Kulturbildung und Festigung bei. Neue Formen der Arbeit sind vor allem durch ein Miteinander und Vernetzung geprägt. Die Basis hierfür ist Vertrauen. In Unternehmen könnte daher ein Kulturwandel in Richtung starker Vertrauenskultur erforderlich sein. Dies bedeutet, dass der Faktor Unternehmenskultur für den Wandel der Arbeitskultur und das Selbstverständnis der Mitarbeiter zunehmend an Bedeutung gewinnt. Meistens kommt hier Führungskräften und Unternehmensleitung eine herausragende Rolle und Vorbildfunktion zu, denn »*Kultur wird durch Handlungen und Entscheidungen geprägt*«.[15] Will man eine Unternehmenskultur bewusst kreieren oder verändern, braucht es neue Impulse. Eine veränderte Arbeitswelt macht demnach auch eine andere – ggf. auch eine neue – Unternehmenskultur notwendig. Sofern sich Unternehmen den Ansprüchen von neuen Arbeitsformen öffnen wollen, werden sie sich ebenfalls mit ihrer Kultur auseinandersetzen müssen.[16]

15 Siehe Beitrag von Prof. Dr. Sarah Hatfield in Teil 3, Kapitel 12.1.

16 Siehe auch Hackl/Wagner/Attmer/Baumann, NewWork: Auf dem Weg zur neuen Arbeitswelt, Springer Gabler 2017.

3 Agilität als Lösung

Die aktuellen Herausforderungen der Arbeitswelt sind zu umfangreich, zu schnelllebig und zu vielschichtig für unsere herkömmlichen, durchgängig geplanten Unternehmensorganisationen und -prozesse.[1] Agilität kann daher für Unternehmen eine mögliche Antwort für eine auch zukünftig leistungsstarke Kultur und Unternehmensentwicklung sein.[2] So ist das Ergebnis einer Studie[3], in der Kapitalgesellschaften zu agilem Arbeiten befragt wurden, dass »*fast zwei Drittel der Befragten (59,61 %) glauben, dass agile Arbeit die betrieblichen Prozesse optimieren wird. Mehr noch: Jeder zweite Teilnehmer ist zuversichtlich, dass diese Verbesserungen einen positiven Effekt auf Motivation und Arbeitszufriedenheit der Mitarbeiter haben werden.*«

Doch was ist Agilität eigentlich?

Dass Agilität etwas anderes ist als das, was wir bisher an klassischen Formen der Organisationsentwicklung kennen, zeigt sich schon daran, dass es bisher noch keine anerkannte Definition von »Agilität« für Unternehmensorganisationen gibt.

Das agile Manifest

Das agile Manifest bringt die Werte und Prinzipien der agilen Softwareentwicklung auf einen kleinsten gemeinsamen Nenner:[4]

- **Menschen und Interaktionen** stehen über Prozessen und Werkzeugen.
- **Funktionierende Software** steht über einer umfassenden Dokumentation.
- **Zusammenarbeit mit dem Kunden** steht über der Vertragsverhandlung.
- **Reagieren auf Veränderung** steht über dem Befolgen eines Plans.

Überträgt man die oben genannten Beschreibungen von Agilität auf die gesamte Organisation, so lässt sich die folgende Definition ableiten:

1 Körner, Peter Agile Arbeit 2019, S. 18 ff.

2 Körner, Peter, Agile Arbeit 2019, Fischer/Weber/Zimmermann, Was ist Agilität und welche Vorteile bringt eine agile Organisation?, Personalmagazin 4/2017; IG Metall (Hrsg.), digital DL, Agiles Arbeiten gestalten, 2018; Edelkraut/Mosig, Schnelleinstieg Agiles Personalmanagement, Haufe 2019; http://assets.kienbaum.com/downloads/Change-Management-Studie-Kienbaum-Studie-2014-2015.pdf?mtime=20160810120630.

3 Körner, Peter, Agile Arbeit 2019: Beteiligt haben sich 104 deutsche Kapitalgesellschaften aus 18 Branchenclustern.

4 Vgl. http://agilemanifesto.org/iso/de/manifesto.html.

DEFINITION »AGILITÄT«

»Agilität ist die Fähigkeit eines Unternehmens bzw. einer Organisation, Veränderungen in der (Unternehmens-)Umwelt wahrzunehmen, sich schnell und flexibel auf diese Veränderungen einzustellen, Chancen, Potenziale und auch Risiken zu erkennen und eigene Handlungen immer wieder daran auszurichten. Dabei ist ein wesentlicher Aspekt, ständig aus den eigenen Erfahrungen zu lernen und zukunftsorientiert zu handeln.«[5]

Das agile Manifest ließe sich als kleinster gemeinsamer Nenner wie folgt auch auf Unternehmen[6] übertragen und bietet einen Orientierungsanker:

- **Menschen und Interaktionen** sind wichtiger als Prozesse und Werkzeuge.
- **Funktionierende Abläufe** sind wichtiger als eine umfassende Dokumentation.
- **Zusammenarbeit mit dem Kunden** ist wichtiger als die ursprünglich formulierten Leistungsbeschreibungen.
- **Reagieren auf Veränderung** ist wichtiger als das Festhalten an einem starren Plan.

Die Leistung eines Mitarbeiters resultiert hier vorrangig aus seinem Commitment mit den im Unternehmen vorherrschenden Zielen und Werten.

3.1 Agilitätskompetenz

Viele herkömmliche Managementmethoden und -lehren orientieren sich an den Erfahrungen der Vergangenheit, an Stabilität und fester Planbarkeit. Agilität dagegen ist absolut zukunftsorientiert und lehrt den Umgang mit Unsicherheiten. Soweit Agilität in einem Unternehmen gelebt werden soll, ist die Umstellung und Aufrechterhaltung als ein ganzheitlicher, anhaltender Prozess anzuerkennen, an dem alle Mitarbeiter mitwirken.[7] Dies gelingt durch eine besondere Form der Kooperation zwischen Funktionen, Teams und Führungskräften, zu der alle aktiv beitragen müssen. Damit Agilität funktionieren kann, ist ein Unternehmen in seiner Agilitätskompetenz (= Sensitivität, Reflexion, Veränderungsbereitschaft) zu stärken bzw. dahin zu entwickeln.

Agilitätskompetenz kann in einem Unternehmen durch viele Faktoren unterstützt oder erreicht werden.[8] Zu nennen sind hier alle Strukturen und Prozesse, die dazu

5 Siehe hierzu auch Körner, Peter, Agile Arbeit 2019, S. 21; http://www.onpulson.de/lexikon/agilitaet/; Goldman, Steven, Nagel, Roger, Preiss, Kenneth, Warnecke, Hans-Jürgen, Agil im Wettbewerb: Die Strategie der virtuellen Organisation zum Nutzen des Kunden; siehe Beitrag von Prof. Dr. Stephan Fischer in Teil 3, Kapitel 12.3.

6 Siehe hierzu auch Lindner, Dominic, https://agile-unternehmen.de/agile-unternehmen-holokratie/; siehe auch Edelkraut/Mosig, Schnelleinstieg Agiles Personalmanagement, Haufe 2019.

7 Siehe Beitrag von Prof. Dr. Fischer in Teil 3, Kapitel 12.3; Körner, Peter, Agile Arbeit 2019, S. 20.

8 Siehe Beitrag von Prof. Dr. Fischer in Teil 3, Kapitel 12.3.

befähigen, sensitiv und reflektiert zu sein sowie mit Unsicherheiten verantwortungsvoll umzugehen.

Also z. B.

- ein Commitment, das immer wieder eingeholt wird,
- eine Lern-, Fehler- und Innovationskultur,
- eine Feedback- und Vertrauenskultur,
- auf Flexibilität, Schnelligkeit und Lösungsorientierung angelegte Entscheidungswege,
- hohe Kundenorientierung etc.

Anders und vielleicht einfacher formuliert: Letztendlich hat ein Unternehmen oder eine Organisation zu hinterfragen, ob die Strukturen, die Prozesse, die Kultur, das Handeln des Einzelnen sowie das Handeln in der Gemeinschaft die gewünschte Agilität fördern oder sie behindern.

Damit dies gut gelingt, ist es wichtig, dass ein Unternehmen für sich vorab festlegt, was genau mit einer agilen Unternehmensform erreicht werden soll.[9]

Dies hat zur Folge, dass jede Form von Agilität immer nur für das jeweilige Unternehmen definiert werden kann. Auch wenn sich Gemeinsamkeiten, wie z. B. Werte, bestimmte Methoden und Strukturen, erkennen lassen und das »agile Manifest« eine Orientierung bietet, ist Agilität dennoch eine Ausformung dessen, was genau dem einzelnen Unternehmen nutzt und was das einzelne Unternehmen konkret damit erreichen möchte. Die strategische Ausrichtung, das Kunden- und Leistungsverständnis sind vorab zu klären, um als notwendige Orientierungspunkte herangezogen werden zu können.

Für die Unternehmen entsteht daraus die Konsequenz, sich vor Einführung von agilen Prozessen und/oder einer agilen Unternehmensorganisation genau mit den Fragen zu befassen, worin der Nutzen liegen muss und was genau im eigenen Unternehmen erreicht werden soll.

9 Siehe Beitrag von Prof. Dr. Fischer in Teil 3, Kapitel 12.3; vgl. Peren, Klaus, https://www.humanresourcesmanager.de/news/agilitaet-wer-braucht-das-eigentlich.html

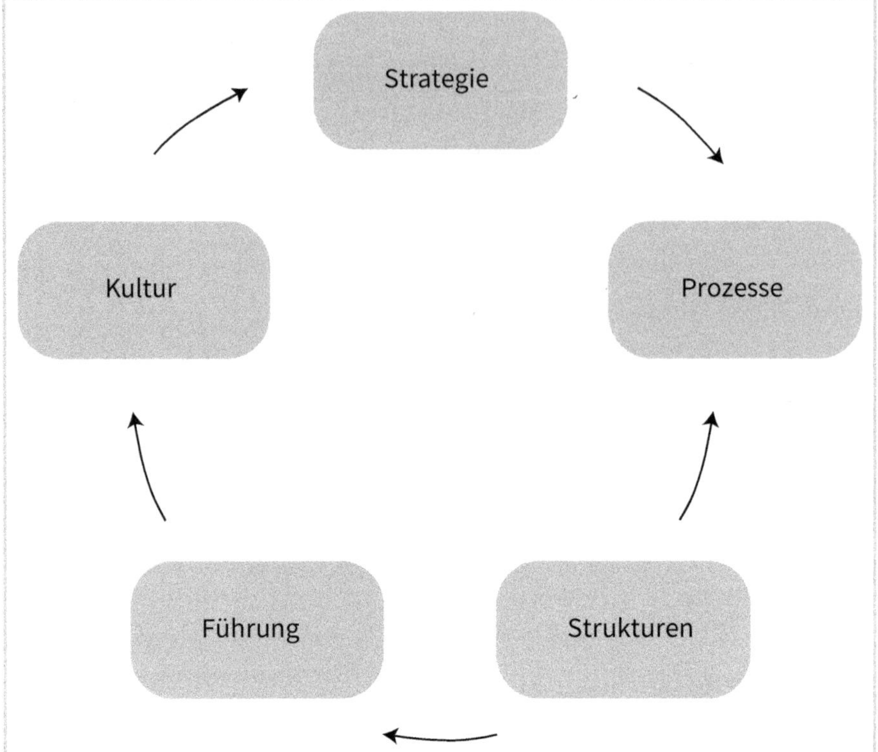

Abb. 7: Agilitätskompetenz ist das Zusammenspiel von Strategie, Prozessen, Strukturen, Führung und Kultur. (Grafik: B. Redmann 2017)

3.2 Elemente von Agilität

Es gibt nicht die *eine* agile Organisation. Allerdings gibt es bestimmte Elemente, die Agilität prägen. Dazu gehören Werte, die Orientierung geben, eine eigenverantwortliche Haltung in der Zusammenarbeit, eine vielseitige Führung und eine kontinuierliche Reflexion, um aus Erfahrungen zu lernen und Veränderungen erfolgreich zu begegnen.

3.2.1 Wertorientierung

Dadurch, dass sich der traditionelle Managementrahmen, der Verantwortung und Aufgaben von oben nach unten delegiert, auflöst, bedarf es in einem agilen Umfeld einer anderen Orientierung. Diese Orientierung findet über Werte statt. Sie sind sozusagen die Leitsterne, an denen sich alle Mitarbeiter ausrichten können. Werte sind daher Teil der Strategie und wirken gleichzeitig unmittelbar auf die Kultur ein.

Es geht darum, an Werten festzumachen, was für den Unternehmenserfolg entscheidend und für die Zusammenarbeit wichtig ist. Eine Organisation, die agil werden möchte, sollte sich also Gedanken über ihre Werte machen und diese für sich festlegen. Bedeutet dies, dass Leitbilder und Führungsgrundsätze ad acta gelegt werden können? Nicht unbedingt! Denn höchstwahrscheinlich sind diese auf Basis von Werten entwickelt worden, die mehr oder weniger bewusst oder unbewusst in einem Unternehmen gelten. Werte machen Leitbilder, Führungsgrundsätze und Regeln zur Zusammenarbeit nicht überflüssig: Es gilt, die »neu« entwickelten Werte mit den etablierten abzugleichen und eine Passung herzustellen – sofern diese nicht bereits gegeben ist. Im besten Fall dient somit eine Werteentwicklung der gründlichen Auseinandersetzung und einem Check-up der bisherigen Unternehmenskultur.

3.2.2 Prinzip Eigenverantwortung

Ein weiteres Merkmal von Agilität ist eine besondere Form der Zusammenarbeit. Diese wird konsequent daran ausgerichtet, was für den Erfolg dienlich ist. Teams finden sich und lösen sich wieder auf, und das in einem kontinuierlichen Prozess. Die Teamzusammensetzung erfolgt immer unter dem Aspekt der aktuellen Nützlichkeit. In der Praxis wird geschaut, wer welche Kompetenz besitzt, um bestimmte Aufgaben zu lösen, und wer sich dieser Aufgabe verantwortlich annimmt. Der Mitarbeiter übernimmt selbstverantwortlich die Entscheidung, was er tut und wie er es tut – ausgerichtet an den Unternehmenszielen und Werten. Es ist seitens der Unternehmensführung sicherzustellen, dass alle an einem Strang ziehen bzw. alle dasselbe Ziel, dieselbe Richtung verfolgen. Hierarchien, Abteilungen sowie permanente Zuständigkeiten sind nicht zwingend vorhanden. Sichere Strukturen im Sinne von unveränderlichen Gefügen gibt es nicht. Klassische Ablauforganisationen können sich dadurch auflösen – dort, wo es sinnvoll ist. Stattdessen kann eine vernetzte Zusammenarbeit sinnvoll sein. Sowohl eine ausgeprägte Konfliktkompetenz als auch die große Lust an und die Bereitschaft zur Veränderung sind allerdings Voraussetzung.

Der Kunde ist dabei Teil des Unternehmenssystems und ist nicht mehr außen vor. Er wird aktiv in die Produktentwicklung und die Dienstleistung einbezogen. Kundenorientierung ist ein wesentlicher Erfolgsgarant. Das bedeutet: Die Leistung jedes Einzelnen muss immer dem Kunden nutzen. Führungsverantwortliche – soweit es sie in dem Sinne noch gibt – sorgen hauptsächlich für ein Umfeld, in dem diese Vernetzung gelebt werden kann, und befähigen ihre Mitarbeiter in der Entwicklung zum Mit-Unternehmer.

3.2.3 Führungskraft – Scout und Pionier

Aus den vorangegangenen Überlegungen ergibt sich auch ein agiles Führungsverständnis. Die agile Führungskraft hat daher vier wesentliche Herausforderungen zu meistern und zu verantworten:[10]

1. Herausforderung hinsichtlich der Arbeitsweise,
2. Herausforderung hinsichtlich der eigenen Persönlichkeit,
3. Herausforderung hinsichtlich der Organisation,
4. Herausforderung hinsichtlich der Führung.

Abb. 8: Die Herausforderungen der agilen Führungskraft (Grafik: B. Redmann 2017)

10 Siehe auch Edelkraut/Mosig, Schnelleinstieg Agiles Personalmanagement, S. 125 ff., Haufe 2019; Hofert, Das agile Mindset, Springer Gabler, 2018; Peren, Klaus, https://www.humanresourcesmanager.de/news/agilitaet-wer-braucht-das-eigentlich.html; http://hr-pioneers.com/2013/05/agile-fuhrung-was-verandert-sich/.

Führungskräfte sind daher Wegbereiter der neuen Zusammenarbeit.[11] Und einen Wegbereiter zeichnet vor allem Mut aus, Neugier und Entdeckergeist. Das heißt, als agile Führungskraft ist man stärker als bisher gefordert, mit Unsicherheiten und Veränderungen umzugehen und diesen Herausforderungen in einer der eigenen Persönlichkeit entsprechenden Art und Weise zu begegnen. Hier gibt es kein »genau so haben wir es immer schon gemacht«. Agile Führungskräfte zeichnen sich dadurch aus, dass sie Organisationen und Zusammenarbeit so gestalten, dass sich der einzelne Mitarbeiter weitgehend autark und selbstbestimmt steuern kann.[12] Das betrifft andere Mitarbeiter ebenso wie die Führungskraft selbst: Denn erst wenn Führungskräfte genau das (vor-)leben, wozu sie andere durch ihr Führungsverhalten animieren wollen, kann man von einer ganzheitlichen agilen Zusammenarbeit sprechen.

3.2.4 Optimierung durch Reflexion

Arbeitsergebnisse und Verhalten werden kontinuierlich reflektiert.[13] Das ist die Voraussetzung, damit Zusammenarbeit und insbesondere Vernetzung funktioniert und sich alle immer wieder neu auf veränderte Bedingungen und auch auf den Kunden einstellen können. Die Reflexion der Arbeitsergebnisse findet an festen Terminen statt. Wichtig ist hierbei, den Lernprozess in den Vordergrund zu stellen:

- Was würden wir beim nächsten Mal mit dem Wissen von heute anders machen?
- Was ist gut gelaufen und sollten wir weitermachen?
- Was ist nicht gut gelaufen und sollten wir in Zukunft anders machen?

Wer sich diese Fragen regelmäßig immer wieder stellt und das eigene Verhalten daran anpasst, schafft Lernerfolge und eine kontinuierliche Weiterentwicklung. Diese geschieht nicht nur auf einer fachlichen, sondern vor allem auch auf einer persönlichen Ebene: Unternehmerisches Know-how und die Persönlichkeit der Mitarbeiter entwickeln sich dann gleichermaßen.

---

11 DGFP Praxispapier, Agile Unternehmen – Agiles Personalmanagement, S. 44 ff., 01/2016.

12 Edelkraut/Mosig, Schnelleinstieg Agiles Personalmanagement, Haufe 2019; Körner, Peter, Agile Arbeit 2019, S. 24; Gloger, Boris; Häusling, André, Erfolgreich mit Scrum – Einflussfaktor Personalmanagement; siehe Beitrag von Prof. Dr. Stephan Fischer in Teil 3, Kapitel 12.3.

13 Siehe auch DGFP Praxispapier, Agile Unternehmen – Agiles Personalmanagement, S. 4, 01/2016.

Klassische und agile Unternehmensorganisation im Vergleich

Klassische Organisation	Agile Organisation
Hierarchisch	Vernetzt
Anweisung vom Chef	Eigenverantwortlich am Kunden orientiert
Team ist vorgegeben	Team ist selbstorganisiert
Langfristige Zielplanung	Iterative Planung
Arbeit ist »Ableisten« von Zeit	Arbeit ist Leidenschaft
Fehler vermeidend	Reflexion und Lernerfahrung
Initiierung von Veränderung durch Führungskraft	Initiierung von Verbesserung durch Mitarbeiter
Veränderung ist Bedrohung	Veränderung ist Tagesgeschäft

Sofern sich Unternehmen agil aufstellen, hat dies auch Auswirkungen auf das bestehende Selbstverständnis von »Rollen« im Unternehmen. Rollen und das Selbstverständnis von Führungskräften und Mitarbeitern verändern sich und das hat wiederum konkrete Auswirkungen auf Personalabteilungen. Diese müssen Führungskräfte und Mitarbeiter im Prozess zu einer agilen Organisation begleiten und stärken.

4 Agilität und Recht

Im Rahmen dieser notwendigen und möglichen Gestaltungsfreiheit werden Unternehmen ein größerer Mut, Pioniergeist und mehr Kreativität zum Ausprobieren von praktischen Lösungen abverlangt. Die im Eingangskapitel genannten Beispiele von bekannten und oftmals großen Unternehmen als auch die im dritten Teil des Buches dargestellten praktischen Erfahrungen aus verschiedenen Organisationen sowie die Analysen der Experten können in diesem Sinne als Impulsgeber, zur Orientierung oder Anregung dienen, für das eigene Unternehmen individuelle Handlungsspielräume zu entfalten.

4.1 Spannungsverhältnis zwischen Kultur und Recht

Damit alle Spielräume so weit wie möglich erschlossen werden können, ist es wichtig, auch die rechtlichen Rahmenbedingungen zu kennen, in denen sich Arbeitgeber bewegen.[1] Sind diese bekannt, kann in diesem Feld schöpferisch und rechtssicher gestaltet werden. Unsere unternehmerische Arbeitswelt ist in der Regel durch Arbeitsverhältnisse geprägt: Ein abhängig Beschäftigter – der Arbeitnehmer – wird für einen Unternehmer – den Arbeitgeber – tätig.[2] In diesem dauerhaften, auf Austausch angelegten Vertragsverhältnis folgt das sogenannte Individualarbeitsrecht der vertraglichen Beziehung zwischen Arbeitgeber und Arbeitnehmer. Das sogenannte kollektive Arbeitsrecht betrifft das betriebsverfassungsrechtliche Verhältnis zwischen Arbeitgeber und Betriebsrat und/oder knüpft tarifrechtlich an ein durch Koalitionsbildung statuiertes Arbeitnehmerkollektiv an.[3] Durch die oben beschriebenen Veränderungen in der Arbeitswelt verändern sich auch die Organisationsstrukturen in den Unternehmen. Der Trend geht weg von einer hierarchischen Form hin zu einer Netzwerkbildung. Dies bleibt nicht ohne Auswirkungen auf die Rollen von Arbeitgeber und Arbeitnehmer: Sie verlieren ihre bisherige Kontur. Die Bewältigung dieser Veränderungen in der Arbeitsbeziehung zwischen Unternehmen, Mitarbeitern und Betriebsräten stellt das Arbeitsrecht vor neue Herausforderungen.[4] Das Ziel der nachfolgenden Betrachtungen liegt daher in der Verbindung einer agilen Veränderung der Arbeitswelt und deren rechtssicheren Umsetzung. Beides soll in Unternehmen sinnvoll koexistieren und zum gewünschten Erfolg beitragen.

Die Frage nach dem Nutzen von Agilität muss jedes Unternehmen jedoch für sich selbst prüfen und entscheiden. Dies hängt sehr eng mit dem Unternehmenszweck

1 Siehe auch Körner, Peter, Agile Arbeit 2019.
2 http://wirtschaftslexikon.gabler.de/Archiv/54193/arbeitsverhaeltnis-v10.html.
3 Hanau, Hans, Schöne digitale Arbeitswelt, NJW 2016, 2613.
4 Hanau, Hans, Schöne digitale Arbeitswelt, NJW 2016, 2613.

und dem eigenen Leistungsverständnis zusammen. Es kann und sollte daher nicht pauschal betrachtet werden, sondern bedarf einer sorgfältigen, bewussten Entscheidung. Dies bezieht sich auf alle erwähnten Aspekte von möglichen agilen Maßnahmen oder Handlungsfeldern. Vor der Einführung – und meistens damit verbunden auch vor der Abschaffung bestehender Regelungen – sollten Unternehmen eine Bestandsaufnahme hinsichtlich des Bedarfs agiler Arbeitsweisen und deren Nutzen durchführen. Zu prüfen ist auch, ob es vielleicht unternehmerische Notwendigkeiten gibt, die einer Einführung entgegenstehen.

Agilität schafft und braucht auch eine bestimmte Unternehmenskultur. Sofern sich Unternehmen also dafür entscheiden, in die eigene Agilitätskompetenz zu investieren, bedeutet dies ein Einzahlen auf eine Vertrauenskultur. Und damit dieses Vertrauen auch unternehmerisch trägt, sind bestimmte rechtliche Gesichtspunkte zu beachten. Denn rechtliche Verlässlichkeit schafft Vertrauen.

> Agilität bewegt sich in einem Spannungsverhältnis von unternehmerischer Notwendigkeit, Kultur und Recht.

4.2 Arbeitsrecht und agiles Arbeiten

Das Wissen über die rechtlichen Rahmenbedingungen und Anforderungen von agilem Arbeiten im Unternehmen soll eine Basis bereiten, um dann in der unternehmerischen Praxis rechtskonformes und nachhaltiges agiles Arbeiten erfolgreich umzusetzen und dabei rechtliche Fallstricke möglichst zu vermeiden.

Wenn wir »agiles Arbeiten im Unternehmen« betrachten, dann geht es im Wesentlichen um rechtliche Belange, die Arbeitsverhältnisse von Mitarbeitern in Unternehmen betreffen. Ein Schwerpunkt in den folgenden Ausführungen wird sich daher auf agiles Arbeiten im Rahmen von Arbeitsverhältnissen beziehen. Das beinhaltet im Wesentlichen das Arbeitsrecht mit seinen unterschiedlichen Gesetzen.

Das Arbeitsrecht ist ein Teil des Zivilrechts und betrifft die Rechtsbeziehung zwischen Mitarbeitern und Arbeitgebern in Unternehmen. Sofern also agil zwischen diesen zusammengearbeitet wird, hat dies immer auch arbeitsrechtliche Auswirkungen. Das Bundesministerium für Arbeit und Soziales (BMAS) beschreibt den Sinn und Zweck des Arbeitsrechts sehr treffend:

> »Die deutsche Wirtschaftsordnung kennt zwei Hauptakteure: Arbeitnehmer und Arbeitgeber. Das Arbeitsrecht gewährt dabei seit jeher den Arbeitnehmern aus Gründen der wirtschaftlichen und strukturellen Unterlegenheit einen besonderen Schutz.[5] Arbeitsrecht ist also in erster Linie ein Arbeitnehmerschutzrecht.[6]«

Dieser Grundsatz gilt auch bei der Betrachtung der Wirksamkeit von neuen agilen Strukturen, Arbeitsweisen oder Organisationsformen. Auch wenn diese als Lösung geeignet sind, die gegenwärtigen Bedürfnisse von Unternehmen zu erfüllen und ihre Wirtschaftlichkeit zu sichern, wird immer gleichermaßen zu schauen sein, wie diese Neuerungen sich auf Mitarbeiter auswirken und deren Rechte tangieren. Nur eine gesetzeskonforme Lösung ist letztendlich eine nachhaltige Lösung, die wiederum Vertrauen schafft.

5 http://www.bmas.de/DE/Themen/Arbeitsrecht/erklaerung-arbeitsrecht.html.
6 http://www.rechtswoerterbuch.de/recht/a/arbeitsrecht/.

Teil 2: Erscheinungsformen von Agilität und ihre rechtliche Beurteilung

5 #Agiler Arbeitsort

5.1 Agiler Spirit: Arbeiten von überall

Zum Arbeiten brauchen wir schon längst kein Büro mehr. Viele Unternehmen bezeichnen sich als agil und sprechen von neuem Arbeiten, wenn sie Arbeitsräume bzw. den Arbeitsort »auflösen«.

Die technische Entwicklung schafft die Voraussetzung, dass Arbeiten an unterschiedlichen Orten – wie z. B. auf Dienstreisen, im Zug, im Flugzeug, im Hotel oder auch im Homeoffice – möglich ist.[1] Unter Umständen kann es für Unternehmen auch wichtig sein, Mitarbeiter an wechselnden Orten bzw. in verschiedenen Betrieben einzusetzen, um z. B. auf unterschiedliche Auftragslagen oder Kundenbedürfnisse schnell zu reagieren. Sowohl für Firmen als auch für Mitarbeiter kann die Auflösung von festen räumlichen Arbeitsorten mehr Gestaltungsfreiheit und Flexibilität bedeuten.[2] Für Unternehmen können sich hier auch wirtschaftliche Vorteile ergeben: Sie sparen vielleicht Raumkosten ein, denn nicht alle Mitarbeiter benötigen täglich einen festen Arbeitsplatz. Desk-Sharing mit Dockingstationen für den Laptop, Skype, Smartphones und Tablets ermöglichen mobile Büros oder Homeoffices und gleichzeitig eine kontinuierliche Anbindung an Kollegen, mit denen sie sich vernetzen und sogar über den Bildschirm persönlich sehen können. Auch der Austausch und die Besprechung von Arbeitsergebnissen, Dokumenten etc. sind via Bildschirm problemlos möglich.

5.1.1 Entkoppeltes Arbeiten

Seit vielen Jahren gibt es die Möglichkeit, bestimmte Tätigkeiten auch im Homeoffice zu erledigen. Rechtlich spricht man hier auch von Telearbeit.

Homeoffice ist in vielen Firmen zumindest sporadisch etabliert.[3] Der Einsatz moderner Informations- und Kommunikationstechnologien macht es möglich, dass Arbeiten auch räumlich, zeitlich und organisatorisch unabhängig von vorgegebenen Struktu-

1 Siehe Teil 1.

2 Siehe auch Eufinger/Burbach, NewWork – eine arbeitsrechtliche Standortbestimmung, DB 2019, 1147 ff.; Stettes, Oliver, IW-KURZBERICHT NR. 64, 09/2018; https://digitaler-mittelstand.de/trends/ratgeber/mobiles-arbeiten-die-neuen-digitalnomaden-40229; Mobile Arbeit, Studie Frauenhofer Institut 2017: http://publica.fraunhofer.de/eprints/urn_nbn_de_0011-n-4560656.pdf.

3 https://newsroom.iza.org/de/archive/research/homeoffice-auf-dem-vormarsch/; Mobiles und entgrenztes Arbeiten: Aktuelle Ergebnisse einer Betriebs- und Beschäftigtenbefragung, http://www.bmas.de/SharedDocs/Downloads/DE/PDF-Publikationen/a873.pdf?__blob=publicationFile&v=2, S. 7; Spiegel, Arbeiten Sie doch wo Sie wollen, 2/2019.

ren, Arbeitszeiten oder Arbeitsorten stattfinden kann.[4] Um zu arbeiten, benötigen Mitarbeiter noch nicht einmal einen bestimmten Arbeitsplatz: Bei Arbeit, die unterwegs einfach mittels eines Tablets oder eines Smartphones erledigt wird oder auch an verschiedenen Arbeitsorten stattfindet, sprechen wir von mobiler Arbeit.[5]Co-Working Spaces, die einen Arbeitsplatz auf Zeit ermöglichen, sind auf dem Vormarsch.[6] So bieten sie Raum fürs Arbeiten und gleichzeitig auch die Gelegenheit zum Netzwerken und Austausch mit all denen, die sich dort ebenfalls zum Arbeiten eingemietet haben. Durch dieses mobile Arbeiten werden sich zukünftig langfristig gewachsene Bindungen von Mitarbeitern an ihre Betriebe zugunsten einer neu entstehenden Offenheit in den Arbeitsverhältnissen verlieren.[7]

Nach einer von der Deutschen Gesellschaft für Personalführung (DGFP) zusammen mit der Hochschule für Technik und Wirtschaft Berlin im Jahr 2016 erhobenen Studie[8] arbeiten in den dort befragten Unternehmen bereits 54 % der Beschäftigten »*vorwiegend oder ausschließlich mobil an wechselnden Arbeitsplätzen.*«[9]

Ebenso ergab eine Ende 2015 von dem Bundesministerium für Arbeit und Soziales (BMAS) in Kooperation mit der Universität zu Köln und dem Zentrum für europäische Wirtschaftsforschung (ZEW)[10] erhobene Befragung über mobiles und entgrenztes Arbeiten,[11] dass in Deutschland zwar

4 https://www.bmas.de/SharedDocs/Downloads/DE/PDF-Publikationen-DinA4/gruenbuch-arbeiten-vier-null.pdf?__blob=publicationFile, S. 65.

5 Pletke/Schrader/Siebert/Thoms/Klagges, Rechtshandbuch Flexible Arbeit, 2017, Rn. 1023; Piele/Piele, Mobile Arbeit, Studie Frauenhofer Institut, 2017 http://publica.fraunhofer.de/eprints/urn_nbn_de_0011-n-4560656.pdf; Fraunhofer Institut, New Work Best Pracitces und Zukunftsmodelle, Studie 2019, S. 29; https://www.igmetall.de/service/publikationen-und-studien/metallzeitung/metallzeitung-ausgabe-maerz-2019/telearbeit-oder-mobil-arbeiten.

6 http://www.deskmag.com/de/coworking-spaces-in-deutschland-2018-marktreport-studie-erhebung-993; https://www.dropbox.com/s/7hwr8hltc0txxc2/Cowork2018 %20SLIDES.pdf?dl=0.

7 https://www.bmas.de/SharedDocs/Downloads/DE/PDF-Publikationen-DinA4/gruenbuch-arbeiten-vier-null.pdf?__blob=publicationFile, S. 65; Mobiles und entgrenztes Arbeiten: Aktuelle Ergebnisse einer Betriebs- und Beschäftigtenbefragung, http://www.bmas.de/SharedDocs/Downloads/DE/PDF-Publikationen/a873.pdf?__blob=publicationFile&v=2.

8 https://www.dgfp.de/aktuell/dgfp-medieninformation-aktuelle-studie-mobiles-arbeiten-stellt-hoehere-anforderungen-an-beschaeft/.

9 An der Studie nahmen im März und April 2016 insgesamt 674 Unternehmensvertreter teil, überwiegend aus dem Management, der Geschäftsführung und dem Personalressort. In den Betrieben der Befragten nutzen die Mitarbeiter für die mobile Arbeit mehrheitlich Laptops und tragbare Computer (97 %), gefolgt von Smartphones (93 %), Tablets (62 %) und anderen mobilen Geräten, wie Special Hardware (36 %).

10 Mobiles und entgrenztes Arbeiten: Aktuelle Ergebnisse einer Betriebs- und Beschäftigtenbefragung, http://www.bmas.de/SharedDocs/Downloads/DE/PDF-Publikationen/a873.pdf?__blob=publicationFile&v=2.

11 Die in diesem Monitor dargestellten Ergebnisse stammen aus der zweiten Befragungswelle der Längsschnittstudie »Arbeitsqualität und wirtschaftlicher Erfolg«. Basis ist das Linked Personnel Panel (LPP), ein zweiseitiger Datensatz, der Betriebs- und Beschäftigtenperspektive miteinander verbindet. Für die zweite Befragungswelle wurden zunächst 771 Personalverantwortliche in deutschen Betrieben des privaten Sektors mit einer Betriebsgröße ab 50 sozialversicherungspflichtig Beschäftigten zu ihren Instrumenten des Personalmanagements, der Unternehmenskultur und der Zusammensetzung ihrer Belegschaft befragt. Teilweise wurden Informationen aus dem IAB-Betriebspanel zugespielt und in den Analysen verwendet. Zudem wurde eine jeweils zufällige Auswahl von 7.109 Mitarbeiterinnen und Mitarbeitern aus einem Groß-

immer noch eine hohe Anwesenheitskultur in den Unternehmen besteht, sich aber eine zunehmende Anzahl von Beschäftigten mehr Homeoffice wünschten.[12] Festgestellt werden konnte auch, dass mobiles Arbeiten eher in Berufen mit höherer Qualifikation, hohem Zeitdruck und Autonomie verbreitet sei sowie bei Frauen, die Kinder betreuen.[13] Arbeiten außerhalb des firmeneigenen Büros entspricht somit den Bedürfnissen von Mitarbeitern.

Eine Studie des Instituts der Deutschen Wirtschaft über mobiles Arbeiten in Deutschland und Europa[14] hat festgestellt, dass »*(in) Deutschland (…) mehr als die Hälfte der Beschäftigten zumindest gelegentlich außerhalb ihres Betriebs (arbeitet). Anders als die öffentliche Debatte vermuten lässt, findet mobiles Arbeiten jedoch nur selten in den eigenen vier Wänden, im Café oder Freibad statt, sondern hauptsächlich beim Kunden. Zu den rund 20 Prozent der Beschäftigten, die mehrmals im Monat und häufiger außerhalb des Betriebs arbeiten und mindestens ein Viertel ihrer Arbeitszeit am PC, Laptop oder Smartphone verbringen, zählen insbesondere Führungskräfte und Beschäftigte in akademischen Berufen. (…) Fazit: Mobiles Arbeiten in Deutschland ist vielfältig. Das Potenzial mobiler Arbeitsformen ist dabei noch nicht ausgeschöpft (…).*«

Eine aktuell durchgeführte Studie des Digitalverbandes Bitkom[15] hat ermittelt, dass von zehn Unternehmen jeder vierte Mitarbeiter im Homeoffice arbeiten darf. Somit liegt der Anteil hier bei 39 % und ist damit in den letzten Jahren gestiegen: »*2016 erlaubte knapp jedes dritte Unternehmen (30 Prozent) Homeoffice, 2014 erst jedes fünfte (20 Prozent). Den Erwartungen zufolge wird sich dieser Trend fortsetzen. 46 Prozent der Unternehmen gehen davon aus, dass der Anteil ihrer Mitarbeiter, die im Homeoffice arbeiten, in den kommenden fünf Jahren steigen wird. 50 Prozent erwarten einen konstant bleibenden Anteil.*«

teil dieser Betriebe zu ihrer Arbeitsqualität, ihrer Teilnahme an Instrumenten des Personalmanagements, arbeitsplatzbezogenen Merkmalen sowie weiteren sozio-demografischen Merkmalen und Einstellungen interviewt.

12 Mobiles und entgrenztes Arbeiten Aktuelle Ergebnisse einer Betriebs- und Beschäftigtenbefragung, http://www.bmas.de/SharedDocs/Downloads/DE/PDF-Publikationen/a873.pdf?__blob=publicationFile&v=2, S. 7.

13 Mobiles und entgrenztes Arbeiten Aktuelle Ergebnisse einer Betriebs- und Beschäftigtenbefragung, http://www.bmas.de/SharedDocs/Downloads/DE/PDF-Publikationen/a873.pdf?__blob=publicationFile&v=2, S. 7.

14 Hammermann/Stettes, Mobiles Arbeiten in Deutschland und Europa, IW-Trends 3/2017.

15 https://www.bitkom.org/Presse/Presseinformation/Vier-von-zehn-Unternehmen-setzen-auf-Homeoffice: Bei dieser repräsentativen Befragung wurden mehr als 800 Geschäftsführer und Personalverantwortliche von Unternehmen interviewt.

Das Institut für Arbeitsmarkt – und Berufsforschung (IAB) hat mobile Arbeitsformen aus Sicht von Betrieben und Beschäftigten analysiert und ist hier zu folgendem Ergebnis gekommen[16]:
»– Mobiles Arbeiten rückt zunehmend in den Fokus der Öffentlichkeit. Derzeit bietet etwa jeder vierte Betrieb in Deutschland die Möglichkeit zum mobilen Arbeiten an, dabei mehrheitlich sowohl im Homeoffice als auch das Arbeiten von unterwegs.
– Die Nutzung von Homeoffice nimmt langsam zu: Unter den Beschäftigten in privatwirtschaftlichen Betrieben mit mindestens 50 Beschäftigten arbeiten im Jahr 2013 19 Prozent von zuhause, im Jahr 2017 waren es Prozent.
– Ganze Homeoffice-Tage sind vergleichsweise selten. 63 % derjenigen, die Homeoffice nutzen, arbeiten ausschließlich stundenweise von zu Hause.
– Die erhöhte Flexibilität ist ein zweischneidiges Schwert: Während die Hälfte der Beschäftigten mit Homeoffice darin den Vorteil einer besseren Vereinbarkeit von Beruf und Privatleben sieht, berichten beinahe ebenso viele von Problemen bei der Trennung zwischen beidem.
– Etwa zwei Drittel der Beschäftigten, die derzeit nicht von zu Hause arbeiten, lehnen diese Möglichkeit grundsätzlich ab. Jedoch hat auch jeder neunte Beschäftigte einen unerfüllten Homeoffice-Wunsch und nach eigener Einschätzung eine dafür geeignete Tätigkeit.
– Beschäftigte mit unerfülltem Homeoffice-Wunsch sind unzufriedener als diejenigen, die zumindest gelegentlich während der Arbeitszeit von zu Hause arbeiten.«

Im aktuellen D21 Digital-Index[17], der das jährliche Lagebild zur Digitalen Gesellschaft zeigt, heißt es im Bericht für 2019: *»Nach wie vor arbeitet nur knapp ein Sechstel der Berufstätigen in Deutschland zumindest teilweise mobil von unterwegs oder von zu Hause aus. Weit mehr als die Hälfte der NichtnutzerInnen gibt als Grund dafür an, dass die Art der Tätigkeit damit nicht vereinbar sei. Bei Personen mit einem Bürojob liegt der Anteil derjenigen, die Telearbeit oder Homeoffice nutzen, mit knapp einem Drittel entsprechend höher. Männer arbeiten generell etwas häufiger mobil als Frauen. Bei einem Viertel der Berufstätigen scheitert diese Form des Arbeitens daran, dass die Unternehmen die Voraussetzungen für mobiles Arbeiten nicht schaffen. Jedoch lehnen auch immer mehr Berufstätige diese Form des Arbeitens ab: Gut ein Viertel der NichtnutzerInnen – und damit fünf Prozentpunkte mehr als im Vorjahr – gibt an, kein Interesse an Telearbeit oder Homeoffice zu haben.*

16 IAB, Homeoffice bietet Vorteile, hat aber auch Tücken, IAB-Kurzbericht 11/2019, Juni 2019.

17 https://initiatived21.de/publikationen/d21-digital-index-2018-2019/: Die große Gesellschaftsstudie D21-Digital-Index bietet ein jährliches Lagebild zum Digitalisierungsgrad der Gesellschaft in Deutschland. Befragt werden knapp 20.500 BundesbürgerInnen ab 14 Jahren inklusive der Offliner. Damit bildet der D21-Digital-Index die gesamte deutsche Wohnbevölkerung ab.

Hier bleiben Möglichkeiten zur Gestaltung flexibler Arbeitsplatzmodelle ungenutzt, die die Vereinbarkeit von Beruf und Privatleben fördern könnten. (...) Wer mobile Arbeitsmittel zur Verfügung gestellt bekommt oder die Erlaubnis zum mobilen Arbeiten erhält, wird unterschiedlich geregelt. Während bei knapp vier von zehn Berufstätigen nach der Art der Tätigkeit entschieden wird, gibt es bei rund einem Drittel kein erkennbares System. Die Position der ArbeitnehmerInnen ist bei drei von zehn der Befragten ein Kriterium, je knapp ein Sechstel der Berufstätigen nennt Beschäftigungsgrad und Häufigkeit von Dienstreisen als Grund. Familiäre und soziale Gründe aufseiten der ArbeitnehmerInnen spielen dagegen nur eine untergeordnete Rolle. Letztlich entscheiden damit fast immer nur unternehmens- bzw. jobbezogene Gründe darüber, wer in den Unternehmen mobil arbeiten darf – ein Hindernis auf dem Weg in eine moderne Arbeitswelt mit mehr Flexibilität und Vereinbarkeit von Beruf und Privatleben für Berufstätige, die bei diesem Thema auch mehr mitbestimmen dürfen sollten (...) Flexible Arbeitszeiten und die Möglichkeit zur ortsungebundenen Arbeit bedeuten für knapp die Hälfte der Berufstätigen eine Steigerung der Lebensqualität. Für ein Drittel erhöht sich hierdurch auch die Qualität der Arbeitsleistung. Etwas mehr Befragte stimmen zu, dass ihr Arbeitgeber die Vereinbarkeit von Beruf und Privatleben fördere, der Anteil verringert sich jedoch im Vergleich zum Vorjahr. Ein Viertel arbeitet bereits in virtuellen Teams über mehrere Bereiche und/oder Standorte hinweg zusammen.«[18]

In diesem Zusammenhang sei auch darauf hingewiesen, dass am 01.08.2019 die Richtlinie zur Vereinbarkeit von Beruf und Privatleben für Eltern und pflegende Angehörige in Kraft getreten ist.[19] Die Inhalte der Richtlinie müssen bis zum 02.08.2022 in jeweils nationales Recht umgesetzt werden. Das ist insofern spannend, da in dieser Richtlinie ein Antragsrecht auf Telearbeit aufgeführt ist, was sowohl Homeoffice als auch mobiles Arbeiten umfasst. Insofern darf mit Neugier zu erwarten sein, wie hier in Deutschland die gesetzliche Umsetzung erfolgen wird.[20]

5.1.2 Flexibel im Privat- und Berufsleben

Durch die oben genannten Trends der Erweiterung des außerbetrieblichen Arbeitens kann somit in Unternehmen eine höhere Flexibilität erreicht werden.[21]

18 https://initiatived21.de/publikationen/d21-digital-index-2018-2019/, S. 54 ff.

19 https://eur-lex.europa.eu/legal-content/DE/TXT/PDF/?uri=CELEX:32019L1158&from=EN; siehe auch https://www.bmfsfj.de/bmfsfj/aktuelles/presse/pressemitteilungen/meilenstein-fuer-die-vereinbarkeit-von-familie--pflege-und-beruf-in-der-europaeischen-union/133648.

20 Siehe auch https://www.lto.de/recht/hintergruende/h/neue-eu-richtlinie-vereinbarkeit-beruf-privatleben-eltern-pflegende/.

21 Siehe Interview mit Prof. Dr. Gunther Olesch (Phoenix Contact) in Teil 3, Kapitel 11.1.

Für den Mitarbeiter kann es einfacher sein, seine privaten Belange und seine Arbeitsanforderungen miteinander zu verbinden.[22] Das muss gar nicht immer die Kinderbetreuung oder Pflege von Angehörigen betreffen: Erleichterung kann schon dadurch eintreten, dass sich lange An- und Abfahrtswege zur Arbeitsstätte erübrigen und der Mitarbeiter hier einen direkt spürbaren Zeitgewinn erzielt. Dies kann sich positiv auf alle Aktivitäten außerhalb des Jobs auswirken wie z. B. Freundeskontakte, Hobbys oder ehrenamtliches Engagement. Arbeiten von zu Hause oder an anderen Orten kann daher die Verbindung von Arbeit und privaten Bedürfnissen optimieren.[23]

Wenn der Arbeitnehmer nicht im Unternehmen »vor Ort« ist, ist er ggf. flexibler einsatzfähig, da er auch in seinem »privaten« Umfeld immer erreichbar ist und so auch kurzfristig zwischen Arbeit und Privatleben wechseln kann. Gerade im Kundenkontakt, bei dem es um schnelles Reagieren und eine möglichst allzeitige Erreichbarkeit geht, kann dies von Vorteil sein.

5.1.3 Mehr Bindung durch mehr Freiheit

Zudem kann der Mitarbeiter selbst entscheiden, wo und wann er arbeitet. So fördern Homeoffice und mobiles Arbeiten eine höhere Selbststeuerung und Selbstbestimmung bei Mitarbeitern und natürlich auch ein Vertrauen der Führungskraft.[24] Über alle Generationen hinweg sind dies Faktoren, die sich Mitarbeiter schon seit jeher wünschen.[25] Neben den Faktoren Mitsprache- und Mitgestaltungsmöglichkeit gehören Selbststeuerung und Selbstbestimmung für viele Menschen zu den wichtigsten Motivatoren.

All dies sind wichtige Faktoren, die Mitarbeiter zufriedener machen können.

Eine höhere Zufriedenheit von Mitarbeitern beeinflusst in der Regel die Arbeitsbeziehung positiv und kann auch eine stärkere Bindung an den Arbeitgeber begründen.

22 Siehe auch Richter, Arbeitsrechtliche Herausforderungen bei der Einführung und Durchführung von Homeoffice, ArbRAktuell 2019, 142 ff.

23 Siehe Interview mit Miriam Schilling (VAUDE) in Teil 3, Kapitel 11.2, https://www.welt.de/gesundheit/psychologie/article155325775/Zu-Hause-arbeiten-macht-gluecklich-und-produktiv.html.

24 Siehe auch Interview mit Anna Löw, Head of people operations, Giant Swarm GbmH in; Redmann, Britta, Vergütungssysteme gestalten: agil, rechttsicher und nicht-monetär, Haufe 2019.

25 https://initiatived21.de/publikationen/d21-digital-index-2018–2019/ S. 54 ff; MobilePiele/Piele, Mobile Arbeit, Studie Frauenhofer Institut, 2017; Hammermann/Stettes, Mobiles Arbeiten in Deutschland und Europa, IW-Trends 3/2017; Pfeiffer, Zum Thema Homeoffice, Vereinbarkeit 4.0, Bertelsmann Studie, 2019; Mobiles und entgrenztes Arbeiten. Aktuelle Ergebnisse einer Betriebs- und Beschäftigtenbefragung, http://www.bmas.de/SharedDocs/Downloads/DE/PDF-Publikationen/a873.pdf?__blob=publicationFile&v=2, S. 7; vergleiche hier auch: https://www.impulse.de/management/neue-studie-was-mitarbeiter-sich-wuenschen/2059219.html; http://www.stepstone.de/b2b/stellenanbieter/jobboerse-stepstone/upload/studie_gluck_am_arbeitsplatz.pdf.

Auch wenn das paradox klingen mag: Freiheitliches Arbeiten kann somit stärkeren Zusammenhalt schaffen – zumindest dann, wenn der Mitarbeiter diesen eigenen Freiheitsspielraum haben möchte.[26]

5.2 Legal Check: Agiler Arbeitsort

Wie sieht die rechtliche Situation aus, wenn entsprechende örtliche Veränderungen in einem Unternehmen vorgenommen werden sollen? Geht das einfach so oder ist dabei etwas zu beachten?

5.2.1 Direktionsrecht

Kraft seines Weisungsrechts ist der Arbeitgeber berechtigt, den Arbeitsort festzulegen.[27] Das ergibt sich unmittelbar schon aus dem Gesetz (§ 106 Gewerbeordnung [GewO]), das den Arbeitgeber befugt, Inhalt, **Ort** und Zeit der Arbeitsleistung nach billigem Ermessen näher zu bestimmen, soweit hier keine Einschränkungen durch Einzelvertrag oder kollektivrechtliche Vorschriften bestehen.[28] Danach hat der Arbeitgeber grundsätzlich das Recht, Mitarbeitern Arbeitsorte – auch wechselnde Arbeitsstätten – zuzuweisen. Dies kann auch eine täglich neue Zuweisung beinhalten, was z. B. für bestimmte Berufsgruppen, wie bei Monteuren, Bauarbeitern oder Verkaufsmitarbeitern im Außendienst, typischerweise zutrifft.[29] Auch Dienstreisen gehören bei vielen Beschäftigungen zum üblichen Tätigkeitsbild und können vom Arbeitgeber angewiesen werden.

Beim Direktionsrecht muss man zwischen dem Recht und der Ausübung des Rechts unterscheiden. Die Ausübung muss nach »billigem Ermessen« erfolgen.[30] Das BAG verlangt für die Ausübung von billigem Ermessen »*eine Abwägung der wechselseitigen Interessen nach verfassungsrechtlichen und gesetzlichen Wertentscheidungen, den allgemeinen Wertungsgrundsätzen der Verhältnismäßigkeit und Angemessenheit sowie der Verkehrssitte und Zumutbarkeit. In der Abwägung sind alle Umstände des Einzelfalles einzubeziehen. Hierzu gehören die Vorteile aus einer Regelung, die Risikoverteilung zwischen den Vertragsparteien, die beiderseitigen Bedürfnisse, die außervertragliche Vor- und Nachteile, Vermögens- und Einkommensverhältnisse sowie soziale Lebensver-*

26 Siehe Interviews in Teil 3 mit Miriam Schilling (VAUDE), Kapitel 11.2 und Prof. Dr. Gunther Olesch (Phoenix Contact) in Kapitel 11.1.

27 BAG, Urteil vom 22.09.2016 – 2 AZR 509/15 = NZA 2016, 1461; ErfK/Preis GewO § 106 Rn. 1–3.

28 ErfK/Preis, 19. Aufl. 2019, GewO § 106 Rn. 5–16.

29 Moll Münchner Anwaltshandbuch Arbeitsrecht, § 13, Rn. 6.

30 ErfK/Preis, 19. Aufl. 2019, GewO § 106 Rn. 5–16.

hältnisse wie familiäre Pflichten und Unterhaltsverpflichtungen.«[31] Das heißt, es kommt immer auf die Verhältnisse des Einzelfalles an, ob eine solche Weisung rechtmäßig ist oder nicht.

Da die Nutzung von Mobilgeräten überall möglich ist, könnte ein Arbeitgeber nach diesen Grundsätzen seine festen betrieblichen Arbeitsorte eigentlich auflösen. Hierbei ist zu berücksichtigen, dass sich eine Pflicht zu einem Einsatz im Homeoffice aus dem Gesetz nicht herleiten lässt, da der Arbeitgeber nicht über die privaten Räume des Mitarbeiters bestimmen kann. Ein Homeoffice ist also kein Betriebsort.[32]

LEGALDEFINITION »HOMEOFFICE«

Eine Legaldefinition, wann von Homeoffice gesprochen werden kann, findet sich nunmehr in der neugefassten ArbStättV vom 03.12.2016.[33] Danach ist von einem Homeoffice auszugehen, wenn ein

- vom Arbeitgeber fest eingerichteter Bildschirmarbeitsplatz
- im Privatbereich der Beschäftigten,
- für den der Arbeitgeber eine mit dem Beschäftigten vereinbarte wöchentliche Arbeitszeit und die Dauer der Einrichtung festgelegt hat,

eingerichtet ist.

Ferner ist der Homeoffice-Arbeitsplatz aber erst dann eingerichtet, wenn

- der Arbeitgeber und der Beschäftige die Bedingungen hierüber arbeitsvertraglich oder im Rahmen einer Vereinbarung festgelegt haben,
- die benötigte Ausstattung des Telearbeitsplatzes mit Mobiliar, Arbeitsmitteln einschließlich der Kommunikationseinrichtungen durch den Arbeitgeber oder eine von ihm beauftragte Person
- im Privatbereich des Beschäftigten bereitgestellt und installiert ist.

Das bedeutet aber, dass Homeoffice-Arbeitsplätze nicht einseitig vom Arbeitgeber angeordnet werden können und eine vertragliche oder rechtliche Vereinbarung vorliegen muss.[34] Hier empfiehlt sich daher die Vereinbarung von klaren vertraglichen Regelungen zur Begründung, Umfang, Beendigung und Ausgestaltung des Homeoffice.[35] Das gilt für neu abzuschließende Arbeitsverträge genauso wie für nachvertragliche Ergänzungen bestehender Arbeitsverträge.

31 BAG, Urteil vom 10.12.2014 – 10 AZR 63/14 = NZA 2015, 483; st. Rspr. BAG, Urteil vom 23.08.2013 – 10 AZR 569/12 = NZA 2014, 567.

32 LAG Rheinland-Pfalz, Urteil vom 17.12.2014 – 4 Sa 404/14.

33 § 2 Abs. 7 ArbStättV vom 03.12.2016.

34 LAG Berlin-Brandenburg, Urteil vom 10.10.2018 – 17 Sa 562/18, NZA-RR 2019, 287; siehe auch Richter, Arbeitsrechtliche Herausforderungen bei der Einführung und Durchführung von Homeoffice, ArbRAktuell 2019, 142 ff.

35 Siehe auch Richter, Arbeitsrechtliche Herausforderungen bei der Einführung und Durchführung von Homeoffice, ArbRAktuell 2019, 142 ff, 166 ff.

In der Praxis kommt es auch zu den umgekehrten Fällen, dass sich Mitarbeiter die Möglichkeit, von zu Hause arbeiten zu können, wünschen. Für die Umsetzung bedürfen diese Begehren einer vertraglichen Anspruchsgrundlage. Ein Arbeitgeber ist nach dem Gesetz nicht verpflichtet, ein Homeoffice anzubieten oder dem Wunsch eines Arbeitnehmers zu entsprechen.[36] Ein Anspruch auf Homeoffice ist – wenngleich auch aktuell diskutiert – bislang gesetzlich nicht verankert und damit auch bisher nicht einseitig vom Mitarbeiter durchsetzbar.[37]

In der Praxis kommt ebenfalls der Fall vor, dass der Arbeitgeber einen Mitarbeiter aus einer Homeoffice-Vereinbarung wieder an den Betriebsort »zurückruft«. Solche Entscheidungen des Arbeitgebers unterliegen dann gleichermaßen den oben beschriebenen Erfordernissen des billigen Ermessens.

Homeoffice	Mobiles Arbeiten
• Arbeitsplatz zu Hause fest eingerichtet	• Unterschiedliche Arbeitsorte: ortsungebunden
• ArbStättV findet Anwendung (Gefährdungsanalyse)	• Arbeitsschutz eingeschränkt (auf Arbeitsmittel)
• Gesetzliche Unfallversicherung	• Gesetzliche Unfallversicherung
• Datenschutz	• Datenschutz
• ArbZG ist zu beachten	• ArbZG ist zu beachten

5.2.2 Arbeitsvertragliche Festlegung

Sofern agiles Arbeiten ermöglichen soll, »von überall« aus zu arbeiten, also z. B. auch verschiedene Betriebsorte des Arbeitgebers bedienen soll, kann der Arbeitgeber dies grundsätzlich anweisen. In der Ausübung seines Direktionsrechts ist er aber ggf. durch arbeitsvertragliche Vereinbarungen eingegrenzt.[38] Sofern ein fester Arbeitsort im Arbeitsvertrag bezeichnet wird, ist dieser Bestandteil des Arbeitsverhältnisses.[39] Ob der vertraglich festgelegte Betriebsort ausreicht, um darauf den Arbeitsort zu beschränken, wird unterschiedlich gesehen.[40] Das BAG hat hierzu ausgeführt, dass, wenn klare Anhaltspunkte auf eine »räumliche Beschränkung der Arbeitsverpflichtung« fehlen, das Weisungsrecht des Arbeitgebers dann uneingeschränkt örtlich und

36 LAG Rheinland-Pfalz, Urteil vom 18.12.2014 – 5 Sa 378/14.

37 LAG Rheinland-Pfalz, Urteil vom 18.12.2014 – 5 Sa 378/14; LAG Köln, Urteil vom 06.07.2015 – 5 SaGa 6/15.

38 ErfK/Preis, 19. Aufl. 2019, GewO § 106 Rn. 5–16.

39 ErfK/Preis, 19. Aufl. 2019, GewO § 106 Rn. 5–16.

40 LAG Rheinland-Pfalz, Urteil vom 18.01.2007 – 6 Sa 702/06; a.M: BAG, Urteil vom 29.10.1997 – 5 AZR 573/96 = NZA 1998, 329, 330 f.; LAG Niedersachsen, Beschluss vom 21.08.2009 – 10 TaBV 121/08.

sogar deutschlandweit zum Tragen kommt.[41] Besteht dagegen eine räumliche Festlegung, so kann der Arbeitgeber den Arbeitsort nicht mehr einseitig an einen anderen Ort verlegen.

Um möglichst einen großen Spielraum oder eine unmissverständliche Klarstellung für den Einsatz an verschiedenen Arbeitsorten zu haben, gibt es in Arbeitsverträgen häufig die sogenannten »örtlichen Versetzungsvorbehalte«.[42] Diese Klauseln erlauben es dem Arbeitgeber dann ausdrücklich, einseitige Veränderungen des Arbeitsortes vorzunehmen. Das BAG hat zum räumlichen Versetzungsrecht bereits Stellung genommen und in einer Entscheidung ausgeführt:[43]

> »Es macht keinen Unterschied, ob im Arbeitsvertrag auf eine Festlegung des Orts der Arbeitsleistung verzichtet und diese dem Arbeitgeber im Rahmen von § 106 GewO vorbehalten bleibt oder ob der Ort der Arbeitsleistung bestimmt, aber die Möglichkeit der Zuweisung eines anderen Orts vereinbart wird. In diesem Fall wird lediglich klargestellt, dass § 106 S. 1 GewO gelten und eine Versetzungsbefugnis an andere Arbeitsorte bestehen soll.«

Vor diesem Hintergrund können sich Arbeitgeber die Frage stellen, ob sie dann für eine weit gefasste räumliche Einsatzmöglichkeit überhaupt Versetzungsklauseln benötigen. Man kann aber auch eine solche Klausel vertraglich präzise formulieren und gestalten.

Da es sich hier dann um vorformulierte, für eine Vielzahl bestimmter Fälle bezogene Regelungen handelt, unterliegen diese Klauseln der AGB-Kontrolle nach §§ 305 ff. BGB. Der Mitarbeiter soll durch diesen Kontrollmaßstab vor einer unangemessenen Benachteiligung geschützt werden. Örtliche Versetzungsklauseln sind nur hinsichtlich der Transparenz überprüfbar (§ 307 Abs. 3 BGB).[44] Sie dürfen nicht überraschend oder versteckt im Vertrag niedergelegt sein.[45]

Ein Formulierungsvorschlag für eine örtliche Versetzungsklausel im Arbeitsvertrag könnte sein:[46]

> Der Arbeitgeber behält sich im Rahmen des Direktionsrechts gem. § 106 GewO vor, den Arbeitnehmer an einen anderen Arbeitsort und/oder den Arbeitnehmer vorübergehend auch an auswärtigen Arbeitsplätzen des Arbeitgebers ein-

41 BAG, Urteil vom 18.10.2012 – 6 AZR 86/11 = DB 2012, 16.
42 BAG, Urteil vom 13.03.2007 – 9 AZR433/06, DB 2007, 1985.
43 BAG, NZA 2011, 631.
44 ErfK/Preis, 19. Aufl. 2019, GewO § 106 Rn. 5–16.
45 BAG, NZA 2011, 631.
46 Siehe auch Klagges/Schaub/Schrader/Straube/Vogelsang, Arbeitsrechtliches Formular- und Verfahrenshandbuch, Arbeitsvertrag.

zusetzen. Hierbei werden persönliche Belange des Arbeitnehmers angemessen berücksichtigt.

Ob der Arbeitgeber also vertraglich in seinem Direktionsrecht eingeschränkt ist, was die Bestimmung des Arbeitsortes anbelangt, wird von den vertraglichen Regelungen abhängen, die die Arbeitsparteien treffen. Besteht dagegen noch nicht einmal eine vertragliche Einschränkung bezüglich des Arbeitsortes, so kann der Arbeitgeber einen Mitarbeiter grundsätzlich uneingeschränkt örtlich versetzen und ist hierbei nicht auf einen Betrieb beschränkt.[47]

Ein erwähnenswerter Punkt betrifft die Kosten eines mobilen Arbeitsortes oder eines Homeoffice. Sofern es keine vertraglichen Regelungen hierüber gibt, hat der Mitarbeiter einen Anspruch auf Aufwandsentschädigung gegenüber seinen Arbeitgeber, sofern er Aufwendungen für die Erbringung der Arbeitspflicht hat (§ 670 BGB). Das Gleiche gilt für benötigte Arbeitsmaterialien, wie z. B. Laptop, Tablet, Büromaterial.

AGILES TO-DO:

- Hinsichtlich der Festlegung von Arbeitsorten hat der Arbeitgeber grundsätzlich ein Weisungsrecht.
- Der Arbeitgeber kann mobiles Arbeiten ermöglichen.
- Für die Einrichtung von Homeoffice-Arbeitsplätzen bedarf es einer vertraglichen Grundlage (Begründung, Umfang, Beendigung und Ausgestaltung).
- Dies gilt auch für die Kostenübernahme der Arbeitsmittel im Homeoffice oder bei mobiler Tätigkeit.

5.2.3 Rechte des Betriebsrates

Besteht in einem Unternehmen ein Betriebsrat,[48] so hat dieser unter Umständen Beteiligungs- oder Mitbestimmungsrechte bei der Veränderung des Arbeitsorts.

Mit der Auflösung von festen Arbeitsorten könnten Beteiligungs- und Mitbestimmungsrechte des Betriebsrates berührt werden. In Betracht kommen:

- Versetzung von Mitarbeitern (§ 99 BetrVG),
- Mitbestimmung bei der technischen Einrichtung (§ 87 Abs. 1 Nr. 6 BetrVG),
- Mitbestimmung im Bereich Gesundheitsschutz (§ 87 Abs. 1 Nr. 7 BetrVG),
- Betriebsänderung gem. §§ 111, 112 BetrVG.

47 ErfK/Preis, 19. Aufl. 2019, GewO § 106 Rn. 5–16.

48 Gleichermaßen gilt dies auch für andere Mitbestimmungsgremien, z. B. Mitarbeitervertretung in Tendenzbetrieben.

5.2.3.1 Versetzung an »agile« Arbeitsorte

Nach der Legaldefinition in § 95 Abs. 3 Satz 1 BetrVG ist die Versetzung »*die Zuweisung eines anderen Arbeitsbereichs, die voraussichtlich die Dauer von einem Monat überschreitet oder die mit einer erheblichen Änderung der Umstände verbunden ist, unter denen die Arbeit zu leisten ist*«.[49] Bei einer Versetzung ist die Zustimmung des Betriebsrates zwingend; ansonsten ist die Maßnahme nicht wirksam.[50] Ob ein anderer Arbeitsort als Versetzung anzusehen ist, hängt somit zum einen davon ab, ob die Dauer von vier Wochen überschritten ist, und zum anderen, ob damit der Ortswechsel gleichzeitig einen anderen Arbeitsbereich darstellt. Als Arbeitsbereich versteht die Rechtsprechung »*den konkreten Arbeitsplatz und seine Beziehung zur betrieblichen Umgebung in räumlicher, technischer und organisatorischer Hinsicht.*«[51] Der Begriff ist demnach räumlich und funktional zu verstehen. Er umfasst neben dem Ort der Arbeitsleistung auch die Art der Tätigkeit und den gegebenen Platz in der betrieblichen Organisation. Die Zuweisung eines anderen Arbeitsbereiches liegt vor, wenn sich das Gesamtbild der bisherigen Tätigkeit des Arbeitnehmers so verändert hat, dass die neue Tätigkeit vom Standpunkt eines mit den betrieblichen Verhältnissen vertrauten Beobachters als eine »andere« anzusehen ist.[52] Insofern wird es auch hier auf die Umstände des jeweiligen Sachverhaltes ankommen, inwieweit der Ortswechsel das Gesamtbild der Tätigkeit entscheidend ändert.

Allgemein anerkannt ist, dass keine mitbestimmungspflichtige Versetzung gem. § 95 Abs. 3 Satz 2 BetrVG vorliegt, wenn mit dem Arbeitnehmer vertraglich eine sogenannte wechselnde Einsatztätigkeit vereinbart ist und der ständige Wechsel des Arbeitsplatzes für das Arbeitsverhältnis daher typisch ist.[53] Ein ständiger Wechsel muss dafür der Tätigkeit selbst immanent sein. Eine reine vertragliche Vereinbarung reicht nicht aus, um das Mitbestimmungsrecht auszuschließen.[54] Entscheidend wird es also darauf ankommen, inwieweit der unterschiedliche Einsatz an verschiedenen Arbeitsorten die Tätigkeit des Mitarbeiters prägt.

Soweit die Zuweisung eines anderen Arbeitsortes dann den Tatbestand einer Versetzung erfüllt, hat der Betriebsrat dieser zuzustimmen.

49 Richardi, BetrVG/Thüsing, 16. Aufl. 2018, BetrVG § 99 Rn. 108–113.
50 Richardi, BetrVG/Thüsing, 16. Aufl. 2018, BetrVG § 99 Rn. 108–113.
51 BAG, Beschluss vom 19.02.1991 – 1 ABR 33/90.
52 BAG, Beschluss vom 17.06.2008 – 1 ABR 38/07 = DB 2008, 2771; BAG, Beschluss vom 11.12.2007 – 1 ABR 73/06 = DB 2008, 1164.
53 BAG, Beschluss vom 18.02.1986 – 1 ABR 27/84 = NZA 1986, 616.
54 ErfK/Kania, 19. Aufl. 2019, BetrVG § 99 Rn. 13–18.

5.2.3.2 Mitbestimmung bei technischer Einrichtung

Arbeiten im Homeoffice und vor allem mobile Arbeit erfordern den Einsatz technischer – mobiler – Geräte. Will der Arbeitgeber mobile Geräte in seinem Betrieb einführen – um beispielsweise mobile Arbeit überhaupt zu ermöglichen – so können hier Mitbestimmungsrechte aus § 87 Abs. 1 Nr. 6 BetrVG für den Betriebsrat gelten. Schlüsselbegriff dieser Vorschrift ist die Überwachung durch technische Einrichtungen.[55] Vom Geltungsbereich des Abs. 1 Nr. 6 erfasst sind nur solche Überwachungsmaßnahmen, die mithilfe technischer Einrichtungen durchgeführt werden. Durch den Einsatz der technischen Überwachungseinrichtung müssen Daten erhoben werden, die Rückschlüsse auf das Verhalten bzw. die Leistung der Arbeitnehmer zulassen.[56] Auf den Wirkungsbereich oder die Absicht, Kontrolle auszuüben, kommt es nicht an.[57] Alleine die Möglichkeit, dass eine Leistungsüberwachung mittels der Technik durchgeführt werden könnte, reicht für das Mitbestimmungsrecht aus.[58]

Bezogen auf technische mobile Geräte, wie z. B. Laptops, Tablets, Smartphones etc., besteht bei Nutzung jedenfalls potenziell die Möglichkeit, das Verhalten oder die Leistung der Beschäftigten zu kontrollieren. Insofern hat der Betriebsrat bei der Einführung und Verwendung von mobilen Geräten ein zu beachtendes Mitbestimmungsrecht.

5.2.3.3 Mitbestimmung im Bereich Gesundheitsschutz

Die Möglichkeit für Arbeitnehmer, im Homeoffice oder mobil zu arbeiten, könnte sich auf ihre Gesundheit auswirken.[59] Hierdurch könnten auch Mitspracherechte des Betriebsrates aus § 87 Abs. 1 Nr. 7 BetrVG entstehen. Danach hat der Betriebsrat bei betrieblichen Regelungen über den Gesundheitsschutz mitzubestimmen, die der Arbeitgeber aufgrund von gesetzlichen Vorschriften zu beachten hat.[60] Der Begriff des Gesundheitsschutzes ist umfassend und betrifft neben der Verhütung von Arbeitsunfällen und Berufskrankheiten alle Maßnahmen, die der Erhaltung der physischen und psychischen Integrität der Arbeitnehmer gegenüber Schädigungen durch medizinisch feststellbare arbeitsbedingte Verletzungen, Erkrankungen oder sonstige gesundheitliche Beeinträchtigungen dienen. Auch vorbeugende Maßnahmen sind hiervon

55 Richardi, BetrVG/Richardi/Maschmann, 16. Aufl. 2018, BetrVG § 87 Rn. 496–499.
56 Richardi, BetrVG/Richardi/Maschmann, 16. Aufl. 2018, BetrVG § 87 Rn. 505–512.
57 Richardi, BetrVG/Richardi/Maschmann, 16. Aufl. 2018, BetrVG § 87 Rn. 505–512.
58 ErfK/Kania, 19. Aufl. 2019, BetrVG § 87 Rn. 51–54.
59 Siehe auch https://www.zeit.de/karriere/beruf/2017-03/homeoffice-stress-gesundheit-bezahlung-mitarbeiter-studie.
60 BAG, Beschluss vom 15.01.2002 – 1 ABR 13/01 = NZA 2002, 995; Richardi, BetrVG/Richardi, 16. Aufl. 2018, BetrVG § 87 Rn. 556–563; ErfK/Wank, 19. Aufl. 2019, ArbSchG § 3 Rn. 1–5.

erfasst.[61] Zum Mitbestimmungsrecht selbst hat das BAG ausgeführt, dass es sich *»auf Maßnahmen des Arbeitgebers zur Verhütung von Gesundheitsschäden bezieht, die Rahmenvorschriften konkretisieren. Hierdurch soll im Interesse der betroffenen Arbeitnehmer eine möglichst effiziente Umsetzung des gesetzlichen Arbeitsschutzes erreicht werden. Das Mitbestimmungsrecht setzt ein, wenn eine gesetzliche Handlungspflicht objektiv besteht und wegen Fehlens einer zwingenden Vorgabe betriebliche Regelungen verlangt, um das vom Gesetz vorgegebene Ziel des Arbeits- und Gesundheitsschutzes zu erreichen.«*[62] Es kann insoweit nur von einem Mitbestimmungsrecht ausgegangen werden, soweit der Arbeitgeber hier Handlungsspielräume nutzt.[63] Dies ist z. B. der Fall, wenn eine Gefährdungsbeurteilung gem. § 5 ArbSchG durchgeführt wird.[64] Soweit aber gesetzliche Vorschriften oder Unfallverhütungsvorschriften gar keinen Regelungsspielraum zulassen, findet auch ein Mitbestimmungsrecht keine Anwendung.[65] Hinsichtlich der Betrachtung von entkoppelten Arbeitsplätzen kann der Betriebsrat ggf. Mitbestimmungsrechte beim Homeoffice-Arbeitsplatz haben, da hier nach der ArbStättV nun wohl noch ausfüllungsbedürftige Regelungen bestehen.[66] Bemerkenswert ist, dass »mobiles Arbeiten« ausdrücklich nicht durch die ArbStättV erfasst ist.[67] Damit entfällt für Arbeitgeber hier auch die Verpflichtung, eine Gefährdungsbeurteilung vorzunehmen.

Mitbestimmungsrechte des Betriebsrates nach § 87 BetrVG sind zwingend. Kommt eine Einigung hier nicht zustande, so ist die Einigungsstelle einzuberufen, die dann letztendlich eine für beide Seiten bindende Entscheidung fällen soll (§ 87 Abs. 2 BetrVG). Die Durchführung eines solchen Verfahrens kann in der Regel nicht zeitlich genau kalkuliert werden. Sämtliche Kosten, die hierbei entstehen, hat der Arbeitgeber zu tragen.[68]

5.2.3.4 Betriebsänderung

Eine weitere Beteiligung des Betriebsrates kann sich dann ergeben, sofern die Veränderung des Arbeitsortes den Teil einer Betriebsänderung im Sinne der §§ 111, 112 BetrVG darstellt. Relevant werden diese Bestimmungen aber auch nur für Unterneh-

61 BVerwG, Beschluss vom 14.02.2013 - 6 PB 1.13 = NZA-RR 2013, 390.
62 BAG, Beschluss vom 30.09.2014 - 1 ABR 106/12 = NZA 2015, 314; BAG, Beschluss vom 11.02.2014 - 1 ABR 72/12 = NZA 2014, 989.
63 BeckOK ArbR/Werner, 51. Ed. 1.12.2018, BetrVG § 87 Rn. 107–113.
64 BAG, Beschluss vom 11.02.2014 - 1 ABR 72/12 = NZA 2014, 989.
65 BAG, Beschluss vom 18.08.2009 - 1 ABR 43/08 = NZA 2009, 1434.
66 § 3 ArbStättV.
67 BR-Drs. 506/16 S. 36.
68 Küttner, Personalhandbuch 2019, Einigungsstelle, Rn. 1 ff.

men, die mehr als 20 Mitarbeiter beschäftigen und über einen Betriebsrat verfügen.[69] Es gibt keine abschließende gesetzliche Definition einer Betriebsänderung.[70] Allerdings ist im Gesetz selbst in § 111 Satz 3 BetrVG beschrieben, was unter einer Betriebsänderung zu verstehen ist. Umstritten ist, ob die in Satz 3 aufgeführten Tatbestände als »abschließend« zu werten sind. Das BAG hat dies bislang offengelassen.[71] Nach dem Wortlaut des § 111 Satz 1 BetrVG setzt eine Betriebsänderung voraus, dass erhebliche Teile der Belegschaft von Veränderungen betroffen sind.[72] Nach der ständigen Rechtsprechung[73] ist dies allerdings dann bedeutungslos, soweit eine Betriebsänderung im Sinne des § 111 Satz 3 BetrVG vorliegt. Die in Satz 3 Nr. 1–5 aufgeführten Tatbestände konkretisieren die Fälle, in denen von wesentlichen Nachteilen ausgegangen werden kann. Aus dem Wortlaut der Vorschrift ergibt sich, dass bei Vorliegen eines solchen Falles der Eintritt der Nachteile fingiert wird. Ob die gegebene Betriebsänderung dann tatsächlich Nachteile zur Folge hat oder haben kann, kann dahingestellt bleiben: Es gilt die unwiderlegliche Vermutung, dass die im Katalog genannten Fälle wesentliche Nachteile für die Belegschaft mit sich bringen.

Was als »erheblich« angesehen wird, bestimmt sich grundsätzlich nach § 17 KSchG, der hier als Maßstab genommen wird:[74]

Anzahl Mitarbeiter im Unternehmen	Betroffene Mitarbeiter
mehr als 20 und weniger als 60	Mehr als 5 Mitarbeiter
Mindestens 60 und weniger als 500	10 % der Beschäftigten oder mehr als 25 Mitarbeiter
Mindestens 500	Mindestens 30 Mitarbeiter
600 und mehr	Mindestens 5 % der Beschäftigten

Ein »agiler Arbeitsortwechsel« von Mitarbeitern könnte sich möglicherweise als Änderung auf die Betriebsorganisation auswirken. Dann kann § 111 Satz 3 Nr. 4 BetrVG zur Anwendung kommen. Das BAG hat zur Änderung der Betriebsorganisation aktuell ausgeführt, dass es sich um eine solche handelt, *»wenn der Betriebsaufbau, insbesondere hinsichtlich Zuständigkeiten und Verantwortung, umgewandelt wird. Grundlegend ist die Änderung, wenn sie sich auf den Betriebsablauf in erheblicher Weise auswirkt. Maßgeblich dafür ist der Grad der Veränderung. Es kommt entscheidend darauf an, ob*

69 ErfK/Kania, 19. Aufl. 2019, BetrVG § 111 Rn. 5, 6; Anmerkung: Zu den Arbeitnehmern zählen auch Leiharbeitnehmer.
70 Richardi, BetrVG/Annuß, 16. Aufl. 2018, BetrVG § 111 Rn. 38–40.
71 BAG, Beschluss vom 06.12.1988 – 1 ABR 47/87 = ZIP 1989, 389.
72 Richardi, BetrVG/Annuß, 16. Aufl. 2018, BetrVG § 111 Rn. 45–51.
73 BAG, Beschluss vom 17.08.1982 – 1 ABR 40/80 = NJW 1983, 1870.
74 ErfK/Kania, 19. Aufl. 2019, BetrVG § 111 Rn. 10.

die Änderung einschneidende Auswirkungen auf den Betriebsablauf, die Arbeitsweise oder die Arbeitsbedingungen der Arbeitnehmer hat. Die Änderung muss in ihrer Gesamtschau von erheblicher Bedeutung für den gesamten Betriebsablauf sein.«[75] Hier ist also immer der Einzelfall zu prüfen, inwieweit durch die örtliche Veränderung gleichzeitig erhebliche Änderungen im Betriebsablauf entstehen. Dies könnte z. B. dadurch gegeben sein, weil Arbeitsprozesse durch die örtliche Veränderung anders aufgestellt werden müssen oder sich ggf. auch Bearbeitungswege ändern. Nur wenn der Betriebsablauf entscheidend betroffen ist, kann eine Betriebsänderung angenommen werden.

Wird im Einzelfall festgestellt, dass keine Änderung der Betriebsorganisation von erheblicher Bedeutung vorliegt, und geht man davon aus, dass der § 111 Satz 3 BetrVG keine abschließende Aufzählung enthält, müsste eine Betriebsänderung zumindest eine solche sein, die wesentliche Nachteile für die Belegschaft oder erhebliche Teile der Belegschaft mit sich bringt.[76] In einem solchen Fall müsste die räumliche Veränderung mit nicht ganz unerheblichen Erschwernissen für die Mitarbeiter verbunden sein.[77] Dies ist oft der Fall, wenn der neue Arbeitsort weitere Anfahrtswege oder Erreichbarkeiten mit sich bringt.[78] Ebenso sollen auch immaterielle Nachteile, wie z. B. Leistungsverdichtung, Qualifikationsverlust oder psychische Belastung, dazu zählen.[79]

Werden entsprechend viele Arbeitsplätze an einen anderen oder »mobilen« Ort oder ins Homeoffice verlagert und wird damit die Zahlengrenze des § 17 KSchG erreicht, wäre das Vorliegen einer Betriebsänderung demnach zu prüfen. Hier käme es dann im Wesentlichen darauf an, inwieweit der jeweilige »neue Ort« als nachteilig angesehen werden könnte. Die Frage wird sein, ob und wie ggf. die oben benannten immateriellen Nachteile vorliegen und zu beurteilen sind. Die Beantwortung dieser Frage wird von der jeweiligen Situation und den konkreten Auswirkungen auf die jeweiligen Mitarbeiter abhängen.

Das Gesetz sieht in § 112 Abs. 1 BetrVG vor, dass bei Vorliegen einer Betriebsänderung Arbeitgeber und Betriebsrat den Abschluss eines Interessenausgleichs versuchen.[80] Das Ziel ist hierbei immer, Einigkeit über das »Ob, Wann und Wie« der Maßnahme zu erreichen.[81] Die Interessen des Arbeitgebers sollen mit denen der Arbeitnehmer an der Erhaltung ihrer Arbeitsplätze und Arbeitsbedingungen mit dem ernsten Willen der Verständigung in Übereinstimmung gebracht werden. Ferner hat vor jeder Betriebs-

75 BAG, Beschluss vom 22.03.2016 – 1 ABR 12/14 = NZA 2016, 894.
76 BAG, Beschluss vom 06.12.1988 – 1 ABR 47/87 = ZIP 1989, 389.
77 ErfK/Kania, 19. Aufl. 2019, BetrVG § 111 Rn. 8, 9 BeckOK ArbR/Besgen, 51. Ed. 1.3.2019, BetrVG § 111 Rn. 9.
78 BAG, Urteil vom 17.08.1982, DB 1983, 344; LAG Frankfurt, Beschluss vom 28.10.1986, AiB 87, 292.
79 ErfK/Kania, 19. Aufl. 2019, BetrVG § 111 Rn. 8, 9 BeckOK ArbR/Besgen, 51. Ed. 1.3.2019, BetrVG § 111 Rn. 9.
80 ErfK/Kania, 19. Aufl. 2019, BetrVG §§ 112, 112a Rn. 4.
81 ErfK/Kania, 19. Aufl. 2019, BetrVG §§ 112, 112a Rn. 4.

änderung der Arbeitgeber mit dem Betriebsrat eine Einigung – einen sogenannten Sozialplan – über den Ausgleich von befürchteten oder durch die Betriebsänderung entstehenden Nachteilen bei den Mitarbeitern zu erzielen. Ein Sozialplan regelt also die wirtschaftlichen Folgen der Betriebsänderung. Ist der Arbeitgeber beim Interessenausgleich nur verpflichtet, auf eine Einigung hinzuwirken, so ist ein Sozialplan für ihn verpflichtend und kann auch seitens des Betriebsrates erzwungen werden.[82] Unterlässt es der Arbeitgeber, den Betriebsrat bei einer Betriebsänderung ordnungsgemäß zu beteiligen oder mit ihm einen Interessenausgleich zu versuchen oder verstößt er gegen Vereinbarungen im Interessenausgleich selbst, so sieht § 113 BetrVG hier finanzielle Sanktionen gegen den Arbeitgeber vor.[83] Hierbei kommt es auf ein Verschulden des Arbeitgebers nicht an – auch eine fahrlässige Unterlassung begründet eine Verpflichtung aus § 113 BetrVG.[84]

AGILES TO-DO

- Soweit andere zugewiesene Arbeitsorte eine Versetzung darstellen, hat der Betriebsrat dieser zuzustimmen.
- Bei der Einführung und Nutzung von mobilen technischen Geräten bestehen Mitbestimmungsrechte des Betriebsrates.
- Bei Vorliegen gesetzlicher Vorschriften über den Gesundheitsschutz kann der Betriebsrat ein zwingendes Mitbestimmungsrecht (z. B. Homeoffice-Arbeitsplatz) haben.
- Liegt eine Betriebsänderung vor, ist der Betriebsrat rechtszeitig einzubeziehen. Ein Interessenausgleich und Sozialplan sind zu verhandeln.

5.2.4 Arbeitsschutz

Der Arbeitgeber ist verantwortlich für die Planung, Gestaltung und Organisation der Sicherheit und des Gesundheitsschutzes.[85] Nach § 3 ArbSchG ist er verpflichtet, die erforderlichen Maßnahmen des Arbeitsschutzes unter Berücksichtigung der Umstände zu treffen, die die Sicherheit und Gesundheit der Beschäftigten bei der Arbeit beeinflussen. Dies ist seine Grundpflicht als Arbeitgeber.[86] Diese Verpflichtung bezieht sich auf alle Tätigkeitsbereiche von allen Arbeitnehmern – insofern gilt sie auch für sämtliche Arbeitsplätze. Durch die Novellierung der ArbStättV ist der Begriff des »Arbeitsplatzes« neu definiert worden. Danach ist eine zeitliche Komponente nunmehr vollständig entfallen, sodass Arbeitsplätze Bereiche von Arbeitsstätten sind, in

82 ErfK/Kania, 19. Aufl. 2019, BetrVG §§ 112, 112a Rn. 14–18.
83 ErfK/Kania, 19. Aufl. 2019, BetrVG § 113 Rn. 1–3.
84 ErfK/Kania, 19. Aufl. 2019, BetrVG § 113 Rn. 1–3.
85 Küttner, Personalhandbuch 2019, Arbeitssicherheit/Arbeitsschutz Rn. 8 ff.
86 ErfK/Wank, 19. Aufl. 2019, ArbSchG § 3 Rn. 1–5.

denen Beschäftigte im Rahmen ihrer Arbeit tätig sind.[87] Damit ist davon auszugehen, dass auch bei »agilen« Arbeitsorten der Arbeitsschutz Anwendung findet und die ArbStättV vom Arbeitgeber zu beachten ist.

Die Frage ist, wie in diesem Zusammenhang welcher Maßstab bei Arbeitsorten anzulegen ist, die keiner festen Ortsbindung unterliegen, wie z. B. mobiles Arbeiten und/oder Homeoffice. Hierzu ist ebenfalls nunmehr in der Neufassung der ArbStättV geregelt, dass »*die sogenannte mobile Arbeit außerhalb eines festeingerichteten Arbeitsplatzes im Betrieb oder in der Wohnung des Arbeitnehmers, etwa das gelegentliche Arbeiten mit einem Laptop oder Tablet zu Hause, auf Dienstreisen oder im Hotel, nicht erfasst sind.*«[88] Bei einer gelegentlichen Verwendung von mobilen Arbeitsgeräten, wie Laptop oder Tablet, an einem Arbeitsplatz sind also keine besonderen rechtlichen Vorgaben im Sinne der ArbStättV zu beachten.

Für Homeoffice-Arbeitsplätze sind Pflichten des Arbeitgebers dagegen nunmehr ausdrücklich geregelt. Da der Arbeitgeber nur begrenzte Rechte und Möglichkeiten besitzt, die Arbeitsumgebung im Privatbereich zu beeinflussen, wird der Anwendungsbereich der Verordnung in Bezug auf Telearbeitsplätze auf die Anforderung auf Bildschirmarbeitsplätze beschränkt. Durch die Novellierung sind die Anforderungen aus der bisherigen ArbStättV und der Bildschirmarbeitsplatz-Verordnung vereinheitlicht worden, sodass damit einige Unklarheiten in der Praxis beseitigt und für Arbeitgeber die Anwendung – und damit auch die Einrichtung von Homeoffice-Arbeitsplätzen – erleichtert sein könnte. Danach gelten künftig für Homeoffice-Arbeitsplätze folgende Vorgaben:

RECHTLICHE VORGABEN FÜR HOMEOFFICE-ARBEITSPLÄTZE

- § 3 ArbStättV (Gefährdungsbeurteilung), allerdings nur bei der erstmaligen Beurteilung der Arbeitsbedingungen und des Arbeitsplatzes
- § 6 (Unterweisung)
- Nr. 6 des Anhangs der ArbStättV (Maßnahmen zur Gestaltung von Bildschirmarbeitsplätzen)

Die genannten Pflichten gelten allerdings nur, wenn der Homeoffice-Arbeitsplatz von dem Arbeitsplatz im Betrieb abweicht.[89] Laut Verordnungsbegründung muss bei der Prüfung der Vergleichbarkeit der Arbeitsbedingungen der Bildschirmarbeitsplatz zu Hause »nicht genau« den Bedingungen im Betrieb entsprechen. Ist eine »wesentliche« Vergleichbarkeit gegeben, ist eine gesonderte Beurteilung und Unterweisung in Bezug auf den Homeoffice-Arbeitsplatz entbehrlich. Dann würde es ausreichen,

87 § 2 Abs. 4 ArbStättV.
88 BR-Drs. 506/16 S. 24.
89 BR-Drs. 506/16 S. 23, 24.

wenn der Homeoffice-Arbeitsplatz lediglich sicher und geeignet für die Art der Tätigkeit (Bildschirmarbeit) ist und nicht die Gesundheit der Beschäftigten gefährdet. Wie allerdings eine Prüfung der Vergleichbarkeit künftig in der Praxis vorgenommen werden soll und wie hier Aufsichtsbehörden und Gerichte dies handhaben bzw. bewerten werden, kann aktuell noch nicht abgesehen werden.

AGILES TO-DO

- Bei agilen Arbeitsorten sind die Regeln des Arbeitsschutzes zu beachten.
- Klärung vorab, für welche Tätigkeiten sich welche Arbeitsorte (zu Hause/mobil) eignen.
- Homeoffice-Arbeitsplätze unterliegen der ArbStättV, mobiles Arbeiten ist hier ausdrücklich nicht erfasst.

5.2.5 Datenschutz

Das Unternehmen muss sicherstellen, dass die datenschutzrechtlichen Anforderungen eingehalten werden.[90]Das gilt auch, wenn der Mitarbeiter Daten in seinem Homeoffice oder an seinem Arbeitslatz bearbeitet. Insofern muss ähnlich wie beim Arbeitsschutz auch hier das Unternehmen die erforderlichen Maßnahmen treffen, die entsprechenden Daten zu schützen.[91] Dies kann praktisch aufgrund der Nachweispflichten auch durch den Mitarbeiter erfolgen. Unabhängig vom Arbeitsort ist der Mitarbeiter verpflichtet, im Sinne der Datensicherheit betriebliche Daten geheim zu halten und vor Fremdeingriff zu schützen. Hierfür sind auch entsprechende Vorkehrungen – wie z. B. zum Zugang im Homeoffice, zu Geräten und Unterlagen – zu treffen. In der Regel geht es hier um abschließbare Schränke und Bürozimmer und passwortgeschützte Zugriffe, die der Arbeitnehmer dann nachzuweisen hat.

Für mobile Arbeitsplätze kann der Mitarbeiter nur verpflichtet werden, erforderliche Vorkehrungen für die Geräte zu treffen, sodass beim Arbeiten von unterwegs kein unberechtigter Datenzugriff Dritter erfolgen kann.

AGILES TO-DO

- Der Schutz der Daten ist vorher zu klären.
- Nachweispflichten des Mitarbeiters sollten dokumentiert werden.
- Insbesondere personenbezogene Daten sollten durch geeignete technische Maßnahmen geschützt werden

90 ErfK/Franzen, 19. Aufl. 2019, BDSG § 26 Rn. 49.
91 ErfK/Franzen, 19. Aufl. 2019, BDSG § 26 Rn. 49.

5.2.6 Tarifvertrag Mobiles Arbeiten

Bis vor Kurzem ging es in Verhandlungen zwischen den Tarifparteien im Wesentlichen immer nur um Fragen und Themenstellungen rund um Lohnerhöhungen. Herkömmliche tarifliche Vergütungssysteme bezogen sich daher in der Regel hauptsächlich auf den Faktor Geld. Dies ändert sich gerade.[92] So hat sich in der Metall- und Elektroindustrie mit dem neuen Abschluss aus 2018 ein modernes Tarifsystem entwickelt, in dem es einen eigenen Tarifvertrag zum »mobilen Arbeiten« gibt, den TV-MobA.[93] Damit soll sich eine bessere Vereinbarkeit der Arbeitstätigkeit mit der persönlichen Lebensführung verwirklichen lassen. In diesem Teil des Tarifvertrages geht es um die Bestimmungen für ortsungebundenes Arbeiten und das Loslösen vom Arbeitsort »Betriebsstätte«. Der Tarifvertrag versteht sich an dieser Stelle als flankierende Regelung, die einen Rahmen für die konkreten betrieblichen Gegebenheiten schafft.[94]

Die Inhalte dieses Tarifvertrages kommen daher nur zur Anwendung, soweit sich die Betriebsparteien auf eine freiwillige Betriebsvereinbarung im Sinne des §88 BetrVG zum mobilen Arbeiten verständigen und »mobiles Arbeiten« im Betrieb auch existiert.

Für die Anwendung, was unter »mobiler Arbeit« zu verstehen ist, enthält der Tarifvertrag folgende Definition:[95]

> »Mobiles Arbeiten umfasst alle arbeitsvertraglichen Tätigkeiten, die zeitweise (flexibel) oder regelmäßig (an fest vereinbarten Tagen) außerhalb der Betriebsstätten durchgeführt werden. Es ist nicht auf Arbeiten mit mobilen Endgeräten beschränkt.
>
> Mobiles Arbeiten umfasst nicht Tätigkeiten oder Arbeitsformen, die aufgrund ihrer Eigenart außerhalb des Betriebes zu erbringen sind, z. B. Bereitschaftsdienst, Rufbereitschaft, Telearbeit, Vertriebs-, Service- und Montagetätigkeiten oder vergleichbare Tätigkeiten.«

Aus dem letzten Satz ergibt sich, dass damit auch Beschäftigte in Telearbeit und auch mit einem dauerhaft eingerichteten Homeoffice von dieser Definition ausgenommen sind. Hier bedarf es dann eigener Regelungen, die entweder auf betrieblicher Ebene für diese Gruppen oder individuell mit den jeweiligen Mitarbeitern, die sich im Homeoffice oder auf einem Telearbeitsplatz befinden, festgelegt werden.

---

92 Siehe auch Redmann, Britta, Vergütungssysteme gestalten: agil, rechtssicher, nicht-monetär, Teil 2, 4.5, Haufe 2019, Redmann, Britta, Tarifvertrag Mobiles Arbeiten, Vereinbarkeit 4.0., Bertelsmann Stiftung, 2019.

93 TV MobA.

94 §2 TV MobA.

95 §2 TV MobA.

Der TV MobA findet natürlich auch keine Anwendung bei außertariflichen Arbeitsverhältnissen: Sein Geltungsbereich bezieht sich eben nur auf Beschäftigte, die unter das Entgeltrahmenabkommen fallen.

Für Mitarbeiter und Arbeitgeber gibt es auch eine erhebliche Erleichterung bei den gesetzlichen Ruhezeiten. Diese betragen grundsätzlich elf Stunden. Der Tarifvertrag nutzt in seiner Regelung in § 5 TV MobA zur Ruhezeit die gesetzliche Öffnungsklausel des § 7 Abs. 1 Nr. 3 ArbZG aber in vollem Umfang. So verkürzen sich bei Anwendung des Tarifvertrages die Ruhezeiten um zwei Stunden auf neun Stunden. Diese Verkürzung gilt schon »kraft Tarifvertrags« bzw. allein durch das Vorliegen von »mobiler Arbeit« und muss nicht erst in eine Betriebsvereinbarung aufgenommen werden. Voraussetzung ist, dass Mitarbeiter im Rahmen ihrer mobilen Arbeit das Ende ihrer täglichen Arbeitszeit oder den Beginn der Arbeitszeit am nächsten Tag selber festlegen können.

Es gibt ein paar entscheidende Regelungen, die den tariflichen Rahmen abstecken.

Zum einen darf Mitarbeitern weder aus ihrem Wunsch nach mobilem Arbeiten noch aus der Ablehnung des Wunsches des Arbeitgebers auf mobiles Arbeiten des Mitarbeiters kein Nachteil entstehen.

Des Weiteren gibt es einen (neuen) »Grundsatz der Nichterreichbarkeit«, der einzuhalten ist und der damit auch eine Trennung von Arbeit und Beruf fördert.

Letztendlich ist auch festgelegt worden, dass mobile Arbeitstätigkeiten vom Schutz der gesetzlichen Unfallversicherung umfasst sind. Zwar sind alle Tätigkeiten, die im Interesse des Arbeitgebers verrichtet werden auch gesetzlich unfallversichert, allerdings ist die Abgrenzung zwischen betrieblichen und ggf. eigennützigen Interessen des Mitarbeiters bei mobiler Arbeit deutlich schwieriger, da sie enger miteinander verbunden sind.

Der Tarifvertrag schreibt zwar keine Normen vor, die in einer freiwilligen Betriebsvereinbarung zu regeln sind, gleichwohl enthält er Vorschläge zu möglichen Regelungspunkten:

(1) Betriebliche Präsenz
Sollen Mitarbeiter z. B. zu bestimmten Zeiten, im Betrieb anwesend sein oder auch zu bestimmten Zeiten vom Betrieb aus arbeiten? Braucht es Regelungen, wie lange das mobile Arbeiten ermöglicht werden soll? Z. B. auch stundenweise oder nur tageweise?

(2) Lage der Arbeitszeit

Hier geht es eher um die Frage der Erreichbarkeitszeiten: Sollen bestimmte Arbeitszeiten und damit auch Kernzeiten festgelegt werden, in denen die Beschäftigten, die mobil arbeiten, zu erreichen sind? Wie werden die Arbeitszeiten insgesamt verteilt?

(3) Arbeitsmittel

Welche Geräte werden dem Mitarbeiter zur Verfügung gestellt? Welche privaten Geräte darf er benutzen? Wer trägt die Kosten für mögliche zusätzliche Kosten, z. B. Strom, Internet?

(4) Datenschutz

Wie ist der Datenschutz am besten zu gewährleisten? Es muss sichergestellt werden, dass Dritte keine Einsicht in betriebliche Unterlagen oder auf Daten erhalten, die »unterwegs« genutzt werden.

(5) Leistungs- und Verhaltenskontrolle

Sofern mobiles Arbeiten auf elektronischen Endgeräten stattfindet, ist ggf. eine Leistungs- und Verhaltenskontrolle durch Anwendung der technischen Geräte auszuschließen.

(6) Konfliktlösungsmechanismus

Wie ist vorzugehen, wenn zu einzelnen Punkten oder Bedingungen keine Einigung zwischen Mitarbeiter und Arbeitgeber im konkreten Fall erzielt werden kann? Wie sieht dann ein möglicher Weg zur Konfliktlösung aus?

Ein Muster zu einer Betriebsvereinbarung zum mobilen Arbeiten findet sich in Teil 3[96].

96 Siehe Teil 3, Kapitel 13.

6 #Agile Arbeitsräume

6.1 Agiler Spirit: Dynamische und offene Raumkonzepte

Neben der »Erweiterung« von Arbeitsorten wird oft auch eine neue Gestaltung von Arbeitsräumen und Arbeitsplätzen als Unterstützung von neuem Arbeiten genannt.[1] Feste Arbeitsplätze und Büroräume weichen z. B. einer offenen Raumstruktur mit flexiblen Arbeitsbereichen und *Open Space Offices*.[2] Die Raumgestaltung ändert sich.[3] Manchmal ist hiermit verbunden, dass sich fest zugeordnete Arbeitsplätze auflösen. So gibt es häufig Konzepte, bei denen sich sowohl Mitarbeiter als auch ihre Chefs morgens zunächst einen freien Platz suchen und sich dort »einloggen.«[4] Auf die Möglichkeit, auch einmal in Ruhe und ganz alleine nachdenken und arbeiten zu können, sollte trotzdem nicht verzichtet werden. So gibt es oftmals kleine Think-Tank-Bereiche, Telefon- oder Kommunikationsinseln oder Entspannungsräume. Der Charme liegt in der Vielfalt: Mitarbeitern im besten Fall unterschiedliche Arbeitsräumlichkeiten zur Verfügung zu stellen.[5] Der Preis der Vielseitigkeit kann sein, dass es eben keine festen, zugewiesenen Arbeitsplätze mehr gibt.

Indem fest zugeordnete Arbeitsplätze abgeschafft werden und neue, offene Büroraumkonzepte entstehen, kann Zusammenarbeit und Kommunikation unmittelbar beeinflusst werden. Arbeitsplätze können räumlich so angeordnet werden, dass teamübergreifendes Arbeiten, flexible, kollaborative Zusammensetzung von Arbeitsgruppen und ein spontaner Gedanken- und Ideenaustausch möglich sind.[6] Ziel ist es, Lösungen, die von einem Team gemeinsam entwickelt werden, schneller zu finden und hierzu

---

1 Siehe auch Teil 1; siehe auch: https://www.wiwo.de/erfolg/trends/grossraumbuero-selbst-mittelstaendler-richten-sich-ein-wie-google/22619280.html; http://www.axelspringer-neubau.de/das-konzept/; http://news.microsoft.com/de-de/presskits/zuknftige-deutschland-zentrale-microsoft-realisiert-in-mnchen-schwabing-die-neue-welt-des-arbeitens/#sm.0011o91cs12mjcqzzt215lja4ke59#8cGMf2JTZLuYBOMt.97; http://www.sueddeutsche.de/muenchen/schwabing-arbeiten-ohne-arbeitsplatz-das-ist-die-neue-microsoft-zentrale-1.3200872.

2 Siehe auch Stück, NewWork – new rules? Ausgewählte arbeitsrechtliche Aspekte der Planung und Umsetzung moderner Bürokonzepte, ArbRAktuell 2018, 409 ff.

3 https://www.fraunhofer.de/content/dam/zv/de/publikationen/Magazin/2018/weitervorn_1_18_arbeitswelt-2025.pdf; https://www.shz.de/deutschland-welt/Arbeit-4-0-So-sieht-ihr-Arbeitsplatz-der-Zukunft-aus-id20409762.html; siehe auch Bürkert/Seibold, Blinder Fleck »Lean Office«, Informationsdienst IMU Institut 04/2015; vgl. Interview mit Karl-Heinz Hageni (IG Metall) in Teil 3, Kapitel 11.10; http://www.axelspringer-neubau.de/das-konzept/; Hackl/Wagner/Attmer/Baumann, NewWork: Auf dem Weg zur neuen Arbeitswelt, Springer Gabler, 2017.

4 Vgl. Interviews in Teil 3 mit Karl-Heinz Reitz (Unitymedia), Kapitel 11.3 sowie mit Frank Schlesinger (Immobilien Scout) in Kapitel 11.4 in diesem Buch.

5 http://www.axelspringer-neubau.de/das-konzept/; https://www.pulspower.com/de/unternehmen/news-und-storys/storys/neue-arbeitswelt/; Redmann, Britta, Vergütungssysteme gestalten: agil, rechtssicher und nicht-monetär, Teil 2, Kapitel 1.2.1, Räume als Begegnungsstätte, Haufe, 2019.

6 Vgl. Interviews in Teil 3 mit Karl-Heinz Reitz (Unitymedia), Kapitel 11.3 und Frank Schlesinger (Immobilien Scout) in 11.4.

erforderliche Abstimmungen untereinander durch eine entsprechende offene und bewegliche Raumgestaltung zu unterstützen. Gerade dieser Punkt der Anpassung auf aktuelle Arbeitsgegebenheiten ist gerade ein wesentlicher Aspekt von Agilität.[7]

Gleichzeitig verschwinden mit festen Arbeitsplätzen auch Statussymbole. Verfügen alle Mitarbeiter – egal, ob Geschäftsführer, Chef oder Auszubildender – nur noch über den Anspruch auf einen »beweglichen« Arbeitsplatz, aber nicht mehr auf einen bestimmten Platz und auch nicht mehr mit einer besonderen Ausstattung, so werden – zumindest durch die Arbeitsplatzbedingungen – alle gleich behandelt. Das ist ein Statement, was Unternehmen hier gegenüber ihren Mitarbeitern machen: Jeder ist gleich, egal, welchen Job er hat.

Durch eine transparente, offene Raumgestaltung werden Arbeitsprozesse, Fortschritte und Arbeitsergebnisse sichtbarer. Dies kann Leistung steigern, sofern sich viele Mitarbeiter über diesen »Wettbewerbsanreiz« angesprochen fühlen. Es schafft zumindest eine einheitliche Transparenz für alle, wer gerade was tut und welche Ergebnisse oder Fortschritte vorliegen. Alle bekommen mehr voneinander mit, was die Sensibilität und das Verständnis füreinander stärken kann und auch ein leichteres »Kontakten« ermöglicht. Offene Raumkonzepte können daher die Beziehungen der Beschäftigten miteinander fördern und unterstützen.[8]

6.2 Legal Check: Agile Arbeitsräume

Die Schaffung »agiler« Büros bedeutet ggf. die Änderung und Umgestaltung bestehender Bürobereiche. Welches Raumkonzept mit welcher Ausstattung zugrunde gelegt wird und welche Arbeitsmittel eingesetzt werden, ist eine freie unternehmerische Entscheidung des Arbeitgebers.[9] Regelungen über den Arbeitsplatz und das Arbeitsumfeld wirken sich auf mehrere oder alle Mitarbeiter aus und haben daher einen kollektiven Charakter. Damit könnte eine Mitbestimmungspflicht des Betriebsrates ausgelöst werden.[10]

---

7 Siehe auch Teil 1; Redmann, Britta, Vergütungssysteme gestalten: agil, rechtssicher, nicht-monetär, Teil 2, Kapitel 1.2 Arbeitswelten zum Wohlfühlen, Haufe, 2019.

8 Siehe auch Stück, NewWork – new rules? Ausgewählte arbeitsrechtliche Aspekte der Planung und Umsetzung moderner Bürokonzepte, ArbRAktuell 2018, 409 ff.; Redmann, Britta, Vergütungssysteme gestalten: agil, rechtssicher, nicht-monetär, Teil 2, Kapitel 1.2. Arbeitswelten zum Wohlfühlen, Haufe 2019.

9 Siehe auch Stück, NewWork – new rules? Ausgewählte arbeitsrechtliche Aspekte der Planung und Umsetzung moderner Bürokonzepte, ArbRAktuell 2018, 409 ff; Günther/Böglmüller, Digital Leadership – Mitarbeiterführung in der Arbeitswelt 4.0, NZA 2017, 546 ff.

10 Siehe auch Martin, Neue Bürokonzepte und Mitbestimmung, AiB 2007, S. 642 ff.; Rundnagel, Gute Arbeit im Büro – Neue Bürokonzepte gemeinsam gesund gestalten S. 25 ff.; Stück, NewWork – new rules? Ausgewählte arbeitsrechtliche Aspekte der Planung und Umsetzung moderner Bürokonzepte, ArbRAktuell 2018, 409 ff.

6.2.1 Rechte des Betriebsrates

Bei der Um- oder Neugestaltung von Büroräumen könnte an folgende Rechte des Betriebsrates zu denken sein:

- Unterrichtung bezüglich neuer Arbeitsplätze (§ 90 BetrVG)
- Versetzung von Mitarbeitern (§ 99 BetrVG)
- Ordnungsverhalten (§ 87 Abs. 1 Nr. 1 BetrVG)
- Gesundheitsschutz (§ 87 Abs. 1 Nr. 7 BetrVG)
- Betriebsänderung (§§ 111,112 BetrVG)

6.2.1.1 Unterrichtung und Beratung bezüglich neuer Arbeitsplätze

Durch die (Um-)Gestaltung von Büroraum und/oder auch den Umbau von Räumlichkeiten können Beteiligungsrechte aus § 90 Abs. 1 Nr. 1 und Nr. 4 BetrVG erwachsen.[11] Diese Vorschrift betrifft ein Recht auf Unterrichtung, insoweit Arbeitsplätze technisch und organisatorisch gestaltet werden.[12] Von Nr. 1 der Vorschrift sind sämtliche bauliche Vorhaben erfasst, wobei unerheblich ist, ob es sich um einen Neu- oder einen Umbau handelt.[13] Nr. 4 betrifft die Ausgestaltung der einzelnen Arbeitsplätze.[14] Ein Arbeitsplatz ist der räumlich-funktionale Bereich, in dem der Mitarbeiter unter den technischen und organisatorischen Gegebenheiten seine Aufgaben innerhalb eines Arbeitsverhältnisses erfüllt.[15] Wenn also Arbeitsräume als auch Arbeitsplätze eingerichtet oder verändert werden, hat der Betriebsrat ein Unterrichtungsrecht hinsichtlich der geplanten Maßnahme. Bei einer baulichen Veränderung eines Büroraumes von Einzelbüros zu einem offenen Raum, in dem viele Mitarbeiter dann zusammenarbeiten, kann ggf. von einer solchen Veränderung ausgegangen werden. Bei der Veränderung einzelner Arbeitsplätze hin zu einer »freie Nutzung durch jeden Mitarbeiter« kann auch von einer räumlichen als auch funktionalen Erneuerung des Arbeitsbereiches ausgegangen werden, sodass hier ein Mitwirkungsrecht betroffen ist. Sinn und Zweck des Beteiligungsrechtes nach § 90 BetrVG ist es, dass der Betriebsrat die Interessen der Mitarbeiter im betrieblichen Bereich wahren und schützen soll und kann. Dabei geht es nicht nur um Arbeits- und Gesundheitsschutz, sondern auch darum, dass Grundrechte, wie der Schutz der Menschenwürde (Art. 1 GG) und die freie Entfaltung der Persönlichkeit der Beschäftigten (Art. 2 GG), durch den Betriebsrat gewahrt werden können. Damit er dies kann, muss er die Möglichkeit erhalten, auf die Planung einer Arbeitsumgebung oder deren Veränderung Einfluss zu nehmen. Das Gesetz ver-

11 Siehe auch Stück, NewWork – new rules? Ausgewählte arbeitsrechtliche Aspekte der Planung und Umsetzung moderner Bürokonzepte, ArbRAktuell 2018, 409 ff.

12 ErfK/Kania, 19. Aufl. 2019, BetrVG § 90 Rn. 1; Richardi, BetrVG/Annuß, 16. Aufl. 2018, BetrVG § 90 Rn. 1–4.

13 Richardi, BetrVG/Annuß, 16. Aufl. 2018, BetrVG § 90 Rn. 6–16.

14 Richardi, BetrVG/Annuß, 16. Aufl. 2018, BetrVG § 90 Rn. 6–16.

15 ErfK/Kania, 19. Aufl. 2019, BetrVG § 90 Rn. 2–7; Richardi, BetrVG/Annuß, 16. Aufl. 2018, BetrVG § 90 Rn. 6–16.

langt daher eine rechtzeitige Einbindung und das bedeutet: schon zum Zeitpunkt der Planung, sodass eine Realisierung und Umsetzung noch beeinflusst werden kann.[16] Um sein Mitwirkungsrecht ordentlich ausüben zu können, sind dem Betriebsrat alle erforderlichen Unterlagen vorzulegen (§ 90 Abs. 1 BetrVG). Erforderlich ist alles, was notwendig ist, »*damit sich der Betriebsrat ein möglichst genaues Bild von Umfang und Auswirkung der geplanten Maßnahme machen kann.*«[17] Der Arbeitgeber muss dabei von sich aus alle Unterlagen zur Verfügung stellen und ist auch verpflichtet, diese ggf. entsprechend aufzubereiten.[18] Der Maßstab sollte sein, dass alle Unterlagen verständlich und nachvollziehbar sind.[19]

Ist der Betriebsrat in diesem Sinne unterrichtet worden, hat er zusammen mit dem Arbeitgeber über die geplante Maßnahme zu beraten. Auch dieses To-do ergibt sich aus dem Gesetz: § 90 Abs. 2 BetrVG. Wichtig ist hierbei, Unterrichtung und Beratung voneinander zu trennen. Beide können nicht zeitgleich erfolgen.[20] Alles, was möglicherweise Auswirkungen auf die Mitarbeiter haben kann, darf in der Beratung zur Sprache und zur Klärung kommen. Insbesondere sollen hierbei auch »*gesicherte arbeitswissenschaftliche Erkenntnisse über die menschengerechte Gestaltung der Arbeit berücksichtigt*« werden (§ 90 Abs. 2 BetrVG).[21] Arbeitswissenschaft ist die Wissenschaft über Voraussetzungen und Bedingungen, unter denen sich Arbeit vollzieht, speziell unter dem Gesichtspunkt der Wechselwirkung und Folgen von Zusammenarbeit und des Zusammenwirkens von Menschen, Betriebsmitteln und Arbeitsgegenständen.[22] Hierfür ist nicht nur die Auseinandersetzung mit ergonomischen Fragestellungen relevant, sondern auch soziale Belange, wie z. B. eine bessere innerbetriebliche Kommunikation, die Förderung der Autonomie und Eigenverantwortung von Mitarbeitern, persönliche Freiräume zu gewähren und das Wohlbefinden und die Zufriedenheit von Arbeitnehmern zu stärken.[23] Hier finden sich viele Anforderungen wieder, die gerade im Zusammenhang mit agiler Arbeit als Ziel erreicht werden sollen.[24] Das Gesetz kann also durchaus hilfreich sein, Lösungen zu gestalten, wenn sich Unternehmen mit der Veränderung von Büroräumen und Arbeitsplätzen unter agilen Gesichtspunkten beschäftigen.

16 ErfK/Kania, 19. Aufl. 2019, BetrVG § 90 Rn. 2–7; Richardi, BetrVG/Annuß, 16. Aufl. 2018, BetrVG § 90 Rn. 19–23.
17 BT-Drucks. 11/2503, S. 35.
18 Richardi, BetrVG/Annuß, 16. Aufl. 2018, BetrVG § 90 Rn. 19–23.
19 BT-Drucks. 11/2503, S. 35.
20 ErfK/Kania, 19. Aufl. 2019, BetrVG § 90 Rn. 8–12.
21 Siehe auch Stück, NewWork – new rules? Ausgewählte arbeitsrechtliche Aspekte der Planung und Umsetzung moderner Bürokonzepte, ArbRAktuell 2018, 409 ff.
22 http://wirtschaftslexikon.gabler.de/Definition/arbeitswissenschaft.html; siehe auch Schaub § 237 Rn. 11.
23 Richardi, BetrVG/Annuß, 16. Aufl. 2018, BetrVG § 90 Rn. 28–38.
24 Siehe auch Teil 1.

Damit in der Beratung mit dem Betriebsrat noch auf die Umsetzung des Vorhabens Einfluss genommen werden kann, muss diese wie bei der Unterrichtung so rechtzeitig erfolgen, dass dies gewährleistet ist.[25] Inwieweit der Arbeitgeber dann seine Entscheidung darauf begründet, ist ihm alleine überlassen: Der Betriebsrat hat hier nur ein Mitwirkungsrecht, keine Mitbestimmung.[26] Missachtet ein Arbeitgeber dieses Mitwirkungsrecht aber, so kann das als Ordnungswidrigkeit und mit einem Bußgeld geahndet werden (§ 121 BetrVG).

Ein Mitbestimmungsrecht ergäbe sich nur dann, sofern der Arbeitgeber ein Arbeitsumfeld so gestaltet, dass es offensichtlich einer »menschengerechten Gestaltung widerspricht« (§ 91 BetrVG). In einem solchen Fall kann der Betriebsrat dann verlangen, dass Maßnahmen »zur Abwendung oder zum Ausgleich der Belastung« aufgesetzt werden. Kommt hier keine Einigung zustande, so ist die Einigungsstelle anzurufen.

6.2.1.2 Versetzung an einen »agilen« Arbeitsplatz

Bei der Veränderung von einzelnen Arbeitsplätzen, z. B. dadurch, dass Mitarbeiter keine festen Schreibtische bzw. Arbeitsplätze mehr haben, über die sie alleine verfügen, stellt sich die Frage, inwieweit hier ggf. der Tatbestand einer Versetzung erfüllt ist. Wie schon oben ausgeführt,[27] ist nach der Legaldefinition in § 95 Abs. 3 Satz 1 BetrVG die Versetzung »*die Zuweisung eines anderen Arbeitsbereichs, die voraussichtlich die Dauer von einem Monat überschreitet oder die mit einer erheblichen Änderung der Umstände verbunden ist, unter denen die Arbeit zu leisten ist*«.[28] Entscheidend wird also sein, inwieweit die konkrete Änderung des Arbeitsplatzes als Änderung im Sinne der Vorschrift angesehen werden kann. Das BAG hat hierzu festgestellt, dass nicht jede Veränderung eine Versetzung darstellt. »*Bagatellfälle und Änderungen innerhalb der üblichen Schwankungsbreite werden nicht erfasst. Die Veränderung muss so erheblich sein, dass sich das Gesamtbild der Tätigkeit des Arbeitnehmers dadurch ändert.*«[29]

6.2.1.3 Mitbestimmung bei der »agilen Ordnung im Betrieb«

Wie oben erläutert, können bei der Raumgestaltung von Büros und der Gestaltung von Arbeitsplätzen auch Fragestellungen des sozialen Miteinanders zum Tragen kommen. An solche Fragen ist zu denken, wenn es bestimmte Regelungen gibt, die die Nutzung

25 Richardi, BetrVG/Annuß, 16. Aufl. 2018, BetrVG § 90 Rn. 24–27
26 Richardi, BetrVG/Annuß, 16. Aufl. 2018, BetrVG § 90 Rn. 24–27.
27 Siehe auch Teil 2, Kapitel 5.2.3.1.
28 Richardi, BetrVG/Thüsing, 16. Aufl. 2018, BetrVG § 99 Rn. 114–128.
29 BAG, Urteil vom 02.04.1996 – 1 AZR 743/95 = NZA 1997, 112; st. Rspr. BAG, Beschluss vom 23.11.1993 – 1 ABR 38/93 = NZA 1994, 718.

der Arbeitsplätze anbelangen, z. B. ein rollierendes System oder freie Platzwahl jeden Morgen. Insofern können Mitbestimmungsrechte nach § 87 Abs. 1 BetrVG berührt sein. Hier kann zunächst an Regelungen zum »Ordnungsverhalten« gem. § 87 Abs. 1 Nr. 1 BetrVG zu denken sein.

Der Betriebsrat hat dann mitzubestimmen, wenn es sich um Fragen der Ordnung im Betrieb oder des Verhaltens der Arbeitnehmer im Betrieb handelt.[30] Es geht dabei um zwei Mitbestimmungstatbestände.

1. Fragen der Ordnung des Betriebes erfassen verbindliche Verhaltensregelungen, die in einem Unternehmen ein reibungsloses Miteinander ermöglichen sollen.[31]
2. Fragen des Verhaltens erfassen Maßnahmen, die das Verhalten der Arbeitnehmer im Betrieb betreffen oder berühren, ohne dass sie verbindliche Normen für das Verhalten der Arbeitnehmer zum Inhalt haben.[32]

Unabhängig davon, welcher der beiden Tatbestände vorliegt, ist in beiden Fällen die vorherige Zustimmung des Betriebsrates einzuholen. Werden Regelwerke oder Richtlinien zum Verhalten aufgestellt, so ist jede einzelne Klausel isoliert zu prüfen.[33]

Gegenstand der Mitbestimmung ist immer die Gestaltung des Zusammenlebens und Zusammenwirkens der Arbeitnehmer im Betrieb. Diese sind zu trennen von Regelungen, die das Arbeitsverhalten der Mitarbeiter betreffen.[34] »*Maßnahmen, die das Arbeitsverhalten des Arbeitnehmers zum Gegenstand haben oder in sonstiger Weise lediglich das Verhältnis Arbeitnehmer/Arbeitgeber betreffen*«, sind nicht mitbestimmungspflichtig.[35] Für die Einordnung, ob eine Maßnahme als mitbestimmungsfreies Arbeitsverhalten anzusehen ist, ist die Vorstellung oder Absicht des Arbeitgebers jedoch nicht relevant. »*Entscheidend ist der jeweilige objektive Regelungszweck. Dieser bestimmt sich nach dem Inhalt der Maßnahme sowie nach der Art des zu beeinflussenden betrieblichen Geschehens.*«[36]

Im Rahmen der Nutzung eines *Open Space Office* kann z. B. der Wunsch nach Regelungen bestehen, in welcher Lautstärke miteinander zu sprechen ist, ob Meetings außer-

30 Richardi, BetrVG/Richardi, 16. Aufl. 2018, BetrVG § 87 Rn. 177–178; Siehe auch Stück, NewWork – new rules? Ausgewählte arbeitsrechtliche Aspekte der Planung und Umsetzung moderner Bürokonzepte, ArbRAktuell 2018, 409 ff.

31 Richardi, BetrVG/Richardi, 16. Aufl. 2018, BetrVG § 87 Rn. 179–185; Siehe auch Stück, NewWork – new rules? Ausgewählte arbeitsrechtliche Aspekte der Planung und Umsetzung moderner Bürokonzepte, ArbRAktuell 2018, 409 ff.

32 BAG, Beschluss vom 22.07.2008 – 1 ABR 40/07 = NJW 2008, 3731; BAG, Beschluss vom 24.03.1981 – 1 ABR 32/78 = NJW 1982, 404.

33 BAG, Beschluss vom 22.07.2008 – 1 ABR 40/07 = NJW 2008, 3731.

34 BAG, Beschluss vom 22.07.2008 – 1 ABR 40/07 = NJW 2008, 3731; BAG, Beschluss vom 23.10.1984 – 1 ABR 2/83 = NZA 1985, 224.

35 BAG, Beschluss vom 23.10.1984 – 1 ABR 2/83 = NZA 1985, 224.

36 BAG, Urteil vom 11.06.2002 – 1 ABR 46/01.

halb des *Open Space* zu führen oder auch für Telefonate andere Räume aufzusuchen sind. Zu denken wäre auch an *clean desk policys* oder auch an Richtlinien, wer wann und wie einen Arbeitsplatz besetzen darf.

Als Orientierung, ob angeordnete Bestimmungen des Arbeitgebers zur Nutzung »agiler Arbeitsplätze« mitbestimmungspflichtig sind, kann die oben bereits zitierte grundlegende Entscheidung des BAG[37] als Maßstab herangezogen werden. In dieser Entscheidung ging es um Führungsrichtlinien. Deren Einführung hat das BAG mit folgender Begründung für mitbestimmungsfrei erklärt:

> »Bei allen diesen Regelungen, zu deren Beachtung die Mitarbeiter verpflichtet sein sollen, handelt es sich um Anweisungen des Arbeitgebers, die die Ausführung der den Mitarbeitern arbeitsvertraglich obliegenden Arbeiten betreffen. Zwar wird nicht der einzelne Arbeitsvorgang, die Erledigung einer bestimmten Arbeitsaufgabe, geregelt, sondern es werden Anweisungen gegeben, wie bei der Bearbeitung aller anfallenden Vorgänge grundsätzlich zu verfahren ist.«

6.2.1.4 Mitbestimmung im Bereich Gesundheitsschutz

Bei der Veränderung von Arbeitsplätzen und damit des Arbeitsumfelds können sich gesundheitliche Auswirkungen auf Mitarbeiter ergeben. Der Betriebsrat hat nicht nur bei der Gestaltung im Sinne von § 90 BetrVG darüber zu »wachen«, dass Arbeitnehmer vor negativen gesundheitlichen Einflüssen an ihrem Arbeitsplatz geschützt werden, sondern hat bei der Aufstellung von Regelungen mitzubestimmen, die der Arbeitgeber aufgrund seiner arbeitsschutzrechtlichen Verpflichtung und zur Förderung der Gesundheit trifft.[38] Spezieller als in Nr. 1 zu Regelungen der sozialen Ordnung im Betrieb geht es bei § 87 Abs. 1 Nr. 7 BetrVG um Mitregelungsrechte zum Gesundheitsschutz. Insofern ist dieser Mitbestimmungstatbestand an konkrete gesetzliche Vorschriften oder Unfallverhütungsvorschriften gebunden.[39] Die meisten Mitbestimmungsrechte in diesem Sinne leiten sich aus dem ArbSchG ab.[40] Bei der Gestaltung und Veränderung von Büroräumen sind die Vorschriften des Arbeitsschutzes immer zu beachten.[41]

---

37 BAG, Beschluss vom 23.10.1984 – 1 ABR 2/83.

38 Richardi, BetrVG/Richardi, 16. Aufl. 2018, BetrVG § 87 Rn. 548–553.

39 BeckOK ArbR/Werner, 51. Ed. 1.12.2018, BetrVG § 87 Rn. 107–113; vgl. auch Teil 2, Kapitel unter 5.2.3.1 in diesem Buch.

40 Richardi, BetrVG/Richardi, 16. Aufl. 2018, BetrVG § 87 Rn. 554–555.

41 Siehe auch BAG, Beschluss vom 11.01.2011 – 1 ABR 104/09 = NZA 2011, 651.

6.2.1.5 Betriebsänderung

Durch die Umgestaltung von Arbeitsräumen und Plätzen könnte es sich ggf. um eine Betriebsänderung im Sinne von § 111 BetrVG handeln. Wie schon erläutert, müsste zur Anwendung dieser Vorschrift ein Betriebsrat existieren und es muss eine bestimmte Anzahl von Mitarbeitern von der Maßnahme betroffen sein.[42] Zum einen wäre durch eine Veränderung der Raum- und Arbeitsplatzgestaltung daran zu denken, dass sich hier ggf. auch Arbeitsabläufe oder Arbeitsmethoden ändern könnten, sodass sich der gesamte Betriebsablauf erheblich verändert.[43] Ist dies der Fall, könnte eine Betriebsänderung im Sinne von § 111 Satz 3 Nr. 4 als »grundlegende Änderung der Betriebsorganisation« vorliegen. Dann würde ein Nachteil gesetzlich fingiert werden. Ist dieses Merkmal jedoch zu verneinen, könnte es darauf ankommen, ob ggf. von einer sonstigen Betriebsänderung auszugehen ist. Hier käme es dann darauf an, inwieweit wesentliche Nachteile für die Belegschaft damit verbunden sind.[44]

Nur wenn dies im Einzelfall bejaht werden kann, sind über einen Interessenausgleich und Sozialplan zwischen Betriebsrat und Arbeitgeber zu verhandeln (§ 112 BetrVG).

6.2.2 Arbeitsschutz

Hier geht es im Wesentlichen immer darum, ob und wie die neuen Arbeitsplätze die Mitarbeiter in irgendeiner Weise beeinträchtigen. Bei jeglicher Büroraumgestaltung sind die Vorschriften zum Arbeitsschutz und Umweltschutz immer zu beachten.

AGILES TO-DO

- Bei der Veränderung von Büroräumen und Arbeitsplätzen ist der Betriebsrat einzubinden.
- Arbeitswissenschaftliche Erkenntnisse sind zu berücksichtigen und können agiles Arbeiten fördern.
- Sofern sich mit der Arbeitsplatzveränderung auch die Tätigkeiten des Mitarbeiters verändern, wäre das Vorliegen einer Versetzung zu prüfen.
- Werden konkrete Verhaltensregelungen für die Nutzung von Büroräumen und Arbeitsplätzen aufgestellt oder ist ein bestimmtes Verhalten der Mitarbeiter bei der Nutzung erforderlich, so sind hier ggf. Mitbestimmungsrechte gem. § 87 Abs. 1 Nr. 1 BetrVG zu prüfen.
- Arbeitsschutz und Umweltschutz sind bei der Arbeitsplatzgestaltung immer zu beachten.

---

42 Richardi, BetrVG/Annuß, 16. Aufl. 2018, BetrVG § 111 Rn. 45–51.

43 Vgl. auch Teil 2, Kapitel 5.2.3.4in diesem Buch.

44 ErfK/Kania, 19. Aufl. 2019, BetrVG § 111 Rn. 8, 9; BeckOK ArbR/Besgen, 51. Ed. 1.3.2019, BetrVG § 111 Rn. 9.

7 #Agile Arbeitszeit

7.1 Agiler Spirit: Arbeitszeit, »die immer passt«

Der rasante Wandel, der sich in der Gesellschaft und damit auch in unserer Arbeitswelt vollzieht, verlangt von Unternehmen eine immer größere Reaktionsgeschwindigkeit ab.[1] Damit geht eine hohe Kundenorientierung einher und der Anspruch, Kundenwünsche schnell und optimal und am besten direkt zu erfüllen. Und wenn es nicht das eigene Unternehmen anbietet, dann findet der Kunde die Erfüllung eben beim Mitbewerber. Gab es vor einigen Jahren noch feste Erreichbarkeitszeiten, so gibt es heute 24/7-Services,[2] die dem Kunden eine All-time-Versorgung bieten. Allzeitige Erreichbarkeit wirkt sich automatisch auf unsere Arbeitszeiten aus. Mit herkömmlichen »Nine-to-five«-Arbeitszeiten oder ähnlich starren Modellen wird es Unternehmen nur schwer gelingen, diesen Ansprüchen an eine kundenorientierte Erreichbarkeit – nämlich immer dann, wenn es notwendig ist – zu genügen.[3]

Zudem ist es schon jetzt so und wird Menschen immer wichtiger werden, dass sie über ihre Zeit möglichst frei verfügen können.[4] Gleichzeitig möchten sich die meisten gleichwohl in einer »sicheren«, stabilen Arbeitsbeziehung befinden und wählen nicht den Weg in die Selbstständigkeit.[5] Der starke Wunsch ist, selbst zu entscheiden, von wo aus und wann sie arbeiten und dafür gleichzeitig ein konstant hohes und damit planbares Gehalt zu bekommen. Das ist auch keine Frage einer bestimmten Generation oder eines bestimmten Alters, sondern eher einer Lebensphase.[6]

---

1 Siehe auch Teil 1; vgl. Interviews in Teil 3 mit Phoenix Contact, Kapitel 11.1, whatever mobile, Kapitel 11.6, OTTO, Kapitel 11.5, Immobilien Scout, Kapitel 11.4, Unitymedia, Kapitel 11.4 und IG Metall in Kapitel 11.10.

2 24 Stunden an 7 Tagen in der Woche.

3 Siehe auch Interviews in Teil 3 mit Phoenix Contact, Kapitel 11.1, whatever mobile, Kapitel 11.6, Unitymedia, Kapitel 11.3 und IG Metall in Kapitel 11.10.

4 IG METALL »Arbeitszeit sicher, gerecht und selbstbestimmt« Befragung 2017; https://www.igmetall.de/docs_20170529_2017_05_29_befragung_ansicht_komp_489719b89f16daca573614475c6ecfb706a78c9f.pdf; Studie über Arbeitszeiten zwischen Wunsch und Wirklichkeit, Institut für Arbeitsmarkt- und Berufsforschung, IAB 13/2018; BMAS Wertewelten Arbeiten 4.0, 2016; https://www.arbeitenviernull.de/fileadmin/Downloads/BMAS_Halbzeitkonferenzl.pdf; Redmann, Britta, Vergütungssysteme gestalten: agil, rechtssicher und nicht monetär, Haufe 2019.

5 Siehe auch https://de.statista.com/statistik/daten/studie/183869/umfrage/entwicklung-der-absoluten-gruenderzahlen-in-deutschland/.

6 https://www.haufe.de/personal/hr-management/arbeitszeiten-flexible-arbeit-was-arbeitnehmer-wollen_80_421040.html.

7.1.1 Einführung von flexiblen Arbeitszeiten

Aus diesem Grund wächst in Deutschland das Bedürfnis, unsere bestehende Gesetzeslage bezüglich der Arbeitszeiten flexibler zu gestalten.[7] Auch nach der Idee des »agilen Arbeitens« wird Leistung als etwas verstanden, das so schnell wie möglich erbracht werden sollte. Einige Unternehmen legen daher ihre Arbeitszeitmodelle »neu« auf.[8] So hat Trumpf eine agile Jahresarbeitszeit eingeführt.[9] Andere Firmen versuchen eine zeitliche Beweglichkeit mit vielen unterschiedlichen Modellen zu erreichen. VAUDE beispielsweise arbeitet mit ganz individuellen Zeitmodellen für Mitarbeiter.[10] Bei Phoenix Contact war es schon immer möglich, dass Mitarbeiter »kommen und gehen, wann sie möchten.«[11] Das Bemühen, Lösungen für eine sehr bewegliche Arbeitszeit zu finden und zu gestalten, ist sichtbar. Trotzdem gehen noch viele Unternehmen das Thema Arbeitszeitflexibilität zögerlich oder gar nicht an. Ein Grund hierfür könnte möglicherweise sein, dass viele Firmen noch eher in starren Stellen oder Ordnungen denken, statt in flexiblen Bereichen und Aufgaben. Eine solche Einstellung ist wenig hilfreich, um einer Flexibilisierung näherzukommen. Es ähnelt einem Mosaik aus verschiedenen Modellen und Stundenzahlen, um Kapazitäten besser zu planen und starre Strukturen aufzulösen. Alles Facetten, die ein agiles Arbeiten erleichtern.[12]

Dabei sollten Lösungen nicht nur die »unternehmerische« Perspektive, sondern auch die Bedürfnisse der Beschäftigten einbeziehen.[13] Größtmögliche eigene zeitliche Gestaltungsfreiheit ist ein hohes Gut für viele Mitarbeiter – und führt wiederum dazu, dass Firmen, die eine zeitliche Flexibilität ermöglichen können, eher als attraktive Arbeitgeber wahrgenommen werden.[14] So wünschen sich Mitarbeiter einen sicheren Arbeitsplatz und »märchenhafte Arbeitszeiten«, die es ihnen erlauben, nur dann zu arbeiten, wenn sie es wollen.[15]

---

7 FD-ArbR 2016, 384159; http://www.bmas.de/SharedDocs/Downloads/DE/PDF-Publikationen/a883-weissbuch.pdf?__blob=publicationFile&v=4, S. 116 ff.; https://www.bmas.de/SharedDocs/Downloads/DE/PDF-Publikationen-DinA4/gruenbuch-arbeiten-vier-null.pdf?__blob=publicationFile, S. 51 ff.;; Sowka, Hans-Harald, »Diva – das zukünftige Arbeitszeitsystem«, PuR, 2/13.

8 Fay, Wagner, Wick, Flexibel in der Zeit, Arbeit im Betrieb, 5/2019, S. 10 ff.; https://www.wiwo.de/erfolg/beruf/arbeitsorganisation-freizeit-ist-die-neue-waehrung/20939188.html; https://www.ufo-online.aero/images/themen/deutschelufthansa/pdf/LH_Teilzeitmodelle_2018.pdf.

9 http://www.faz.net/aktuell/beruf-chance/arbeitswelt/mehr-flexibilitaet-trumpf-steigt-auf-die-jahresarbeitszeit-um-14426488.html; https://www.trumpf.com/de_DE/unternehmen/presse/pressemitteilungen-lokal/pressemitteilung-detailseite-lokal/release/trumpf-fuehrt-jahresarbeitszeit-ein/; vgl. auch http://www.boeckler.de/37053_37479.htm.

10 Siehe Interview mit Miriam Schilling (VAUDE) in Teil 3, Kapitel 11.2.

11 Siehe Interview Prof. Dr. Gunther Olesch (Phoenix Contact) in Teil 3, Kapitel 11.1.

12 Siehe Teil 1; vgl. https://www.zeit.de/karriere/beruf/2016-08/teilzeit-unternehmen-flexible-arbeitszeit-vollzeit-abgeschafft.

13 https://www.bmas.de/SharedDocs/Downloads/DE/PDF-Publikationen-DinA4/gruenbuch-arbeiten-vier-null.pdf?__blob=publicationFile, S. 51 ff.; siehe auch Teil 1.

14 http://www.boeckler.de/37053_37479.htm.

15 http://www.boeckler.de/37053_37479.htm.

Es wird also zukünftig verstärkt darum gehen, die verschiedenen Anliegen in Einklang zu bringen: auf der einen Seite eine profitable Auslastung und eine verstärkte, fokussierte Kundenorientierung. Auf der anderen Seite Vereinbarkeit von beruflichen und privaten Gegebenheiten sowie Entscheidungshoheit in Sachen Arbeitszeit und Arbeitsort.[16]

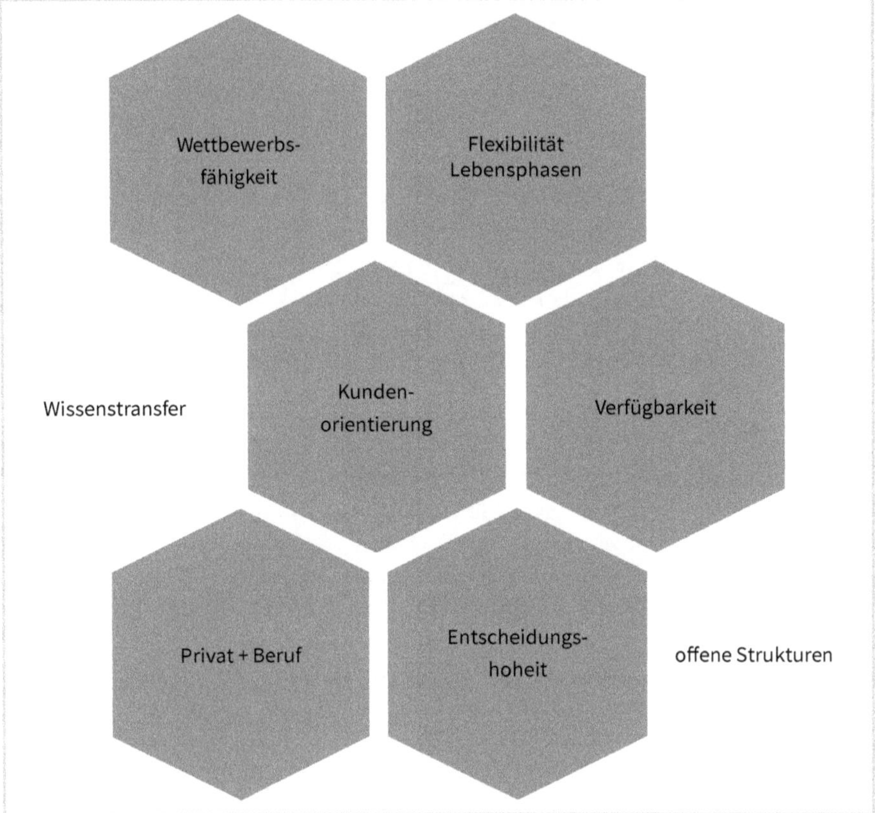

Abb. 9: Mosaikteile einer agilen Arbeitszeitgestaltung (Grafik: Redmann 2017)

7.1.2 Der Faktor Gesundheit

Bei all der Flexibilität ist es Arbeitgebern, Arbeitgeberverbänden und Gewerkschaften gleichermaßen wichtig, dass neue Arbeitszeitmodelle ein geringes oder sogar vermindertes Risiko für psychische Belastungen bzw. für Burn-out-Erkrankungen auf-

16 Lüthge, Digitalisierung und Arbeitszeit, AuA 2016/712.

weisen.[17] Der Schutz vor Überforderung ist im »Weißbuch 4.0. – für die Arbeit in einer digitalen Zukunft« explizit erwähnt.[18] Und in seinem Statement bei der Vorstellung des Weißbuches hat der DGB-Vorsitzende *Reiner Hoffmann* explizit die gesundheitlichen Aspekte erwähnt:

> »Die Einrichtung von ›Experimentierräumen‹ muss der Zielsetzung folgen, für gesundheitliche Entlastung zu sorgen. Sie müssen auf einer gemeinsamen Vereinbarung der Tarifvertragsparteien basieren, Arbeitszeitsouveränität der Beschäftigten beinhalten, zeitlich befristet sein und dürfen nicht automatisch als Blaupause für andere Branchen, Berufe oder Betriebe verstanden werden. Ziel sollte sein, die hohe Flexibilität des Arbeitszeitgesetzes im Interesse beider Seiten auszuschöpfen.«

Die Anforderungen, die damit an eine flexible Arbeitszeit gestellt werden, sind daher sehr vielseitig und verlangen neue experimentelle Wege.

7.1.3 Agile Arbeitszeit ist eine Haltung

Unabhängig davon, dass gesetzliche Änderungen insbesondere für die Arbeitszeit benötigt werden, um Agilität viel stärker leben zu können, gibt es schon jetzt einige Möglichkeiten für Unternehmen, zeitlich flexibler zu agieren.[19] Unternehmen werden in der Praxis nicht umhin kommen, neue Wege zu denken und wesentlich mutiger und kreativer zu sein als bisher. Gemeinsam mit den Mitarbeitern – direkt oder über die Sozialpartner – müssen Lösungen entwickelt werden. So lautet auch der Tenor des Bundesministeriums für Arbeit und Soziales in seinen Handlungsempfehlungen für mobiles Arbeiten. Wohlweislich mit dem Wissen der Expertengruppe, dass Änderungsbedarf im ArbZG besteht und hier noch vieles offen ist, werden Unternehmen zukünftig stärker gefordert, Spielräume für sich zu schaffen bzw. diese zu nutzen. Die für Unternehmen vielleicht wichtigste Botschaft aus diesen Empfehlungen findet sich im Fazit dieses Papiers:

> »Betriebliche Entwicklungen können dabei Vorreiter für allgemeinere tarifliche Regelungen, aber auch zum ›abgesicherten Testfeld‹ für bestehende Regelungen werden. [...] Die Fokusgruppe empfiehlt hierzu den Einsatz betrieblicher Praxislabore, die beispielsweise auch im Rahmen der Initiative Neue Qualität

17 Siehe Interview in Teil 3 mit Karl-Heinz Hageni (IG Metall), Kapitel 11.10 und Thu Pakasathanan (Sipgate) in Kapitel 11.8; siehe auch Fay/Wagner/Wick, Flexibel in der Zeit, Arbeit im Betrieb, 5/2019, S. 13; Neues gestalten, Arbeit im Betrieb, 4/2019, S. 12, 13.

18 http://www.bmas.de/SharedDocs/Downloads/DE/PDF-Publikationen/a883-weissbuch.pdf?__blob=publicationFile&v=4 S. 116.

19 Siehe Interviews in Teil 3 mit VAUDE, Kapitel 11.2, Phoenix Contact, Kapitel 11.1 und Dark Horse in Kapitel 11.7; siehe auch Fay/Wagner/Wick, Flexibel in der Zeit, Arbeit im Betrieb, 5/2019, S. 10 ff.

der Arbeit umgesetzt werden könnten. Noch ist vieles offen. Wo Spielräume erkannt und die Risiken durch Gestaltung reduziert werden, treten die Chancen der digitalen Arbeitswelt für die Beschäftigten und die Betriebe in den Vordergrund. Diese Chancen wollen wir nutzen.«[20]

Ein solches Ausprobieren und Ausgestalten in der Praxis kann nur gelingen, wenn die gestaltenden Partner über Kompetenzen verfügen, die dieses Vorhaben unterstützen. Und das sind vor allem Kreativität für die Lösungsentwicklung, rechtliche Kompetenz, Mut für die Umsetzung dieser Lösungen und eine Mediationskompetenz, um hier wirklich im beiderseitigen Interesse und mit einem gemeinsamen Ziel zu agieren. Nicht zu vergessen auch gegenseitiges Vertrauen und ein Verständnis, dass Mitarbeiter in der Lage sind, ihre Arbeitszeiten sehr weitgehend selbstständig zu organisieren und sich auch mit dem Team und den Kollegen abzustimmen.[21]

7.2 Legal Check: Agile Arbeitszeit

Ein kurzer Blick zurück: Die Diskussion zum Thema »Arbeitszeit« ist nicht neu und seit jeher ein sensibles Feld.[22] Denn: Bei der Arbeitszeit buhlen der Arbeitgeber und der Mitarbeiter um dieselbe Ressource des Mitarbeiters: seine Zeit. Beide wollen von diesem endlichen Gut so viel wie möglich für sich nutzen. Dieser Interessengegensatz wird durch den demografischen Wandel (weniger nachrückende junge Menschen und damit Mitarbeiter) und durch neue Arbeitsformen stetig intensiviert.[23]

Wollen sich Unternehmen in puncto Arbeitszeit fit für die Zukunft machen, gilt es, arbeitszeitliche Lösungen zu finden, die sowohl die gegenläufigen Interessen berücksichtigen als auch selbstverständlich rechtskonform sind.

---

20 www.arbeitenviernull.de/fileadmin/user_upload/handlungsempfehlungen-digitale-arbeitswelt.pdf; http://www.bmas.de/SharedDocs/Downloads/DE/PDF-Pressemitteilungen/2016/bericht-plattform-digitale-arbeitswelt.pdf;jsessionid=BD1E51403BB3422BED9314D604245431?__blob=publicationFile&v=3; https://www.haufe.de/personal/hr-management/digtale-arbeitwelt-bmas-leitfaden-fuer-mobiles-arbeiten_80_366748.html

21 Siehe Interviews in Teil 3 mit VAUDE, Kapitel 11.2, Phoenix Contact, Kapitel 11.1 und Immobilien Scout in Kapitel 11.4; Fay/Wagner/Wick, Flexibel in der Zeit, Arbeit im Betrieb, 5/2019, S. 10 ff.

22 http://www.bildungsspiegel.de/news/berufswelt-arbeitsmarkt-europa/787-studie-arbeitszeitwuensche-und-ihre-kurzfristige-realisierung

23 Siehe auch: Redmann, Britta, http://www.competence-site.de/anspruch-und-wirklichkeit-der-zeiterfassung-im-digitalen-wandel/.

7.2.1 Arbeitszeitgesetz – Im Spannungsfeld von Wunsch und Wirklichkeit

Für die Arbeitszeit gibt es ein eigenes Gesetz – das Arbeitszeitgesetz (ArbZG), welches zum öffentlich-rechtlichen Arbeitsschutz zählt. Ausgenommen sind nach § 18 Abs. 1 Nr. 1 ArbZG leitende Angestellte im Sinne von § 5 Abs. 3 BetrVG. Sämtliche Handlungen von Arbeitgebern hinsichtlich Gestaltung und Vereinbarungen, bezogen auf die Arbeitszeit für Mitarbeiter, müssen sich an diesem Gesetz orientieren. Wie schaut es daher tatsächlich aus mit der »schönen, neuen Arbeitszeit«? Was ist wirklich möglich? Und wie kann unter der oben genannten Prämisse (anpassungsfähig und rechtskonform) den derzeitigen Herausforderungen begegnet werden?

Vergleichen wir zunächst die Erfordernisse für eine möglichst uneingeschränkte Agilität und die aktuellen arbeitsrechtlichen Vorgaben:

Agilität erfordert	Das Recht gibt vor
Einsatz jederzeit möglich All-Erreichbarkeit: 24/7	• Täglich 8 Stunden • Ausnahme: max. 10 Stunden, soweit Ausgleich erfolgt • Nacht-/Schichtarbeit 8 Stunden • Ausnahme: max. 10 Stunden, soweit Ausgleich erfolgt • Ruhepausen von 30 Minuten nach 6 Stunden, 45 Minuten nach 9 Stunden • Einhaltung von 11 Stunden Ruhezeit Ausnahme: 10 Std. bei Versorgungseinrichtungen; 9 Std. auf Grundlage von Tarifvertrag/Betriebsvereinbarung • Sonn- u. Feiertage: Verbot Ausnahmen: Versorgungsbetriebe und bei Gefahr
Flexible Gestaltung und schnelle/ direkte Anpassung/kundenorientierte Gestaltung	Hier gelten alle rechtlichen Vorgaben wie oben aufgeführt und zusätzlich: • Arbeitsschutz • Arbeitsrechtliche Fürsorgepflicht des Arbeitgebers für die Gesundheit der Mitarbeiter (nach § 618 BGB)
Anpassung an private Bedürfnisse	Direktionsrecht des Arbeitgebers bezüglich Lage und Dauer von Arbeitszeit und Arbeitsort (§ 106 GewO)
Selbstbestimmung/Entscheidungshoheit	Hier gelten alle rechtlichen Vorgaben wie oben aufgeführt.

Schon auf den ersten Blick zeigt sich, dass die gewünschte Flexibilität durch unser Arbeitszeitrecht eingeschränkt ist.[24] So ist es schon heute möglich, Mitarbeiter in

24 Eufinger/Burbach, NewWork – eine arbeitsrechtliche Standortbestimmung, DB 2019, 1147 ff.; Günther/Böglmüller: Einführung agiler Arbeitsmethoden – was ist arbeitsrechtlich zu beachten? NZA 2019, 273 ff.

Hochphasen an vier Tagen in der Woche für zehn Stunden einzusetzen und an einem weiteren Tag für acht Stunden.[25] Das Überschreiten der zulässigen zehn Stunden pro Arbeitstag ist jedoch nicht erlaubt und auch nicht über Gleitzeitregelungen oder Vertrauensarbeitszeit darstellbar.[26] Die Grenzen, innerhalb derer die Arbeitszeit flexibel gestaltet werden kann, sind insoweit gesetzlich zwingend vorgegeben.[27] Hier hilft es zunächst wenig, dass diese gesetzlichen Regelungen überwiegend als nicht mehr zeitgemäß angesehen werden[28] und in der Praxis auch nicht den täglichen Anforderungen entsprechen.[29] Fraglich ist aber, wie weit sich Wunsch und Wirklichkeit im Rahmen der gegebenen Verhältnisse dennoch annähern können.

7.2.2 Direktionsrecht und Arbeitsvertrag

Der Arbeitgeber ist mittels Ausübung seines Direktionsrechts gemäß § 106 GewO grundsätzlich befugt, die Zeit der Arbeitsleistung nach billigem Ermessen einseitig festzulegen, soweit keine anderweitigen gesetzlichen, vertraglichen, betrieblichen oder tariflichen Arbeitsbedingungen vorliegen.[30] Bei der Bestimmung der Arbeitszeit ist vorwiegend die Lage der Arbeitszeit gemeint, also deren Verteilung und nicht deren Dauer.[31] Die Dauer der Arbeitszeit hängt eng zusammen mit der Vergütung und daher dem Wert der Leistung. Dauer und Wert stehen in einem arbeitsrechtlichen Austauschverhältnis (Synallagma) zueinander. Es ist strittig, ob der Arbeitgeber daher einseitig Verlängerungen oder Kürzungen der Arbeitszeit vornehmen darf.[32] Fraglich ist, ob das Direktionsrecht des Arbeitgebers hier ggf. im Arbeitsvertrag durch das Vereinbaren bestimmter Änderungsvorbehalte erweitert werden könnte. Im Arbeitsvertrag wird in der Regel das Volumen der Arbeitszeit vereinbart. Klauseln, die die Änderung von Arbeitsbedingungen bzw. eine Erweiterung des Weisungsrechts des Arbeitgebers vorsehen, unterliegen einer Inhaltskontrolle nach den Regelungen des AGB-Rechts (§§ 305 ff. BGB).[33] In Betracht kommt hier insbesondere § 308 BGB bezüg-

25 Lüthge, Digitalisierung und Arbeitszeit, AuA, 2016, 713.

26 Siehe auch Interview mit Thu Pakasathanan (Sipgate) in Teil 3, Kapitel 11.8.

27 ErfK/Wank, 19. Aufl. 2019, ArbZG § 3 Rn. 1–5.

28 Bissels/Krings, Dringend gebotene Reform des Arbeitszeitgesetzes, NJW 2016, 3418; Zumkeller, Alexander, BB 2015, Heft 30, S. I, Günther /Böglmüller, NZA 2015, 1025/1028.

29 Den starken Wunsch nach einer wirklichkeitsnahen Anpassung und z. B. einer Änderung auf eine wöchentliche Arbeitszeit gibt es auch schon. Eine Umsetzung hiervon entspräche sogar der EU-Arbeitszeitrichtlinie (EU-Arbeitszeitrichtlinie 93/104/EG und 2003/88 EG), die ausdrücklich vorsieht, dass die täglichen acht Stunden auf eine wöchentliche Höchstarbeitszeit von 48 Stunden umgestellt wird. So wäre zumindest der Bezugsrahmen etwas weiter gefasst, eine stundenmäßige Beschränkung wäre immer noch vorhanden: http://www.arbeitgeber.de/www/arbeitgeber.nsf/id/DE_Arbeitszeitgesetz.

30 Vgl. BAG, Urteil vom 16.04.2014 – 5 AZR 483/12 = NZA 2014, 1262; ErfK/Preis, 19. Aufl. 2019, GewO § 106 Rn. 5–16; Küttner, Personalhandbuch 2019, Weisungsrecht, Rn. 2 ff.

31 BAG, Urteil vom 18.04.2012 – 5 AZR 195/11 = NZA 2012, 796; BAG, Urteil vom 17.07.2007 – 9 AZR 819/06 = NZA 2008, 118.

32 ErfK/Preis, 19. Aufl. 2019, GewO § 106 Rn. 19–26.

33 BeckOK ArbR/Bayreuther, 51. Ed. 01.03.2019, TzBfG § 12 Rn. 6a–10.

lich der »Widerrufsklausel«. Das BAG hat sich in seiner Rechtsprechung zu diesen Klauseln dahingehend geäußert, dass »*danach die Vereinbarung eines Widerrufsvorbehaltes zulässig ist, soweit der widerrufliche Anteil am Gesamtverdienst unter 25–30 % liegt und der Tariflohn nicht unterschritten wird.*«[34] Würde diese Maßgabe auf die Arbeitszeit herangezogen, wäre also ein »Mehr« von 25 % an Arbeitsleistung ggf. noch in einem vertretbaren Rahmen.

Hinsichtlich einer entsprechenden Ausdehnung der Arbeitszeit liegt aber noch keine gesicherte höchstrichterliche Rechtsprechung vor.[35]

Neben der Rechtmäßigkeit einer solchen Klausel müsste zudem deren Ausübung im konkreten Einzelfall angemessen sein. Das ist dann der Fall, wenn die Interessen des Arbeitnehmers, wie z. B. familiäre Belastungen oder private Belange sowie auch sonstige Umstände des Einzelfalles vom Arbeitgeber berücksichtigt und gewürdigt wurden.[36]

Soll nach heutigem Stand die Dauer der Arbeitszeit rechtssicher verändert werden, kann dies nur im Rahmen einer einvernehmlichen Vereinbarung oder über den Weg einer Änderungskündigung erreicht werden. Eine solche Kündigung ist allerdings an strenge Anforderungen geknüpft und in der Praxis wohl nur schwierig durchsetzbar.

7.2.3 Agiler Spielraum

Im Rahmen der gesetzlich erlaubten Arbeitszeiten könnten ggf. betriebliche Arbeitszeitmodelle um mehr individuelle, einzelvertragliche Formen angereichert werden.[37] Für Arbeitgeber und Mitarbeiter könnte sich insoweit ein »agiler« Spielraum ergeben, entsprechend ihren wirtschaftlichen, unternehmerischen und persönlichen Bedürfnissen, direkt Gestaltungsräume zu verhandeln.

7.2.3.1 Teilzeit- und Befristungsgesetz

Insbesondere im Teilzeit- und Befristungsgesetz finden sich einige Möglichkeiten, Arbeitszeit nach individuellen und situativen Bedürfnissen zu gestalten:

---

34 BAG, Urteil vom 12.01.2005 – 5 AZR 364/04 = NJW 2005, 1820.

35 Siehe auch BAG, Urteil vom 24.9.2014 – 5 AZR 1024/12 = NZA 2014, 1328, wo eine sehr großzügige Auslegung der betrieblichen Erfordernisse erfolgte. Diese Entscheidung dürfte wohl nach den aktuell geänderten gesetzlichen Vorgaben zur »Arbeit auf Abruf« gem. § 12 TzBfG nicht mehr greifen.

36 BAG, Urteil vom 10.12.2014 – 10 AZR 63/14 = NZA 2015, 483; ErfK/Preis, 19. Aufl. 2019, GewO § 106 Rn. 5–16.

37 Siehe hierzu auch Elert/Raspels, Praxishandbuch flexible Einsatzformen von Arbeitnehmern.

- Unbefristete Reduzierung der Arbeitszeit, § 8 TzBfG
- Befristete Reduzierung der Arbeitszeit (Brückenteilzeit), § 9a TzBfG
- Verlängerung der Arbeitszeit, § 9 TzBfG

(1) »Brückenteilzeit«, § 9a TzBfG

Es ist davon auszugehen, dass Teilzeitarbeit insgesamt in den nächsten Jahren weiter zunehmen wird. Wird eine Präsenzpflicht im Büro immer weniger erforderlich, desto mehr Möglichkeiten eröffnen sich auch zur Gestaltung von Teilzeitarbeitsverhältnissen. Mit dem Teilzeit- und Befristungsgesetz (TzBfG) bestand für Arbeitnehmer schon seit geraumer Zeit die Möglichkeit, ihre Arbeitszeit nach einer Beschäftigungsdauer von länger als sechs Monaten, zu verringern. Dieser Anspruch auf eine zeitlich nicht begrenzte Reduzierung ist seit Kurzem um die Brückenteilzeit ergänzt worden. Sie ermöglicht Arbeitnehmern in manchen Betrieben, ihre Arbeitszeit befristet für mindestens ein bis höchstens fünf Jahre zu reduzieren.[38] Nach Ablauf der Befristung kehren die Betroffenen automatisch – also kraft Gesetzes und ohne Mitwirkung der Arbeitsvertragsparteien – wieder in ihr Vollzeitarbeitsverhältnis zurück. Die dahinter liegende Absicht ist, eine »Teilzeitfalle« für Mitarbeiter zu vermeiden. Gleichzeitig wird es Mitarbeitern gesetzlich erleichtert, ihre vertragliche Arbeitszeit flexibel an unterschiedliche Bedürfnisse in verschiedenen Lebensphasen anzupassen und bei Vorliegen der Rahmenbedingungen auch durchsetzen zu können.[39]

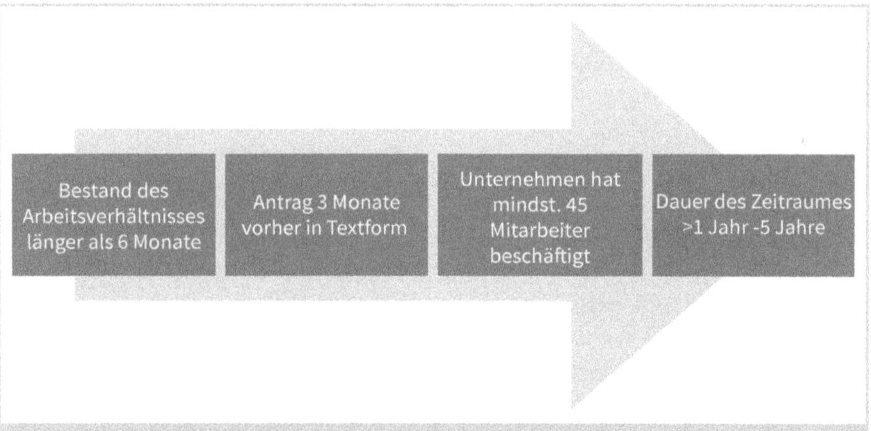

Abb. 10: Voraussetzung für den Anspruch auf Brückenteilzeit (Grafik: B. Redmann)

38 BeckOK ArbR/Bayreuther, 51. Ed. 01.03.2019, TzBfG § 9a Rn. 1, 2; Der gesetzliche Anspruch gilt bisher nur in Betrieben mit mehr als 45 Arbeitnehmern.

39 Siehe hier ausführlich Redmann, Britta, Vergütungssysteme gestalten: agil, rechtssicher und nicht monetär, Haufe 2019.

(2) Erhöhung der Arbeitszeit gem. § 9 TzBfG

Für Mitarbeiter, die sich in Teilzeit befinden, begründet § 9 TzBfG einen seit der Änderung des TzBfG[40] einklagbaren Anspruch auf eine Erhöhung ihrer Arbeitszeit. Hierdurch soll entgegenwirkt werden, dass Teilzeitarbeit zur dauerhaften Sackgasse wird, und Übergänge von Teilzeit in Vollzeit sollen erleichtert werden. Im Zusammenhang mit der Einführung der Brückenteilzeit haben sich einige Pflichten für den Arbeitgeber verändert.[41] Gibt ein unbefristet in Teilzeit Beschäftigter seinen Wunsch kund, seine Arbeitszeit zu erhöhen, so erstreckt sich die Beweislast für den Arbeitgeber zukünftig darauf, dass

- ein freier Arbeitsplatz gar nicht vorliegt
- der Teilzeitbeschäftigte nicht über die erforderlich Eignung verfügt
- Arbeitszeitwünsche anderer teilzeitbeschäftigter Arbeitnehmer oder dringende betriebliche Gründe entgegenstehen.[42]

Damit hat sich die bisherige Beweislast für den Arbeitgeber umgekehrt. Wenn also der Antrag des Mitarbeiters den Anforderungen des § 9 TzBfG entspricht, so hat der Arbeitgeber dieser Darlegungs- und Beweislast nachzukommen.

Haben mehrere Arbeitnehmer ihren Wunsch auf Verlängerung ihrer Arbeitszeit angezeigt, hat der Arbeitgeber seine Entscheidung nach billigem Ermessen zu treffen, also alle wesentlichen Umstände des Einzelfalles gegeneinander abzuwägen und die Interessen der Mitarbeiter angemessen zu berücksichtigen. Diese Ermessensentscheidung des Arbeitgebers ist auch gerichtlich überprüfbar. Sollte er seine Personalauswahl ermessensfehlerhaft getroffen haben, kann sich der Mitarbeiter zwar nicht auf eine bevorzugte Berücksichtigung berufen, jedoch stattdessen Schadensersatz in Geld fordern.

7.2.3.2 Job-Sharing

Eine Idee hierzu könnte sein, Job-Sharing zur Flexibilisierung der Arbeitszeit zu nutzen. Job-Sharing liegt vor, wenn sich zwei oder mehr Arbeitnehmer die Arbeitszeit für einen Arbeitsplatz teilen.[43] Gesetzlich ist die Teilung eines Arbeitsplatzes schon jetzt durch § 13 Abs. 1 TzBfG möglich. Der Unterschied zu einem »normalen« Arbeitsverhältnis besteht darin, dass das »*Direktionsrecht des Arbeitgebers hinsichtlich der Arbeitszeit*

40 Zum 01.01.2019.

41 BeckOK ArbR/Bayreuther, 51. Ed. 01.03.2019, TzBfG § 9 Rn. 1–17.

42 Was als freier Arbeitsplatz definiert wird, ist in § 9 S. 2 TzBfG beschrieben: Ein freier Arbeitsplatz liegt vor, wenn der Arbeitgeber die Organisationsentscheidung getroffen hat, diesen zu schaffen oder einen unbesetzten Arbeitsplatz neu zu besetzen.«

43 APS/Greiner, 5. Aufl. 2017, TzBfG § 13 Rn. 1–7; ErfK/Preis, 19. Aufl. 2019, TzBfG § 13 Rn. 1–4; Elert/Raspels, Praxishandbuch flexible Einsatzformen von Arbeitnehmern, S. 475 ff.

bei einem Job-Sharing-Arbeitsverhältnis – auch ohne spezielle Regelung im Arbeitsvertrag – in der Weise eingeschränkt ist, dass die Job-Sharer die Verteilung der Arbeitszeit untereinander selbst bestimmen können. Ihnen kommt insoweit eine begrenzte Zeitsouveränität zu.«[44]

Die dabei aufgestellten Arbeitszeiten oder Pläne sind dem Arbeitgeber rechtzeitig bekannt zu geben. Nur wenn eine rechtzeitige Mitteilung unterbleibt oder auch keine Einigung erzielt wird, fällt das Weisungsrecht wieder an den Arbeitgeber zurück.[45] Job-Sharing ist vertraglich – ggf. in einer eigenen arbeitsvertraglichen Ergänzung – zu regeln.[46] Es bedarf also des Einverständnisses durch den Mitarbeiter für ein solches Konstrukt und kann nicht einseitig durch den Arbeitgeber angewiesen werden.[47] Zwischen den Mitarbeitern, die sich einen Arbeitsplatz teilen, besteht kein Rechtsverhältnis. Das Job-Sharing-Arbeitsverhältnis begründet auch kein Gesamtschuldverhältnis.[48] Der eine Job-Sharer muss also nicht für den anderen einstehen, sollte dieser seine Leistungspflicht nicht wahrnehmen können. Jeder Mitarbeiter schuldet nur seine eigene vertragsgemäße (Teil-)Arbeitsleistung.[49] Job-Sharer werden als Partner bezeichnet und sind immer Teilzeitarbeitnehmer.[50]

Das Modell des Job-Sharings existiert bereits seit den 80er-Jahren. Bisher hat es keine starke Praxisbedeutung erlangt. Insbesondere nicht im Führungsbereich, wo viele Unternehmen immer noch von einer starken Präsenz der Führungskräfte ausgehen. Vielleicht ändert sich dies ggf. durch die neuen technischen Möglichkeiten und zeitlichen Anforderungen.

7.2.3.3 Arbeit auf Abruf

Eine weitere Möglichkeit, gesetzliche (Arbeitszeit-)Vorschriften agil zu nutzen, kann sich durch § 12 TzBfG ergeben, in dem die »Arbeit auf Abruf« geregelt ist. Hier können die Arbeitsvertragsparteien flexible Arbeitszeiten vereinbaren.[51] Von einem Abrufarbeitsverhältnis wird gesprochen, wenn Mitarbeiter ihre Arbeitsleistung entsprechend dem wechselnden Anfall im Betrieb zu erbringen haben. Nicht in diesen Vertragstyp fallen alle Regelungen, die dem Arbeitnehmer Arbeitszeitsouveränität zusprechen,

44 ErfK/Preis, 19. Aufl. 2019, TzBfG § 13 Rn. 1–4
45 ErfK/Preis, 19. Aufl. 2019, TzBfG § 13 Rn. 1–4.
46 APS/Greiner, 5. Aufl. 2017, TzBfG § 13 Rn. 1–7; ErfK/Preis, 19. Aufl. 2019, TzBfG § 13 Rn. 6–10
47 APS/Greiner, 5. Aufl. 2017, TzBfG § 13 Rn. 1–7; ErfK/Preis, 19. Aufl. 2019, TzBfG § 13 Rn. 6–10.
48 BeckOK ArbR/Bayreuther, 51. Ed. 01.03.2019, TzBfG § 13 Rn. 6–9; ErfK/Preis, 19. Aufl. 2019, TzBfG § 13 Rn. 6–10.
49 APS/Greiner, 5. Aufl. 2017, TzBfG § 13 Rn. 1–7 ErfK/Preis, 19. Aufl. 2019, TzBfG § 13 Rn. 6–10.
50 APS/Greiner, 5. Aufl. 2017, TzBfG § 13 Rn. 1–7; ErfK/Preis, 19. Aufl. 2019, TzBfG § 13 Rn. 6–10.
51 ErfK/Preis, 19. Aufl. 2019, TzBfG § 12 Rn. 1–3; Elert/Raspels, Praxishandbuch flexible Einsatzformen von Arbeitnehmern, S. 73 ff.

wie z. B. Gleitzeit, Rufbereitschaft, Bereitschaftsdienste oder auch Überstunden.[52] Das BAG hat hier zur Abgrenzung zwischen Überstunden und Abrufarbeit ausgeführt:[53]

> »Eine Vereinbarung zur Leistung von Überstunden liegt vor, wenn sich der Arbeitnehmer verpflichtet, bei einem vorübergehenden zusätzlichen Arbeitsbedarf länger als vertraglich vereinbart zu arbeiten. Überstunden werden wegen bestimmter besonderer Umstände vorübergehend zusätzlich geleistet (...) Besteht dagegen für den Arbeitnehmer eine selbständige, nicht auf Unregelmäßigkeit oder Dringlichkeit beschränkte Verpflichtung, auf Anforderung des Arbeitgebers zu arbeiten, handelt es sich um Arbeit auf Abruf i. S. von § 12 TzBfG.«

Die gesetzlichen Regelungen legen Mindestanforderungen für die Ausgestaltung eines Abrufarbeitsverhältnisses fest. Damit soll ein angemessener Ausgleich gewährleistet werden zwischen einerseits dem Bedürfnis nach Flexibilisierung von Arbeitsvolumina und andererseits den Belangen des Arbeitsschutzes und den Interessen des Arbeitgebers.[54]

So ist es z. B. möglich, in der einen Woche viele Stunden, in der nächsten Woche aber nur ganz wenige Stunden zu arbeiten. Wichtig ist in diesem Zusammenhang, dass hier entsprechend dem geleisteten, unterschiedlichen Arbeitsumfang auch das Entgelt des Mitarbeiters variiert.[55] Damit grenzt sich Abrufarbeit von anderen Formen der Arbeitszeitflexibilisierung ab, die bei konstantem Entgelt nur die variablen Zeitwerte betrachten.

Wird eine flexible Abrufarbeit im Arbeitsvertrag vereinbart, muss eine Mindestdauer der wöchentlichen und täglichen Arbeitszeit festgelegt werden.[56] Ein monatlicher oder gar jährlicher Rahmen reicht nicht aus.[57] Den Vertragsparteien steht es dabei frei, über die Höhe der Mindestdauer zu verhandeln bzw. diese gemeinsam festzulegen. Hier haben sich durch die Neuregelungen des Teilzeit- und Befristungsgesetzes[58] die Sanktionen für den Abschluss von Arbeitsverträgen, in denen keine Arbeitszeitvereinbarungen festgelegt sind, verschärft: Wenn keine Mindestarbeitszeit festgelegt wird, gilt laut Gesetz eine Wochenarbeitszeit von 20 und eine tägliche Mindestarbeitszeit von drei Stunden als vereinbart.[59] Innerhalb der Mindestdauer kann der Arbeitge-

52 BeckOK ArbR/Bayreuther, 51. Ed. 01.03.2019, TzBfG § 12 Rn. 4.
53 BAG, Urteil vom 7.12.2005, NZA 2006, 423.
54 BAG 07.12.2005 – 5 AZR 535/04 = NZA 2006, 423; BeckOK ArbR/Bayreuther, 51. Ed. 1.3.2019, TzBfG § 12 Rn. 1–29.
55 BeckOK ArbR/Bayreuther, 51. Ed. 01.03.2019, TzBfG § 12 Rn. 1.
56 BeckOK ArbR/Bayreuther, 51. Ed. 01.03.2019, TzBfG § 12 Rn. 1–29.
57 BeckOK ArbR/Bayreuther, 51. Ed. 01.03.2019, TzBfG § 12 Rn. 6a-10.
58 01.01.2019.
59 BeckOK ArbR/Bayreuther, 51. Ed. 01.03.2019, TzBfG § 12 Rn. 1–29.

ber dann entscheiden, wie viel Arbeit er zu welchem Zeitpunkt in Anspruch nehmen will.[60]

Der Arbeitgeber kann dadurch sowohl über die Arbeitszeit als auch das damit in Zusammenhang stehende Entgelt ganz nach den betrieblichen Anforderungen bestimmen. Es braucht damit auch keine betrieblichen allgemeinen Arbeitszeitregeln mehr, sondern der Arbeitgeber kann die Arbeitsleistung individuell und bedarfsabhängig beim Mitarbeiter einfordern. Sein Direktionsrecht wird insoweit erweitert.[61] Ist im Arbeitsvertrag eine entsprechende Mindest- und Höchstarbeitszeit vereinbart worden, muss sich der Arbeitgeber in einem bestimmten prozentualen Rahmen für die abzurufende Arbeitszeit bewegen. Dieser Rahmen sieht durch den ebenfalls neu eingeführten § 12 Abs. 2 TzBfG ein Mehr von bis zu 25 % und nur bis zu 20 % weniger der vereinbarten Mindestarbeitszeit vor.

Darüber hinaus ist der Arbeitgeber verpflichtet, dem Mitarbeiter mindestens vier Tage im Voraus die konkrete Verteilung seiner Arbeitszeit mitzuteilen.[62]

Ferner ist es möglich, dass durch tarifliche Regelungen auch bezüglich der Mindestarbeitszeiten als auch der Dauer der Ankündigungsfrist durch den Arbeitgeber zuungunsten des Arbeitnehmers abgewichen werden kann, § 12 Abs. 6 TzBfG. Ist in einem Arbeitsvertrag also keine bestimmte wöchentliche Dauer zwischen Mitarbeiter und Arbeitnehmer vereinbart worden, kann in einem Tarifvertrag dann eine Arbeitszeit von zehn Stunden als »Sockelarbeitszeit« vereinbart werden oder eine verkürzte Ankündigungsfrist von zwei Tagen, anstelle der gesetzlichen 20 Stunden aus § 12 Abs. 1 TzBfG und den vier Tagen, die in § 12 Abs. 3 TzBfG niedergelegt sind.[63]

Strittig ist, ob Abrufarbeit für alle Arbeitnehmer anwendbar ist. Da es im TzBfG geregelt ist, könnte nach seinem Wortlaut davon auszugehen sein, dass es in erster Linie nur Teilzeitmitarbeiter betrifft. In der Literatur werden hierzu unterschiedliche Meinungen vertreten und das BAG hat hier dazu ausgeführt:[64]

> »Der Auslegung von § 2 S. 1 Arbeitsvertrag als Arbeit auf Abruf im Teilzeitarbeitsverhältnis stehen weder § 12 I TzBfG noch der für allgemeinverbindlich erklärte Manteltarifvertrag für das Hotel- und Gaststättengewerbe in Baden-Württemberg vom 18.3.2002 (im Folgenden: MTV) entgegen. Nach § 12 I 2 TzBfG muss die Vereinbarung einer Arbeit auf Abruf eine bestimmte Dauer der wöchentlichen

60 BeckOK ArbR/Bayreuther, 51. Ed. 01.03.2019, TzBfG § 12 Rn. 1–29.
61 BeckOK ArbR/Bayreuther, 51. Ed. 01.03.2019, TzBfG § 12 Rn. 1.
62 BeckOK ArbR/Bayreuther, 51. Ed. 01.03.2019, TzBfG § 12 Rn. 1–29.
63 BeckOK ArbR/Bayreuther, 51. Ed. 01.03.2019, TzBfG § 12 Rn. 22–29.
64 BAG, Urteil vom 24.9.2014 - 5 AZR 1024/12 = NJW 2014, 3471.

> und täglichen Arbeitszeit festlegen. Das bedeutet aber nicht, Arbeit auf Abruf sei nur unter dieser Voraussetzung zulässig (…) Die Nichtvereinbarung einer bestimmten Dauer der wöchentlichen und täglichen Arbeitszeit bedingt nicht die Unwirksamkeit der Abrede, sondern führt dazu, dass nach § 12 I 3 TzBfG eine wöchentliche Arbeitszeit von zehn Stunden[65] als vereinbart gilt und der Arbeitgeber nach § 12 I 4 TzBfG die Arbeitsleistung des Arbeitnehmers jeweils für mindestens drei aufeinander folgende Stunden in Anspruch nehmen muss.«

Bisher scheinen in der Praxis Abrufarbeitsverhältnisse mit vollzeitbeschäftigten Mitarbeitern eher nicht vorzukommen. Dies kann unter Umständen auch damit zusammenhängen, dass bei einer Vollzeitbeschäftigung von in der Regel 38 bis 42 Stunden in der Woche bei einem erhöhten Abruf dann auch schnell die Höchstarbeitszeitgrenze von täglich zehn Stunden erreicht sein dürfte, sodass die Konstellation als solche wenig praxistauglich erscheint.[66]

Arbeit auf Abruf ist daher eine sehr besondere Variante der Flexibilisierung von Arbeitszeiten. Auch wenn einige Formalien einzuhalten sind, so wird die Leistung des Mitarbeiters bedarfsabhängig und individuell vom Arbeitgeber beansprucht. Aus diesem Grund kann er »Arbeit auf Abruf« auch nicht einseitig »anordnen«, sondern benötigt für diese Form der Zusammenarbeit ein Einverständnis des Mitarbeiters bzw. eine arbeitsvertragliche Vereinbarung. Darüber hinaus hat der Arbeitgeber beim konkreten Abruf der Leistung die Grundsätze des billigen Ermessens zu beachten.[67]Er muss also sorgfältig alle Umstände des Einzelfalles abwägen und hier die Interessen des Mitarbeiters, wie z. B. familiäre Verpflichtungen, Abhängigkeiten von öffentlichen Verkehrsmitteln oder auch Freizeitinteressen, angemessen einbeziehen und beachten.[68]

7.2.3.4 Gleitzeit und Vertrauensarbeitszeit

Arbeitgeber können z. B. auch mit Gleitzeitvereinbarungen auf unternehmerische und private Bedürfnisse sehr variabel eingehen.[69] Zwar hat dies auch in den Grenzen des ArbZG zu erfolgen, es wird jedoch einfacher, ggf. »elastische« Bereiche zu schaffen und/oder auch mit Vertrauensarbeitszeit zu arbeiten. Damit bestehen für den Mitarbeiter teilweise keine verpflichtenden Anwesenheitszeiten mehr.[70] Gerade

65 § 12 TzBfG sah bis zum 01.01.2019 eine gesetzliche Mindestarbeitszeit von zehn Stunden vor.
66 BeckOK ArbR/Bayreuther, 51. Ed. 01.03.2019, TzBfG § 12 Rn. 2, 3.
67 BeckOK ArbR/Bayreuther, 51. Ed. 01.03.2019, TzBfG § 12 Rn. 1
68 BeckOK ArbR/Bayreuther, 51. Ed. 01.03.2019, TzBfG § 12 Rn. 6
69 Siehe auch Fay, Wagner, Wick, Flexibel in der Zeit, Arbeit im Betrieb, 5/2019, S. 13; Spengler, Die Regeln müssen stimmen, Arbeit im Betrieb, 5/2019, 20.
70 Siehe Interviews in Teil 3 mit Prof. Dr. Gunther Olesch (Phoenix Contact), Kapitel 11.1 sowie mit Frank Schlesinger (Immobilien Scout), Kapitel 11.4 und Thu Pakasathanan (Sipgate) in Kapitel 11.8.

in dieser Konstellation verzichtet der Arbeitgeber zum Teil auf sein Weisungsrecht bezüglich der Arbeitszeit. Bei der Vertrauensarbeitszeit verzichtet der Arbeitgeber auf die Festlegung von Beginn und Ende der täglichen Arbeitszeit und vertraut darauf, dass der Mitarbeiter seiner Arbeitspflicht in zeitlicher Hinsicht auch ohne Kontrolle nachkommt.[71] Damit wird der Fokus weg von der Arbeitszeit hin zum Arbeitserfolg gelenkt.[72] Ohne die täglichen Arbeitszeiten zu verlängern, können Unternehmen sich mit vorhandenen arbeitsrechtlichen Bordmitteln daher schon »beweglicher« aufstellen. Vorteil ist der starke bedürfnisorientierte Charakter, den diese Einzelregelungen annehmen können, sowohl für den Mitarbeiter als auch für das Unternehmen. Der Nachteil liegt ggf. im (zeitlichen) Aufwand, den eine jeweils individuelle, rechtssichere Ausgestaltung jedes Einzelfalls, die dazugehörigen Verhandlungen sowie die kontinuierliche Anwendung kosten. Außerdem muss eine Vielfalt unterschiedlicher einzelvertraglicher Modelle verwaltet werden.[73]

7.2.4 Agile Partnerschaft durch Betriebsvereinbarung und Tarifvertrag

Hinsichtlich der Festlegung und der Verteilung von Arbeitszeiten gibt es sowohl Mitbestimmungsrechte des Betriebsrates zu beachten als auch bei einer tariflichen Bindung ggf. bindende Normen des Tarifvertrages.

7.2.4.1 »Agile« betriebliche Vereinbarung

Der Betriebsrat hat gem. § 87 Abs. 1 Nr. 2 BetrVG bei Beginn, Ende und der Verteilung der täglichen Arbeitszeit auf die einzelnen Wochentage mitzubestimmen.[74] Das

71 BAG, Urteil vom 23.09.2015 – 5 AZR 767/13 = NZA 2016, 295; BAG, Beschluss vom 06.05.2003 – 1 ABR 13/02 = NZA 2003, 1348.

72 Siehe auch EuGH, Urteil vom 14.05.2019 – C-55/18 = NJW 2019, 1861: hier hat der EuGH zur Erfassung von Arbeitszeiten entschieden, dass ein »objektives und verlässliches System einzuführen ist, mit dem die geleistete Arbeitszeit der Arbeitnehmer gemessen werden kann.« Ob das Konzept der Vertrauensarbeitszeit vor dem Hintergrund der EuGH Entscheidung noch eine Zukunft haben wird, ist völlig offen. Denn wenn jede Minute geleisteter Arbeit aufgezeichnet werden muss, werden an die Stelle des Vertrauens die Dokumentation und die Kontrolle treten. Die Entscheidung lässt offen, auf welche Art und Weise die Arbeitszeit zu erfassen ist. Gegenwärtig ist nicht absehbar, wie diese Entscheidung nunmehr in nationales Recht umgesetzt wird. Bisher enthält das deutsche Recht mit Hinblick auf eine Aufzeichnungsverpflichtung eine Regelung in § 16 Abs. 2 ArbZG, die insbesondere bei der Vertrauensarbeitszeit in der Praxis zur Anwendung kam: Danach sind Arbeitgeber verpflichtet, nur die über die werktägliche Arbeitszeit (8 Stunden) hinausgehende Arbeitszeit der Arbeitnehmer aufzuzeichnen. Eine bestimmte Form ist dabei nicht vorgeschrieben. Bereits heute werden die Aufzeichnungen der Arbeitszeit dann vielfach von Arbeitnehmern selber vorgenommen.

73 Siehe Interview mit Miriam Schilling (VAUDE) in Teil 3, Kapitel 11.2.

74 Richardi, BetrVG/Richardi, 16. Aufl. 2018, BetrVG § 87 Rn. 257.

bezieht sich auch auf die Einführung und Ausgestaltung von Arbeitszeitmodellen. Das BAG[75] hat hierzu ausgeführt:

> »Die Festlegung des Ausgleichszeitraums für die Einhaltung der Wochenarbeitszeit sowie der Umfang der Schwankungsbreite eines Arbeitszeitkontos sind zwar nach § 87 I Nr. 2 BetrVG mitbestimmungspflichtig. (...) Nach dieser Vorschrift hat ein Betriebsrat mitzubestimmen bei Beginn und Ende der täglichen Arbeitszeit einschließlich der Pausen sowie der Verteilung der Arbeitszeit auf die einzelnen Wochentage. Das Mitbestimmungsrecht dient dazu, die Interessen der Arbeitnehmer an der Lage der Arbeitszeit und damit zugleich ihrer freien Zeit für die Gestaltung ihres Privatlebens zur Geltung zu bringen.«

Das Mitbestimmungsrecht gem. § 87 Abs. 1 Nr. 2 BetrVG besteht allerdings nur insoweit, als abschließende zwingende gesetzliche oder tarifliche Regelungen fehlen.[76] Besteht eine zwingende Mitbestimmung des Betriebsrates, empfiehlt es sich, eine Betriebsvereinbarung abzuschließen.[77] Der Vorteil ist, dass damit eine betriebliche Regelung geschaffen werden kann, die für alle Beteiligten transparent und verlässlich ist. Dadurch entsteht einerseits ein rechtssicherer Handlungsrahmen, innerhalb dessen gleichzeitig ein flexibler Spielraum möglich ist.[78] Zusätzlich kann durch solche verlässlichen Spielregeln bei Mitarbeitern das Gefühl des Vertrauens gestärkt werden.

7.2.4.2 Agilität durch Tarifvertrag

Arbeitszeiten sind auch ein Kernelement in Tarifverträgen. Da hier dann ebenfalls zwingende Regelungen vorliegen, sind Unternehmen und Mitarbeiter, soweit der Tarifvertrag für sie gilt, daran gebunden. Das bedeutet, tarifliche Vorschriften zur Arbeitszeit sind verbindlich im Unternehmen zu beachten. Ausnahmen können sich aber ergeben, sofern in dem betreffenden Tarifvertrag Öffnungsklauseln vorgesehen sind, in deren Rahmen Unternehmen dann ggf. betriebliche Regelungen mit dem Betriebsrat oder mit Arbeitnehmern treffen können.

Agiles Arbeiten gewinnt zunehmend auch an Gewicht bei den Verhandlungen zwischen Arbeitgeberverbänden und Gewerkschaften.[79] Es ist daher davon auszugehen,

75 BAG, Urteil vom 26.09.2017, NZA 2018, 194; BAG, Beschl. v. 17.11.2015 - 1 ABR 76/13 = NZA 2016, 247.

76 Richardi, BetrVG/Richardi, 16. Aufl. 2018, BetrVG § 87 Rn. 263–274; ErfK/Kania, 19. Aufl. 2019, BetrVG § 87 Rn. 39–41.

77 Siehe Interview mit Dr. Wolf Wehner (Deutsche Telekom) in Teil 3, Kapitel 11.11.

78 Siehe Interview in Teil 3 mit Prof. Dr. Gunther Olesch (Phoenix Contact), Kapitel 11.1 sowie mit Karl-Heinz Hageni (IG Metall) in Kapitel 11.10; siehe auch Fay, Wagner, Wick, Flexibel in der Zeit, Arbeit im Betrieb, 5/2019, S. 14, 16.

79 Schröder, Lothar; Urban, Hans-Jürgen, »Gute Arbeit«, Ausgabe 2016.

dass sich flexible bzw. agilitätskompatible Regelungen, z. B. zur Arbeitszeit, zukünftig auch verstärkt in Tarifverträgen wiederfinden werden.[80] Beispielhaft ist der TV MobA in der Metall- und Elektroindustrie zu nennen, der z. B. eine Reduzierung der Ruhezeit von elf auf neun Stunden ermöglicht.[81] Hier ist ein deutlicher Trend erkennbar, der sich wahrscheinlich künftig noch ausweiten wird.[82]

Sofern es tarifliche Bestimmungen gibt, können diese – wie oben schon zu den betrieblichen Regelungen angemerkt – einen besonders rechtssicheren Handlungsrahmen schaffen, der dann einen Spielraum für betriebliches agiles Wirken ermöglicht. Tarifverträge bilden heute schon eine große Varianz an Regelungsmöglichkeiten ab.[83] So reicht die Bandbreite von Wochenarbeitszeiten von z. B. 34 Stunden bei der Deutschen Telekom bis hin zu 40 Stunden im Bauhauptgewerbe.[84] In vielen Tarifverträgen gibt es »Zeitkorridore«, die variieren können. So kann beispielsweise in der Metall- und Elektroindustrie zwischen 35 und 40 Stunden pro Woche gearbeitet werden. In anderen Branchen sind darüber hinaus Wochenarbeitszeiten von 50 Stunden möglich als auch Arbeitstage, die bis zu 10 Stunden dauern dürfen.[85] Ähnliches gilt für Überstunden. Innerhalb solcher Bandbreiten können sinnvolle betriebliche Gestaltungen vorgenommen werden.

Anders als bei jeweils individuellen Vereinbarungen bieten kollektive –insbesondere tarifliche – Vereinbarungen eine sehr rechtssichere und damit auch vertrauensvolle Grundlage, die ggf. auch eine optimierte Reaktionsgeschwindigkeit ermöglichen kann und den Verhandlungsaufwand im Einzelfall reduziert.

AGILES TO-DO

- Klärung des betrieblichen Bedarfs (z. B. Umfang, Auslastung, Erreichbarkeitszeiten)
- Klärung Wunsch des Mitarbeiters (Reduzierung, befristeter Zeitraum, Hintergrund)
- Mithilfe von individuellen Vereinbarungen Freiräume schaffen
- Ausschöpfen der gesetzlichen Möglichkeiten (z. B. durch das TzBfG)
- Viele bereits bestehende rechtliche Möglichkeiten (Gleitzeit und Vertrauensarbeitszeit) sind schon nutzbar
- Kollektive Regelungen schaffen schnelle, rechtssichere Lösungen für viele Sachverhalte. Hier können ggf. Handlungsspielräume ausgeweitet werden.

---

80 Digitalisierung von Wirtschaft und Gesellschaft: Die technologische Zukunftsfähigkeit Deutschland auf dem Prüfstand, Walter-Raymond-Stiftung der BDA, Band 56, 2016, GDA-Kommunikation; siehe Interview mit Karl-Heinz Hageni (IG Metall) in Teil 3, Kapitel 11.10.

81 TV MobA.

82 Siehe auch Redmann, Britta, Vergütungssysteme gestalten: agil rechtssicher und nicht-monetär, Kapitel 4 »Tarifverträge als Bedürfnismodelle«, Interview mit Petra Lindemann, Geschäftsführerin für Tarifpolitik, Arbeitsrecht, Arbeitsmarkt, Bundesarbeitgeberverband Chemie, e. V. (BAVC).

83 FD ArbR 2016, 384160.

84 FD-ArbR 2016, 384160.

85 FD-ArbR 2016, 384160.

8 #Agile Arbeitsorganisation

8.1 Agiler Spirit: Vernetzung und Zusammenarbeit

Von agilen Arbeitsorganisationen sprechen wir, wenn sich diese als Netzwerk darstellen und durch eine besondere gemeinschaftliche und flexible Zusammenarbeit geprägt sind. Dabei geht es um die Struktur genauso wie um eine Grundhaltung der Menschen, die in dieser Struktur wirken und arbeiten.

8.1.1 Netzwerke als agile Gefüge

Die Netzwerkorganisation ist eine Form der Aufbauorganisation aus der betriebswirtschaftlichen Organisationslehre. Wie bei allen Organisationsformen ist sie eine Möglichkeit, Zuständigkeiten und Verantwortlichkeiten in einem betrieblichen Gefüge zu verteilen. Eine Netzwerkorganisation zeichnet sich dadurch aus, dass ihre Mitglieder weitestgehend autonom handeln und durch gemeinsame Ziele langfristig miteinander verbunden sind. Hierdurch wird koordiniert zusammengearbeitet. Mit einer Netzwerkorganisation sollen stabile, kooperative und komplexe Beziehungen zwischen den beteiligten Partnern ermöglicht werden.[1]

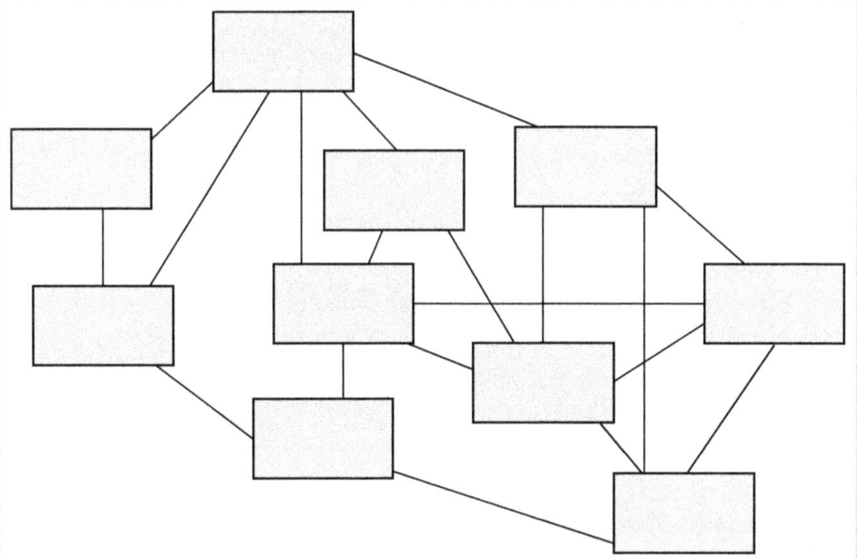

Abb. 11: Netzwerkorganisation (Grafik: Redmann 2019)

1 http://wirtschaftslexikon.gabler.de/Definition/netzwerkorganisation.html.

Warum ist ein Netzwerk wichtig? Wenn Sie sich hier noch einmal die Definition eines agilen Unternehmens vor Augen führen, dann ist ein wesentlicher Faktor, dass Veränderungen in der Umwelt frühzeitig antizipiert und erkannt werden.[2] Um Veränderungen »im Außen« wahrnehmen zu können, ist ein kontinuierlicher Austausch eines Unternehmens mit der Umwelt erforderlich. Dies erfolgt einfacher und schneller in und mit Netzwerken.[3]

Agile Organisationen verfügen meistens über sogenannte cross-funktionale Teams, die je nach Aufgabe und Projekt immer wieder in neuen Konstellationen miteinander verschmelzen.[4] Entscheidungsprozesse und Abläufe können damit enorm verkürzt werden. Agiles Arbeiten in einer Netzwerkorganisation ermöglicht es, Aufgaben schnell anzupassen, wenn dies von außen – z. B. durch den Kunden oder sich verändernder Märkte – gefordert wird und sinnvoll ist. Oft besteht für die Mitarbeiter die Möglichkeit, zwischen verschiedenen Rollen und Tätigkeiten zu wechseln. Das reicht unter Umständen bis hin zu Modellen alternierender Führung, in denen Mitarbeiter durchaus Führungsverantwortung übernehmen und dann wieder nicht. Damit sind Tätigkeiten von Mitarbeitern nicht starr ausgelegt, sondern möglichst breit aufgestellt. Mitarbeiter erhalten die Chance, »jederzeit und überall« ihren Einsatz und Beitrag leisten zu können. Auf diese Weise können sich Unternehmen oder einzelne Betriebsteile schnell und aufgabenorientiert mit der eigenen Organisation – immer wieder neu – an Veränderungen ausrichten und auch aufstellen.[5]

Eine solche Netzwerkorganisation hat noch einen weiteren Vorteil: Durch den kontinuierlichen, vereinfachten Austausch miteinander kann Wissen viel schneller geteilt und durch eine systematische Gestaltung in den Mittelpunkt gerückt werden. Viele Mitarbeiter können somit zeitnah einheitliche Informationen und Kenntnisse erhalten. Das kann sich auf herangetragenes Wissen als auch auf eigene Stärken und Kompetenzen innerhalb des Netzwerkes beziehen. Alle kommunizierten Inhalte werden transparent.[6]

---

2 Vgl. die Definition von Agilität in Teil 1, Kapitel 3: »Agilität ist die Fähigkeit eines Unternehmens bzw. einer Organisation, Veränderungen in der (Unternehmens-)Umwelt wahrzunehmen, sich schnell und flexibel auf diese Veränderungen einzustellen, Chancen, Potenziale und auch Risiken zu erkennen und eigene Handlungen immer wieder daran auszurichten. Dabei ist ein wesentlicher Aspekt, ständig aus den eigenen Erfahrungen zu lernen und zukunftsorientiert zu handeln.«

3 Häusling, Agile Organisation, Haufe, 2019; DGFP Praxispapier, Agile Unternehmen – Agiles Personalmanagement, S. 22, 01/2016; siehe Interview mit Matthias Schultze (Malerbetrieb Heyse GmbH) in Teil 3, Kapitel 11.9.

4 Siehe Interviews in Teil 3 mit whatever mobile, Kapitel 11.6, Sipgate, Kapitel 11.8, Immobilien Scout, Kapitel 11.4 und OTTO in Kapitel 11.5; Günther/Böglmüller: Einführung agiler Arbeitsmethoden – was ist arbeitsrechtlich zu beachten, NZA 2019, 273.

5 Siehe Häusling, Agile Organisation, Haufe, 2019; Anderson/Uhlig, Das agile Unternehmen, S. 267. Interviews in Teil 3 mit whatever mobile, Kapitel 11.6, Unitymedia, Kapitel 11.3 und OTTO, Kapitel 11.5.

6 DGFP Praxispapier, Agile Unternehmen – Agiles Personalmanagement, S. 22, 01/2016.

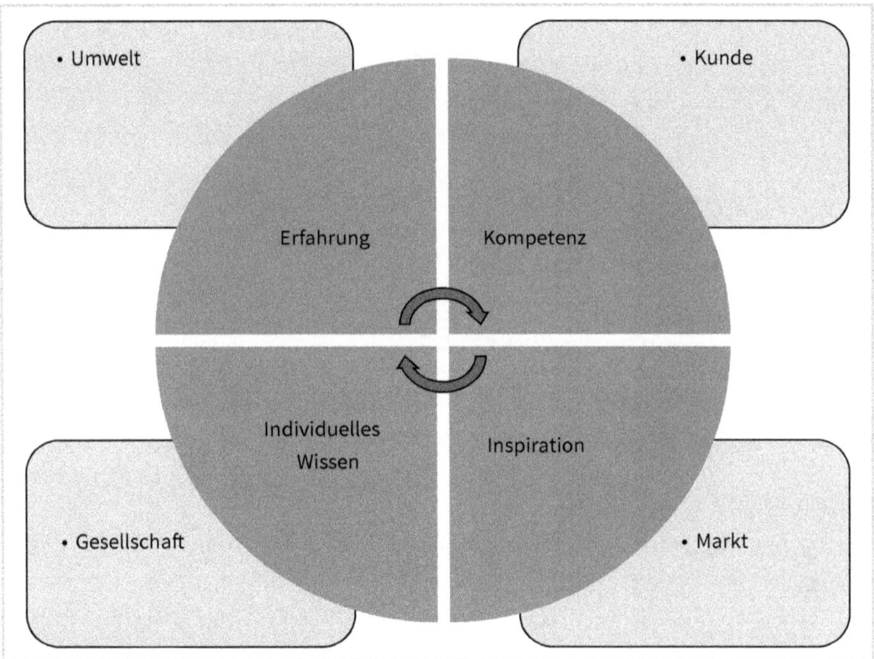

Abb. 12: Wissensaustausch innerhalb und außerhalb von Unternehmen (Grafik: Redmann 2017)

Der Kunde spielt im agilen Umfeld eine zentrale Rolle. Er ist daher oftmals auch Teil der agilen Netzwerkstruktur. Durch eine Vernetzung mit dem Kunden wird sofort eine größere informelle und emotionale Nähe zu ihm hergestellt. Firmen gelingt es so, wesentlich direkter und schneller zu erfahren, was der Kunde wünscht. Eine optimierte Kundenorientierung wird damit schon durch die Organisationsform und den dadurch erzeugten Informationsaustausch ermöglicht.[7] Eine netzwerkbasierte Organisation kann somit Synergien durch den regelmäßigen Kontakt zum anderen schaffen, egal, ob sich dieser innerhalb oder außerhalb der Unternehmensorganisation befindet. Die positiven Folgen sind die Förderung von Kreativität und Innovation.

Ein angestrebter ständiger – vernetzter – Austausch innerhalb des Unternehmens erfordert eine sehr schlanke und anpassungsfähige Ablauf- und Aufbauorganisation. Letzteres lässt sich mit einer traditionellen, einseitigen Top-down-Organisationsform nicht erreichen. In agilen Strukturen finden sich daher selten ausgeprägte Hierarchien.[8] Die Größe eines Unternehmens spielt bei diesen Überlegungen ebenfalls eine

7 Siehe Interviews in Teil 3 mit Malerbetrieb Heyse, Kapitel 11.9, whatever mobile, Kapitel 11.6, Immobilien Scout, Kapitel 11.4 und OTTO, Kapitel 11.5.

8 Siehe Siehe auch Hackl/Wagner/Attmer/Baumann, NewWork: Auf dem Weg zur neuen Arbeitswelt, Springer Gabler, 2017; Häusling, Agile Organisation, Haufe, 2019; Interviews in Teil 3 mit whatever mobile, Kapitel 11.6, Immobilien Scout, Kapitel 11.4, OTTO, Kapitel 11.5.

wichtige Rolle: Natürlich ist es leichter, beweglicher und flexibler zu sein, je kleiner ein Gefüge ist. Wer kann sich schon einen Tanker vorstellen, der so wendig ist wie ein Segelschiff? Dies ist einer der Gründe, warum einige Großkonzerne darüber nachdenken, ihre Organisationsformen zu verschlanken und sich eher kleinteilig und veränderlicher als »Schwarmorganisation« aufstellen möchten.[9]

8.1.2 Vom Konzern zum Start-up

Für große – und deswegen oft auch sehr hierarchische – Firmen oder Konzerne ist es schwierig, sich komplett in ihrer Organisationsform zu verändern und Strukturen und Prozesse einfach abzuschaffen. Hinzu kommen auch nicht-disponible rechtliche Auflagen, z. B. durch die Rechtsform des Unternehmens. So sind in einem Konzern Genehmigungsverfahren und Compliance-Maßnahmen notwendig, um den gesetzlichen Anforderungen zu genügen und um Unternehmen, Geschäftsführer oder Vorstände nicht in eine Haftung geraten zu lassen. Entsprechend dieser Strukturen sind Mitarbeiter, die jahrelang in einem solchen – eher sicherheitsorientierten und entscheidungsoptimierten – Gefüge gearbeitet haben, eher daran gewohnt, sich selbst abzusichern und nicht autonom entscheiden zu können. Sie kennen es in der Regel nicht anders, als sich an Vorgaben zu orientieren, und haben vielleicht auch gelernt, dass Fehler sich schmerzhaft auf ihr Arbeitsverhältnis oder ihre Karriere auswirken oder unangenehme Konsequenzen wie Abmahnungen oder sogar Kündigungen auslösen können. Die Veränderung einer solchen Struktur dauert in der Regel viele Jahre.[10] Zudem gibt es ja auch nicht die einzig richtige agile Organisationsform. Insofern können solche Veränderungsprozesse zu enormen Unsicherheiten bei Mitarbeitern und sogar bei Kunden führen.

9 http://www.gruenderszene.de/automotive-mobility/daimler-zetsche-startup-umbau.

10 Siehe auch Interview mit Thu Pakasathanan (Sipgate) in Teil 3, Kapitel 11.8; Interview mit Prof. Dr. Wald, in: Redmann, Britta, Vergütungssysteme gestalten: agil, rechtssicher und nicht-monetär, 1.3; Hofert, Das agile Mindset, Springer Gabler, 2018

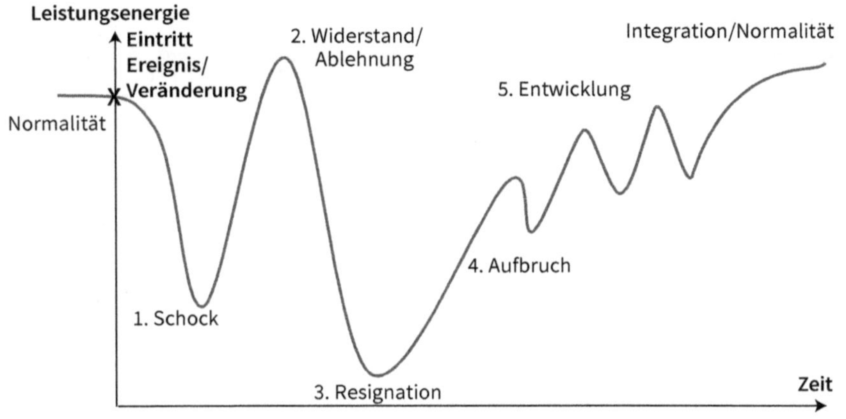

Abb. 13: Kurve der Leistungsenergie bei Veränderungen[11] (Grafik: Redmann 2017)

Einige Konzerne oder größere Firmen gehen dazu über, agile Bereiche oder solche, die es werden sollen, auszugliedern oder sogar ganz neu aufzubauen.[12] Diese abgespaltenen Einheiten sind in der Regel klein, selbstorganisiert und mit Mitarbeitern besetzt, die man bewusst aufgrund ihrer »agilen Haltung« ausgesucht hat. Kennzeichnend für ein solches agiles Mindset bei Mitarbeitern ist, dass sie offen für neue Arbeitsweisen sind, sich trauen, Vorhaben auszuprobieren, Fehler als Lernchance begreifen und dass sie mitentscheiden und auch selbstbestimmt tätig sein wollen.[13]

Häufig ist in diesen neu- oder ausgegründeten Unternehmungen auch die Gesellschaftsform direkt darauf ausgelegt, dass alle Mitwirkenden zugleich auch beteiligt sind, so z. B. als Kommanditist bei einer GmbH & Co. KG.[14] In diesem Fall besteht zudem die Besonderheit, dass bei einer Beteiligung von Mitarbeitern an einer Gesellschaft – z. B. als Kommanditisten – keine Arbeitsverhältnisse, sondern gesellschaftsrechtliche Verhältnisse vorliegen.[15]

Der Vorteil einer solchen neuen oder ausgegründeten Gesellschaft besteht darin, dass hier von Anfang an eine vernetzte agile Organisation mit agilen Arbeitsweisen unter Gleichgesinnten entstehen kann.

11 Vgl. auch https://organisationsberatung.net/change-management-modelle-im-vergleich/

12 Siehe hierzu http://www.kloeckner-i.com/kloeckner-i/; https://rewe-digital.com/; siehe auch Anderson/Uhlig, Das agile Unternehmen, Gespräch mit Rüdiger Grube, Deutsche Bahn AG, S. 35 ff., u. Gespräch mit Johannes Teyssen, E.ON AG, S. 45 ff.

13 Siehe auch Anderson/Uhlig, Das agile Unternehmen, Gespräch mit Mathias Döpfner, Axel Springer SE, S. 13 ff.

14 Siehe Interview mit Jasper Grote (Dark Horse) in Teil 3, Kapitel 11.7.

15 Siehe Interview mit Jasper Grote (Dark Horse) in Teil 3, Kapitel 11.7.

Eine weitere Möglichkeit, derer sich in jüngerer Zeit insbesondere Konzerne und größere Unternehmen bedienen, ist es, innerhalb des Konzerns eigene Start-ups oder auch sogenannte Innovation Labs oder Digital Hubs zu gründen.[16] Mit diesen Einheiten sollen organisatorische – und auch räumliche – Möglichkeiten geschaffen werden, um insbesondere innovativ sein zu können – und zwar außerhalb der schon existierenden Unternehmens- bzw. Konzernhierarchie. Klassische Unternehmensstrukturen werden als innovationshemmend wahrgenommen.[17] Als innovationsfördernde Maßnahme werden daher innerhalb der bestehenden Strukturen kleine Einheiten geschaffen, in denen etwa von Beginn an Arbeitsverhältnisse weitestgehend demokratisiert sind und Mitarbeiter selbstbestimmt und partizipativ mitarbeiten. Ziel ist es, mit diesen Strukturen Netzwerke zu schaffen, die Innovation zulassen und begünstigen.[18] Zudem sollten Abläufe und ein Ideenmanagement so gestaltet werden, dass sich eine Erneuerung überhaupt ermöglichen lässt. Unabhängig davon, ob in einem solchen »unternehmenseigenen« Start-up oder Innovation Lab sich Organisationsformen, wie z. B. Holocracy oder Soziokratie, etablieren, ist allen diesen vernetzten und agilen Gefügen eines gemeinsam: Das Team und nicht der einzelne Mitarbeiter rückt stark in den Vordergrund. Neben der Organisation der Aufgaben gehört hier insbesondere auch die Gestaltung der gemeinsamen Zusammenarbeit als ein zentrales Thema dazu, z. B., welche Werte und Prinzipen im Team wichtig sind und wie sie gelebt werden wollen? Mitarbeiter, die hier tätig sind, führen sich oftmals völlig selbst. Selbstorganisierte Teams zeichnen sich dadurch aus, dass sie weitestgehend autonom und eigenverantwortlich handeln. Sie bestimmen selbst über die Arbeitsinhalte, also, was wann zu tun ist und wer am besten welche Aufgaben übernimmt. Die bisher klassische Aufgabe einer Führungskraft geht in der Selbstorganisation auf das Team über,[19] wie:

- Arbeitsorganisation
- Personalauswahl
- Personalentwicklung
- Budgetplanung

16 Z. B. Bosch, Deutsche Bahn, Rewe, Klöckner, Heidelberger Druckmaschinen: Siehe https://hdu.heidelberg.com/de/; https://rewe-digital.com/; https://www.kloeckner-i.com/kloeckner-i/; https://www.handelsblatt.com/unternehmen/beruf-und-buero/the_shift/agilitaets-labor-wie-grosse-unternehmen-wendig-wie-ein-start-up-werden/22676752.html?ticket=ST-6095854–4JBQ0leJV6U4GStMgRs2-ap1; siehe auch Bangerth/Danhof, Digitaler Wandel und Organisationskultur – worauf kommt es wirklich an? in Kompetenzen der Zukunft – Arbeit 2013, Haufe, 2018; Anderson/Uhlig, Das agile Unternehmen, Gespräch mit Rüdiger Grube, Deutsche Bahn AG, S. 35 ff u. Gespräch mit Johannes Teyssen, E.ON AG, S. 45 ff.

17 Siehe auch Redmann, Britta, Vergütungssysteme gestalten: agil, rechtssicher und nicht-monetär, Haufe, 2019.

18 https://www.vodafone.de/featured/inside-vodafone/uplift-me-so-foerdert-vodafone-gruender-im-eigenen-haus/?b_id=1438&j_id=SocSocAwaA01C%7CBehCpcFAA%7Cfq0ntaCNP&c_id=soc_cba_A01:fq0_C_FT_IV_TW_VB_OM_110718_uplift_me_so_foerdert_vodafone_gruender_im_eigenen_haus; Hackl/Wagner/Attmer/Baumann, NewWork: Auf dem Weg zur neuen Arbeitswelt, Springer Gabler 2017; Siehe Interview mit Daniela Gehring, in: Redmann, Britta, Vergütungssysteme gestalten: agil, rechtssicher und nicht-monetär, Haufe 2019.

19 Zur Kündigung in selbstorganisisierten Teams siehe Teil 2 Kapitel 5. Agile Arbeitsmethoden, Legal Check »Gruppenarbeit«.

Übersicht mögliche Themen für selbstorganisierte Teams
• Arbeitsorganisation (Was, wann, wie, wer mit wem?)
• Arbeitsmethode + Arbeitsmittel (z. B. Anwendung agiler Methoden wie z. B. Scrum, Design Thinking, Tools zum Projektmanagement und zur Kommunikation untereinander, z. B. über Trello, Jira, Slack)
• Personalauswahl (Wer soll/darf ins Team?)
• Weiterbildung, Personalentwicklung (Welche Kompetenzen braucht das Team? Wie werden diese ausgebaut und aufgebaut? Wie sollen sie sich angeeignet werden? Wer besucht welche Veranstaltungen, Trainings, Schulungen, etc.? Wie wird Wissen intern weitergetragen?)
• Budgetplanung, Dienstreisen, Anschaffungen, etc. (Welche Budgets gibt es für was? Entscheidungsrahmen + Entscheidungskriterien?)

8.1.3 Agiles Personal

Agiles Arbeiten erfordert bedürfnisorientiertes und situatives Arbeiten. Das gilt sowohl für das Arbeitsaufkommen selbst als auch für die entsprechenden Fähigkeiten, die zur Erledigung eines bestimmten Auftrags vonnöten sind. Um diesem Anspruch einer »elastischen Nachfrage« gerecht zu werden, verwenden Firmen neben fest angestellten Mitarbeitern immer häufiger auch andere Modelle des Personaleinsatzes, um hier möglichst flexibel agieren zu können.[20] Teilweise wird dabei mit etablierten Formen des Fremdpersonaleinsatzes gearbeitet, wie z. B. Leiharbeitsverhältnissen. Häufig kommen aber auch freie Mitarbeiter zum Einsatz, die dann als selbstständig Tätige im Unternehmen eingesetzt werden.

Eine noch recht neue Form der agilen Zusammenarbeit, die in den letzten zwei Jahren zunehmend genutzt wird, ist das Crowdworking.[21] Begrifflich wird von Crowdworking oder auch Crowdsourcing gesprochen. »Crowd« deshalb, weil eine Firma einen Auftrag auf einer Plattform im Netz anbietet und dann ein Dritter irgendwo auf der Welt

20 https://www.bmas.de/SharedDocs/Downloads/DE/PDF-Publikationen-DinA4/gruenbuch-arbeiten-vier-null.pdf?__blob=publicationFile, S. 25 ff.

21 Siehe auch Studie Plattformarbeit, Bertelsmann Stiftung, Mai 2019; Haußmann, Arbeit 4.0 – Update Arbeitsrecht?!, RdA 2019 131; BMAS, Nutzung von Crowdworking durch Unternehmen: Ergebnisse einer ZWE-Unternehmensbefragung, November 2016; siehe hierzu http://www.zeit.de/2016/18/crowdworking-freelancer-digital-arbeitsmarkt; https://digitaler-mittelstand.de/trends/ratgeber/crowdworking-plattformen-4-beispiele-20532; http://boeckler.de/64443_64455.htm; Benner, Crowdsourcing: die radikalste Form der Digitalisierung von Arbeit in Schröder/Urban, Gute Arbeit, 2016.

diesen Auftrag ausführt.[22] Die Vermittlung bei diesem Modell erfolgt häufig über ein plattformbasiertes Netzwerk, auf dem sich Leistungsanbieter und Leistungserbringer finden.[23] Das Konzept, das hinter Crowdworking steht, ist also die Vergabe von herkömmlich unternehmensinternen Aufgaben und Projekten über Online-Plattformen an externe Arbeitskräfte, die diese Aufträge dann gegen Bezahlung durchführen. Unter vielen Bewerbern kann sich der Auftraggeber einen Auftragnehmer aussuchen. Bei der Plattform Clickworker sind beispielsweise über eine Million Personen angemeldet.[24]

Seit 2014 ist der Bekanntheitsgrad von Crowdworking erheblich gestiegen.[25] Ca. 70 % der Unternehmen kennen zwar dieses Konzept,[26] genutzt wird es dagegen auf einem weit niedrigeren Niveau: So wenden hauptsächlich Unternehmen aus der Informationswirtschaft Crowdworking an. Hier ist der Anteil von Mediendienstleistern mit 6,2 % am höchsten.[27] Trotz Bekanntheit wird diese Form der Zusammenarbeit also noch kaum gelebt. Ein ähnliches Bild zeichnet auch das Ergebnis einer Studie im Auftrag des Digitalverbandes Bitkom.[28] Der Bitkom-Umfrage zufolge, ist Crowdworking bislang vor allem in größeren Firmen ein Thema. Von den mehr als 1.500 befragten Unternehmen können sich immerhin 18 % vorstellen, künftig mit Crowdworkern zusammenzuarbeiten.[29] Sowohl für Unternehmen als auch für die Crowdworker ist die flexible Arbeits- und Arbeitszeitgestaltung ein Vorteil.[30] Wenngleich auch für die meisten Crowdworker diese Tätigkeiten eher »Nebenbeschäftigungen« darstellen und der Verdienst keinen Haupterwerb ermöglicht.[31]

---

22 https://www.bmas.de/SharedDocs/Downloads/DE/PDF-Publikationen-DinA4/gruenbuch-arbeiten-vier-null.pdf?__blob=publicationFile, S. 16; siehe auch Leimeister/Durward/Zogaj, Crowd Worker in Deutschland, Juli 2016.

23 https://de.wikipedia.org/wiki/Crowdsourcing; siehe hierzu http://www.zeit.de/2016/18/crowdworking-freelancer-digital-arbeitsmarkt; https://digitaler-mittelstand.de/trends/ratgeber/crowdworking-plattformen-4-beispiele-20532; http://boeckler.de/64443_64455.htm

24 Leimeister/Durward/Zogaj, Crowd Worker in Deutschland, Juli 2016; siehe auch https://www.clickworker.de/ueber-uns/.

25 BMAS, Nutzung von Crowdworking durch Unternehmen: Ergebnisse einer ZWE-Unternehmensbefragung, November 2016; siehe auch Studie Plattformarbeit, Bertelsmann Stiftung, Mai 2019.

26 BMAS, Nutzung von Crowdworking durch Unternehmen: Ergebnisse einer ZWE-Unternehmensbefragung, November 2016.

27 BMAS, Nutzung von Crowdworking durch Unternehmen: Ergebnisse einer ZWE-Unternehmensbefragung, November 2016.

28 www.bitkom.org/Presse/Presseinformation/Crowdworking-ist-noch-die-Ausnahme-hat-aber-Potenzial.html: »Unter den Unternehmen mit 50 bis 249 Mitarbeitern haben bereits 11 Prozent damit Erfahrungen gesammelt, unter jenen mit 250 oder mehr Beschäftigen sind es sogar 21 Prozent. Auch das Interesse, diese Form der Arbeit künftig im Unternehmen einzusetzen, wächst mit der Unternehmensgröße. 29 Prozent der Unternehmen mit 50 bis 249 Mitarbeitern sagen, dass sie Crowdworking noch nicht eingesetzt haben, sich dies aber vorstellen können. Bei den Unternehmen ab 250 Beschäftigten sind es sogar 32 Prozent.«

29 www.bitkom.org/Presse/Presseinformation/Crowdworking-ist-noch-die-Ausnahme-hat-aber-Potenzial.html

30 Siehe auch Leimeister/Durward/Zogaj, Crowd Worker in Deutschland, Juli 2016.

31 www.bitkom.org/Presse/Presseinformation/Crowdworking-ist-noch-die-Ausnahme-hat-aber-Potenzial.html; siehe auch Leimeister/Durward/Zogaj, Crowd Worker in Deutschland, Juli 2016.

Für Unternehmen ergibt sich durch Crowdworking die Chance einer Reduzierung der Arbeitskosten. Ebenso können agile, innovative und schnellere Arbeitsprozesse entstehen. Ideen aus der Crowd können z. B. dafür genutzt werden, um sich mit neuen Themen und Trends zu befassen und ganz andere Perspektiven zu erkennen. Wo für Innovationen intern oftmals keine Zeit ist, kauft man sich diverse Impulse in der Crowd einfach zusätzlich ein.[32] Dagegen wird es als ein Risiko angesehen, dass sich zum einen nur ein geringer Anteil von Arbeitsinhalten überhaupt für Crowdworking eignet und Qualitätskontrollen bei den bezogenen Leistungen schwierig durchzuführen sind. Darin liegt wohl auch einer der Hauptgründe für die insgesamt eher geringe Nutzung von Crowdworking. Zum anderen besteht die Besorgnis, dass unternehmensinternes Wissen abfließen könnte.[33]

8.2 Legal Check: Agile Tätigkeiten

Die Gestaltung einer Netzwerkorganisation betrifft insbesondere den Rahmen, in dem gearbeitet werden soll. Tätigkeiten in einer agilen Organisation sollen möglichst vielseitig wahrgenommen werden. Hier sind sowohl individuelle und ggf. auch kollektivrechtliche arbeitsrechtliche Normen tangiert.

8.2.1 Direktionsrecht und Arbeitsvertrag

Der Arbeitgeber darf kraft seines gesetzlich begründeten Weisungsrechts die Tätigkeit des Arbeitnehmers bestimmen (§ 106 GewO).[34] Danach hat der Arbeitgeber das Recht, dem Arbeitnehmer Weisungen zu erteilen und ihn entsprechend der wechselnden betrieblichen Erfordernisse im Rahmen des bestehenden Arbeitsvertrages einzusetzen. Ferner darf er im Verlauf des Arbeitsverhältnisses die Leistung des Mitarbeiters konkretisieren. Das Direktions- bzw. Weisungsrecht des Arbeitgebers gibt ihm demnach die Berechtigung, die Arbeitspflicht durch einseitige Weisungen näher auszugestalten.[35] Er kann die einzelnen vom Arbeitnehmer zu erfüllenden Tätigkeiten, ihre Reihenfolge sowie auch die Begleitumstände, unter denen die Arbeit zu verrichten ist, näher bestimmen.

Eine Grenze bildet allerdings der Arbeitsvertrag: Was darin vereinbart wurde, darf der Ausübung des situativen Direktionsrechts nicht entgegenstehen. Ist der Inhalt der

32 Siehe auch Studie Plattformarbeit, Bertelsmann Stiftung, Mai 2019.

33 BMAS, Nutzung von Crowdworking durch Unternehmen: Ergebnisse einer ZWE-Unternehmensbefragung, November 2016.

34 ErfK/Preis, 19. Aufl. 2019, GewO § 106 Rn. 1–4.

35 ErfK/Preis, 19. Aufl. 2019, GewO § 106 Rn. 19–26.

vereinbarten Arbeitsleistung im Arbeitsvertrag beschrieben (z. B. bei einer Einstellung als Personalreferent, Softwareentwickler oder Marketingleiter), so müssen sich die Weisungen des Arbeitgebers bezüglich des Arbeitsinhalts im Rahmen des derart vereinbarten Berufsbildes bzw. der vertraglich umschriebenen Tätigkeit halten.[36] Noch weniger kann der Arbeitgeber kraft seines Direktionsrechts den Inhalt der Arbeitsleistung ausgestalten, wenn bereits die Parteien im Arbeitsvertrag selbst durch eine exakte Bestimmung den Leistungsinhalt fixiert haben. Ob eine derart verbindliche Leistungsbestimmung im Arbeitsvertrag getroffen worden ist, ist im Einzelfall durch Auslegung des Vertrags zu ermitteln. Hierbei sind alle Begleitumstände in der Ausgestaltung des Arbeitsverhältnisses zu berücksichtigen.

8.2.2 Agile Versetzungsklausel

In den meisten Fällen werden Arbeitsverträge schriftlich geschlossen. Das ist aus Beweis- und Darlegungszwecken zum einen ratsam, zum anderen entspricht es den Vorgaben des Nachweisgesetzes.[37] Unter § 2 Abs. 1 Nr. 5 NachwG findet sich die konkrete Bestimmung, dass »*in der Niederschrift eine kurze Charakterisierung oder Beschreibung der vom Arbeitnehmer zu leistenden Tätigkeit*« vorzunehmen ist. Oftmals wird hier auch auf Stellenbeschreibungen Bezug genommen.

REGELUNGSPUNKTE GEM. § 2 NACHWG

- Name, Anschrift Vertragsparteien
- Beginn des Arbeitsverhältnisses
- Bei Befristung: vorhersehbare Dauer
- Arbeitsort/Hinweis über verschiedene Orte
- Beschreibung/Charakterisierung der Tätigkeit
- Zusammensetzung und Höhe des Arbeitsentgelts
- Arbeitszeit
- Dauer des Jahresurlaubs
- Kündigungsfristen
- Hinweis auf Tarifvertrag, Betriebsvereinbarungen, die auf das Arbeitsverhältnis anzuwenden sind

Entscheidend für die Ausübung des Direktionsrechts ist somit, ob und wie genau im Arbeitsvertrag eine bestimmte Tätigkeit oder Aufgabe bezeichnet ist, für die der Mitarbeiter eingestellt wurde. Entsprechend konkrete Tätigkeitsbeschreibungen oder

36 BAG, Urteil vom 13.06.2007 – 5 AZR 564/06, NZA 2007, 974.

37 § 2 Nachweisgesetz: »Der Arbeitgeber hat spätestens einen Monat nach dem vereinbarten Beginn des Arbeitsverhältnisses die wesentlichen Vertragsbedingungen schriftlich niederzulegen, die Niederschrift zu unterzeichnen und dem Arbeitnehmer auszuhändigen [...].«

Bezugnahmen auf Stellenbeschreibungen im Arbeitsvertrag schränken insoweit auf den ersten Blick einen »agilen Einsatz« ein.[38] Um dies zu vermeiden, empfiehlt es sich, direkt beim Abschluss von neuen Verträgen, die agile Tätigkeit weit zu fassen und sich nicht auf einen bestimmten Einsatz zu beschränken. Im Prinzip entspräche dies einer Versetzungsklausel.

Vorschlag für eine Formulierung im Arbeitsvertrag zum agilen Einsatz:[39]

> »Der Arbeitgeber ist berechtigt, dem Arbeitnehmer aus betrieblichen Gründen unter Wahrung der Interessen des Arbeitnehmers eine andere, gleichwertige Tätigkeit oder ein anderes Arbeitsgebiet zu übertragen, soweit dies den Fähigkeiten und Kenntnissen des Arbeitnehmers entspricht, oder auch gleichermaßen den Arbeitnehmer an einem anderen Ort einzusetzen.«

Klauseln, die die Änderung von Arbeitsbedingungen bzw. eine Erweiterung des Weisungsrechts des Arbeitgebers vorsehen, unterliegen einer Inhaltskontrolle nach den Regelungen des AGB-Rechts (§§ 305 ff. BGB).[40] Da sie in der Regel vom Arbeitgeber vorformuliert sind, soll der Arbeitnehmer hier geschützt werden. Eine vorformulierte Versetzungsklausel muss daher angemessen im Sinne des § 307 Abs. 1 BGB sein und darf keine Benachteiligung von Mitarbeitern zur Folge haben. Das BAG führt hierzu aus:[41]

> »Nach § 307 Abs. 2 Nr. 1 BGB ist eine unangemessene Benachteiligung im Zweifel anzunehmen, wenn eine Bestimmung mit wesentlichen Grundgedanken der gesetzlichen Regelung, von der abgewichen wird, nicht zu vereinbaren ist. Dies wird regelmäßig der Fall sein, wenn sich der Arbeitgeber vorbehält, ohne den Ausspruch einer Änderungskündigung einseitig die vertraglich vereinbarte Tätigkeit unter Einbeziehung geringer wertiger Tätigkeiten zulasten des Arbeitnehmers ändern zu können.«

Und in einer anderen Entscheidung wird noch deutlicher formuliert:[42]

> »Eine vorformulierte Klausel, nach welcher ein Arbeitgeber eine andere als die vertraglich vereinbarte Tätigkeit einem Arbeitnehmer »falls erforderlich« und nach »Abstimmung der beiderseitigen Interessen« einseitig zuweisen kann, ist jedenfalls dann als unangemessene Benachteiligung im Sinne von § 307 BGB

38 ErfK/Preis, 19. Aufl. 2019, NachwG § 2 Rn. 15, 16
39 Tomicic, Noerr LLP, Beck'sche Online-Formulare, Vertrag.
40 BeckOK ArbR/Bayreuther, 51. Ed. 1.3.2019, TzBfG § 12 Rn. 6a–10; Küttner, Personalhandbuch 2019, Versetzung, Rn. 3 ff.
41 BAG, Urteil vom 25.08.2010 – 10 AZR 275/09 = NZA 2010, 1355.
42 BAG, Urteil vom 09.05.2006 – 9 AZR 424/05 = BAGE 118, 184.

anzusehen, wenn nicht gewährleistet ist, dass die Zuweisung eine mindestens gleichwertige Tätigkeit zum Gegenstand haben muss.«

Aus diesem Grund ist es ganz wesentlich, dass in Betracht kommende andere Tätigkeiten inhaltlich gleichwertig sind. Dies muss auch in der Klausel selbst zum Ausdruck kommen. Eine arbeitsvertragliche Versetzungsklausel, die ein Weisungsrecht bezüglich einer geringwertigen Tätigkeit zulässt, ist unwirksam.[43]

Für Unternehmen ist allerdings zu beachten, dass eine »agile« Versetzungsklausel nicht nur Vorteile, sondern auch Nachteile hat. Was auf der einen Seite einen flexiblen, agilen Personaleinsatz ermöglicht, kann sich auf der anderen Seite bei – möglicherweise in der Zukunft auszusprechenden – betriebsbedingten Kündigungen aus Sicht des Arbeitgebers nachteilig auswirken. Denn hier kann es sein, dass bei einer zu treffenden Sozialauswahl im Rahmen der »vergleichbaren« Tätigkeiten diese – bzw. die Gruppe der nach § 1 Abs. 3 KSchG sogenannten vergleichbaren Arbeitnehmer – dann erweitert würden. Eine betriebsbedingte Kündigung wird dadurch erschwert. Diese unterschiedlichen Folgen sollten sich Unternehmen bewusst machen und danach ihre vertraglichen Regelungen abwägen und ausgestalten.

Gibt es bereits Arbeitsverträge und muss die vereinbarte Tätigkeit im Nachhinein auf einen agilen Einsatz verändert werden, so kann dies nur im Einvernehmen mit dem Mitarbeiter geschehen. Das gilt für Mitarbeiter genauso wie für Führungskräfte. So können sich gerade bei Führungskräften die Arbeitsinhalte dadurch verändern, dass ein Umstellen auf agile, selbstorganisierte Teams zu einem Mehr an Projekt- und Fachverantwortung bei den Mitarbeitern führt, in der Führung jedoch ein Weniger an Anweisungsbefugnis besteht.[44] Wird damit in einem erheblichen Umfang eine Führungsverantwortung oder die Entscheidungsbefugnis einer Führungskraft entzogen, ist diese Funktion nach der Verkehrsauffassung als auch nach der bisherigen Rechtsprechung nicht mehr als gleichwertig einzustufen.[45] In diesem Fall reicht eine Anweisung bzw. ein Entzug per Direktionsrecht nicht aus, sondern es bedarf eines einvernehmlichen Einverständnisses der Führungskraft.

Liegt ein solches vor, kann eine Vertragsänderung vorgenommen werden. Bei der Vertragsänderung gilt bezüglich der Formulierung einer Versetzungsklausel das oben Ausgeführte entsprechend. Ist der Mitarbeiter dagegen nicht einverstanden, bleibt

43 BAG, Urteil vom 19.01.2011 – 10 AZR 738/09 = NZA 2011, 631; Küttner, Personalhandbuch 2019, Versetzung, Rn. 3 ff.

44 Siehe auch Eufinger/Burbach, NewWork – eine arbeitsrechtliche Standortbestimmung, DB 2019, 1147 ff.; Hoffmann-Remy Arbeitsrechtliche Herausforderunge bei der Agilen Transformation von Unternehmen, DB 2018, 2757 ff.

45 Siehe auch BeckOK ArbR/Mauer, 50. Ed. 01.12.2018, BetrVG § 99 Rn. 8–12; LAG Hessen, Urteil vom 24.06.2014 – 8 Sa 1216/13.

rechtlich nur der langfristige und schwierige Weg über eine Änderungskündigung. Die rechtlichen Erfolgsaussichten einer solchen Kündigung sind im Einzelfall vorab immer gründlich zu hinterfragen.

Mit dieser Formulierung im Arbeitsvertrag lässt sich der Rahmen für Anweisungen durch den Arbeitgeber festlegen:

> »Innerhalb der Vorgaben des Arbeitsvertrages kann der Arbeitgeber nach billigem Ermessen gem. § 315 BGB einseitig unterschiedliche Tätigkeiten anordnen, ohne dass das Einverständnis des Arbeitnehmers dafür notwendig ist.«

Nun sieht »Agilität« vor, dass Mitarbeiter bzw. das Team vornehmlich selbst entscheiden, was, wann, durch wen zu tun ist. Dem Mitarbeiter kommt damit eine eigene Entscheidungskompetenz zu, wo und wie er seine Arbeitsleistung einbringen möchte. Dies ist kein Widerspruch zum Direktionsrecht des Arbeitgebers: Denn wenn dieser wechselnde Tätigkeiten anordnen kann, so kann er erst recht anweisen, dass der Mitarbeiter selbst entscheidet, wo, wann und was er tut.

8.2.3 Agile Vergütung

Im Zusammenhang mit der Tätigkeit eines Arbeitnehmers stellt sich ebenso die Frage nach der Vergütung. Auch diese ist im Arbeitsvertrag zu benennen. In den meisten Fällen bezieht sich die Vergütung auf eine bestimmte Arbeitsleistung. Wenn ein Unternehmen nunmehr dahingehend agil ist, dass Mitarbeiter Tätigkeiten ausüben, die unterschiedliche Wertigkeiten haben, stellt sich die Frage, nach welchem rechtlichen Maßstab die Vergütung zu bemessen ist. Bei einem solchen weitreichenden unterschiedlichen Einsatzbereich ist es möglich, dass zum Zeitpunkt des Abschlusses des Arbeitsvertrages oder einer Vertragsänderung noch gar nicht absehbar ist, welche vielfältigen Aufgaben in welchem Umfang und mit welcher Verantwortlichkeit der Mitarbeiter zukünftig vielleicht ausführen wird.

Dies ist insbesondere bei tarifvertraglichen Entgeltordnungen oder auch bei auf Betriebsvereinbarungen beruhenden Entgeltordnungen interessant, da es hier häufig genau definierte Tätigkeiten gibt, die wiederum festen Vergütungsgruppen zugeordnet sind. Tarifvertraglich – oder auch bei Vorliegen einer betrieblichen Vereinbarung – darf aber auch nicht weniger gezahlt werden, als diese Regelungen vorsehen. Das kann aber natürlich nicht bedeuten, automatisch alle agilen Tätigkeiten besser zu bezahlen als die höchste Tarif- oder Entgeltgruppe.

Es erscheint auch nicht sinnhaft, je nach Einsatzwechsel die Vergütung neu auszuhandeln und vertraglich anzupassen. Dieser Aufwand würde der Idee der Agilität auch völlig widersprechen.

Insoweit ist zu differenzieren zwischen:
- Unternehmen, in denen ein Tarifvertrag gilt,
- Unternehmen, in denen kein Tarifvertrag gilt, stattdessen aber mit einem Betriebsrat ein Entgeltsystem gem. § 87 Abs. 1 Nr. 10 BetrVG in Gestalt einer Betriebsvereinbarung existiert und
- Unternehmen, in denen weder ein Tarifvertrag noch eine Betriebsvereinbarung mit einem Entgeltsystem besteht.

8.2.3.1 Tarifliches Entgeltsystem

Hinsichtlich der Einordnung zu einer Vergütungsgruppe in einem Tarifvertrag hat das BAG grundsätzlich ausgeführt:[46]

> »Im Eingruppierungsrecht ist allgemein anerkannt, dass in den Fällen, in denen sich die auszuübende Tätigkeit eines Arbeitnehmers - wie hier - aus verschiedenen Teiltätigkeiten unterschiedlicher Entgeltgruppen zusammensetzt, nicht stets eine einheitlich zu bewertende Gesamttätigkeit des Arbeitnehmers anzunehmen ist. Vielmehr kann die zu beurteilende Tätigkeit auch aus mehreren, jeweils eine Einheit bildenden Einzeltätigkeiten bestehen, die tariflich gesondert zu bewerten sind.«

Wie eine solche Bewertung vorgenommen wird, ist nicht einheitlich entschieden und wird in Tarifverträgen daher auch unterschiedlich gehandhabt. Die Frage wird in manchen Tarifverträgen aber ausdrücklich gelöst. So gibt es einerseits Tarifverträge, die sich beispielsweise an einer überwiegenden Ausübung von Tätigkeiten orientieren.[47] Andere Tarifverträge wiederum lassen auch eine Verrichtung einer höherwertigen Betätigung mit einem geringen Anteil genügen - ohne bestimmte prozentuale Gewichtungen vorzunehmen - und zielen auf das Vorliegen des jeweiligen Einzelfalles ab.[48]

46 BAG, Urteil vom 26.08.2015 - 4 AZR 41/14; BAG, Beschluss vom 13.11.2013 - 4 ABR 16/12 = BB 2014, 1075; st. Rspr., BAG, Urteil vom 23.10.2013 - 4 AZR 431/12 - Rn. 18, BAGE 146, 226; BAG, Beschluss vom 25.08.2010 - 4 ABR 104/08 = NZA 2011, 712.

47 BAG, Beschluss vom 13.11.2015 - 4 ABR 16/12 = BB 2014, 1075.

48 BAG, Urteil vom 26.08.2015 - 4 AZR 41/14.

INNOVATIONSTARIFVERTRAG BEI BOSCH: SPIELRÄUME FÜR ARBEITSZEIT & GEHALT[49]

Dieser Tarifvertrag der Firma Bosch lehnt sich an die für diese Firma bisher geltenden Firmentarifverträge mit der IG Metall an, bietet aber mehr Spielraum hinsichtlich flexibler Arbeitszeiten und bei der Bezahlung.[50] So haben die Angestellten das bei Bosch übliche Wahlrecht zwischen 35, 38 oder 40 Stunden pro Woche. Jedoch entscheidet der Mitarbeiter im Rahmen einer Vertrauensarbeitszeit eigenverantwortlich selbst, wann und wie viel er arbeitet.[51] Statt der starren Entgeltgruppen an den bestehenden Tarifverträgen gibt es Gehaltsbänder.[52] Die darüber hinausgehende erfolgsunabhängige Vergütung ist höher als im bisherigen Tarifvertrag.[53] Zudem gibt es neben den Komponenten Zeit und Vergütung noch einen umfassenden Gesundheitscheck sowie ein eigenes Weiterbildungsbudget, über das die Mitarbeiter völlig frei verfügen können.[54] Ziel dieses Systems ist es, insbesondere den Bedürfnissen von Softwareentwicklern zu entsprechen.

Was die entgeltliche tarifliche Bewertung agiler Tätigkeiten anbelangt, so gibt es hier keine einheitliche Vorgabe: Gilt ein Tarifvertrag in einem Unternehmen, so wird immer konkret zu prüfen sein, welche Zuordnungsregelungen in diesem zugrunde gelegt sind.

8.2.3.2 Betriebsvereinbarung über ein Entgeltsystem und Mitbestimmung des Betriebsrates

Wie bei einem Tarifvertrag ist auch bei Bestehen einer Betriebsvereinbarung über ein betriebliches Entgeltsystem zu prüfen, ob und welche konkrete Regelung hier die Vertragsparteien – Arbeitgeber und Betriebsrat – getroffen haben. Insofern könnten hier auch die gleichen Prüfungsmaßstäbe angelegt werden wie beim Tarifvertrag.

---

49 Siehe hierzu auch Redmann, Britta, Vergütungssysteme gestalten: agil, rechtssicher und nicht-monetär, 4. Tarifverträge als Bedürfnismodelle, Haufe 2019.

50 https://www.totalrewards.de/entgelt/agilitaet-und-sicherheit-in-einem-tarifvertrag-miteinander-verknuepfen-63221/; https://www.welt.de/print/die_welt/wirtschaft/article182960822/Bosch-Tarifvertrag-fuer-digitale-Einheit.html; http://www.bw.igm.de/news/meldung.html?id=88696.

51 https://www.totalrewards.de/entgelt/agilitaet-und-sicherheit-in-einem-tarifvertrag-miteinander-verknuepfen-63221/; https://www.heise.de/newsticker/meldung/Innovationstarifvertrag-fuer-digitale-Elite-Bosch-einigt-sich-mit-IG-Metall-4205629.html.

52 https://www.totalrewards.de/entgelt/agilitaet-und-sicherheit-in-einem-tarifvertrag-miteinander-verknuepfen-63221/.

53 https://www.welt.de/print/die_welt/wirtschaft/article182960822/Bosch-Tarifvertrag-fuer-digitale-Einheit.html.

54 https://www.heise.de/newsticker/meldung/Innovationstarifvertrag-fuer-digitale-Elite-Bosch-einigt-sich-mit-IG-Metall-4205629.html; http://www.bw.igm.de/news/meldung.html?id=88696.

Soweit es um Vergütung geht, sind – wenn ein Betriebsrat existiert – grundsätzlich Mitbestimmungsrechte des Betriebsrates zu beachten. In Betracht kommen hier die Mitbestimmung bei der Lohngestaltung gem. § 87 Abs. 1 Nr. 10 und Nr. 11 BetrVG.

Diese Mitbestimmungsrechte beziehen sich auf alle leistungs- und tätigkeitsrelevanten Vergütungsbestandteile von Mitarbeitern.[55] Beispielhaft im Gesetz aufgeführt sind »Entlohnungsgrundsätze« und »Entlohnungsmethoden«. Gegenstand der Mitbestimmung ist die Verteilungsgerechtigkeit und – dies wird häufig verkannt – nicht die Höhe einer Vergütung. Das Mitbestimmungsrecht bezieht sich auch nur auf kollektive Tatbestände. Ein kollektiver Tatbestand liegt vor, wenn Grund und Höhe der Zahlung von allgemeinen Merkmalen abhängig gemacht werden, die von einer Mehrzahl der Arbeitnehmer des Betriebes erfüllt werden können.[56]

»Lohn« im Sinne der Vorschrift des § 87 Abs. 1 Nr. 10 BetrVG umfasst alle vermögenswerten Leistungen, die der Mitarbeiter als Ausgleich für seine erbrachte Arbeitsleistung erhält.[57] Dabei kann es sich um leistungsbezogene Vergütungen, Gratifikationen, laufende Zahlungen oder auch Sachleistungen handeln.[58] Mit »Entlohnungsgrundsätze« sind die Regelungen gemeint, nach denen ein Vergütungssystem aufgestellt wird. Es handelt sich um die Regeln nach denen ein Vergütungssystem aufgestellt wird.[59] »Entlohnungsmethode« ist die Art und Weise, in der das spätere Vergütungssystem ausgeführt wird.[60] Von der Mitbestimmung ist auch die Änderung von Entlohnungsgrundsätzen als auch deren Ausführung (Methode) umfasst.[61]

8.2.3.3 NewPay und unternehmenseigenes Entgeltsystem

Viele Unternehmen beschäftigen sich derzeit mit dem Thema »NewPay«.[62] Was steckt dahinter? Der Begriff kommt aus der NewWork-Bewegung und steht oftmals im Zusammenhang mit neuen oder auch agilen Arbeitsweisen genauso wie Selbstverantwortung und Selbstbestimmung des einzelnen Mitarbeiters im Unternehmen. Die

55 Richardi, BetrVG/Richardi, 16. Aufl. 2018, BetrVG § 87 Rn. 749, 750.

56 BAG, Urteil vom 22.06.2010 – 1 AZR 853/08 = BAGE 135, 13, Richardi, BetrVG/Richardi, 16. Aufl. 2018, BetrVG § 87 Rn. 750–753.

57 BAG, Urteil vom 29.01.2008, NZA-RR 08, 469; BeckOK ArbR/Werner, 51. Ed. 1.12.2018, BetrVG § 87 Rn. 156–183.

58 BeckOK ArbR/Werner, 51. Ed. 1.12.2018, BetrVG § 87 Rn. 156–183.

59 Richardi, BetrVG/Richardi, 16. Aufl. 2018, BetrVG § 87 Rn. 774–782; ErfK/Kania, 19. Aufl. 2019, BetrVG § 87 Rn. 99–103.

60 Richardi, BetrVG/Richardi, 16. Aufl. 2018, BetrVG § 87 Rn. 783–788; ErfK/Kania, 19. Aufl. 2019, BetrVG § 87 Rn. 99–103.

61 Richardi, BetrVG/Richardi, 16. Aufl. 2018, BetrVG § 87 Rn. 783–788; ErfK/Kania, 19. Aufl. 2019, BetrVG § 87 Rn. 99–103.

62 Siehe hier ausführlich: Redmann, Britta, Vergütungssysteme gestalten: agil, rechtssicher und nicht-monetär, Kapitel NewPay, Haufe, 2019.

Fragen, die in diesem Kontext auftauchen, beschäftigen sich damit, ob die derzeitigen Systeme zur Festlegung von Gehältern eigentlich zu »Neuem Arbeiten« passen oder eine transparente und partizipative Zusammenarbeit konsequenterweise auch einen anderen Verteilmechanismus für Gehälter erforderlich macht. Wichtige Aspekte der Zusammenarbeit, wie z. B. Transparenz, Partizipation oder Verantwortlichkeit, sollen sich auch in der Art und Weise der Gehaltsverteilung wiederfinden. Unternehmen suchen hier (neue) Maßstäbe und Methoden, nach welchen Vergütung bemessen werden kann und/oder wollen Maßstäbe auch transparenter machen. Unabhängig von der Höhe der Entlohnung kann auch eine besondere Art und Weise der Gehaltsbestimmung und Verteilung ggf. ein Faktor sein, warum sich Mitarbeiter für einen Arbeitgeber entscheiden.

Bisher hat sich die Höhe eines Gehaltes im Wesentlichen an den Faktoren Zeit und Leistung ausgerichtet. Die entsprechenden Lohnformen sind hier

- Zeitlohn
- Leistungslohn/Akkordlohn
- Prämienlohn.

Unternehmen, die für die Zusammenarbeit auf Merkmale der Agilität, der Selbstorganisation, der Vernetzung oder Partizipation abstellen oder einen »NewWork-Ansatz« leben, kommen regelmäßig auch an den Punkt, an dem sie auch über die Bemessung und Verteilung ihrer Gehälter nachdenken. Das hängt damit zusammen, dass gewisse Formen der Zusammenarbeit, in denen z. B. eigenverantwortliche Entscheidungen des Mitarbeiters, die im unternehmerischen Interesse getroffen werden sollen, nicht mehr zu traditionellen »Gehaltsmethoden« passen, deren Bewertung allein von Arbeitgeberseite aus erfolgen. Neue Arten der Zusammenarbeit wirken sich daher unter Umständen auch auf die Gehaltsmethoden bzw. die Gehaltsprozesse aus.

Bisher gibt es noch eine überschaubare Anzahl an Unternehmen, die hinsichtlich der Gehaltsvergabe und oder der Bemessung neue Modelle ausprobiert haben.[63] Hier ragen besonders die Faktoren Transparenz, Selbstbestimmung und Entscheidungsfreiheit heraus, die eine Rolle spielen.[64] Die unterschiedlichen Ansätze reichen von eigens für das Unternehmen entwickelten Kriterien, über von Mitarbeitern gewählten Vergütungskomitees oder automatischen Anpassungsprozessen bis hin zu selbstgewählten Gehältern.[65]

63 Franke/Hornung, Nobile, NewPay, Haufe 2019.
64 https://www.compbenmagazin.de/verguetung-in-agilen-organisationen-lassen-sie-sich-inspirieren/; https://einhorn.my/das-gehalt-bei-einhorn/.
65 Franke/Hornung, Nobile, NewPay, Haufe 2019.

Firmen, die weder tarifgebunden sind noch über einen Betriebsrat verfügen, unterliegen erst einmal keinen bestimmten vorgegebenen Systemen.[66] Im Rahmen von allgemeinen gesetzlichen Bestimmungen – wie z. B. die zu beachtenden Anforderungen an den Mindestlohn – sind solche tarifvertragsfreien und betriebsratslosen Unternehmen in Verhandlung über die Höhe ihrer Gehälter frei.[67] Unabhängig von der Begrenzung bezüglich einer Mindesthöhe müssen vertragliche Entgeltabreden – ebenso wie der Arbeitsvertrag an sich – den Regelungen zu den Allgemeinen Geschäftsbedingungen gem. den §§ 305 ff. BGB entsprechen. Eine Vereinbarung über das Gehalt muss daher für den Arbeitnehmer transparent, klar und eindeutig erkennbar sein.[68] Ferner können Vereinbarungen über das Entgelt auch nicht einseitig von einer Partei im Nachgang abgeändert werden.[69] Nachvertragliche (Gehalts-)Änderungen erfordern daher in der Regel ein einvernehmliches Zusammenwirken der Arbeitsvertragsparteien. Ist der Mitarbeiter nicht einverstanden, bleibt rechtlich seitens des Arbeitgebers nur der schwierige Weg über eine Änderungskündigung. Die rechtlichen Erfolgsaussichten einer solchen Kündigung sind im Einzelfall vorab gründlich zu hinterfragen (und zu prüfen), denn lediglich der Wunsch, ein Gehalt zu ändern, ist noch kein Kündigungsgrund im Sinne des Kündigungsschutzgesetzes.

a) Gleichbehandlungsgrundsatz

Bestehen in einem Unternehmen allgemeine Regelungen oder Grundsätze, nach denen sich Gehälter ausrichten, ist der arbeitsrechtliche Gleichbehandlungsgrundsatz zu beachten.[70] Der arbeitsrechtliche Gleichbehandlungsgrundsatz ergibt sich nicht aus einer einzelnen Rechtsnorm, sondern ist als Gewohnheitsrecht anerkannt.[71] Er dient dazu, Neid und Missgunst unter Kollegen zu vermeiden und damit den »betrieblichen Frieden« im Betrieb zu fördern oder zu erhalten. Damit spielt er eine sehr wichtige Rolle im Rahmen der Entlohnung, wenngleich er bei spezialgesetzlichen Diskriminierungsverboten und Gleichbehandlungspflichten des Allgemeinen Gleichbehandlungsgesetzes (AGG) daneben tritt.[72]

Zwar sind Arbeitgeber gesetzlich nicht verpflichtet, automatisch eine Vergütungsordnung aufzustellen – doch wenn sie es tun, haben sie sich an diese unter Berücksichtigung des Gleichbehandlungsgrundsatzes zu halten. Entscheidend kommt es also darauf an, ob eine abstrakte Regelung für eine Gruppe von Mitarbeitern oder

66 Siehe Interviews in Teil 3 mit Dan Schwarzlmüller und Nils Fuhrmann (whatever mobile), Kapitel 11.6 sowie mit Thu Pakasathanan (Sipgate) in Kapitel 11.8.
67 ErfK/Preis, BGB § 611a Rn. 389, 389a.
68 ErfK/Preis, BGB § 611a Rn. 389, 389a.
69 ErfK/Preis, BGB § 611a Rn. 389, 389a.
70 ErfK/Preis, 19. Aufl. 2019, BGB § 611a Rn. 572, 573.
71 BeckOK ArbR/Joussen, 51. Ed. 1.3.2019, BGB § 611a Rn. 313–315.
72 Moll, Münchener Anwaltshandbuch Arbeitsrecht, § 19 Bestimmung und Grundlagen des Entgelts.

mehrere Fälle gelten soll, also ein »kollektiver Charakter« greift.[73] Das BAG hat hierzu ausgeführt:[74]

> »Der Gleichbehandlungsgrundsatz gebietet dem Arbeitgeber, seine Arbeitnehmer oder Gruppen seiner Arbeitnehmer, die sich in vergleichbarer Lage befinden gleichzubehandeln. Er verbietet nicht nur die willkürliche Schlechterstellung einzelner Arbeitnehmer innerhalb einer Gruppe, sondern auch eine sachfremde Gruppenbildung. Allerdings ist der Gleichbehandlungsgrundsatz im Bereich der Vergütung nur beschränkt anwendbar, weil der Grundsatz der Vertragsfreiheit Vorrang hat. Das gilt aber nur für individuelle vereinbarte Löhne und Gehälter. Wenn der Arbeitgeber, was ihm die Vertragsfreiheit gewährleistet, einzelne Arbeitnehmer besserstellt, können daraus andere Arbeitnehmer keinen Anspruch auf Gleichbehandlung herleiten. Der Gleichbehandlungsgrundsatz ist jedoch anwendbar, wenn der Arbeitgeber die Leistungen nach einem bestimmten erkennbaren und generalisierenden Prinzip gewährt, wenn er bestimmte Voraussetzungen oder einen bestimmten Zweck festlegt. Gleiches muss gelten, wenn der Arbeitgeber ohne nach einem erkennbaren und generalisierenden Prinzip vorzugehen, im Betrieb mehrere Vergütungssysteme anwendet und dabei nicht nur einzelne Arbeitnehmer besserstellt. Andernfalls wäre der Arbeitgeber im Vorteil, der von vornherein keine allgemeinen Grundsätze aufstellt, sondern nach Gutdünken verfährt. Das ist ihm im Anwendungsbereich des Gleichbehandlungsgrundsatzes, also wenn es sich nicht um individuelle Vereinbarungen handelt, verwehrt.«[

Das BAG[75]sagt, der Gleichbehandlungsgrundsatz »*verbietet nicht nur die willkürliche Schlechterstellung einzelner Arbeitnehmer innerhalb einer Gruppe, sondern auch eine sachfremde Gruppenbildung. In jedem Fall setzt die Anwendung des allgemeinen Gleichbehandlungsgrundsatzes die Bildung einer Gruppe begünstigter Arbeitnehmer voraus. (...) Allein die Begünstigung einzelner Arbeitnehmer erlaubt allerdings noch nicht den Schluss, diese Arbeitnehmer bildeten eine Gruppe. Eine Gruppenbildung liegt vielmehr nur dann vor, wenn die Besserstellung nach einem oder mehreren Kriterien vorgenommen wird, die bei allen Begünstigten vorliegen.*«

Vergleichbar und damit in einer (Vergleichs-)Gruppe sind Mitarbeiter dann, wenn ihre Tätigkeiten miteinander vergleichbar oder ähnlich sind. Dabei spielt die Wertigkeit einer Tätigkeit keine ausschlaggebende Rolle. Vielmehr liegen gleiche Tätigkeiten vor, wenn sie einheitliche Aufgaben beinhalten, ähnlich sind sie hingegen, wenn die gleichen Anforderungen an die Verrichtung bestehen und die Mitarbeiter damit unterei-

73 ErfK/Preis, 19. Aufl. 2019, BGB § 611a Rn. 574–577.
74 BAG, Urteil vom 19.08.1992, NZA 1993, 171; BAG, Urteil vom 05.08.2009 – 10 AZR 666/08 = NZA 2009, 1135.
75 BAG, Urteil vom 29.09.2004, AP BGB § 242 Gleichbehandlung Nr. 192; BAG 01.12.2004 – 5 AZR 664/03.

nander ausgetauscht werden könnten, auch wenn die Arbeitsvorgänge voneinander abweichen. Solche Anforderungen können sein:

- Ausbildung,
- Eignung,
- Fähigkeiten,
- Fertigkeiten,
- Verantwortung oder auch
- körperliche Belastung.[76]

Ob dann tatsächlich eine Vergleichbarkeit vorliegt, wird immer anhand des Einzelfalles und der Verkehrsauffassung zu entscheiden sein. Betrachtet werden dabei die überwiegend ausgeübten tatsächlichen Tätigkeiten – auf Formulierungen im Arbeitsvertrag kommt es insoweit nicht an.[77]

Eine Differenzierung in der Lohnhöhe ist ebenso nur dann zulässig, wenn ein sachlicher Rechtfertigungsgrund für eine unterschiedliche Bemessung vorliegt.[78] Hier ist entscheidend auf den Zweck der Leistung abzustellen und wie es das BAG formuliert, darf »*ein Teil der Arbeitnehmer nicht sachwidrig oder willkürlich*« von den Vergünstigungen ausgeschlossen werden.[79]

Danach ist es dem Arbeitgeber verwehrt, einzelne Arbeitnehmer oder Gruppen von Arbeitnehmern von allgemein begünstigenden Regelungen auszunehmen oder sie schlechter zu stellen.[80]

Sachgerechte Gründe, die vom BAG für eine unterschiedliche Behandlung für die Gewährung von Sonderzahlungen anerkannt wurden und somit als Orientierung heran gezogen werden können, sind z. B.:[81]

- Bindung besonderer Mitarbeitergruppen an den Betrieb
- besondere Belastungen
- Arbeiten unter erheblicher Stresssituation
- Differenzierung zwischen Arbeitnehmern, die auf Entgeltbestandteile verzichtet haben und denjenigen, die nicht verzichtet haben
- Differenzierung nach Aufgaben und Anforderungen
- Führungskräfte einer bestimmten Hierarchieebene.

---

76 BeckOK ArbR/Joussen, 51. Ed. 1.3.2019, BGB § 611a Rn. 322–331.
77 BeckOK ArbR/Joussen, 51. Ed. 1.3.2019, BGB § 611a Rn. 322–331.
78 BeckOK ArbR/Joussen, 51. Ed. 1.3.2019, BGB § 611a Rn. 322–331.
79 BAG, Urteil vom 14.12.2011, NZA 2012, 680; BAG, Urteil vom 21.9.2011, NZA 2012, 31.
80 BAG, Urteil vom 12.01.2000, NZA 2000, 944; BAG, Urteil vom 24.10.2006, AP BGB § 611 Gratifikation Nr. 263.
81 BAG, Urteil vom 25.08.1982, AP BGB § 242 Gleichbehandlung Nr. 53; BAG, Urteil vom 20.11.1996, NZA 1997, 312; BAG, Urteil vom 05.03.1980, AP BGB § 242 Gleichbehandlung Nr.43; BAG, Urteil vom 25.01.1984 NZA 1984, 326; BAG, Urteil vom 20.09.2017 – 10 AZR 610/15 = NZA 2018, 670; BAG, Urteil vom 21.10.2009 NZA-RR 2010, 289; ErfK/Preis, 19. Aufl. 2019, BGB § 611a Rn. 593–599.

Im Umkehrschluss ist der Mitarbeiter allerdings nicht gezwungen, eine gleiche Behandlung oder gleiche Entlohnung anzunehmen. Von seiner Seite darf er – sofern sichergestellt ist, dass seine Entscheidung freiwillig und ohne Druck zustande gekommen ist – eine Leistung auch ablehnen.[82]

Die Darlegungs- und Beweislast für eine Ungleichbehandlung liegt grundsätzlich beim Arbeitnehmer.[83] Wenn er diese Darlegungslast im Streitfall erfüllt, ist es Aufgabe des Arbeitgebers, sich zu erklären und darzulegen, warum und nach welchen Kriterien er eine Differenzierung für angebracht und begründet hält.[84]

Prüfungsschema arbeitsrechtlicher Gleichbehandlungsgrundsatz:

Generelle kollektive Regelung

Beispiel
Arbeitgeber zahlt allen Kundenberatern ein 13. Gehalt.

Gleicher Sachverhalt wird ungleich behandelt

Beispiel
Ein neu eingestellter Kundenberater erhält nur 12 Gehälter.

Kein sachlicher Grund für Differenzierung
Beispiel
Entscheidend für die Beantwortung, ob hier ein sachlicher Grund vorliegt, welchen Zweck die Leistung eines 13. Gehaltes verfolgt und ob dieser dann ggf. erfüllt ist. Diesen muss der Arbeitgeber offenlegen, wenn er nicht alle Mitarbeiter gleich behandeln will.

Konsequenz bei einem Verstoß:
Der Mitarbeiter hat Anspruch auf die Leistung
Beispiel
Will der Arbeitgeber im Beispiel dem neuen Kundenberater einfach nur ein geringeres Gehalt zahlen, reicht dies als sachlicher Grund nicht aus. Der neue Kundenberater hat Anspruch auf ein 13. Gehalt.

Abb. 14: Prüfungsschema arbeitsrechtlicher Gleichbehandlungsgrundsatz (Grafik: C. Grein/B. Redmann)

b) Allgemeines Gleichbehandlungsgesetz (AGG)

Die Vergütung oder auch die Verteilungsgrundsätze dürfen weiterhin nicht gegen das Allgemeine Gleichbehandlungsgesetz (AGG) verstoßen. Eine Vergütung von gleichen oder gleichwertigen Tätigkeiten darf nicht aufgrund eines der in §1 AGG genannten Gründe geringer ausfallen, §2 Abs. 1 Nr. 2 AGG.[85] Grundsätzlich gilt: »Gleiche Arbeit

82 ErfK/Preis, 19. Aufl. 2019, BGB §611a Rn. 574–577.
83 ErfK/Preis, 19. Aufl. 2019, BGB §611a Rn. 605.
84 BAG, Urteil vom 23.02.2011 – 5 AZR 84/10 = NZA 2011, 693; ErfK/Preis, 19. Aufl. 2019, BGB §611a Rn. 605.
85 ErfK/Schlachter, 19. Aufl. 2019, AGG §2 Rn. 8–10.

– gleicher Lohn«.[86] Auch besondere Schutzvorschriften, wie sie z. B. für Mütter oder Schwerbehinderte gelten, rechtfertigen keine geringere Vergütung. Eine Ungleichbehandlung ist nur dann gem. § 8 AGG gerechtfertigt, wenn diese in der Art der Tätigkeit begründet ist.

So erfasst nach Aussage des BAG[87] das Benachteiligungsverbot des § 7 Abs. 1 AGG »*allerdings nicht jede Ungleichbehandlung, sondern nur eine Ungleichbehandlung wegen eines in § 1 AGG genannten Grundes. Zwischen der Benachteiligung und einem in § 1 AGG genannten Grund muss demnach ein Kausalzusammenhang bestehen. Soweit es um eine unmittelbare Benachteiligung iSv § 3 Abs. 1 AGG geht, ist hierfür nicht erforderlich, dass der betreffende Grund iSv § 1 AGG das ausschließliche oder auch nur ein wesentliches Motiv für das Handeln des Benachteiligenden ist; vielmehr ist der Kausalzusammenhang bereits dann gegeben, wenn die Benachteiligung iSv § 3 Abs. 1 AGG an einen Grund iSv § 1 AGG anknüpft oder durch diesen motiviert ist, wobei die bloße Mitursächlichkeit genügt.(…) Geht es hingegen um eine mittelbare Benachteiligung iSv § 3 Abs. 2 AGG, ist der Kausalzusammenhang dann gegeben, wenn die tatbestandlichen Voraussetzungen des § 3 Abs. 2 Hs. 1 AGG erfüllt sind, ohne dass es einer direkten Anknüpfung an einen Grund iSv § 1 AGG oder eines darauf bezogenen Motivs bedarf.*«[88]

c) Entgelttransparenzgesetz (EntgTranspG)

Ein ausdrückliches Diskriminierungsverbot aufgrund des Geschlechts ist im Entgelttransparenzgesetz geregelt. Danach sind mittelbare und unmittelbare Benachteiligungen wegen des Geschlechts verboten und gelten für sämtliche Bestandteile und Entgeltbedingungen, § 3 EntgTranspG.[89]

Bei einer unmittelbaren Diskriminierung muss das Geschlecht direkt ursächlich für die ungleiche Bezahlung sein. Das ist z. B. dann der Fall, wenn die Löhne von Frauen niedriger sind als die von Männern – und natürlich auch im umgekehrten Fall.

Von einer mittelbaren Diskriminierung ist auszugehen, wenn wegen eines bestimmten Kriteriums schlechter gezahlt wird, welches vornehmlich nur ein Geschlecht betrifft und auch kein sachlicher Grund vorliegt, der diese Differenzierung rechtfertigt.[90] Das ist dann der Fall, wenn das Unterscheidungskriterium wesentlich häufiger bei einem Geschlecht vorliegt.[91] Das klassische Beispiel ist hier immer die geringer vergütete

86 BAG, Urteil vom 11.12.2007 – 3 AZR 249/06 = BAGE 125, 133.
87 BAG, Urteil vom 23.11.2017 – 8 AZR 372/16 = NZA-RR 2018, 287.
88 Siehe auch: BAG, Urteil vom 15.12.2016 – 8 AZR 454/15 = BAGE 157, 296.
89 BeckOK ArbR/Roloff, 51. Ed. 01.03.2019, EntgTranspG § 3 Rn. 1, 2.
90 Siehe auch BAG, Urteil vom 23.11.2017 – 8 AZR 372/16 = NZA-RR 2018, 287; ErfK/Schlachter, 19. Aufl. 2019, EntgTranspG § 3 Rn. 4–10.
91 Siehe auch EuGH, Urteil vom 16.07.2015, NZA 2015, 1247.

Teilzeitarbeit als mittelbare Diskriminierung, da in der Regel (zurzeit) noch mehr Frauen in Teilzeit arbeiten als Männer.

Um eine mittelbare Benachteiligung gem. §3 Abs. 3 2. Hs EntgTranspG zu rechtfertigen, bedarf es eines wichtigen Zweckes, der mit der ungleichen Behandlung erreicht werden soll. Als wichtiger Zweck ist anerkannt, wenn mithilfe der mittelbaren Benachteiligung unternehmerische oder staatliche Ziele erreicht werden können und dies in geeigneter, erforderlicher und verhältnismäßiger Weise geschieht.[92] Dies entspricht der Rechtsprechung des EuGH, in der er ausführt[93]:

> »Stellt das vorlegende Gericht fest, dass die von der Beklagten gewählten Mittel einem wirklichen Bedürfnis des Unternehmens dienen und für die Erreichung dieses Ziels geeignet und erforderlich sind, so reicht der Umstand, dass diese Maßnahmen eine wesentlich größere Anzahl von weiblichen als von männlichen Arbeitnehmern treffen, für die Feststellung, dass sie eine Verletzung des Art. 119 darstellen, nicht aus.«

Es kommt hier also auf ein wesentliches unternehmerisches Bestreben an.[94] Als solche »unternehmerischen« Gründe kommen z. B. in Betracht:[95]

- arbeitsmarktbezogene (z. B. die formale Berufsausbildung oder Qualifikation)
- arbeitsergebnisbezogene (z. B. die besondere Qualität der geleisteten Arbeit)
- leistungsbezogene (z. B. Bereitschaft zur Leistung von Überstunden, Prämie zur Gewinnung von Beschäftigten)

Nicht ausreichend als Rechtfertigungsgrund sind dagegen allgemeine Aussagen oder vermeintliche Merkmale, denen sich keine objektiven Kriterien zuordnen lassen,[96] wie z. B. Loyalität oder Motivation bei Mitarbeitern.

Unabhängig davon, ob ein Verstoß gegen den arbeitsrechtlichen Gleichbehandlungsgrundsatz, das AGG oder das EntgTranspG vorliegt – in allen Fällen hat der Mitarbeiter einen direkten Erfüllungsanspruch auf Zahlung der entsprechenden Vergütung.[97]

Werden also im Zusammenhang mit der Gehaltsfindung bzw. mit der Verteilung von Gehältern Kriterien in Organisationen aufgestellt oder neu entwickelt, müssen diese

92 BeckOK ArbR/Roloff, 51. Ed. 1.3.2019, EntgTranspG § 3 Rn. 6–12.
93 EuGH, Urteil vom 13.05.1986 – C-170/84 = NJW 1986, 3020.
94 BeckOK ArbR/Roloff, 51. Ed. 1.3.2019, EntgTranspG § 3 Rn. 6–12.
95 EuGH, Urteil vom 28.02.2013 – C-427/11 = NZA 2013, 315; ErfK/Schlachter, 19. Aufl. 2019, EntgTranspG § 3 Rn. 8–10.
96 Siehe auch EuGH, Urteil vom 07.02.1991 – C-184/89 = DB 1991, 660; EuGH, Urteil vom 13.07.1989 NZA 1990, 437.
97 ErfK/Preis, 19. Aufl. 2019, BGB § 611a Rn. 606–609.

den gesetzlichen Anforderungen des AGG und des EntgTranspG ebenso wie dem Grundsatz nach Gleichbehandlung entsprechen.

d) Datenschutz

Sofern Gehälter transparent gemacht werden sollen, sind auch die Regelungen des Datenschutzes zwingend zu beachten. Nach § 26 BDSG muss die Erhebung und Nutzung von Daten verhältnismäßig sein, um die Rechte und Pflichten aus dem Arbeitsverhältnis erfüllen zu können.[98] Das ist dann der Fall, wenn die Erhebung oder Verarbeitung erforderlich, geeignet und angemessen ist.[99] Erforderlichkeit ist gegeben, wenn ein Arbeitgeber die Daten vernünftigerweise benötigt.[100] Die Begründung und auch die Durchführung eines Arbeitsverhältnisses sind natürlich möglich, ohne dass Gehälter von Mitarbeitern gegenüber anderen Mitarbeitern offengelegt werden.

Es liegt jedoch dann kein Verstoß gegen den Datenschutz vor, wenn der Arbeitnehmer sein freiwilliges Einverständnis zur Verarbeitung seiner Daten gegeben hat, § 26 Abs. 2 BDSG. Dies ist dann gegeben, wenn die Einwilligung ohne Einwirkung äußeren Zwangs und psychischen Drucks erfolgt ist.[101] Davon ist immer dann auszugehen, wenn der Mitarbeiter ein gleichberechtigtes Interesse an der Erhebung und Nutzung der Daten hat.[102] In der Gesetzesbegründung ist hierzu ausgeführt:[103]

> »Bei der Beurteilung, ob eine Einwilligung freiwillig erteilt wurde, sind insbesondere die im Beschäftigungsverhältnis grundsätzlich bestehende Abhängigkeit der oder des Beschäftigten vom Arbeitgeber und die Umstände des Einzelfalls zu berücksichtigen. Neben der Art des verarbeiteten Datums und der Eingriffstiefe ist zum Beispiel auch der Zeitpunkt der Einwilligungserteilung maßgebend. Vor Abschluss eines (Arbeits-)Vertrages werden Beschäftigte regelmäßig einer größeren Drucksituation ausgesetzt sein, eine Einwilligung in eine Datenverarbeitung zu erteilen. Satz 2 legt fest, dass eine freiwillige Einwilligung insbesondere vorliegen kann, wenn die oder der Beschäftigte infolge der Datenverarbeitung einen rechtlichen oder wirtschaftlichen Vorteil erlangt oder Arbeitgeber und Beschäftigter gleichgerichtete Interessen verfolgen. Die Gewährung eines Vorteils liegt beispielsweise in der Einführung eines betrieblichen Gesundheitsmanagements zur Gesundheitsförderung oder der Erlaubnis zur Privatnutzung von betrieblichen IT-Systemen. Auch die Verfolgung gleichgerichteter Interessen spricht für die Freiwilligkeit einer Einwilligung. Hierzu kann etwa die Aufnahme von Name und Geburtsdatum in eine Geburtstagsliste

98 ErfK/Franzen, 19. Aufl. 2019, BDSG § 26 Rn. 9–11.
99 ErfK/Franzen, 19. Aufl. 2019, BDSG § 26 Rn. 9–11.
100 ErfK/Franzen, 19. Aufl. 2019, BDSG § 26 Rn. 9–11.
101 BAG, Urteil vom 11.12.2014 – 8 AZR 1010/13 = BAGE 150, 195.
102 ErfK/Franzen, 19. Aufl. 2019, BDSG § 26 Rn. 9–11.
103 BT-Drs. 18/11325 S. 97.

oder die Nutzung von Fotos für das Intranet zählen, bei der Arbeitgeber und Beschäftigter im Sinne eines betrieblichen Miteinanders zusammenwirken.«

Inwieweit diesen Anforderungen mit einer entsprechend transparenten, eigenverantwortlichen Unternehmenskultur Rechnung getragen werden kann, ist bisher noch nicht entschieden. Es erscheint fraglich, ob die zuständigen Gerichte und Behörden eine solche Transparenz auch bei vorliegenden Einwilligungen als rechtskonform bewerten werden.

Eine gewisse Unwägbarkeit und Unverbindlichkeit bringt die Einwilligung aber auch deswegen mit sich, da sie jederzeit vom Mitarbeiter zurückgenommen werden kann.[104]

Für die Einwilligung schreibt das Gesetz die Schriftform vor, von der nur in Ausnahmefällen, z. B. im Fall besonderer Eilbedürftigkeit, abgewichen werden kann.

Rechtliche Prüfungsschritte bei der Einführung einer »agilen« Vergütung

	Firma mit Entgeltsystem im Tarifvertrag (TV)	**Firma mit Entgeltsystem in Betriebsvereinbarung (BV)**	**Firma ohne TV/BV**
Prüfung von	• Tarifvertrag • Betriebsvereinbarung • Arbeitsvertrag • Gesetz	• Betriebsvereinbarung • Arbeitsvertrag • Gesetz	• eigenes System • Arbeitsvertrag • Gesetz

AGILES TO-DO

- Die richtigen Formulierungen im Arbeitsvertrag erleichtern einen agilen Einsatz »jetzt und überall«.
- Neuverträge sind entsprechend zu formulieren.
- Altverträge lassen sich in der Regel nur im Einvernehmen mit dem Mitarbeiter ändern.
- Im Vorfeld ist zu betrachten, wie groß der agile Einsatzrahmen sein soll. Je weitreichender, desto stärker können sich Auswirkungen auf die Vergütung ergeben.
- Tarifverträge und Betriebsvereinbarungen über Entgeltsysteme sind hinsichtlich der Zuordnung der Eingruppierung genau zu prüfen.
- Gehaltsvereinbarungen müssen sich im Rahmen der tariflichen bzw. betriebsverfassungsrechtlichen Schranken und den Bestimmungen des Mindestlohngesetzes befinden.

104 Siehe Art. 4 Nr. 11 DSGVO, Art. 7 Abs. 3 DSGVO, § 26 Abs. 2 BDSG.

- Es ist daher insbesondere zu beachten, dass Mitarbeiter in Gehaltssystemen und Strukturen im Rahmen der gesetzlichen Regelungen (AGG, EntgTranspG, Allgemeiner Gleichbehandlungsgrundsatz)
- Der Betriebsrat ist bei der Lohngestaltung zu beteiligen.
- Die Einhaltung des Datenschutzes ist bei transparent gemachten Gehältern aktuell problematisch: Freiwillige Einwilligungen des Mitarbeiters müssen schriftlich erfolgen und können jederzeit widerrufen werden.

8.3 Legal Check: Agile Zusammenarbeit

Im Rahmen eines vernetzten Arbeitens ist die Zusammenarbeit nicht unbedingt ausschließlich von Arbeitsverhältnissen geprägt. Da sich agiles Arbeiten eng an aktuellen Kundenbedürfnissen und damit oft verbunden auch an Kundenaufträgen orientiert, nutzen einige Firmen die Möglichkeit, Zeitarbeiter, freie Mitarbeiter bzw. Crowdworker einzusetzen. Gemeinsam ist diesen Rechtsverhältnissen, dass sie keine arbeitsvertragliche Beziehung begründen und in der Regel nur auf eine bestimmte Zeitspanne ausgerichtet sind. Damit entfallen für das Unternehmen alle gesetzlichen Anforderungen, die sich üblicherweise in einem Arbeitsverhältnis stellen.

Ob ein Unternehmen Arbeitsverhältnisse oder andere vertragliche Konstruktionen eingeht, unterliegt seiner unternehmerischen Freiheit. So hat auch das BAG zur unternehmerischen Freiheit des Arbeitgebers in einem Urteil ausgeführt:

> »Die Gestaltung des Betriebs, die Frage, ob und in welcher Weise sich der Arbeitgeber wirtschaftlich betätigen will, ist Bestandteil der durch Art. 12, Art. 14 und Art. 2 Abs. 1 GG geschützten unternehmerischen Freiheit. Zu dieser gehört das Recht, das Unternehmen aufzugeben, darüber zu entscheiden, welche Größenordnung es haben soll, und festzulegen, ob bestimmte Arbeiten weiter im eigenen Betrieb ausgeführt oder an Drittunternehmen vergeben werden sollen (BAG 26. September 2002 - 2 AZR 636/01 - zu II 1 b der Gründe, BAGE 103, 31; 17. Juni 1999 - 2 AZR 522/98 - zu II 1 a der Gründe, BAGE 92, 61; Rost JbArbR Bd. 39 S. 83, 86) .... Der durch Art. 12 Abs. 1 GG gleichermaßen gewährleistete Schutz der betroffenen Arbeitnehmer steht dem nicht entgegen. Die Berufswahlfreiheit iSv. Art. 12 Abs. 1 GG bietet keinen unmittelbaren Schutz gegen den Verlust des Arbeitsplatzes aufgrund privater Dispositionen.«[105]

105 BAG, Urteil vom 22.11.2012 - 2 AZR 673/11 = NZA 2013, 730; siehe auch vgl. BVerfG, Beschluss vom 25.01.2011 - 1 BvR 1741/09 - Rn. 69, 76, BVerfGE 128, 157.

Und auch in einer weiteren Entscheidung zitiert das BAG[106] das BVerfG in diese Richtung:

> »Die grundrechtliche Gewährleistung erstreckt sich auch auf das Interesse des Arbeitgebers, in seinem Unternehmen nur Mitarbeiter zu beschäftigen, die seinen Vorstellungen entsprechen (BVerfG 27. Januar 1998 – 1 BvL 15/87).«[107]

Insofern müssen sich Firmen entscheiden, auf welcher rechtlichen Grundlage sie mit welchen Mitarbeitern zusammenarbeiten möchten: ob als Mitarbeiter mit Arbeitsverträgen – mit dem Vorteil, dass man sich in der Regel auch längerfristig vertraglich bindet – oder als freie Mitarbeiter, Crowdworker oder Leiharbeitnehmer – mit dem Vorteil, dass hier tatsächlich immer nur anlassbezogen »hochagil« miteinander gearbeitet werden kann, ohne weitere Verpflichtungen eingehen zu müssen.

8.3.1 Arbeitnehmerüberlassung

Durch den Einsatz von Fremdpersonal können Organisationen z. B. ihre Reaktionsfähigkeit auf Auftragsschwankungen erhöhen. Arbeitnehmerüberlassung – auch als Leiharbeit oder Zeitarbeit bezeichnet – liegt vor, wenn ein Verleiher einem Dritten (Entleiher) aufgrund einer Vereinbarung Mitarbeiter zeitweise zur Verfügung stellt, die dann in dem Betrieb des Entleihers wie eigene Mitarbeiter eingegliedert werden und mitarbeiten.[108] Ein Arbeitsverhältnis zwischen Entleiher und Leiharbeitnehmer besteht nicht; ein solches existiert nur zwischen Leiharbeitnehmer und Verleiher. *»Während der Arbeitsvertrag üblicherweise in einer zweigliedrigen Beziehung zwischen Arbeitgeber und Arbeitnehmer besteht, ist die Arbeitnehmerüberlassung durch ein Dreiecksverhältnis aus Verleiher – Entleiher – Arbeitnehmer gekennzeichnet. Die Besonderheit ergibt sich daraus, dass der Arbeitnehmer vom Verleiher eingestellt wird, aber seine Arbeitsleistung beim Entleiher erbringt.«*[109] Das Konstrukt der Arbeitnehmerüberlassung gibt es schon sehr lange (seit 1972). Es schafft eine rechtliche Grundlage, die Firmen dabei unterstützen kann, unterschiedliche Personaleinsatzbedürfnisse abzubilden und z. B. auch kurzfristig, aber nicht dauerhaft benötigtes Fachpersonal zu erhalten. Insofern kann Zeitarbeit eine Lösung sein, die Unternehmen die Möglichkeit verschafft, auf Nachfrageschwankungen elastisch und damit auch agil reagieren zu können.

---

106 BAG, Urteil vom 12.09.2013, 6 AZR 121/12 = NZA 2013, 1412.
107 Siehe auch Beschluss vom 10.07.2013 – 7 ABR 91/11 = BAGE 145, 355.
108 BeckOK ArbR/Kock, 51. Ed. 1.3.2019, AÜG § 1 Rn. 1–16.
109 ErfK/Wank, 19. Aufl. 2019, AÜG § 1 Rn. 13.

Neuregelungen im Arbeitnehmerüberlassungsgesetz

Sofern Unternehmen Leiharbeiter einstellen, gilt für sie seit dem 01.04.2017 das neue Gesetz zur Zeitarbeit. Dabei sind folgende Neuregelungen zu beachten:[110]

- Verleiher und Entleiher haben die Überlassung von Leiharbeitnehmern ausdrücklich in ihrem Vertrag als solche zu bezeichnen (§ 1 Abs. 1 Satz 5 AÜG).
- Grundsätzlich dürfen Zeitarbeitnehmer nur noch 18 Monate an ein anderes Unternehmen überlassen werden (§ 1 Abs. 1b Satz 1 AÜG).
- Ausnahmen sind für tarifgebundene Unternehmen möglich, wenn Gewerkschaften und Arbeitgeberverbände diese in einem Tarifvertrag festlegen (§ 1 Abs. 1b Satz 3 AÜG).
- Sofern Unternehmen nicht tarifgebunden sind, sich aber in einem Geltungsbereich eines Tarifvertrages befinden, können sie inhaltsgleiche Betriebsvereinbarungen über die Einsatzdauer und Übernahmeverpflichtungen abschließen (§ 1 Abs. 1b Satz 4 AÜG).
- Leiharbeitnehmer und vergleichbares Stammpersonal sind gleich zu bezahlen (Equal Pay; § 8 Abs. 4 Satz 1 AÜG).
- Leiharbeitnehmer dürfen nicht als Streikbrecher eingesetzt werden (§ 11 Abs. 5 AÜG).
- Der Weiterverleih von Leiharbeitnehmern ist verboten.

Diese Änderungen haben Unternehmen zu berücksichtigen. Diese Pflichten wurden aufgenommen, um insbesondere missbräuchliche Gestaltungen von Scheinwerk- oder Scheindienstverträgen als nachträgliche – legalisierte – Leiharbeit zu verhindern.

8.3.2 Freie Mitarbeit und Werkverträge

Freie Mitarbeiter können ebenfalls eingesetzt werden, um eine Organisation agil zu gestalten. Ein freier Mitarbeiter ist jemand, der selbstständig eine unternehmerische Tätigkeit für ein fremdes Unternehmen auf dienst- oder werkvertraglicher Grundlage ausführt.[111] Um die Gefahr einer »verdeckten« Arbeitnehmerüberlassung und der damit verbundenen rechtlichen Folgen zu vermeiden[112], ist diese Vertragsgestaltung als auch die tatsächliche Durchführung des Vertrages immer sorgfältig dahingehend zu prüfen und auch kontinuierlich zu managen, dass wirklich stets die Merkmale eines Werk- bzw. Dienstvertrages und nicht die Merkmale eines Arbeitnehmerüberlassungsverhältnisses vorliegen.

---

110 BT-Drs. 18/10064; BeckOK ArbR/Kock, 51. Ed. 1.3.2019, AÜG § 1 Rn. 20–79.1.

111 Richardi, BetrVG/Richardi, 16. Aufl. 2018, BetrVG § 5 Rn. 40–41; Küttner, Personalhandbuch 2019, Freie Mitarbeit, Rn. 1.

112 ErfK/Wank, 19. Aufl. 2019, AÜG § 1 Rn. 18–31.

Freie Mitarbeiter sind keine Arbeitnehmer.[113] Häufig arbeiten sie in der Praxis eng mit den Arbeitnehmern im Unternehmen zusammen, sind in Teams integriert und verwenden ebenso Technik und Arbeitsmittel – z. B. Büroräume, Telefon, Laptop, Labor, Werkstatt, Maschinen etc. – des Unternehmens.[114] Der Unterschied zu Arbeitsverhältnissen besteht wiederum darin, dass Werk- und Dienstverträge rechtlich unproblematisch auf eine bestimmte Zeit und auf die Erbringung einer bestimmten Leistung abgeschlossen werden können. Es besteht kein Sozialversicherungsschutz beim freien Mitarbeiter – mit gewissen Ausnahmen bei sog. arbeitnehmerähnlichen Selbstständigen – und er unterliegt auch nicht einem arbeitsrechtlichen Kündigungsschutz. Die Einsätze sind daher sehr flexibel und nach dem jeweiligen konkreten Bedarf des Unternehmens möglich. Ferner bestehen nur Vergütungspflichten für eine tatsächlich erbrachte Leistung, Urlaub und Krankheit müssen daher nicht bezahlt werden. Der freie Mitarbeiter ist zudem in seiner Entscheidung, ob er einen Auftrag annimmt, immer »frei«. Dies entspricht im weitesten Sinne auch dem Gedanken des eigenverantwortlichen Handelns bei agilem Arbeiten.

Gefahr der Scheinselbstständigkeit

Aufzupassen ist bei einer ggf. dauerhaften Zusammenarbeit mit Selbstständigen, dass es nicht zu einer sogenannten Scheinselbstständigkeit kommt. Diese Gefahr droht, wenn der freie Mitarbeiter tatsächlich eher nicht selbstständige Arbeiten in einem Betrieb ausführt. Ob dies der Fall ist, richtet sich nach bestimmten Abgrenzungskriterien, wie der Eingliederung in die Organisation beim Auftraggeber, dem Freiheitsgrad in der Ausübung seiner Leistung und auch, ob er keine anderen Auftraggeber hat als das ihn beauftragende Unternehmen. Das BAG führt hierzu aus:

> »Der Grad der persönlichen Abhängigkeit hängt dabei auch von der Eigenart der jeweiligen Tätigkeit ab. Ein Arbeitsverhältnis unterscheidet sich von dem Rechtsverhältnis eines freien Dienstnehmers durch den Grad der persönlichen Abhängigkeit, in der sich der zur Dienstleistung Verpflichtete befindet. [...] Ebenso ist der Grad der persönlichen Abhängigkeit für die Abgrenzung von dem Rechtsverhältnis eines Werkunternehmers maßgeblich. Letztlich kommt es für die Beantwortung der Frage, welches Rechtsverhältnis im konkreten Fall vorliegt, auf eine Gesamtwürdigung aller maßgebenden Umstände des Einzelfalls an. Der jeweilige Vertragstyp ergibt sich aus dem wirklichen Geschäftsinhalt. Die zwingenden gesetzlichen Regelungen für Arbeitsverhältnisse können nicht dadurch abbedungen werden, dass die Parteien ihrem Arbeitsverhältnis

113 Richardi, BetrVG/Richardi, 16. Aufl. 2018, BetrVG § 5 Rn. 40–41.
114 Küttner, Personalhandbuch 2019, Freie Mitarbeit, Rn. 7.

eine andere Bezeichnung geben. Der objektive Geschäftsinhalt ist den ausdrücklich getroffenen Vereinbarungen und der praktischen Durchführung des Vertrags zu entnehmen. Widersprechen sich Vereinbarung und tatsächliche Durchführung, ist letztere maßgebend, weil sich aus der praktischen Handhabung der Vertragsbeziehungen am ehesten Rückschlüsse darauf ziehen lassen, von welchen Rechten und Pflichten die Vertragspartner ausgegangen sind, was sie also wirklich gewollt haben.«[115]

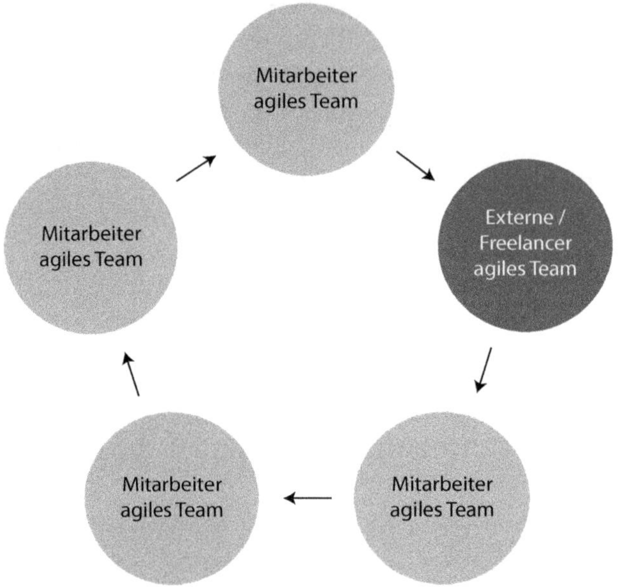

Abb. 15: »Externe« agile Organisationseinheit (Grafik: B. Redmann)

Ob also die Kriterien zur Begründung einer Arbeitnehmereigenschaft vorliegen, ist im Einzelfall zu prüfen. Bei einer solchen Prüfung wird insbesondere auch der neue § 611a BGB zu berücksichtigen sein.

115 BAG, Urteil vom 14.06.2016 – 9 AZR 305/15 = BAGE 155, 264; BAG, Urteil vom 11.08.2015 – 9 AZR 98/14 = BB 2016, 52; BAG, Urteil vom 25.09.2013 –10 AZR 282/12 = BAGE 146, 97.

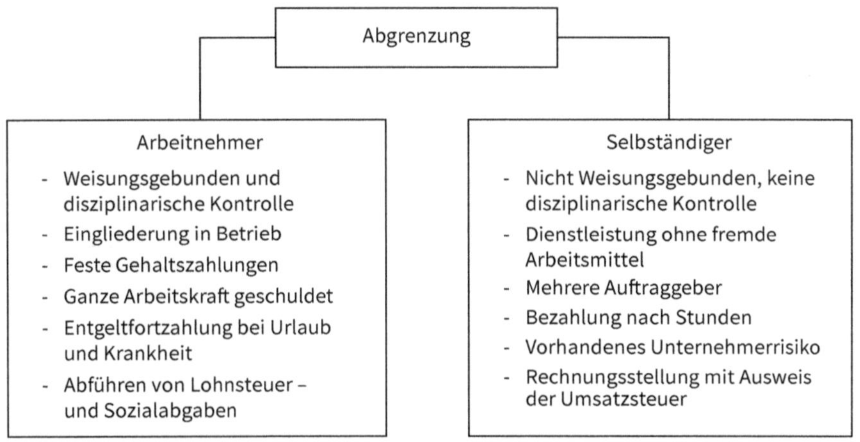

Abb. 16: Kriterien zur Prüfung der Begründung einer Arbeitnehmereigenschaft (Grafik: Redmann 2017)

Sofern ein Rechtsverhältnis erst im Nachgang als Arbeitsverhältnis identifiziert wird – z. B. im Rahmen einer Betriebsprüfung – und der Mitarbeiter nicht mehr als Selbstständiger anerkannt wird, hat dies zur Konsequenz, dass rückwirkend von einem sozialversicherungspflichtigen Arbeitsverhältnis ausgegangen wird. Für das Unternehmen hat dies zur Folge, dass sämtliche sozialversicherungsrechtlichen Beiträge und Steuerbeträge für die letzten vier Jahre nachzuzahlen sind (§ 25 SGB IV).

8.3.3 Crowdworking und Heimarbeit

Crowdworking ist eine (weitere) Form der selbstständigen Arbeit, bei der benötigte Aufgaben in Teileinheiten zerlegt und ausgelagert werden und diese von freien Mitarbeitern erbracht werden.[116] Da meistens mit Werkverträgen gearbeitet wird, bietet sich die Möglichkeit an, als Leistung die Erstellung eines genau bestimmten »Werkes« zu vereinbaren. Der Leistungsinhalt und der zeitliche Umfang sind damit ganz konkret und abschließend bestimmt.

Bislang gibt es noch keine Einigkeit, wie ein Crowdworker einzuordnen ist.[117] Ist er als Selbstständiger zu klassifizieren oder vereinzelt sogar sozialversicherungspflichtig beschäftigt? Das Konzept des Crowdworkings sieht vor, dass Aufträge ausgeführt werden, ohne dass ein Weisungsrecht diesbezüglich besteht und ohne, dass die Crowdworker in die Betriebsorganisation des Auftraggebers eingegliedert werden. Damit

116 Schaub/Koch, Arbeitsrecht von A-Z; Kramer, IT-Arbeitsrecht, Rn. 19–21, Beck, 2017.
117 Siehe auch Henssler/Pickenhahn in: Kunz/Henssler/Brand/Nebeling, Praxis des Arbeitsrechts, 6. Aufl. 2018, § 82 Neue Beschäftigungsformen (Plattformökonomie).

scheidet ein Arbeitsverhältnis in der Regel aus. Für die Prüfung der Selbstständigkeit wird aber immer anhand der individuellen Umstände zu ermitteln sein, ob die genannten Merkmale tatsächlich vorliegen.

Diese Art der freien Mitarbeit muss nicht allein im Unternehmen selbst stattfinden. Gerade bei den Crowdworkern ist es ja auch so, dass sie in der Regel von ihrer Wohnung aus arbeiten. Ein persönlicher Kontakt muss hier so gut wie nie stattfinden. Sofern ein Crowdworker bzw. freier Mitarbeiter ausschließlich von zu Hause aus tätig wird, ist immer die Frage zu stellen, ob es sich hierbei ggf. um ein sogenanntes Heimarbeitsverhältnis handelt.[118] Das BAG hat 2016 in einer Entscheidung zu einem Programmierer ausgeführt, dass die Tätigkeit als »freier Mitarbeiter« von zu Hause aus ggf. als Heimarbeit eingeordnet werden kann.[119]

Heimarbeit steht unter einem besonderen gesetzlichen Schutz.[120] Nach § 1 HAG sind Heimarbeiter Personen, die ihren Arbeitsplatz und ihre Arbeitszeit frei wählen können und im Auftrag von Gewerbetreibenden erwerbsmäßig arbeiten. Eine erwerbsmäßige Arbeit liegt dann vor, wenn hieraus der Lebensunterhalt erzielt werden kann.[121] Ferner findet das Gesetz nicht nur auf die in Heimarbeit Beschäftigten Anwendung, sondern erfasst werden auch die in § 1 Abs. 2 HAG Gleichgestellten. Eine Gleichstellung muss beim zuständigen Heimarbeitsausschuss beantragt werden.[122] Bei Heimarbeit handelt es sich um ein arbeitnehmerähnliches Rechtsverhältnis, resultierend aus der wirtschaftlichen Abhängigkeit.[123] In Heimarbeit Beschäftigte werden durch viele gesetzliche Bestimmungen den Arbeitnehmern gleichgestellt.[124] So finden sich im HAG z. B. Vorschriften über den Arbeitsschutz, besonderen Kündigungsschutz und auch über Regelungen zur Entgeltzahlung.[125] Die Aufträge bei Heimarbeit sind zudem nicht auf gewerbliche Tätigkeiten beschränkt, vielmehr können hierunter ebenfalls sehr qualifizierte Tätigkeiten fallen.[126] Nach der Entscheidung des BAG spielen auch Faktoren, wie die aufgewandte Arbeitszeit, Verdiensthöhe oder die Beurteilung, ob der Lebensunterhalt überwiegend mit Heimarbeit erwirtschaftet wird, keine Rolle.[127]

Ist ein Vertragsverhältnis mit einem Crowdworker als ein Heimarbeitsverhältnis zu werten, dann ist das Unternehmen in der Ausgestaltung der vertraglichen Bestim-

118 Siehe auch: Schubert, Neue Beschäftigungsformen in der digitalen Wirtschaft – Rückzug des Arbeitsrechts?, RdA 2018, 200 ff.; http://www.zeit.de/2016/18/crowdworking-freelancer-digital-arbeitsmarkt.
119 BAG, Urteil vom 14.06.2016 – 9 AZR 305/15 = BAGE 155, 264.
120 Küttner, Personalhandbuch 2019, Heimarbeit, Rn. 1 ff.
121 BeckOK SozR/Gutzeit SGB IX § 127 Rn. 4–5; BAG12.7.1988, NZA 89, 141.
122 BeckOK SozR/Gutzeit SGB IX § 127 Rn. 8–9.
123 BeckOK SozR/Gutzeit SGB IX § 127 Rn. 4–5; ErfK/Rolfs SGB IX § 127 Rn. 1.
124 Küttner, Personalhandbuch 2019, Heimarbeit, Rn. 1 ff.
125 Küttner, Personalhandbuch 2019, Heimarbeit, Rn. 1 ff.
126 BAG, Urteil vom 14.06.2016 – 9 AZR 305/15 = BAGE 155, 264.
127 BAG, Urteil vom 14.06.2016 – 9 AZR 305/15 = BAGE 155, 264.

mungen weniger frei als in einem Dienst- oder Werkvertrag. Für den Auftraggeber ergeben sich bei einem Heimarbeitsverhältnis daher weitergehende gesetzliche Verpflichtungen.

Aktuell gibt es noch keine umfangreiche höchstrichterliche Rechtsprechung zu Crowdworking. Es bleibt daher abzuwarten, ob hier aufgrund der geschilderten Konstellation ggf. ein höheres Risiko besteht, ungewollte Heimarbeitsverhältnisse zu begründen.

AGILES TO-DO

- Hinsichtlich der Arbeitnehmerüberlassung sind die Gesetzesänderungen im AÜG zu beachten.
- Bei einem Werk- oder Dienstvertrag mit einem freien Mitarbeiter müssen die Vertragsgestaltung und die tatsächliche Durchführung den rechtlichen Vorgaben zu einem Werk- oder Dienstvertrag auch tatsächlich entsprechen.
- Sofern freie Mitarbeiter von zu Hause aus tätig sind, kann dadurch ein Heimarbeitsverhältnis entstehen.

8.4 Legal Check: Agile Organisationsgestaltung

Es gibt verschiedene Ansatzpunkte, eine agile Netzwerkorganisation herbeizuführen oder zu gestalten.[128] Zum einen können schon bei der Gründung eines Unternehmens entsprechend vernetzte Strukturen eingerichtet werden.[129] Sofern Unternehmen schon bestehen, gibt es verschiedene Möglichkeiten:

Innerhalb einer bisherigen Aufbauorganisation können agile Netzwerkstrukturen geschaffen werden, sodass es einzelne Bereiche oder Abteilungen gibt, die sich neu vernetzt – agil – aufstellen.[130] Im Prinzip fügt sich dann eine neue Netzwerkorganisation in eine bestehende Aufbauorganisation ein.

Bestimmte Bereiche oder Geschäftsfelder werden ausgegründet und bilden dann »außerhalb« des Ursprungunternehmens eine neue eigene Firma, die dann als Netz-

128 Siehe auch Redmann, Britta, Vergütungssysteme gestalten: agil, rechtssicher und nicht-monetär, Haufe 2019.
129 Siehe auch Interview mit Jasper Grote (Dark Horse) in Teil 3, Kapitel 11.7.
130 Siehe auch Interviews in Teil 3 mit Karl-Heinz Reitz (Unitymedia), Kapitel 11.3 sowie mit Stefan Lange (OTTO) in Kapitel 11.5.

werkorganisation aufgestellt wird. Beispiele dafür finden sich u. a. bei Rewe digital, Klöckner oder der Deutschen Bahn.[131]

Sofern sich ein Unternehmen (neu) organisiert oder umstrukturiert und ein Betriebsrat besteht, ist immer zu prüfen, ob hier möglicherweise Mitbestimmungsrechte tangiert werden. Hinsichtlich einer agilen Netzwerkorganisation könnten ggf. verschiedene rechtliche Aspekte in Betracht kommen:

- Unterrichtung und Beratung zu den Arbeitsabläufen (§ 90 BetrVG)
- Unterrichtung und Beratung zur Personalplanung (§ 92 BetrVG)
- Betriebsänderung (§§ 111, 112 BetrVG)

8.4.1 Unterrichtung und Beratung zu den Arbeitsabläufen

Der Betriebsrat hat ein Recht auf Unterrichtung und Beratung in Angelegenheiten, die sich auf die organisatorische Gestaltung der Arbeitsplätze, der Arbeitsabläufe und der Arbeitsumgebung auswirken können (§ 90 BetrVG).[132] Es soll dem Betriebsrat eine frühzeitige Beteiligung ermöglicht werden. Aus diesem Grund ist er bereits im Planungsstadium mit einzubeziehen und zu unterrichten.[133] Durch einen veränderten Aufbau der Organisation können sich ggf. auch die Arbeitsabläufe verändern bzw. entsprechend anders definieren. Arbeitsabläufe im Sinne des BetrVG sind räumliche und zeitliche Folgen des Zusammenwirkens von Menschen, Arbeitsmitteln, Stoffen, Energie und Informationen, die in einem Arbeitssystem geregelt werden.[134] Danach dürfte sich die Umstellung auf eine agile Netzwerkorganisation auf Arbeitsabläufe grundsätzlich auswirken können. Insofern wäre der Betriebsrat zu unterrichten und das Vorhaben mit ihm gemeinsam zu beraten.[135]

8.4.2 Unterrichtung und Beratung zur Personalplanung

Ein weiteres Mitgestaltungsrecht kann sich für den Betriebsrat aus § 92 BetrVG ergeben. Diese Vorschrift regelt die Beteiligung des Betriebsrates an der Personalplanung.[136] Die Personalplanung ist gesetzlich nicht definiert. Nach allgemeiner

131 Siehe auch Anderson/Uhlig, Das agile Unternehmen, Gespräch mit Rüdiger Grube, Deutsche Bahn AG, S. 35 ff.; http://www.computerwoche.de/a/bezahlter-angriff-auf-die-wertschoepfungskette,3098027; http://www.handelsblatt.com/unternehmen/handel-konsumgueter/deutsche-bahn-start-up-fonds-soll-digitalisierung-voranbringen/14433922.html; https://www.rewe-group.com/de/unternehmen/vertriebslinien/rewe-digital.

132 BeckOK ArbR/Werner, 51. Ed. 1.12.2018, BetrVG § 90 Rn. 1–8.

133 BeckOK ArbR/Werner, 51. Ed. 1.12.2018, BetrVG § 90 Rn. 1–8.

134 BeckOK ArbR/Werner, 51. Ed. 1.12.2018, BetrVG § 90 Rn. 1–8.

135 Siehe auch Teil 2, Kapitel 6.2.1.5; BeckOK ArbR/Werner, 51. Ed. 01.12.2018, BetrVG § 90 Rn. 1–22.

136 ErfK/Kania, 19. Aufl. 2019, BetrVG § 92 Rn. 3–5.

Auffassung ist darunter eine Gegenüberstellung von aktuellem und zukünftigem Personalbestand zu verstehen, wobei vorhersehbare Veränderungen im Bestand und im Personalbedarf zu berücksichtigen sind.[137]

Unter Einbezug der obigen Ausführungen ist daher zu untersuchen, inwieweit sich Neueinstellungen bzw. der Einsatz von Leiharbeitnehmern, Crowdworkern oder auch eine neue interne Organisationsgestaltung auf den quantitativen und auch qualitativen Personalbedarf eines Unternehmens auswirken. Als Folge des reformierten Arbeitnehmerüberlassungsgesetzes (AÜG) ergibt sich sogar eine explizite Unterrichtungspflicht in § 92 BetrVG für überlassenes Fremdpersonal.[138]

Neben Veränderungen im Bedarf kommt auch der Personalentwicklungsplanung, also der Aus- und Fortbildung sowie der Qualifikation des Bestandspersonals, eine wichtige Rolle zu.[139]

In der Umsetzung agiler Organisationsformen sind daher Aspekte zur Personalplanung zu beachten. Sind Auswirkungen auf die Planung und Personalentwicklung zu bejahen, ist der Betriebsrat entsprechend einzubinden und zu unterrichten. Im Anschluss hieran hat der Arbeitgeber mit ihm die Maßnahmen zu beraten.[140]

8.4.3 Wann liegt eine Betriebsänderung vor?

Soweit sich eine bestehende Organisation oder ein Organisationsteil in eine Netzwerkorganisation ändern soll, kann hiermit auch der Tatbestand einer Betriebsänderung erfüllt sein (§§ 111, 112, BetrVG). Als Änderung der Betriebsorganisation im Sinne des Gesetzes zählt es, wenn die betrieblichen Abläufe und Zuständigkeiten der Mitarbeiter, insbesondere auch die Leitungsverantwortung, so geändert werden, dass der Betriebsaufbau nicht mehr dem vorherigen Aufbau entspricht (§ 111 Satz 3 Nr. 4 BetrVG). Dies ist in der Regel der Fall, wenn Leitungsebenen wegfallen, sich die Hierarchie ändert und die Änderungen grundlegend sind. Was als »grundlegend« zu verstehen ist, hat das BAG in einer Entscheidung beschrieben:

> »Grundlegend ist die Änderung, wenn sie sich auf den Betriebsablauf in erheblicher Weise auswirkt. Maßgeblich dafür ist der Grad der Veränderung. Es kommt entscheidend darauf an, ob die Änderung einschneidende Auswirkungen auf den Betriebsablauf, die Arbeitsweise oder die Arbeitsbedingungen

137 ErfK/Kania, 19. Aufl. 2019, BetrVG § 92 Rn. 3–5.
138 BT-Drs. 18/9232.
139 Richardi, BetrVG/Thüsing, 16. Aufl. 2018, BetrVG § 92 Rn. 6–17.
140 ErfK/Kania, 19. Aufl. 2019, BetrVG § 92 Rn. 3–5.

der Arbeitnehmer hat. Die Änderung muss in ihrer Gesamtschau von erheblicher Bedeutung für den gesamten Betriebsablauf sein. Nur dann ist die mit § 111 S. 3 Nr. 4 BetrVG verbundene Fiktion gerechtfertigt, dass die Maßnahme im Sinne von § 111 S. 1 BetrVG wesentliche Nachteile für die Belegschaft oder erhebliche Teile davon zur Folge hat.«[141]

Ob von einem Nachteil auszugehen ist, hängt also vom Ausmaß der organisatorischen Änderung ab.[142]

Bei der Frage nach den von einer solchen Änderung betroffenen Interessen der Mitarbeiter (§§ 111, 112, 113 BetrVG) ist darauf abzustellen, inwieweit eine Netzwerkorganisation im Vergleich zur bisherigen Organisationsform für die Mitarbeiter konkret nachteilig sein kann.

Hier könnte beispielsweise daran zu denken sein, dass Statusfragen eine Rolle spielen, wenn Hierarchien und Leitungsebenen abgeschafft werden. Möglicherweise sind auch gesundheitliche Aspekte zu berücksichtigen. Eine agile Organisation kann für einige Mitarbeiter vielleicht zu erhöhten psychischen Belastungen führen, wohingegen für andere diese Form des Arbeitens eher entlastend und motivierend ist. Beurteilungen hierzu lassen sich nur anhand der Situation im jeweiligen Unternehmen konkret vornehmen.

Sofern es dann zu dem Ergebnis kommen sollte, dass ein möglicher Nachteil gegeben ist, wäre dieser als Gegenstand in einem Interessenausgleich und Sozialplan entsprechend zu regeln.

AGILE TRANSFORMATION

Entscheidet nun ein Unternehmen, sich in seiner Organisationsform hin zu einer agilen – meist flacheren und flexibleren – Arbeitsorganisation zu verändern (oder besser: zu transformieren) kann dies schon mal zu der ein oder anderen Herausforderung führen.[143] Das betrifft sowohl die Zusammenarbeit mit Mitarbeitern als auch die Zusammenarbeit mit einem ggf. im Unternehmen bestehenden Betriebsrat. Im tradierten Management – typischerweise auch sehr vertreten in Deutschland – folgt eigentlich jede Veränderung einem detaillierten Plan. In der agilen Transformation folgt dagegen jeder Plan irgendwann immer der sich gestaltenden Veränderung.

141 BAG 22.03.2016 – 1 ABR 12/14; BAG 18.03.2008 – 1 ABR 77/06.

142 BAG 22.03.2016 – 1 ABR 12/14; BAG 18.03.2008 – 1 ABR 77/06.

143 Siehe auch Edelkraut/Mosig, Schnelleinstieg Agiles Personalmanagement, Haufe 2019, S. 229 ff.; Rheinhard, Mitbestimmung 4.0 selbst gestalten, ArbRB 5/2019, S. 154 ff.; Hoffmann – Remy, Arbeitsrechtliche Herausforderung bei der Agilen Transformation von Unternehmen, DB 2018, 2757.

Das deutsche Arbeitsrecht hat dieser Plan-Psychologie in bemerkenswerter Weise Rechnung getragen, denn im BetrVG heißen »die Pläne« »Interessenausgleich« und »Sozialplan«. Und da diese Pläne durch Betriebsräte mitgestaltet werden, haben die Mitarbeiter auch keinen Kontrollverlust, da man anhand der Pläne – es sind halt unbestechliche objektivierte Maßstäbe – genau feststellen kann, wenn es zu riskanten und/oder auch nur ungewollten Abweichungen von diesen Plänen kommt.

Wie kann man nun angesichts einer solchen psychologischen und rechtlichen Ausgangslage eine »agile Transformation« erfolgreich in die Wege leiten?[144]

Agilität schafft und braucht auch eine bestimmte Unternehmenskultur. Sofern sich Unternehmen also dafür entscheiden, agil zu arbeiten, ist das ein Einzahlen auf eine Vertrauenskultur.[145] Und damit dieses Vertrauen belastbar wird, sind bestimmte rechtliche Gesichtspunkte zu beachten. Rechtliche Regelungen schaffen Transparenz und Verbindlichkeit. Diese erzeugen Verlässlichkeit und erlebte und erfahrene Verlässlichkeit schafft Vertrauen.

Die oben erwähnte große agile Gestaltungsfreiheit verlangt von allen betrieblichen Akteuren also einen Mix besonderer Emotionen und Eigenschaften: Mut, Pioniergeist und mehr Kreativität zum Ausprobieren von praktischen Lösungen. Hier sind alle gefragt. Mitarbeiter, Personaler, Betriebsräte, Führungskräfte, Firmeninhaber …

Einer alleine kann hier wenig bewegen: Eine agile Transformation lebt und vollendet sich durch »das Gemeinsame«.

Eine Organisation wird nicht von heute auf morgen »ganz agil«. Insofern empfiehlt es sich, die Themen zu priorisieren und ggf. auch abzuschichten. Es kann auch sinnvoll sein, einzelne Maßnahmenpakete zu verhandeln und mit Verfahrensvereinbarungen zu arbeiten.[146]

Letztendlich wird so auch der Mitbestimmungsprozess zu einer »agilen Zusammenarbeit«[147].

144 Siehe hier auch Teil 3, Kapitel 13: Muster Prozess Vertrauensvolle Zusammenarbeit.
145 Siehe auch Beitrag Bierod-Bähre in Teil 3, Kapitel 12.5.
146 Siehe auch Haußmann, Arbeit 4.0 – Update Arbeitsrecht, RdA 2019, 131 ff.
147 Siehe auch Beitrag von Bierod-Bähre, Teil 3, Kapitel 12.5.

AGILES TO-DO

- Bei der Einrichtung oder Änderung in eine Netzwerkorganisation ist der Betriebsrat mit einzubeziehen.
- Je nach Grad der Veränderung kann der Tatbestand einer Betriebsänderung erfüllt sein.
- Ob durch die Organisationsänderung Nachteile für Mitarbeiter entstehen, muss anhand der konkreten Umstände ermittelt werden.
- Von diesem Ergebnis hängt es ab, ob Verhandlungen über einen Interessenausgleich und Sozialplan aufgenommen werden sollen.
- Im Rahmen einer agilen Transformation klares Priorisieren der anzugehende Themen. Den »agilen Gedanken« auch in die Zusammenarbeit von Arbeitgeber und Betriebsrat anwenden.

9 #Agile Arbeitsmethoden

9.1 Agiler Spirit: Learning by Doing

Agile Unternehmen zeichnen sich dadurch aus, dass sie mit agilen Methoden arbeiten.[1] Agile Methoden gewinnen seit Jahren stark an Bedeutung.[2] Im IT-nahen Umfeld als auch in der Softwareentwicklung sind sie inzwischen eher der Standard als die Ausnahme. Wie erfolgreich agile Methoden sind, wurde von der GPM (Deutsche Gesellschaft für Projektmanagement e.V.) und der IPMA (International Project Management Association) im Jahr 2016/17 erhoben. Die wesentlichen Aussagen der Studie sind:[3]

- »Die Erfolgsquote agiler Methoden wird nach wie vor deutlich positiver bewertet als die des klassischen Projektmanagements.
- Wieder verzeichnen die durchgängig agilen Anwender den höchsten Anteil sehr erfolgreicher Aktivitäten – auch im Vergleich zu hybriden oder selektiven Anwendern.
- Agile Methoden werden weiterhin vor allem in der Softwareentwicklung genutzt, aber bereits 40 % bzw. 34 % der Teilnehmer nutzen agile Methoden für »nur« IT-nahe bzw. Nicht-IT-Aktivitäten. (mehrere Antworten waren möglich)
- Bei 39 % der Befragten wird der Scrum Master durch einen Projektleiter ergänzt oder der Scrum Master agiert sogar eher wie ein Projektleiter.
- Nur ein sehr kleiner Anteil (< 5 %) der Teilnehmer sorgt sich um geringere Qualität oder fehlende Disziplin als Resultat agiler Methoden. Diese Einschätzung wird auch von den klassischen Teilnehmern geteilt (7 %).
- Bei fast drei Fünftel der Befragten dauert der Scrum-Sprint zwei Wochen.
- Die positivere Einschätzung der Erfolgsquote agiler Methoden ist nach wie vor sehr deutlich, aber geringfügig weniger ›enthusiastisch‹ als in früheren Erhebungen.

1 Siehe Interviews in Teil 3 mit Immobilien Scout, Kapitel 11.4, whatever mobile, Kapitel 11.6, Sipgate, Kapitel 11.8, OTTO, Kapitel 11.5, Unitymedia, Kapitel 11.3, Phoenix Contact, Kapitel 11.1, Dark Horse, Kapitel 11.7; Anderson/Uhlig, Das agile Unternehmen, Gespräch mit Rupert Stadler, AUDI AG, S. 57 f.; Hoffmann-Remy, Arbeitsrechtliche Herausforderungen bei der Agilen Transformation von Unternehmen, DB 2018, 2757 ff.; Schütt/Staneff, Scrum unter Einbeziehung von Fremdkräften – wie agil kann das noch sein?, SPA 2019, 53 ff.

2 Siehe Interview mit Karl-Heinz Hageni (IG Metall) in Teil 3, Kapitel 11.10.

3 https://www.process-and-project.net/studien/status-quo-agile Über 1000 Teilnehmer aus über 30 Ländern gaben in der Studie »Status Quo Agile« zum dritten Mal Einblick in die Erfolge, Praktiken und Anwendungsfelder agiler Methoden.

- Nur 7 % der Befragten verneinen eine Verbesserung von Ergebnissen und Effizienz durch agile Methoden.
- Mit 85 % ist Scrum die meistgenutzte agile Methode. Danach folgen Kanban, Lean und DevOps.
- Product Owner Shadow und Scrum Master Shadow sind nicht ungewöhnlich; insbesondere ein Product Owner Proxy wird vielfach eingesetzt.
- Die Top 3 Gründe für die Anwendung agiler Methoden sind eine kürzere Produkteinführungszeit, die Optimierung der Qualität und die Reduktion der Risiken des Projekts.
- Die deutliche Mehrheit der Anwender agiler Methoden nutzt diese selektiv oder in einer Mischform.
- 91 % sehen die Verbesserungen als (sehr viel) höher als den benötigten Aufwand zur Einführung der agilen Methoden an.
- Bei agilen Teams dominiert die Teamgröße von 5–9 Personen deutlich.
- 72 % der Anwender agiler Methoden sehen in ihrem Umfeld Wandel als integralen Bestandteil der Unternehmenskultur. Bei Anwendern klassischen Projektmanagements liegt dieser Wert nur bei 50 %.
- 69 % der Kanban-Teams haben einen Product Owner.
- Nur ein Drittel der Teilnehmer sieht maßgebliche Gründe agile Methoden nicht zu nutzen – bspw. zu hoher Aufwand oder Kosten. Ein Drittel plant sich mit dem Thema zu beschäftigen. Knapp 30 % fehlt das Wissen zu agile Methoden.«

Die Studie zeigt, dass häufig agile Methoden mit klassischen Projektmanagement-Methoden kombiniert werden. Als Fazit dieser Studie ist zu schließen, dass an agilen Methoden zukünftig kein Weg vorbeiführt. Auch außerhalb der Softwareentwicklung sind agile Methoden erfolgreich und finden immer mehr Verbreitung.[4]

9.1.1 Agile Arbeitsmethoden und Formate

Es gibt unterschiedliche Formate und Arbeitsweisen, um agil zu arbeiten.[5]

4 Körner, Peter, Agile Arbeit 2019, Studie CLI, Luther, BUJ, Meinders&Elstermann, 2019, S. 106 ff.; Hoffmann-Remy, Arbeitsrechtliche Herausforderungen bei der Agilen Transformation von Unternehmen, DB 2018, 2757 ff.; Schütt/Staneff, Scrum unter Einbeziehung von Fremdkräften – wie agil kann das noch sein?, SPA 2019, 53 ff.

5 Siehe auch Edelkraut/Mosig, Schenlleinstieg Agiles Personalmanagement, Haufe 2019, S. 42 ff.

9.1.1.1 Scrum

Die häufigste Methode, die mit einer zentralen Bedeutung genannt wird, ist Scrum.[6] Unter den agilen Methoden ist Scrum (inklusive Variationen) mit ca. 73 % der am weitesten verbreitete Ansatz. Man kann hier schon fast von einem Standard sprechen.[7] Aus der Softwareentwicklung kommend und speziell zur Entwicklung von Produkten und für das Projektmanagement gedacht, verbreitet sich diese spezielle Arbeitsweise mittlerweile auch in anderen Branchen immer mehr. Der Grund liegt darin, dass sie hilft, viele – insbesondere projektartige – Aufgaben, in denen komplexe Lösungen für Kunden entwickelt werden müssen, schneller, sicherer und damit auch erfolgreicher auszuführen, als dies mit herkömmlichen Praktiken möglich ist. Anders als traditionelle Entwicklungs- oder Lösungsmethoden bezieht Scrum, wie alle agilen Ansätze, das »*Unvorhergesehene ein und vertraut auf die kreative Anpassungsfähigkeit des Menschen statt auf vorgegebene Prozesse*«.[8]

CHARAKTERISTIKA VON SCRUM

- Eigenverantwortung des Teams.
- Jeder im Team ist mit den erforderlichen Kompetenzen ausgestattet.
- Selbstorganisation innerhalb fester Zeitspannen.
- Es finden regelmäßige Meetings zu festen Terminen und zu bestimmten Zwecken statt.
- Schon in einem frühen Stadium wird Funktionalität geliefert. Dadurch wird Transparenz erzeugt und Kundenanforderungen werden in das Projekt integriert.

Eine wesentliche Stärke von Scrum liegt in der klaren Zuweisung von Rollen mit bestimmten Verantwortlichkeiten. Es gibt den Product Owner, den Scrum Master und das Team.[9]

Der Product Owner ist der Planer und Lenker der Produktentwicklung. Er priorisiert und legt fest, was bis wann erreicht werden soll. Damit er dies tun kann, steht er im

6 Günther/Böglmüller, Einführung agiler Arbeitsmethoden – was ist arbeitsrechtlich zu beachten? NZA 2019, 273 ff. m. w. N.; Nowotny, Agile Unternehmen, S. 96 ff.; https://www.gpm-ipma.de/fileadmin/user_upload/Know-How/studien/Studie_Agiles-PM_web.pdf; Gloger/Häusling, Erfolgreich mit Scrum – Einflussfaktor Personalmanagement; http://treffpunkt.buedinger.name/agile-methoden-unter-der-lupe/.

7 Pfeiffer/Sauer/Ritter, in: Gute Arbeit und Digitalisierung, S. 81 ff., Verdi, Berlin 2015.

8 Gloger/Häusling, Erfolgreich mit Scrum – Einflussfaktor Personalmanagement, S. 7; siehe auch Edelkraut/Mosig, Schnelleinstieg Agiles Personalmanagement, Haufe 2019, S. 42 ff.; Schütt/Staneff, Scrum unter Einbeziehung von Fremdkräften – wie agil kann das noch sein?, SPA 2019, 53 ff.

9 Nowotny, Agile Unternehmen, S. 101 ff.; Gloger/Häusling, Erfolgreich mit Scrum – Einflussfaktor Personalmanagement, S. 14; Edelkraut/Mosig, Schnelleinstieg Agiles Personalmanagement, Haufe 2019, S. 42 ff.; Schütt/Staneff, Scrum unter Einbeziehung von Fremdkräften – wie agil kann das noch sein?, SPA 2019, 53 ff.

engen Kontakt mit dem Kunden, um hier ein Gespür zu entwickeln, welche Funktionalitäten mit welcher Priorität zu behandeln sind.

Der Scrum Master hilft dem Team, produktiv zu sein und die Ziele zu erreichen. Dies tut er, indem er Hindernisse beseitigt, die das Team an einer bestmöglichen Leistungserbringung stören könnten. Der Scrum Master ist dem Team nicht disziplinarisch vorgesetzt; seine Hauptaufgabe liegt darin, für eine methodische und funktionierende Zusammenarbeit zu sorgen.

Das Team ist der eigentliche Hersteller und Lieferant des Produktes. Es setzt sich im Idealfall aus allen Personen zusammen, die für die Lieferung des Produktes erforderlich sind. Es ist autorisiert, alles Zielführende zu tun, damit das angestrebte Ergebnis erreicht wird.

Übersicht der Scrum-Rollen

Product Owner	Scrum Master	Team
• Planer und Lenker der Produktentwicklung	• Unterstützt das Team in puncto Zusammenarbeit bei der Zielerreichung	• Liefert das Produkt
• Priorisiert, teilt die Aufgaben in Arbeitsaufträge auf und legt fest, was bis wann erreicht werden soll (Konzept)	• Räumt »Hindernisse« aus dem Weg, die das Team an der bestmöglichen Leistungserbringung hindern	• Organisiert sich selbst
• Enger Kontakt und Austausch mit dem Kunden	• Moderator/Mediator/Coach des Teams	• Legt konkret fest, wer, was bis wann macht
• Teilt die Aufgaben dem Team mit	• Teil des Teams – keine disziplinarische Rolle	• Reflektion und ggf. Fehlerbehebung

Im Rahmen von Scrum wird in sogenannten Sprints gearbeitet. Das sind kurzfristige Arbeitszyklen.[10] Für die Umsetzung eines Sprints sind vier typische Meetings relevant:[11]

- **Die Sprint-Planung:** Hier werden die Anforderungen geklärt, die im jeweiligen Arbeitszyklus – Sprint – erledigt werden sollen.
- **Das Daily:** Das ist die tägliche Einsatzbesprechung mit allen Teammitgliedern.

10 Günther/Böglmüller, Einführung agiler Arbeitsmethoden – was ist arbeitsrechtlich zu beachten? NZA 2019, 273 ff.

11 Gloger/Häusling, Erfolgreich mit Scrum – Einflussfaktor Personalmanagement, S. 17.

- **Das Review:** Hier werden die Resultate eines Sprints präsentiert. Nur solche Funktionalitäten werden vorgestellt, die sofort eingesetzt werden können.
- **Die Retrospektive:** Sie ermöglicht dem Team, zu lernen. Arbeitsprozesse werden analysiert und verbessert mit dem Ziel, effektiver zu arbeiten.

Zu Beginn eines Sprints wird ein Treffen abgehalten, in dem der Product Owner, der Scrum Master und das Team anwesend sind mit dem Ziel, die Aufgaben während der Sprintdauer zu besprechen. Aus der bestehenden Aufgabenliste – dem Backlog – werden die nächsten anstehenden Schritte geklärt und geplant. Für alle Planungen und Aufgaben im Sprint wird beim Team eine verbindliche Zusage eingeholt, das »Commitment«.[12]

Während eines Sprints erfolgen tägliche »Dailys«. Dabei treffen sich alle Teammitglieder zur gleichen Zeit am gleichen Ort für 10–15 Minuten für einen Status-Austausch. Moderiert wird das Daily durch den Scrum Master. Die Teammitglieder wählen immer selbst die Aufgabe aus, die sie sich als Nächstes vornehmen und berichten gleichzeitig von ihren Problemen, damit diese so schnell wie möglich – vom Scrum Master – beseitigt werden können. Kernstück des Dailys sind daher üblicherweise drei Fragen, auf die jeder Teilnehmer zügig antwortet:[13]

- Was hast du gestern getan?
- Was wirst du heute tun und bis morgen fertig haben?
- Gibt es ein Problem, das dich bei deiner Aufgabe behindert?

Nach einem Sprint wird ein sogenanntes Review durchgeführt. Entscheidend hierfür ist: Am Ende eines Sprints sollen konkret nutzbare Ergebnisse geliefert werden. Ziel ist es, keine weiteren Anpassungen mehr für den Endkunden vornehmen zu müssen. Zu den Ergebnissen wird ein allgemeines Feedback abgefragt bzw. eine offene Diskussionsrunde abgehalten.

Die Sprint-Retrospektive, die ebenfalls am Ende eines Sprints stattfindet oder auch in größeren Abständen stattfinden kann, bezweckt, aus den gewonnenen Erfahrungen zu lernen und diese Resultate direkt umzusetzen. Diese werden festgehalten und sollen in die Planung des nächsten Sprints mit einfließen. So soll eine stetige methodische und arbeitstechnische Verbesserung gewährleistet sein.

Scrum ist jedoch nur eine Methode unter vielen, die beispielhaft zeigen soll, wie sich agile Arbeitsweisen von bisherigen Methoden unterscheiden.[14]

---

12 Gloger/Häusling, Erfolgreich mit Scrum – Einflussfaktor Personalmanagement, S. 17.

13 Nowotny, Agile Unternehmen, S. 105 ff.

14 Siehe Interviews in Teil 3 mit Immobilien Scout, Kapitel 11.4, whatever mobile, Kapitel 11.6, OTTO, Kapitel 11.5 und Sipgate, Kapitel 11.8; Edelkraut/Mosig, Schnelleinstieg Agiles Personalmanagement, Haufe 2019,

Mit agilen Arbeitsweisen soll erreicht werden, dass bei der Bearbeitung eines Auftrages durch Priorisierung und genau definierte Zwischenziele komplexe Kundenwünsche rasch umgesetzt werden und immer wieder flexibel auf Veränderungen eingegangen wird.

Neben Scrum gibt es noch weitere Formate, die im Zusammenhang mit agiler Arbeit eingesetzt werden.[15]

9.1.1.2 Design Thinking

Design Thinking ist ein Konzept zur Entwicklung komplexer kreativer Lösungen.[16] Es ist eine Kreativitätstechnik, die an der Stanford University entwickelt wurde und vor allem neuartige Ideen für Produkte oder Services hervorbringen soll.[17] Mittels gemischten Teams aus völlig unterschiedlichen Fachrichtungen – die auch fachfremd sein können – geht es darum, »herausragende Innovation zu erschaffen«.[18] Die Bedürfnisse und Motive von Menschen stehen dabei im Vordergrund.[19] Im Gegensatz zu einer technischen Herangehensweise, die von einer technischen Lösung für eine Aufgabe ausgeht, stehen bei diesem Konzept Nutzerwünsche und -bedürfnisse sowie nutzerorientiertes Erfinden im Zentrum des Prozesses: »*Design Thinker schauen durch die Brille des Nutzers auf das Problem und begeben sich dadurch in die Rolle des Anwenders.*«[20] Der kreative Entwicklungsprozess zielt darauf ab, die unterschiedlichen Erfahrungen, Kenntnisse, Meinungen und Perspektiven auf eine gemeinsame Problembeschreibung zusammenzuführen.[21] Daher kommt es nicht entscheidend oder allein auf die fachliche Expertise an. Durch die starke Orientierung am Menschen ist eine permanente Rückkopplung zwischen der entwickelten Lösung und der Zielgruppe erforderlich. Der Endnutzer wird daher in seinen Bedürfnissen zu Beginn genau untersucht, analysiert und verstanden. Meistens geschieht dies durch Beobachtungen und/oder Fragen. Daraus resultierende Einsichten fließen in die Lösung mit ein. Durch frühes Erstellen von Prototypen und Testläufen werden Lösungen schnell und früh sichtbar.[22] Diese werden direkt mit potenziellen Abnehmern kommuniziert und erprobt. Das Feedback wird wieder in der Weiterentwicklung verwendet. So ent-

S. 42 ff.; Schütt/Staneff, Scrum unter Einbeziehung von Fremdkräften – wie agil kann das noch sein?, SPA 2019, 53 ff.

15 Siehe auch Edelkraut/Mosig, Schnelleinstieg Agiles Personalmanagement, Haufe 2019, S. 42 ff.

16 Nowotny, Agile Unternehmen, S. 163 ff.

17 https://www.gruenderszene.de/lexikon/begriffe/design-thinking?interstitial

18 http://xn--kreativittstechniken-jzb.info/kreativitaetsframeworks/design-thinking/

19 Erbeldinger/Ramge, Durch die Decke denken: Design Thinking in der Praxis, S. 13.

20 https://hpi-academy.de/design-thinking/was-ist-design-thinking.html.

21 Erbeldinger/Ramge, Durch die Decke denken: Design Thinking in der Praxis, S. 13 ff.; https://xn--kreativittstechniken-jzb.info/kreativitaetsframeworks/design-thinking/

22 Siehe auch Nowotny, Agile Unternehmen, S. 167.

steht ein permanenter Prozess von umfassendem Experimentieren und Sammeln von Feedback. Auf diese Weise werden sehr praxisnahe Ergebnisse erzeugt und auf beiden Seiten – bei Entwicklern und Nutzern – entsteht ein besseres Verständnis für das Problem und mögliche Lösungen.[23] Voraussetzung für einen erfolgreichen Design-Thinking-Prozess sind drei wesentliche Komponenten: interdisziplinäre Teams, flexible Räume und der iterative Prozess.[24] Das Konzept bringt so Menschen aus verschiedenen Fachrichtungen, verschiedenen Abteilungen oder auch Hierarchieebenen zusammen. Im Mittelpunkt steht der Austausch unterschiedlicher Sichtweisen und Erfahrungen, was eine offene und neugierige Haltung bei den Beteiligten voraussetzt. Zu dem Prozess gehören die in Abb. 17 dargestellten Schritte:

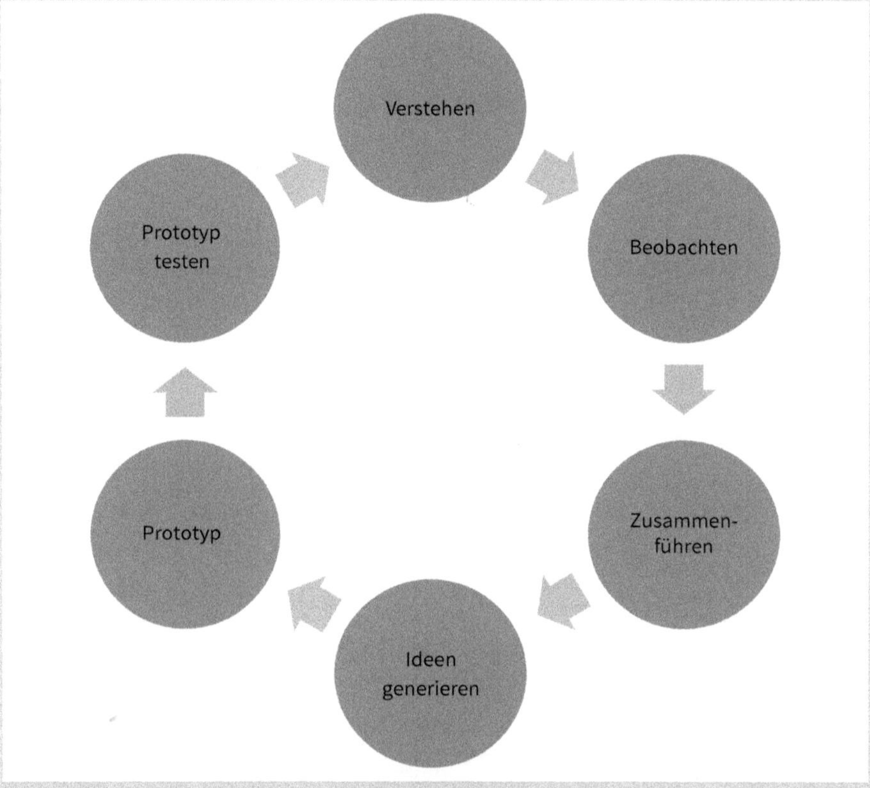

Abb. 17: Prozessschritte Design Thinking (Grafik: Redmann 2017)

23 https://xn--kreativittstechniken-jzb.info/kreativitaetsframeworks/design-thinking/; https://hpi-academy.de/design-thinking/was-ist-design-thinking.html.

24 Nowotny, Agile Unternehmen, S. 163 ff.; http://xn--kreativittstechniken-jzb.info/kreativitaetsframeworks/design-thinking/; https://hpi-academy.de/design-thinking/was-ist-design-thinking.html; http://www.gruenderszene.de/lexikon/begriffe/design-thinking.

Ergebnisse sollen direkt für alle Beteiligten einfach erkennbar und transparent sein. Hierbei unterstützen beispielsweise Raumkonzepte mit mobilen Wänden und Schreibtischen, Arbeitsflächen mit viel Platz für Konzeptionen, Präsentationen und Notizen und auch Kreativität fördernde Arbeitsmaterialen, wie z. B. Legosteine, Farben, Knetmasse, Bilder etc.

9.1.1.3 Barcamp

Das Barcamp ist ebenfalls ein Format, das sich häufig in einem Umfeld findet, in dem agil gearbeitet wird. Es ist eine Tagung, deren Agenda und Themen »gemeinsam« mit den Teilnehmern festgelegt und dann im Austausch miteinander gestaltet werden.[25] Barcamps werden auch als »Unkonferenzen« bezeichnet, da sie sich insoweit klar von herkömmlichen Konferenzen mit einer festen vorgegebenen Agenda abgrenzen.[26] Es gibt in diesem Sinne keine thematisch vorgegebenen Punkte. Die Idee ist, dass sich jeweils Interessierte oder Gleichgesinnte zu einem bestimmten übergeordneten Inhalt treffen und dann gemeinsam Ideen und Sichtweisen in einem ganz offenen Format austauschen. Beim Barcamp steht daher nicht das Ergebnis im Vordergrund. Durch die entstehenden unterschiedlichen Sessions sollen vielmehr Fragestellungen aufgegriffen und unterschiedlich beleuchtet werden. Es geht um die Vielseitigkeit der Aspekte und den Austausch von Gedanken, Meinungen, Erkenntnissen. Wissen wird miteinander geteilt und die Teilnehmer vernetzen sich untereinander. Lediglich die Dauer eines Barcamps wird im Vorfeld von den Organisatoren festgelegt. Innerhalb dieses Rahmens werden dann die einzelnen Zeitfenster für die Sessions abgeleitet. Alle Ergebnisse aus den einzelnen Sessions werden am Ende eines Barcamps vorgestellt. Je nach Wunsch der Beteiligten finden sich aus den Sessions dann Arbeitsgruppen zusammen, die im Nachgang vertieft an einzelnen Aufgaben- oder Themenstellungen gemeinsam weiterarbeiten.

9.1.1.4 Ted Talk

Der Ted Talk wird ebenfalls häufig im agilen Umfeld genutzt. Dabei handelt es sich im Prinzip um einen Impulsvortrag, der ursprünglich mittels Technik – z. B. per Video oder Skype oder im Internet abrufbar – übertragen wurde.[27] Im unternehmerischen Kontext werden sie oft als regelmäßige Veranstaltungsrunden angeboten. Hier können Mitarbeiter zu bestimmten Themen einladen und in einer kurz bemessenen Zeitspanne (ca.

25 https://www.eventbrite.de/blog/barcamp-methode-definition-ablauf-regeln/.
26 https://de.wikipedia.org/wiki/Barcamp; siehe auch: https://www.youtube.com/watch?v=IQBCsBeWFew.
27 https://www.haufe.de/personal/hr-management/hr-trends-was-ist-dran-an-ted-talks_80_325450.html; https://www.ted.com/#/; siehe auch Beitrag von Dr. Winfried Felser in Teil 3, Kapitel 12.2.

18–30 Minuten) einen Vortrag halten.[28] Die Vorträge werden in der Regel aufgezeichnet und ins Netz oder Intranet gestellt, sodass sie jederzeit auch allen anderen Mitarbeitern zugänglich sind. Über dieses digitale Format lassen sie sich leicht abrufen. Mögliche Inhalte dieser Vorträge orientieren sich daran, was für das Umfeld – die Kollegen, Teams, Kunden – nützlich sein könnte. Dies kann die Vorstellung einer eigenen Idee sein oder auch ein Referat zu einem Thema, das der jeweils vortragende Mitarbeiter für interessant oder relevant hält. Ted Talks lassen sich auf diese Weise gut dazu nutzen, Fähigkeiten im Unternehmen weiterzuentwickeln. Wie beim Barcamp steht hier die Inspiration im Vordergrund, was durch den Austausch, die Verbreitung von Wissen, die Diskussion und die Vernetzung der Teilnehmer geschieht.

9.1.1.5 Kollaborative Kommunikation

In den oben beschriebenen Arbeitsweisen und Formaten haben der Austausch untereinander, die dadurch entstehende Wissenserweiterung und die Vernetzung miteinander einen grundlegenden Einfluss auf agiles Arbeiten.[29] Daher spielt die vernetzte Kommunikation eine wesentliche Rolle in der Agilität: Kommunikation wird zum Teil der Wertschöpfungskette.[30] Sie soll Führungskräfte und Mitarbeiter für eine neue Art unternehmensübergreifenden Denkens und Handelns aktivieren und helfen, alte Verhaltensmuster zu überwinden.[31] Gleichzeitig soll damit auch das Bedürfnis nach umfassender und zeitnaher Information befriedigt werden.[32] Zudem drängen mit der sogenannten Generation Y junge Arbeitnehmer in Unternehmen, die hergebrachte Strukturen in Betrieben hinterfragen und bestimmte moderne Formen der Kommunikation über Netzwerke auch bereits gewohnt sind.[33] Vor diesem Hintergrund können kollaborative Kommunikationssysteme sogar zur Attraktivität eines Arbeitgebers beitragen.[34]

Kollaborative Kommunikation bringt eine schnell spürbare kulturelle Veränderung mit sich. Damit soll eine neue Art des Austausches initiiert werden, bei welcher die – persönliche – Beziehung im Vordergrund steht.

---

28 Siehe auch: https://de.wikipedia.org/wiki/TED_(Konferenz).

29 DGFP Praxispapier, Agile Unternehmen – Agiles Personalmanagement, S. 27, 01/2016; Edelkraut/Mosig, Schnelleinstieg Agiles Personalmanagement, Haufe 2019, S. 42 ff.

30 DGFP Praxispapier, Agile Unternehmen – Agiles Personalmanagement, S. 27, 01/2016; https://www.computerwoche.de/a/der-arbeitsplatz-der-zukunft-setzt-neue-technologien-voraus,3331242.

31 Montag, Anja »Kommunikation bringt kollaborative Geschäftsmodelle zum Leben«; https://jp-kom.de/blog/wissen/kommunikation-bringt-kollaborative-geschaeftsmodelle-zum-leben.

32 Günther, Jochen, »Die Zukunft des kollaborativen Zusammenarbeitens«, Fokus IK 03/2015.

33 Günther, Jochen, »Die Zukunft des kollaborativen Zusammenarbeitens«, Fokus IK 03/2015; Flesch, »Vertrauensvolle« Kommunikation in sozialen Netzwerken, Perspektiven-Zeitschrift für Fach- und Führungskräfte; 12/2016.

34 Günther, Jochen, »Die Zukunft des kollaborativen Zusammenarbeitens«, Fokus IK 03/2015.

Es geht darum, Informationen (Postings) einer Vielzahl von Empfängern (Usern) mitzuteilen und mit diesen sodann zu interagieren. Dabei kann der Empfänger diese Information selbstbestimmt abrufen. Er kann sie bewerten (»liken«) und er kann sich in einen aktiven Austausch begeben, die Information also kommentieren bzw. an andere User weiterleiten oder mitteilen (»sharen«). Dabei stehen im günstigen Fall verschiedene Kommunikationswege zur Verfügung, z. B. Sprach- und Videokommunikation oder Bilder und Fotos. Die Nutzer konsumieren also nicht nur Inhalte, sondern sie gestalten sie mit. Es ist das gleiche Prinzip wie bei den aktuellen Sozialen Netzwerken Facebook, Twitter, Instagram, Pinterest, XING oder auch Softwareplattformen wie Slack etc.,[35] jedoch mit dem Unterschied, dass dieser Austausch insbesondere im eigenen Unternehmen stattfindet. Dass der Austausch über Soziale Plattformen weiter auf dem Vormarsch ist, belegen die Ergebnisse des jüngsten Digital Reports[36]:

> »Die Nutzung von Social Media nimmt weiterhin rasant zu und die Anzahl der Nutzer, welche die bekanntesten Plattformen in ihren Ländern nutzen, ist in den letzten 12 Monaten täglich um fast 1 Million neuer Nutzer gestiegen. Mehr als 3 Milliarden Menschen auf der ganzen Welt nutzen soziale Medien monatlich, wobei 9 von 10 Nutzern auf ihre ausgewählten Plattformen über mobile Geräte zugreifen. (…) 4.021 Milliarden Internetnutzer gibt es in 2018, mit einer jährlichen Steigerung von 7 Prozent; 3.196 Milliarden Social Media Nutzer gibt es in 2018, mit einer jährlichen Steigerung von 13 Prozent; 5.135 Milliarden Nutzer von mobilen Geräten gibt es in 2018, mit einer jährlichen Steigerung von 4 Prozent.«

Im Digitalindex 2018/19[37] ist zum Nutzungsverhalten von sozialen Medien ebenfalls ermittelt worden, dass »*soziale Medien (…) immer verbreiteter in der deutschen Bevölkerung (sind). Am meisten nutzen sie die 14–29-Jährigen, Berufstätige mit Bürojob und höher Gebildete. Zwei Drittel der Deutschen sind in sozialen Medien aktiv. Mit Abstand am weitesten verbreitet ist WhatsApp, das auch die älteren Generationen zunehmend für sich entdecken. Selbst bei den über 65-Jährigen nutzen es 20 Prozent. Facebook ist bei 41 Prozent der Deutschen im Einsatz, YouTube nutzt jeder Dritte. Die beruflichen Netzwerke Xing und LinkedIn erreichen nur einen Bruchteil der Bevölkerung und sind – falls überhaupt – nur bei Personen mit Bürojob verbreitet.*

Letztendlich bildet sich durch kollaborative Kommunikation in Unternehmen ab, was im »normalen« Alltag außerhalb des Berufes auf sogenannten Social Media Kanälen erlebt wird.«

35 Siehe hier auch https://de.statista.com/statistik/daten/studie/181086/umfrage/die-weltweit-groessten-social-networks-nach-anzahl-der-user/; https://www.gruenderkueche.de/fachartikel/die-besten-10-soziale-netzwerke-und-wie-sie-sie-nutzen/.

36 Digital Report 2018 We Are Social, https://wearesocial.com/de/blog/2018/01/global-digital-report-2018.

37 D21 Digital-Index 2018/2019, S. 24

Agile Unternehmen fördern diesen interaktiven Austausch z. B. durch eine »kollaborative Plattform.« Damit sind die geteilten Inhalte sofort für alle oder für den benannten Empfängerkreis im Unternehmen transparent. Falls die Plattform auch den Zugriff von Externen ermöglicht und zulässt, sogar auch für diese.

Diese »kollaborative« Kommunikation sollte authentisch sein, schnell und auch individuell gestaltbar.[38] Damit das so gut funktionieren kann, greifen hier strukturelle und kulturelle Faktoren: Je weniger hierarchische Abläufe und Aufbauten in einem Unternehmen existieren, desto einfacher gelingt es, cross-funktionale Kommunikationsgruppen zu bilden, die sich eigenständig austauschen und zusammenarbeiten. Je vertrauensvoller und offener der Umgang untereinander, desto »privater« zeigen sich Mitarbeiter in ihren Beiträgen. Alleine eine Plattform bereitzustellen, schafft noch keine kollaborative Kommunikation. Es braucht hier das Zusammenspiel von Organisation, Arbeitsweisen und kulturellem Umfeld und auch einer genauen Erklärung, warum ein Unternehmen dies einführt. Es geht ggf. um eine starke kulturelle Veränderung, die von der Geschäftsführung und wichtigen Stakeholdern im jeweiligen Unternehmen begleitet werden sollte. Das gilt vor allem auch für die Initiierung von Dialogen. Und hier sind Inhalte gefragt und weniger die technischen Erfordernisse. Genauso braucht es auch eine Hilfestellung im Umgang mit medialer Kommunikation. Bei manchen Kommunikationsformen fehlen Elemente, die man im analogen Kontakt hat, wie z. B. Stimme, Gestik oder Mimik. Auf der anderen Seite kann der Mitarbeiter ein schnelles direktes Feedback bekommen, das sich vielleicht auch nur in einem einfachen »Like« ausdrückt. Die Kommunikation im Netz ist in der Regel viel schneller und wesentlich kürzer als in E-Mails, dafür aber noch transparenter.

9.1.2 Merkmale und Nutzen agiler Arbeitsmethoden

Nimmt man alle oben vorgestellten Methoden und Formate zusammen in den Blick und betrachtet den Nutzen von agilen Arbeitsweisen, so lässt sich das wie folgt darstellen:

Methode/Format Nutzen	Scrum	Design Thinking	Barcamp	Ted Talk	Kollaborative Kommunikation
reduziert Komplexität	x	x			x
schafft Transparenz	x	x	x	x	x

38 Siehe auch Olesch, Unternehmenserfolg im digitalen Zeitalter durch werteorientiertes HR-Management in Kompetenzen der Zukunft – Arbeit 2030, Haufe, 2018.

Methode/Format Nutzen	Scrum	Design Thinking	Barcamp	Ted Talk	Kollaborative Kommunikation
fördert Kundenorientierung	x	x			x
fördert Anpassungsfähigkeit	x	x	x		x
fördert Kreativität	x	x	x		
fördert Wissensteilung	x	x	x	x	x
fördert Vernetzung	x	x	x	x	x
fördert Geschwindigkeit	x		x	x	x

Besonders aus den Arbeitsprozessen agilen Arbeitens lassen sich folgende Merkmale erkennen, die agiles Arbeiten auszeichnen und es fördern:

- kurze Zyklen
- Testläufe
- Transparenz
- Reflexion
- Vernetzung

9.1.2.1 Kurze Zyklen

Eine agile Arbeitsweise folgt nicht einem linearen Masterplan, sondern sie nähert sich in wiederholten Arbeitsgängen schrittweise der exakten Lösung an. Dabei sind die Zyklen meist zeitlich überschaubar, um die einzelnen Schritte zeitlich enger und schneller miteinander oder auch mit dem Kunden abstimmen zu können. Gleichfalls entsteht dadurch eine große flexible Reaktionsfähigkeit auf Veränderungen jeglicher Art, z. B. im Markt oder beim Kunden. Durch eine iterative Vorgehensweise bekommt der Kunde kontinuierlich schnell Zwischenergebnisse präsentiert, und anhand seines Feedbacks kann man direkt überprüfen, ob die Lösungsentwicklung weiterhin dem Kundenwunsch entspricht. Damit ist der Kunde immer direkt in die Entwicklung seines Produktes eingebunden.

9.1.2.2 Testläufe

Anstelle des Anspruchs, von Beginn an alles richtig zu machen und alles bis ins letzte Detail geklärt zu haben, tritt die Vorgehensweise, einfach mit dem Wichtigsten anzufangen. Es werden kleine »Testballons« gestartet, die zeigen, ob die Idee trägt oder der Weg überhaupt gangbar ist. Ein missglückter Testballon ist dabei kein »Fehler«, sondern wird als Chance betrachtet, daraus hilfreiche Informationen abzuleiten, zu nutzen und eben anders weiterzumachen. Scheitern ist Teil des (Lern-)Prozesses.[39] Erfahrungen zu machen und diese einzubinden, steht im Vordergrund.

9.1.2.3 Transparenz

Agile Praktiken zeichnen sich durch Transparenz aus. Jeder, der mitarbeitet, soll über den Arbeitsfortschritt Kenntnis haben. Das erfordert einen dichten und gleichzeitig schnellen Informationsfluss in der Kommunikation. Informationen und Wissen zu teilen, ist ein wesentlicher Erfolgsfaktor agilen Arbeitens.[40] Im besten Falle ist für alle erkennbar, wer im Team gerade was und auch bis wann macht bzw. schon gemacht hat.[41]

9.1.2.4 Lernen durch Reflexion

Im Arbeitsprozess soll für die Zukunft gelernt werden. Das geschieht dadurch, dass das Verhalten immer wieder mit dem erreichten Ergebnis abgeglichen und überprüft wird. Es geht darum, aus allem, was jemand tut, Verbesserungen abzuleiten. Das Verhalten bezieht sich dabei ganzheitlich auf die Zusammenarbeit, die Arbeitsergebnisse und die Arbeitsweisen.[42] Es geht auch darum, herauszufinden, was gut und was nicht gut geklappt hat. Was gelungen ist, wird weitergemacht, und was nicht geklappt hat, wird in Zukunft anders gemacht.[43] Durch die Reflexion erfolgt ein offener Austausch und Lernen aus den bisherigen Handlungen.

9.1.2.5 Vernetzung und Kooperation

Das alles wird durch eine flache Hierarchie unterstützt. Eine Netzwerkorganisation ist für agile Arbeitsweisen förderlich. Ein kooperatives Miteinander soll zu einer Kultur

39 Edelkraut/Mosig, Schnelleinstieg Agiles Personalmanagement, Haufe 2019, S. 30 ff.

40 Siehe auch Interviews in Teil 3 mit Sipgate, Kapitel 11.8, Immobilien Scout, Kapitel 11.4, whatever mobile, Kapitel 11.6, OTTO, Kapitel 11.5, Malerbetrieb Heyse, Kapitel 11.9 und Unitymedia, Kapitel 11.3.

41 Im Scrum gibt es aus diesem Grund das »Scrum Board«, anhand dessen genau diese Informationen aufgelistet sind und das allen Beteiligten Aufschluss über den aktuellen Stand gibt.

42 Vgl. den Beitrag von Prof. Dr. Stephan Fischer in Teil 3, Kapitel 12.3

43 Im Scrum gibt es hierzu feste Termine, zu denen unterschiedliche Reflexionen vorgenommen werden, wie z. B. die Sprint Reviews oder die Sprint Retrospektive.

des Ausprobierens und Lernens ermutigen und dafür auch den notwendigen Freiraum geben.[44]

9.2 Legal Check: Agile Arbeitsmethoden

Agiles Arbeiten macht Vorgänge, Prozesse, Ergebnisse und Wissen transparent. Zudem gibt es typische prozessuale Abläufe und Teamverantwortlichkeiten bei agilen Arbeitsmethoden, wie z. B. bei Scrum oder Design Thinking.

Rechtliche Berührungspunkte können sich hierdurch zum Weisungsrecht des Arbeitgebers, zum Persönlichkeitsrecht des Arbeitnehmers, zur Mitbestimmung des Betriebsrates und auch zum Datenschutz ergeben.

9.2.1 Direktionsrecht bezüglich der agilen Methoden

Im Rahmen seines Weisungsrechts hat der Arbeitgeber grundsätzlich ein subjektives Gestaltungsrecht, was Arbeitsmethoden und Arbeitsansätze betrifft.[45] Das basiert darauf, dass die im Arbeitsvertrag beschriebene Leistungsverpflichtung nur abstrakt in der Benennung der Tätigkeit dargestellt ist.

9.2.1.1 Konkretisierung

Der Arbeitgeber darf und muss unter Umständen sogar durch eine genaue Anweisung bestimmter Handlungen und Unterlassungen die Arbeitsverpflichtung konkretisieren.[46] Das ergibt sich aus § 106 GewO, in dem das Weisungsrecht gesetzlich begründet ist.[47] Nach Satz 2 dieser Norm erstreckt sich das Weisungsrecht über die reine Arbeitsleistung hinaus auch auf die Ordnung und das Verhalten des Arbeitnehmers im Betrieb.[48] Der Arbeitgeber darf bestimmen, *was* gemacht wird und *wie* etwas gemacht wird. Je enger allerdings eine Tätigkeit im Arbeitsvertrag beschrieben ist, desto eingeschränkter ist der Arbeitgeber bei der Ausübung seines Weisungsrechts. Einschränkungen für das Direktionsrecht können sich aus Bestimmungen in Betriebsvereinbarungen, Tarifverträgen oder anderen in Gesetzen festgelegten Schranken ergeben

44 Vgl. den Beitrag von Prof. Dr. Stephan Fischer in Teil 3, Kapitel 12.3; Edelkraut/Mosig, Schnelleinstieg Agiles Personalmanagement, Haufe 2019, S. 81 ff.
45 ErfK/Preis, 19. Aufl. 2019, GewO § 106 Rn. 5–18.
46 Vgl. BAG, Urteil vom 19.05.2010 – 5 AZR 162/09 = BAGE 134, 296.
47 ErfK/Preis, 19. Aufl. 2019, GewO § 106 Rn. 1–4.
48 ErfK/Preis, 19. Aufl. 2019, GewO § 106 Rn. 1–4.

sowie aus dem Grundsatz, sein Weisungsrecht nach billigem Ermessen ausüben zu müssen.[49]

Somit darf der Arbeitgeber grundsätzlich agile Arbeitsmethoden und agile Arbeitsweisen im Rahmen der für ihn bestehenden rechtlichen Bedingungen kraft seines Direktionsrechts anordnen.

9.2.1.2 Billiges Ermessen

In diesem Zusammenhang könnte das Merkmal »Transparenz« bei den agilen Arbeitsmethoden und Formaten einen besonderen rechtlichen Aspekt berühren. Durch die Anweisung von transparenten, agilen Arbeitsmethoden könnte das allgemeine Persönlichkeitsrecht des Mitarbeiters aus Art. 2 GG tangiert sein. Die Ausübung des Weisungsrechts muss nach »billigem Ermessen« erfolgen.[50] Billiges Ermessen bedingt, dass eine Anordnung unter Abwägung der beiderseitigen Interessen von Arbeitgeber und Arbeitnehmer ausreichend berücksichtigt wird.[51] Ob eine solche hinlängliche Berücksichtigung erfolgt ist, unterliegt auch der gerichtlichen Kontrolle.[52] Es besteht daher ein Interesse des Arbeitgebers, sein billiges Ermessen entsprechend »richtig« auszuüben. Es kann sich die Frage stellen, ob die Anweisung von transparenten agilen Arbeitsmethoden mit dem allgemeinen Persönlichkeitsrecht eines Mitarbeiters kollidiert und hier ggf. ein entgegenstehendes überwiegendes Interesse des Mitarbeiters vorliegt.

9.2.1.3 Persönlichkeitsrecht des Mitarbeiters

Das Persönlichkeitsrecht ist das Recht des Einzelnen auf Achtung seiner Menschenwürde und auf die freie Entfaltung seiner Persönlichkeit.[53] Im Rahmen seiner Fürsorgepflicht als Arbeitgeber hat er dafür zu sorgen, dass das Persönlichkeitsrecht des Mitarbeiters im Rahmen des Arbeitsverhältnisses nicht beeinträchtigt wird. Dies gilt nicht nur für den Arbeitgeber, sondern genauso für den Betriebsrat, was sich direkt aus § 75 BetrVG ergibt.[54] Sowohl Arbeitgeber als auch Betriebsräte sind verpflichtet, Mitarbeiter in ihrem Arbeitsverhältnis vor Eingriffen in ihr Persönlichkeitsrecht zu schützen.

49 ErfK/Preis, 19. Aufl. 2019, GewO § 106 Rn. 5–16.
50 ErfK/Preis, 19. Aufl. 2019, GewO § 106 Rn. 5–16.
51 BGH, Urteil vom 24.04.1996, NZA 1996, 1088.
52 ErfK/Preis, 19. Aufl. 2019, GewO § 106 Rn. 5–16.
53 ErfK/Schmidt, 19. Aufl. 2019, GG Art. 2 Rn. 32, 33BVerfG, Urteil vom 19.04.2016 – 1 BvR 3309/13 = NJW 2016, 1939.
54 Richardi, BetrVG/Maschmann, 16. Aufl. 2018, BetrVG § 75 Rn. 44–45.

Die sehr sichtbare Information und Kommunikation über mitarbeiterspezifische Prozessabläufe, Arbeitsergebnisse und Austausch erzeugen gleichzeitig eine erhebliche soziale Kontrolle über das Leistungspensum und den Leistungsinhalt eines jeden Mitarbeiters.[55] Der Mitarbeiter wird dadurch in seiner Leistung, in seinen Beziehungen und in seinem persönlichen Ausdruck erkenntlich. Hierdurch könnte der Eindruck einer Überwachung und möglichen Kontrolle des Mitarbeiters entstehen.

Das Persönlichkeitsrecht ist nicht per se durch Überwachungsmaßnahmen unzulässig beeinträchtigt, sondern hier ist auf die Art und Intensität des Eingriffs abzustellen. Eingriffe können sich auf unterschiedliche Weise ergeben:

- ständige physische Beobachtung (z. B. durch »hinter einem stehen«, Sichtkontrolle)
- ständige Berichterstattung durch den Arbeitnehmer selbst (z. B. schriftlich oder mündlich)
- Aufzeichnung von Verhalten durch technische Überwachungseinrichtungen (z. B. Kamera, IT-System etc.).

Soweit technologische Arbeitsmittel zum Einsatz kommen, kommt es darauf an, ob und inwieweit das Arbeitsverhalten überwacht wird. Hier bedarf es keiner besonderen Absicht, den Mitarbeiter kontrollieren zu wollen: Allein die Eventualität ist bei einer technischen Aufzeichnung ausreichend.[56] Kontrolleinrichtungen, die lediglich dazu dienen, den Arbeitsablauf zu überwachen – also auf den Prozess abstellen und nicht auf das Verhalten –, sind jedoch grundsätzlich unbedenklich.[57] Darüber hinaus sei hier angemerkt, dass eine Überwachung im Rahmen von agilen Methoden in der Regel nicht durch technische Geräte stattfindet. Dies unterscheidet sich somit von den meisten strittigen Fällen dieser Art, in denen es insbesondere um die Überwachung mittels technischer Einrichtungen geht. Sichtbar wird agiles Arbeiten größtenteils durch Dokumentationen der Prozesse und Ergebnisse an Whiteboards oder durch die gegenseitige verbale Kundgabe der Mitarbeiter selbst. Bei den agilen Arbeitsmethoden steht das Ergebnis selbst, das Testen und das Lernen aus Erfahrungen im Vordergrund – nicht das Verhalten der Mitarbeiter. Durch transparente agile Arbeitsmethoden würde daher das Persönlichkeitsrecht des Mitarbeiters nicht unzulässig beeinträchtigt. Dem Arbeitgeber ist es damit überlassen, entsprechende Arbeitsweisen einzuführen und anzuweisen.

55 Siehe Interview mit Dr. Wolf Wehner (Deutsche Telekom) in Teil 3, Kapitel 11.11.

56 Richardi, BetrVG/Richardi/Maschmann, 16. Aufl. 2018, BetrVG § 87 Rn. 500–504.

57 LAG Schleswig-Holstein, Urteil vom 29.08.2013, NZA-RR 2013, 577.

9.2.2 Direktionsrecht bezüglich agiler Kommunikation

Sich miteinander zu vernetzen und vernetzt miteinander zu kommunizieren, ist Teil von agilen Arbeitsweisen. Kollaborativer Austausch ergibt sich daher aus einer agilen Zusammenarbeit.

9.2.2.1 Konkretisierung

Fraglich könnte jedoch sein, ob die Anweisung eines Arbeitgebers, sich auf einer technischen Plattform, im Intranet oder sogar im Internet, auszutauschen und hierüber auch persönliche Daten und Informationen preiszugeben, ebenfalls noch vom Direktionsrecht umfasst ist. Zunächst einmal handelt es sich hier genauso wie bei der Anweisung von bestimmten Arbeitsmethoden um eine Konkretisierung des Arbeitsverhaltens von Mitarbeitern: So wird ihnen gesagt, wie und über was miteinander kommuniziert wird. Das Arbeitsverhalten wird damit näher bestimmt.

9.2.2.2 Billiges Ermessen

Eine entsprechende Vorgabe des Arbeitgebers dürfte durch sein Direktionsrecht gedeckt sein, sofern auch hier bei einer Interessenabwägung beide Seiten berücksichtigt werden und keine überwiegenden Belange der Mitarbeiter entgegenstehen. Ein großer Nutzen solcher sozialen und kollaborativen Plattformen ist es, Kontakt und Beziehungen innerhalb der Belegschaft zu fördern, zu entwickeln und zu pflegen. Dazu kann es hilfreich sein, auch persönliche Daten, wie das persönliche Profil, Adressdaten, private Informationen – wie z. B. persönliche außerberufliche Kompetenzen, Hobbys, ehrenamtliches Engagement, Vorlieben, Kenntnisse oder auch soziale Kontakte – mit den Kollegen im Unternehmen zu teilen. Sinn und Zweck eines kollaborativen Systems ist es gerade, dass sich Mitarbeiter neben berufsmäßigen Stellungnahmen mit all ihren Facetten »zeigen«, also ggf. auch mit ihren privaten Daten. Das Prinzip ist vergleichbar mit den Prinzipien, die in Sozialen Netzwerken im Internet gelten. Rechte der Mitarbeiter könnten insofern betroffen sein, wenn sie private Daten und Informationen in diese – meist technischen – Systeme einpflegen und kundtun sollen. Hier bestehen Berührungspunkte zum Persönlichkeitsrecht eines Mitarbeiters und – da es sich um persönliche Daten handelt – auch zum Datenschutzrecht.

9.2.2.3 Persönlichkeitsrecht und Datenschutz des Mitarbeiters

Aus dem Persönlichkeitsrecht folgt, das jeder befugt ist, über die Preisgabe und Verwendung seiner persönlichen Daten grundsätzlich selbst bestimmen zu können.[58] Dabei ist nicht relevant, ob die Daten automatisiert erhoben oder verwendet werden. Geschützt wird die Entscheidung des Einzelnen darüber, selbst zu bestimmen, wann und innerhalb welcher Grenzen persönliche Inhalte anvertraut werden.[59] Da ein kollaborativer Austausch in der Regel über eine technische Einrichtung stattfindet, könnte sich ggf. der Schutzumfang auch auf die Nutzung von IT-Systemen ausdehnen. Das BVerfG hat zum umfassenden Schutz des allgemeinen Persönlichkeitsrechts dieses noch weiter konkretisiert und ein »Grundrecht auf Gewährleistung der Vertraulichkeit und Integrität informationstechnischer Systeme entwickelt.«[60] Dessen Schutzbereich erfasst Systeme, die für sich oder aufgrund technischer Vernetzung personenbezogene Daten eines Einzelnen enthalten können und bei denen ein Zugriff auf das jeweilige System einen Einblick in die Lebensgestaltung des Nutzers ermöglicht oder die Erstellung eines Persönlichkeitsbildes erlaubt.[61] Das betrifft die Verwendung von PC, Laptop, Organizer, Mobiltelefon, Navigationsgerät, aber auch Sprachtelefonie oder E-Mail.[62] Davon können auch soziale Kollaborationssysteme und Plattformen erfasst sein. Ob aber auch eine kollaborative IT-Plattform darunter fällt, ist bisher noch nicht gerichtlich entschieden worden. Sollte dies der Fall sein, so wären dann auch bei der Nutzung dieser Systeme die Vertraulichkeit und Integrität der persönlichen Mitarbeiterdaten zu gewährleisten. Andere Personen dürfen somit nicht ohne Weiteres Einblick in die persönliche Lebensgestaltung und Sichtweisen von Mitarbeitern erhalten. Diese Anforderung steht auf den ersten Blick einer Anweisung an Mitarbeiter, persönliche Auskünfte untereinander zu teilen und diese für ihre persönliche Beziehungspflege mit ihren Kollegen zu verwenden, entgegen.

Eine Nutzung und damit auch Erhebung der persönlichen Daten von Mitarbeitern in Arbeitsverhältnissen könnte aber durch §26 BDSG gerechtfertigt sein. Das ist die datenschutzrechtlich relevante Vorschrift, wenn es um die Erhebung, Verarbeitung und Nutzung personenbezogener Daten von Beschäftigten im Arbeitsverhältnis geht.[63]

Personenbezogene Daten sind in Art. 4 Nr. 1 DSGVO definiert. Darunter fallen alle Informationen, die sich auf eine identifizierte oder identifizierbare natürliche Person

58 BVerfG, Urteil vom 19.04.2016 – 1 BvR 3309/13 = NJW 2016, 1939.
59 ErfK/Schmidt, 19. Aufl. 2019, GG Art. 2 Rn. 41, 42.
60 BVerfG, Urteil vom 20.04.2016 NJW 2016, 1781.
61 BVerfG, Urteil vom 20.04.2016 NJW 2016, 1781.
62 ErfK/Schmidt, 19. Aufl. 2019, GG Art. 2 Rn. 41, 42.
63 ErfK/Franzen, 19. Aufl. 2019, BDSG § 26 Rn. 3–7.

(im Folgenden »betroffene Person«) beziehen.[64] Darüber hinaus gibt es noch sogenannte »besondere personenbezogene Daten«, die in Art 9 Nr. 1 DSGVO beschrieben sind. Dazu gehören Daten, »*aus denen die rassische und ethnische Herkunft, politische Meinungen, religiöse oder weltanschauliche Überzeugungen oder die Gewerkschaftszugehörigkeit hervorgehen*« sowie biometrische Daten, Gesundheitsdaten oder Daten zum Sexualleben oder der sexuellen Orientierung einer natürlichen Person[65].

Hiervon werden alle Informationen erfasst, die in Verbindung zum Mitarbeiter stehen.[66] Die Erhebung dieser personenbezogenen Daten ist erlaubt, wenn sie zum Zwecke des Beschäftigungsverhältnisses dienen.[67] Vorliegend soll agiles Arbeiten gerade durch kollaborative Kommunikation und auch eine offene Beziehungspflege gestützt werden. Insofern soll hiermit auch eine bestimmte offene Kultur der Zusammenarbeit und des Umgangs gepflegt und gefördert werden. Informationsaustausch an mehrere Kollegen gleichzeitig soll erleichtert werden, ein unkompliziertes »miteinander in Verbindung treten« ermöglicht werden. Sofern die Datenerhebung und Nutzung im Rahmen der agilen Arbeitsweisen erfolgt und diese eine Ausformung der Arbeitsverpflichtung im Arbeitsvertrag darstellt, könnte ggf. argumentiert werden, dass auch nach einer engen Auslegung des Beschäftigungszwecks im Rahmen vom agilen Arbeiten eine Erhebung persönlicher Mitarbeiterdaten legitimiert wäre.

Die Erhebung der persönlichen Daten müsste ferner erforderlich und verhältnismäßig sein.[68]Erforderlichkeit ist gegeben, wenn ein Arbeitgeber die Daten vernünftigerweise benötigt.[69]Im gleichen Sinne wie oben könnte eine Erforderlichkeit damit begründet werden, dass diese persönlichen Informationen einer agilen Unternehmenskultur zugutekommen sollen, in der agil gearbeitet und offene und vertrauensvolle persönliche Kontakte bestehen und gepflegt werden.

Verhältnismäßig ist die Verwendung, wenn der Mitarbeiter kein überwiegend schützenswertes Interesse daran hat, dass seine Daten nicht erhoben werden.[70] Das Informationsbedürfnis des Arbeitgebers muss gegenüber dem Recht des Mitarbeiters auf informelle Selbstbestimmung überwiegen. Ob die Erhebung der persönlichen Mitarbeiterdaten verhältnismäßig ist, könnte im konkreten Fall wieder davon abhängen, inwieweit die Vertraulichkeit und Integrität der benutzten Systeme gewährleistet ist – und damit Mitarbeiterinteressen geschützt und berücksichtigt werden. Im Einzelfall wird es darauf ankommen, inwieweit es dem Arbeitgeber gelingt, klare organisatori-

64 Art. 4 Nr. 1 DSGVO.
65 Art. 9 Abs. 1 DSGVO.
66 ErfK/Franzen, 19. Aufl. 2019, BDSG § 26 Rn. 3–7.
67 ErfK/Franzen, 19. Aufl. 2019, BDSG § 26 Rn. 3–7.
68 ErfK/Franzen, 19. Aufl. 2019, BDSG § 26 Rn. 9–11.
69 ErfK/Franzen, 19. Aufl. 2019, BDSG § 26 Rn. 9–11.
70 ErfK/Franzen, 19. Aufl. 2019, BDSG § 26 Rn. 9–11.

sche und technische Rahmenbedingungen zu schaffen, die im Umgang untereinander den Bedürfnissen der Beschäftigen Rechnung tragen, dass Vertraulichkeit und Integrität gewahrt werden. Das könnte z. B. dadurch geschehen, dass klare Regeln zum Zweck und zur Verwendung der Informationen und Weitergabe untereinander beschrieben oder ggf. eingeschränkt werden, ferner, dass Verpflichtungen zur Nichtweitergabe der Daten außerhalb des Arbeitsverhältnisses aufgestellt werden, entsprechende Prozesse regelmäßig kontrolliert werden und dass die Mitarbeiter auf Sensibilität dieser Daten und den Umgang nachweislich geschult werden. Die Nutzung interner kollaborativer Plattformen ist hierbei wahrscheinlich einfacher zu regeln als die Nutzung im Internet, wo die Daten an Empfänger gelangen, die sich der Sphäre des Arbeitsgebers entziehen.

Konkrete gerichtliche Entscheidungen zur Nutzung kollaborativer Systeme im Rahmen agilen Arbeitens und, damit auch verbunden, exakte Anforderungen an IT-Systeme für eine kollaborative Verständigung liegen nicht vor. Insofern kann an dieser Stelle nur darauf hingewiesen werden, dass es für die Abwägung der Verhältnismäßigkeit darauf ankommen wird, inwieweit der Arbeitgeber für einen vertraulichen Gebrauch dieser Informationen nachweislich Sorge trägt.

Der Arbeitgeber sollte demnach für ein Umfeld sorgen, in dem Arbeitnehmer in ihrem Persönlichkeitsrecht nicht durch Kollegen verletzt werden können. Hierfür empfiehlt es sich, die Mitarbeiter einzubeziehen und ihre Bedürfnisse einzuholen, diese aufzugreifen und umzusetzen.

Von einem Eingriff in das Persönlichkeitsrecht kann allerdings dann abgesehen werden, wenn der betroffene Arbeitnehmer freiwillig und ohne Einwirkung äußeren Zwangs und psychischen Drucks seine Informationen kundgibt. Soweit also die Nutzung eines kollaborativen Systems dem Mitarbeiter frei zur Wahl gestellt wird, ebenso wie die Entscheidung, in welcher Art und Intensität er hierüber persönliche Mitteilungen mit Kollegen austauschen möchte, ist davon auszugehen, dass keine Persönlichkeitsrechte verletzt werden.

Somit erscheint es am sinnvollsten, den Austausch privater Auskünfte gänzlich in das Ermessen der Mitarbeiter zu stellen. Der Arbeitgeber kann die Möglichkeit einer kollaborativen Plattform bieten, den Nutzen, den er sich hiervon verspricht, erklären und für einen vertrauensvollen Umgang immer wieder werben und überzeugen. Das Gelingen einer privaten wie beruflichen Vernetzung wird daher sehr vom kulturellen Umgang miteinander und dem Vertrauen abhängen, welches Arbeitnehmer zu ihren Arbeitgebern und ihren Kollegen bezüglich des Umgangs und der Handhabung dieser persönlichen Informationen haben. Den Arbeitnehmer zur entsprechenden privaten Mitteilung anzuweisen, birgt die oben beschriebenen rechtlichen Risiken.

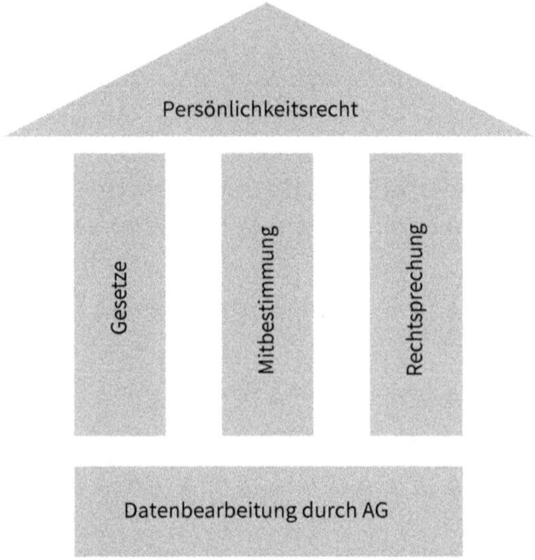

Abb. 18: Rechtliche Basis der Verarbeitung persönlicher Daten durch den Arbeitgeber (AG) (Grafik: Redmann 2017)

AGILES TO-DO

- Agile Arbeitsweisen können durch Anweisung des Arbeitgebers eingeführt werden (§ 106 GewO).
- Arbeitnehmer können sich freiwillig über private Lebenssachverhalte auf einem kollaborativen System austauschen oder persönliche Daten einstellen. Darunter zählt, dass der Mitarbeiter selbst entscheiden kann, ob und welche persönlichen Informationen er mit wem teilt.
- Eine Anweisung zum vernetzten Austausch privater Informationen kann das Persönlichkeitsrecht und den Arbeitnehmerdatenschutz verletzen.
- Klare Rahmenbedingungen im kollegialen und kulturellen Umgang zum vertraulichen Gebrauch sind insbesondere bei kollaborativen Austauschsystemen erforderlich. Diese sollten Ziele, Vorteile und Prinzipien umfassen.
- Der Arbeitgeber ist darüber hinaus verpflichtet, ein Arbeitsumfeld zu gestalten, das den Mitarbeiter in seinem Persönlichkeitsrecht schützt.
- Die Anstrengung des Arbeitgebers, seine Mitarbeiter von agilen Arbeitsweisen und dem Prinzip der Vernetzung zu überzeugen sowie ein offenes, vertrauensvolles Miteinander tragen zum Gelingen bei.

9.2.3 Rechte des Betriebsrates

Mit der Einführung von agilen Arbeitsweisen könnten zwingende Mitbestimmungsrechte des Betriebsrates betroffen sein.[71] Zu denken wäre an:

- Mitbestimmung bei betrieblicher Bildung (§ 98 Abs. 1 BetrVG)
- Aufstellen von Verhaltensregeln (§ 87 Abs. 1 Nr. 1 BetrVG)
- Anwendung von technischen Einrichtungen (§ 87 Abs. 1 Nr. 6 BetrVG
- Beginn und Ende der jeweiligen Arbeitszeit (§ 87 Abs. 1 Nr. 2 BetrVG)
- Grundsätze über die Durchführung von Gruppenarbeit (§ 87 Abs. 1 Nr. 13 BetrVG)
- Betriebsänderung (§ 111 BetrVG)

9.2.3.1 Betriebliche Bildung

Der Arbeitgeber ist nach § 106 GewO grundsätzlich berechtigt, den Arbeitnehmer anzuweisen, an Schulungen teilzunehmen, soweit diese der Ausübung der vertraglich geschuldeten Tätigkeit förderlich sind.[72]

Sofern Unternehmen agile Methoden einführen und Mitarbeiter darin schulen, ist an die Rechte des Betriebsrates aus den §§ 96 ff. BetrVG zu denken.[73]

Das BAG sagt dazu Folgendes:

> »Nach § 98 Abs. 1 BetrVG hat der Betriebsrat bei der Durchführung von Maßnahmen der betrieblichen Berufsbildung mitzubestimmen. Der Begriff der betrieblichen Berufsbildung ist weit auszulegen. Er umfasst alle Maßnahmen der Berufsbildung im Sinne des § 1 BBiG und damit u. a. solche der Berufsausbildung, der beruflichen Fortbildung und der beruflichen Umschulung. Hierzu gehören alle Maßnahmen, die über die – mitbestimmungsfreie – Unterrichtung des Arbeitnehmers über seine Aufgaben und Verantwortung, die Art seiner Tätigkeit und ihrer Einordnung in den Arbeitsablauf des Betriebs sowie über die Unfall- und Gesundheitsgefahren und die Maßnahmen und Einrichtungen zur Abwendung dieser Gefahren im Sinne des § 81 BetrVG hinausgehen, indem sie dem Arbeitnehmer gezielt Kenntnisse und Erfahrungen vermitteln, die ihn zur Ausübung einer bestimmten Tätigkeit erst befähigen. Maßnahmen der betrieblichen Berufsbildung sind auch Lehrgänge, die dem Arbeitnehmer die für die Ausfüllung seines Arbeitsplatzes und seiner beruflichen Tätigkeit notwendigen Kenntnisse

71 Siehe Interview mit Dr. Wolf Wehner (Deutsche Telekom) in Teil 3, Kapitel 11.11.

72 LAG Rheinland Pfalz, Urteil vom 23.01.2013 8 Sa 355/12.

73 Siehe auch Günther/Böglmüller, Einführung agiler Arbeitsmethoden – Risiken des Einsatzes von Fremdpersonal sowie betriebliche Mitbestimmung, NZA, 2019, 417, 422; Arnold/Günther, ArbR4.0, Kap. 3 Rn. 103 ff.

und Fähigkeiten verschaffen sollen.[74] Das Mitbestimmungsrecht besteht nur bei Maßnahmen der betrieblichen Berufsbildung. Das ist funktional zu verstehen. Eine Berufsbildungsmaßnahme ist eine betriebliche, wenn der Arbeitgeber Träger bzw. Veranstalter der Bildungsmaßnahme ist und die Berufsbildungsmaßnahme für bei ihm angestellte Arbeitnehmer durchgeführt wird.[75] Dabei muss die Maßnahme regelmäßig für die ›eigenen‹ Arbeitnehmer durchgeführt werden; zumindest müssen sie bei der Beteiligung Vorrang haben.«[76]

9.2.3.2 Ordnungsverhalten

Grundsätzlich darf der Arbeitgeber im Rahmen seiner aus Art. 12 Abs. 1 GG und Art. 14 Abs. 1 GG sich ableitenden Organisationsbefugnis die Ordnung und damit das Verhalten von Mitarbeitern bestimmen.[77]

Reines Arbeitsverhalten von Mitarbeitern, das in der Erfüllung der Arbeitspflicht liegt, ist mitbestimmungsfrei.[78] Ebenso sind arbeitstechnische Fragen, wie der Betrieb sein Unternehmensziel erreicht, nicht von der Mitbestimmung umfasst.[79]

Agile Arbeitsmethoden, soweit sie das Arbeitsverhalten betreffen, sind mitbestimmungsfrei.

Es kann sich aber ein Mitbestimmungsrecht aus §87 Abs. 1 Nr. 1 BetrVG ergeben, soweit mit den Methoden und Kommunikationsvorgaben Regeln verbunden sind, die das Ordnungsverhalten der Mitarbeiter im Betrieb betreffen. Gegenstand des Mitbestimmungsrechts ist das betriebliche Zusammenleben und Zusammenwirken der Arbeitnehmer. Zwar kann ein Unternehmer dieses aufgrund seines Direktionsrechts durch das Aufstellen von Verhaltensregeln oder sonstige Maßnahmen beeinflussen und koordinieren, allerdings ist der Betriebsrat hieran zu beteiligen.[80] Die soziale Ordnung des Betriebes, wie sich Mitarbeiter untereinander zu verhalten haben, ist mitbestimmungspflichtig.[81] Wirkt sich eine Maßnahme zugleich auf das Ordnungs- und das Arbeitsverhalten aus, so kommt es darauf an, welcher Regelungszweck überwiegt.[82]

74 BAG, Beschluss vom 05.03.2013 – 1 ABR 11/12 = BB 2013, 1843.
75 BAG, Beschluss vom 18.04.2000 – 1 ABR 28/99 = BAGE 94, 245.
76 BAG, Beschluss vom 26.04.2016 – 1 ABR 21/14 = NZA 2016, 1036.
77 BeckOK ArbR/Werner, 51. Ed. 01.12.2018, BetrVG § 87 Rn. 26–31.
78 Richardi, BetrVG/Richardi, 16. Aufl. 2018, BetrVG § 87 Rn. 196–199.
79 BeckOK ArbR/Werner, 51. Ed. 01.12.2018, BetrVG § 87 Rn. 26–31.
80 BAG, Beschluss vom 17.03.2015 – 1 ABR 48/13 = BAGE 151, 117.
81 Richardi, BetrVG/Richardi, 16. Aufl. 2018, BetrVG § 87 Rn. 179–185.
82 BAG, Beschluss vom 17.03.2015 – 1 ABR 48/13 = BAGE 151, 117; BAG 11.06.2002 – 1 ABR 46/01 = BAGE 101, 285.

Für die Einordnung, ob eine Maßnahme als mitbestimmungsfreies Arbeitsverhalten anzusehen ist, kommt es auf den objektiv vorliegenden Regelungszweck an. Die Vorstellung oder Absicht des Arbeitgebers ist dabei nicht relevant.[83]

Möglicherweise können z. B. die Regelungen des Umgangs durch vorgegebene »agile« Werte oder »agile« Verhaltensleitlinien mitbestimmungspflichtige Verhaltensregeln darstellen. Regelungen zur Ausgestaltung agilen Arbeitens müssen aber nicht automatisch ein mitbestimmungspflichtiges Ordnungsverhalten im Sinne von § 87 Abs. 1 Nr. 1 BetrVG darstellen. Denn Vorgaben zur Gestaltung von Dokumentationen, Terminen, Informationen und Beratungen oder Besprechungen konkretisieren lediglich die Arbeitspflichten. Daran ändert sich auch nichts dadurch, dass einzelne Aspekte die Zusammenarbeit direkt betreffen – wie z. B. das Aufstellen von Feedback-Regeln – oder sogar die Betrachtung der Zusammenarbeit im Rahmen des Reviews oder in der Retrospektive. Eine Maßnahme, die das Arbeitsverhalten betrifft, wird nicht dadurch mitbestimmungspflichtig, dass sie ggf. einen Randbereich des Ordnungsverhaltens berührt.[84] Allein die Tatsache, dass es sich um standardisierte Vorgaben handelt, begründet kein Ordnungsverhalten.[85]

Es stellt sich natürlich die Frage, ob ggf. Unternehmenswerte, die als Basis für agiles Arbeiten genutzt werden sollen, im Sinne eines Verhaltenskodex mitbestimmungspflichtig sind. Die Darstellung von der eigenen Unternehmensphilosophie, allgemeine ethisch-moralische Kundgaben oder Zielvorgaben, Selbstverpflichtungen oder ein Selbstverständnis des Unternehmens sowie auch Vorschriften, die lediglich den gesetzlichen Wortlaut wiederholen, sind jedoch mitbestimmungsfrei.[86]

Soweit aber einzelne Anweisungen durchaus unter das Mitbestimmungsrecht des Betriebsrates fallen können, begründet dies jedoch keine automatische Ausdehnung auf die darüber hinausgehenden Regelungen.[87]

An entsprechende Fragestellungen wäre bei der oben beschriebenen Nutzung von kollaborativen Systemen zu denken. Hier könnten Vorgaben eine Rolle spielen, wie z. B. zur Einhaltung einer Netiquette.[88]

Es stellt sich auch die Frage, ob sich hieran etwas ändert, soweit die Regeln nicht vom Arbeitgeber vorgegeben, sondern durch die Teammitglieder selbst aufgestellt wer-

83 BAG, Beschluss vom 11.06.2002 – 1 ABR 46/01 = = BAGE 101, 285.
84 BAG, Beschluss vom 17.03.2015 – 1 ABR 48/13 = BAGE 151, 117.
85 BAG, Beschluss vom 17.03.2015 – 1 ABR 48/13 = BAGE 151, 117.
86 BAG, Beschluss vom 22.07.2008 – 1 ABR 40/07 BAGE 127, 146.
87 BAG, Beschluss vom 22.07.2008 – 1 ABR 40/07 BAGE 127, 146.
88 Siehe auch Fitting, § 87 Rn. 71; Oberthür in Kramer IT ArbeitsR, Rn. 821https://www.arbeitsrecht-weltweit.de/2017/01/03/mitbestimmung-des-betriebsrats-wann-wird-facebook-zur-ueberwachungseinrichtung/.

den. Aber auch, wenn der Arbeitgeber einen Rahmen zulässt, in dem dann Teams ihre Zusammenarbeit und ihr Miteinander alleine regeln dürfen, betrifft dies wiederum die soziale Ordnung im Betrieb, die dann sagt, dass jedes Team sich diese Regeln oder Prinzipien selber geben darf. Letztendlich handelt es sich hierbei um Normen und die Art und Weise, wie Normen vergeben werden, die für ein kollegiales Zusammenleben relevant sind. Genau dieses ist durch § 87 Abs. 1 Nr. 1 BetrVG umfasst.[89]

9.2.3.3 Technische Einrichtung

Bei der Verwendung von IT-gestützten Systemen und Plattformen kann ggf. das Mitbestimmungsrecht nach § 87 Abs. 1 Nr. 6 greifen. Dies setzt voraus, dass eine Überwachung durch eine technische Einrichtung möglich ist.[90] Dabei ist es unerheblich, ob die Überwachung beabsichtigt ist oder nicht.[91] Die Mitbestimmung dient dazu, den Mitarbeiter in der freien Bestimmung über seine persönlichen Daten zu schützen. Es geht hier wieder um den Persönlichkeitsschutz des Arbeitnehmers. In der sogenannten »Facebook-Entscheidung« hat das BAG entschieden, dass die Entscheidung des Arbeitgebers, Postings der Facebook-Besucher unmittelbar zu veröffentlichen, mitbestimmungspflichtig sei.[92] Damit liege eine Überwachung der Arbeitnehmer durch eine technische Einrichtung im Sinne von § 87 Abs. 1 Nr. 6 BetrVG vor, die der betrieblichen Mitbestimmung unterliege. Die aktuelle Entscheidung zeigt auch, dass es auf die jeweiligen Umstände des Einzelfalles ankommt.[93] *»Soweit eine Interaktion zulässig und durch Einträge oder sonstige Anmerkungen eine Beeinflussung des Verhaltens einzelner Arbeitnehmer möglich ist, greifen jedoch auch die Beteiligungsrechte des Betriebsrates ein.«*[94]

Durch das Mitbestimmungsrecht wird dem Arbeitgeber nicht generell das Recht verwehrt, entsprechende Systeme einzuführen, sondern es geht vielmehr um den Schutz vor den Gefahren, die bei einer technischen Überwachung für den Arbeitnehmer entstehen können, z. B. dadurch, dass diese Daten immer »verfügbar« bleiben.[95]

Als Maßstab ist hier wieder das Recht auf »informationelle Selbstbestimmung« des Mitarbeiters anzulegen. Das bedeutet, soweit der Arbeitgeber kollaborative technische Systeme einsetzt, hat der Betriebsrat ein Mitbestimmungsrecht, was die Ein-

89 Fitting, § 87 Rn. 63; Richardi, BetrVG/Richardi, 16. Aufl. 2018, BetrVG § 87 Rn. 179–185.
90 BeckOK ArbR/Werner, 51. Ed. 01.12.2018, BetrVG § 87 Rn. 90–95.
91 Richardi, BetrVG/Richardi/Maschmann, 16. Aufl. 2018, BetrVG § 87 Rn. 500–504.
92 BAG, Beschluss vom 13.12.2016 – 1 ABR 7/15 = BAGE 157, 220.
93 BAG. Beschluss vom 13.12.2016 – 1 ABR 7/15 = BAGE 157, 220.
94 BAG, Beschluss vom 13.12.2016 – 1 ABR 7/15 = BAGE 157, 220; siehe auch Vorinstanz: LAG Düsseldorf, Beschluss vom 12.01.2015 9 Ta BV 51/14 = BB 2015, 1459.
95 ErfK/Kania, 19. Aufl. 2019, BetrVG § 87 Rn. 55–57.

führung, die Art der Nutzung, die Verwendung und die Grenzen der Datenerhebung anbelangt.[96]

9.2.3.4 Beginn, Ende und Verteilung der jeweiligen Arbeitszeit

Allen agilen Arbeitsweisen ist gemeinsam, dass sie eine hohe Kundenorientierung haben. Vergleichbar der Projektarbeit gibt es auch in der agilen Arbeit Phasen – z. B. das Entwickeln oder Erproben neuer Lösungen –, die zeitlich nicht genau im Vorfeld abschätzbar sind. Hier könnte sich ein Mitbestimmungsrecht des Betriebsrates bezüglich der unterschiedlichen Arbeitszeiten ergeben.

Zweck des Mitbestimmungsrechts nach § 87 Abs. 1 Nr. 2 BetrVG ist es, die Interessen der Mitarbeiter an der Lage ihrer Arbeitszeit und damit zugleich der Freizeit für die Gestaltung ihres Privatlebens zur Geltung zu bringen.[97] Dabei geht es um die Verteilung der wöchentlichen Arbeitszeit auf einzelne Wochentage, also um die Frage, an welchen Tagen der Woche überhaupt gearbeitet werden darf und zu welchen Zeiten.[98] Bei Vereinbarungen hierzu haben sich die Parteien strikt an die Vorgaben des ArbZG zu halten. Regelungen hierzu werden meist im Arbeitsvertrag oder gemeinsam mit dem Betriebsrat in einer Betriebsvereinbarung festgelegt. Nicht dem Mitbestimmungsrecht unterliegt dagegen die Dauer der wöchentlichen Arbeitszeit an sich.[99]

Agile Arbeitsweisen orientieren sich am konkreten Kundenprojekt und können daher situativ unterschiedlich sein. Dies hat jedoch nicht zur logischen Konsequenz, dass hierfür andere Regelungen über die wöchentliche Arbeitszeit und die grundsätzlichen Arbeitstage erforderlich wären als in nicht agilen Arbeitsverhältnissen. Hier gelten vielmehr keine anderen oder besonderen Bestimmungen, sondern die gleichen Grundsätze. Insoweit besteht ein Mitbestimmungsrecht des Betriebsrates zu Arbeitszeiten, welches aber unabhängig von agilen Arbeitsweisen ohnehin besteht.

9.2.3.5 Gruppenarbeit

Agile Arbeit ist in der Regel Teamarbeit. Diese Teams setzen sich meist aus Mitarbeitern unterschiedlicher Bereiche oder Hierarchiestufen zusammen und finden sich immer wieder neu für die jeweilige zu leistende Aufgabe zusammen. Es stellt sich

96 Siehe auch Hoffmann-Remy, Arbeitsrechtliche Herausforderunge bei der Agilen Transformation von Unternehmen, DB 2018, 2757.
97 BeckOK ArbR/Werner, 51. Ed. 1.12.2018, BetrVG § 87 Rn. 40.
98 ErfK/Kania, 19. Aufl. 2019, BetrVG § 87 Rn. 31–33.
99 ErfK/Kania, 19. Aufl. 2019, BetrVG § 87 Rn. 31–33.

somit ggf. die Frage, ob es sich hierbei um »Gruppenarbeit« im Sinne von § 87 Abs. 1 Nr. 13 BetrVG handeln kann. Gruppenarbeit im Sinne dieser Vorschrift liegt vor, wenn im Rahmen des betrieblichen Arbeitsablaufs eine Gruppe von Arbeitnehmern eine ihr übertragene Gesamtaufgabe im Wesentlichen eigenverantwortlich erledigt.[100] Der Betriebsrat hat ein Mitbestimmungsrecht, was die Aufstellung von Grundsätzen und die Durchführung – also die Art und Weise – der Gruppenarbeit anbelangt.[101] Die Entscheidung, ob und in welchen Betriebsteilen, in welchem Umfang oder für wie lange in Gruppen gearbeitet wird, obliegt dagegen allein dem Arbeitgeber.[102]

Durch agiles Arbeiten kommt es in der Regel zu einer verstärkten Teambildung.[103] Der Betriebsrat könnte aber ein Mitbestimmungsrecht haben, was die Art und Weise der Zusammenarbeit anbelangt. Dann müssten agile Teams eine Gruppe im Sinne des Gesetzes darstellen.

Das Merkmal der Eigenverantwortlichkeit macht deutlich, dass eine Gruppe entscheiden können muss, wie sie die ihr übertragene Gesamtaufgabe erfüllt.[104] Davon umfasst ist auch die Vorgesetztenstellung: Im Rahmen der Gruppenarbeit ist der Gruppe selbst überlassen, wer gegenüber dem Arbeitgeber die Vorgesetztenrolle wahrnimmt.

Beides kann bei »agilen Teams« bejaht werden: Hier steht die Selbstbestimmung, wie Tätigkeiten erledigt werden, im Vordergrund. Klassische Führungsrollen gibt es innerhalb von agilen Teams nicht. Bestimmte Rollen, wie Scrum Master oder Product Owner, steuern den Prozess, nehmen aber keine Führungsaufgaben wahr.

Der Tatbestand des § 87 Abs. 1 Nr. 13 BetrVG erfordert weiter, dass die Gruppe in den betrieblichen Ablauf fest integriert sein muss.[105] Dies ist beispielsweise bei Projektgruppen, die neben einer allgemeinen Aufbauorganisation installiert sind, nicht der Fall. Abzustellen ist hier auf die übliche Arbeitsorganisation.[106] Kurzfristige oder sporadische Gruppen fallen nicht unter die Mitbestimmung, vielmehr muss eine gewisse Dauer für die Gruppe gegeben sein.[107] Soweit agile Arbeitsmethoden nicht nur einmal kurz ausprobiert werden, ist Teamarbeit ein fester Bestandteil einer agilen Arbeitsweise. Insofern wäre auch dieses Kriterium zu bejahen.

---

100 BT-Drucks. 14/5741, S. 47; BeckOK ArbR/Werner, 51. Ed. 1.12.2018, BetrVG § 87 Rn. 203; Günther/Böglmüller, Einführung agiler Arbeitsmethoden – Risiken des Einsatzes von Fremdpersonal sowie betriebliche Mitbestimmung, NZA 2019, 417 ff.

101 ErfK/Kania, 19. Aufl. 2019, BetrVG § 87 Rn. 134, 135.

102 ErfK/Kania, 19. Aufl. 2019, BetrVG § 87 Rn. 134, 135.

103 Siehe auch zum Thema selbstorganisierte Teams Teil 2, Kapitel 8.1.2.

104 Richardi, BetrVG/Richardi, 16. Aufl. 2018, BetrVG § 87 Rn. 973–974.

105 BT-Drucks. 14/5741, S. 48.

106 Richardi, BetrVG/Richardi, 16. Aufl. 2018, BetrVG § 87 Rn. 973–974.

107 Richardi, BetrVG/Richardi, 16. Aufl. 2018, BetrVG § 87 Rn. 973–974.

Zu klären ist noch, inwieweit es sich auswirkt, dass sich Teams je nach Aufgabe immer wieder neu zusammenstellen. Dies ist nicht zeitlich beschränkt und könnte unter Umständen sogar täglich stattfinden. Damit wäre die »Dauer« der Zusammenarbeit einer bestimmten Gruppe sehr kurz. Darauf dürfte es letztendlich jedoch nicht ankommen, denn für die Mitgestaltung der Durchführung von Gruppenarbeit ist weniger auf die einzelne Gruppe als auf die Zusammenarbeit in einer Gruppe insgesamt abzustellen.

Demnach kann davon ausgegangen werden, dass bei der Einrichtung von agilen Teams ein Mitbestimmungsrecht des Betriebsrates bestehen kann.

Was beinhaltet die Durchführung konkret? Ein Blick auf den Hintergrund dieser Mitbestimmungsnorm zeigt, dass sie Mitarbeiter vor »Selbstausbeutung« und Abgrenzung schwächerer Gruppenmitglieder schützen soll.[108] Hier sind Fragestellungen gemeint, wie z.B. Aufgaben geklärt und Gruppengespräche abgehalten werden, Entscheidungsprozesse in der Gruppe stattfinden, Zusammenarbeit zwischen diversen Gruppen abläuft, unterschiedliche Leistungslevel von Mitarbeitern beachtet werden oder wie eine Konfliktlösung in der Gruppe erreicht werden soll.[109]

In agilen Gruppen werden diese Themen selbstständig von den Mitgliedern besprochen und abgestimmt. Soweit sich ein neues Team gegründet hat, kommt es hier ggf. auch wieder zu neuen Regelungspunkten. Daher empfiehlt es sich, mit dem Betriebsrat eine Konzeption zu finden, in der die agilen Teams diesen eigenverantwortlichen Rahmen selber ausgestalten dürfen und können. Hier könnte sich eine Rahmenbetriebsvereinbarung anbieten, die es Teams grundsätzlich ermöglicht, über die erforderlichen Fragestellungen selbst Regeln aufzustellen.[110]

Kündigung in selbstorganisierten Teams

Gilt das auch für Kündigungen? Die Trennung von Mitarbeitern, die ja in der Regel über eine Kündigung erfolgt, ist **die** Personalentscheidung, die Arbeitnehmer am härtesten trifft. Bedeutet Selbstorganisation dann in letzter Konsequenz auch, dass ein Team einem Teammitglied kündigt? Und wenn ja, wer konkret tut es, wenn im Prinzip alle Teil des Teams und damit »alle Führungskraft« sind?
Wie das BAG schon 1961 ausführte[111]: »*Bei Arbeitsgruppen im Sinne des § 87 Abs. 1 Nr. 13 BetrVG handelt es sich arbeitsvertraglich um eine Mehrheit unabhängiger Arbeitsverhältnisse.*« Die gemeinsame Tätigkeit der Arbeitnehmer in einer Arbeitsgruppe begründet daher keine vertragliche Beziehung der Gruppenmitglieder untereinander. Jedes Gruppenmitglied kann

108 BT-Drucks. 14/5741, S. 47.
109 BT-Drucks. 14/5741, S. 47.
110 Siehe Beitrag Bierod-Bähre, Teil 3 Kapitel 12.5.
111 BAG, Urteil vom 23.02.1961, AP BGB § 611 Akkordkolonne Nr. 2.

unabhängig von den anderen sein Arbeitsverhältnis kündigen oder vom Arbeitgeber gekündigt werden.
Das bedeutet auch, dass das Team als solches nicht kündigen darf, sondern es hierfür einen – rechtlichen – Vertreter des Arbeitgebers bedarf. Und es bedeutet weiterhin, dass das die Gruppe nicht das Recht hat, vom Arbeitgeber die Kündigung eines Kollegen rechtlich beanspruchen zu können.
Sollte es tatsächlich so weit kommen, dass eine Kündigung – in letzter Konsequenz – auszusprechen ist, dann liegt die Verantwortung und Aufgabe eines selbstorganisierten Teams darin. im Vorfeld zu agieren: Soweit Schwierigkeiten mit einem Teammitglied sich anbahnen, ist hier eine rechtliche Einordnung vorzunehmen und gleichermaßen auch moralisch im Sinne der Teamkultur damit umzugehen. Das bedeutet konkret, die im Team vereinbarten Mechanismen zur Konfliktlösung zu nutzen (z. B. Retrospektiven, Reviews, Feedback etc.) und genauso, rechtlich zu prüfen, ob überhaupt Kündigungsgründe im Sinne des Kündigungsschutzgesetzes vorliegen.
Auch in »betriebsratslosen« Organisationen kann diese Vorgehensweise für selbstorganisierte Teams eine Möglichkeit sein, im Vorfeld ihren Handlungs- und damit auch Entscheidungsspielraum festzulegen. Dann ist für alle Beteiligten auch der Verantwortungsrahmen klar.

Durch agiles Arbeiten können daher zwingende Mitbestimmungsrechte des Betriebsrates ausgelöst werden. Im Rahmen seiner Mitbestimmung in den Fällen des § 87 BetrVG hat er in der Regel auch ein Initiativrecht. Insoweit kann er die entsprechenden Regelungen im Mitbestimmungsverfahren durchsetzen.[112] Soweit also keine einvernehmliche Einigung über Regelungsinhalte zustande kommt, wäre dann – wie bei allen Fällen einer zwingenden Mitbestimmung – die Einigungsstelle anzurufen und ein entsprechendes Einigungsstellenverfahren durchzuführen.

9.2.3.6 Betriebsänderung

Durch die Einführung agiler Arbeitsmethoden kann ggf. der Tatbestand einer Betriebsänderung gem. §§ 111, 112 BetrVG erfüllt sein.

Danach ist ein Unternehmer verpflichtet, den Betriebsrat über geplante Änderungen rechtzeitig und umfassend zu unterrichten und sich mit ihm zu beraten.[113]

Änderungen könnten sich zum einen dadurch ergeben, dass mit agilem Arbeiten eine neue Methode als auch »Gruppenarbeit« eingeführt wird. Damit läge sowohl eine neue Arbeitsmethode (§ 111 Nr. 5 BetrVG) als auch eine Umgestaltung in der Betriebsorga-

112 BT-Drucks. 14/5741, S. 47.
113 Richardi, BetrVG/Annuß, 16. Aufl. 2018, BetrVG § 111 Rn. 1–7.

nisation (§ 111 Nr. 4 BetrVG) vor. Beides ist qua Gesetz grundsätzlich als Betriebsänderung anerkannt.

Mit der Umstellung auf agile Arbeitsweisen könnte somit eine Betriebsänderung vorliegen, sofern die erforderliche Größenordnung in der Organisation mit mehr als 20 regelmäßig beschäftigen, wahlberechtigten Arbeitnehmern erreicht ist.

Soweit in einem Unternehmen Systeme, Strukturen oder Methoden eingeführt werden, die eine Vereinheitlichung oder Optimierung von Arbeitsprozessen sowie deren Rationalisierung zum Ziel haben, kann das eine Betriebsänderung auslösen.[114] Es kommt insoweit aber auf die konkreten Maßnahmen und deren Umsetzung an. Insoweit stellt sich die Frage, ob agile Arbeitsweisen eine Arbeitsmethode im Sinne des § 111 Nr. 5 BetrVG darstellen. Das BAG bezeichnet in seiner Rechtsprechung eine »*Arbeitsmethode als die jeweilige Art, eine Arbeit systematisch abzuwickeln. Darunter fallen die Strukturierung des Arbeitsablaufs des einzelnen Arbeitnehmers – wie Handgriffe, Bewegungsabläufe –, die des Arbeitsablaufs zwischen den Arbeitnehmern – wie Einzel- und Gruppenarbeit – und der Einsatz technischer Hilfsmittel – etwa von Maschinen, Werkzeugen und Vorrichtungen.*«[115] Letztendlich geht es hierbei also um Regeln, die hinter mehr oder weniger einzelnen, unselbstständigen Arbeitsvorgängen stehen und genau festlegen, wie, in welcher Weise und mit welchem Mittel die Mitarbeiter ihre Aufgabe zu erfüllen haben.[116]

Die »Arbeitsmethode« erweist sich damit als das auf der Grundlage der personellen, räumlichen, technischen und sonstigen bedeutsamen Gegebenheiten und Möglichkeiten entwickelte Modell des Ablaufs derjenigen Arbeit, die zur Erfüllung der gestellten Aufgabe geleistet werden muss.[117]

Genau das soll jedoch mit agilem Arbeiten nicht bezweckt werden. Hier geht es gerade darum, Freiräume in der Ausgestaltung zuzulassen und zu fördern. Die Mitarbeiter sollen je nach Aufgabe selbst entscheiden, welches Vorgehen sie wie und in welcher Weise für sinnvoll halten. Es geht um kreatives Vorgehen, dass eben genau nicht durch einen vorher festgelegten Ablauf oder bestimmte Schritte definiert ist. Entscheidend wird es daher sein, inwieweit mit einzelnen agilen Methoden oder Formaten sich einschneidende Auswirkungen auf den Betriebsablauf, die Verfahrensweisen oder die Arbeitsbedingungen der Mitarbeiter Einfluss genommen wird.[118] Komplexität zu reduzieren, Arbeitsschritte iterativ zu gestalten, transparent zu sein, für den Kunden

114 BAG, Beschluss vom 22.03.2016 – 1 ABR 12/14, NZA 2016, 894.
115 BAG, Beschluss vom 22.03.2016 – 1 ABR 12/14, NZA 2016, 894.
116 BAG, Beschluss vom 22.03.2016 – 1 ABR 12/14, NZA 2016, 894.
117 BVerwGE 72, 94, NJW 1986, 1360.
118 BAG, Beschluss vom 22.03.2016 – 1 ABR 12/14, NZA 2016, 894.

nachhaltige Ergebnisse oder auch eine produktivere Gestaltung können Ziele sein, die nicht automatisch rationellere oder effektivere Ergebnisse hervorbringen. Zudem werden agile Arbeitsweisen in der Regel nicht grundlegende Änderungen zur Verfolgung des arbeitstechnischen Zweckes darstellen. Ob es sich tatsächlich um keine durchgreifende Änderung der Betriebsorganisation handelt oder doch wesentliche Arbeitsschritte wegfallen oder Abläufe gravierend umgestaltet werden, wird jeweils im einzelnen Fall zu ermitteln sein.

Genauso wird der Aspekt der »Gruppenarbeit« im Sinne einer Änderung der Betriebsorganisation zu betrachten sein. Auch hier wird es dann entscheidend darauf ankommen, wie bedeutend die Aufstellung von agilen Teams die gesamte Organisation tatsächlich tangiert.

Je nach Grad der Änderung durch die Einführung von agilen Arbeitsweisen wäre somit ein Interessenausgleich und Sozialplan zu verhandeln.

AGILES TO-DO

- Ebenso wie in allen anderen Arbeitsformen sind auch bei agilem Arbeiten Mitbestimmungstatbestände zu beachten.
- Insbesondere können sich diese ergeben aus:
  - betrieblicher Bildung
  - Ordnungsverhalten
  - Anwendung technischer Einrichtungen
  - Arbeitszeiten (Beginn, Lage, Verteilung)
- Gruppenarbeit/agiles Arbeiten kann durch die Einführung neuer Methoden und Gruppenarbeit eine Betriebsänderung auslösen.
- Die Frage, ob eine Betriebsänderung vorliegt, ist abhängig von der Auswirkung der Veränderung auf bisherige Abläufe und in bestehenden Organisationsstrukturen.
- Je nach Umfang und betroffener Anzahl der Mitarbeiter wäre dann ein Interessenausgleich bzw. Sozialplan zu verhandeln.

9.2.4 Tarifvertragliche Bestimmungen

Es kommt auf den jeweiligen Tarifvertrag an, ob es in diesem bereits Auflagen oder Regelungen zu agilen Arbeitsweisen gibt. Sofern Regelungen über Arbeitsweisen und/oder Methoden in einem Tarifvertrag bestehen, sind diese anzuwenden. Möglicherweise enthalten Vorschriften hierzu eine Öffnungsklausel für eine Betriebsvereinbarung oder Regelungen im Arbeitsvertrag. In einem solchen Fall können agile Arbeitsweisen dann in diesem Rahmen gestaltet werden. Hier kommt es dann auf den Einzelfall an.

10 #Agiles Performance-Management

10.1 Agiler Spirit: Kultur und Leistung

Unsere Gesellschaft und Umwelt wandeln sich. Dadurch verändern sich auch die Anforderungen an Arbeit, Arbeitsumfeld und Arbeitsleistung.[1]

10.1.1 Klassisches Management – Klassische Instrumente

Viele herkömmliche Performance-Instrumente sind meistens sehr auf feste Regeln fixiert und starr in ihrer Anwendung.[2] Ein möglicher Grund hierfür könnte darin liegen, dass sie oftmals über lange Zeiträume gelten und angewandt werden sollen. Sie sind eher auf langfristige Planungen und Zyklen ausgerichtet. Herkömmliche Performance-Instrumente finden sich oft in Unternehmen mit einer hierarchischen Struktur. Im Mittelpunkt steht meist der einzelne Mitarbeiter und nicht die Gruppe. Er ist Empfänger für Ziele und Gegenstand von Beurteilungen. Die Rolle des Mitarbeiters ist dabei eher die eines »Dienstleisters«. Messkriterien klassischer Performance-Instrumente orientieren sich häufig an Key Performance Indicator (KPI) sowie an Umsatz- bzw. Gewinnzahlen. Der Mensch, die Kultur oder der Umgang mit Leistung spielt kaum eine Rolle.

BEISPIELE FÜR KLASSISCHE PERFORMANCE-INSTRUMENTE

- Jahreszielvereinbarungen
- Leistungsbeurteilungen
- Jahresmitarbeitergespräche
- Six Sigma
- Kaizen
- Total Quality Management

10.1.2 Modernes Management – Moderne Instrumente

In agilen Systemen ist nicht das Zielergebnis des Einzelnen entscheidend für die Auszahlung, sondern das Erreichen der gemeinsamen Team- bzw. Unternehmensziele.[3]

1 Siehe Teil 1 Kapitel 2.
2 Siehe Teil 1.
3 https://hrpepper.de/wp-content/uploads/2019/06/HR-P_3_2019_Weilbacher.pdf; Juli, Zielvereinbarungen als agiles Performance-Instrument, SPA 18/2018, S. 137; Günther/Böglmüller, Mitarbeiterführung in der Arbeitswelt 4.0, NZA 2017, 546.

Kollaborative Zusammenarbeit soll sich dabei in Entlohnungsgrundsätzen widerspiegeln.[4] So z. B. auch die Erfahrung bei Bosch, Infineon und der Deutschen Bahn,[5] dass nicht der Bonus des Einzelnen, sondern die Zusammenarbeit und das ehrliche Gespräch über das Erreichte und die weiteren Verbesserungspotenziale im Vordergrund stehen sollen.[6]

10.1.3 Agiles Performance-Management – Agile Instrumente

Kürzere Innovations- und Produktentwicklungsintervalle sowie volatile Geschäftszyklen stellen neue Anforderungen an Unternehmen.[7] Wie schnell es Mitarbeitern gelingen wird, sich an veränderte Umstände anzupassen, Risiken und Chancen zu antizipieren, Entscheidungen zu treffen und/oder kreative Lösungen zu generieren, wird die Zukunftsfähigkeit eines Unternehmens beeinflussen können. Und das gilt nicht nur für den Einzelnen, sondern in Summe genauso für ein Team als auch für das gesamte Unternehmen.[8]

Um die beschriebenen Anforderungen an agile Arbeitsweisen zu erfüllen (iterativ, offen für Fehler, sichtbar, lernend, kooperativ), bedarf es eines neuen Verständnisses von Arbeitsleistung.[9] Dabei ist weniger der Output allein entscheidend, sondern auch die Leistungs- und die Entwicklungsfähigkeit eines Unternehmens. In Zukunft wird es für viele Unternehmen entscheidend sein, dass sie überwiegend Mitarbeiter haben, die selbstständig und selbstorganisiert unternehmerische Entscheidungen treffen.[10] Schon allein dadurch, dass ggf. nicht mehr alle Mitarbeiter eines Unternehmens an ein und demselben Ort arbeiten werden, wird es umso wichtiger sein, die Selbstverantwortung bei Mitarbeitern zu fördern und zu stärken.

---

4 Siehe auch Edelkraut/Mosig, Schnelleinstieg Agiles Personalmanagement, Haufe 2019.

5 http://www.humanresourcesmanager.de/ressorts/artikel/performance-management-version-30-1984700313; http://www.wirtschaft.com/deutsche-bahn-will-fuehrungs-und-karrierevorschriften-aendern/?xing_share=news.

6 Siehe auch Interview mit Prof. Dr. Gunter Olesch (Phoenix Contact) in Teil 3, Kapitel 11.1; https://www.welt.de/wirtschaft/karriere/article194781487/Mehr-Leistung-durch-mehr-Geld-Warum-Boni-oft-kontraproduktiv-sind.html.

7 Siehe auch Beitrag Prof. Dr. Stephan Fischer in Teil 3, Kapitel 12.3; vgl. auch Teil 1 Kapitel 2; vgl. Ullah »Das Zusammenspiel von Kompetenz- und Performancemanagement« in Kompetenzen der Zukunft – Arbeit 2030, Haufe, 2018; http://www.humanresourcesmanager.de/ressorts/artikel/performance-management-version-30-1984700313.

8 Ullah »Das Zusammenspiel von Kompetenz- und Performancemanagement« in Kompetenzen der Zukunft – Arbeit 2030, Haufe, 2018.

9 Siehe auch https://www.lurse.de/wp-content/uploads/2018/01/2a_2018_01_HRM_AusgDez_Jan_S96-97.pdf; https://www.humanresourcesmanager.de/news/es-wird-zeit-fuer-management-4-0.html

10 Juli, Zielvereinbarungen als agiles Performance-Instrument, SPA 18/2018, S. 137.

Damit wird zukünftiges Performance-Management aufgrund des veränderten Leistungsverständnisses reichhaltiger definiert werden:[11]

DEFINITION »PERFORMANCE-MANAGEMENT«

»Performance-Management strebt an, über die systematische Ausrichtung des Mitarbeiterhandelns an den Zielen eines Unternehmens einen Beitrag zum nachhaltigen monetären und nicht-monetären Unternehmenserfolg zu sichern. Es gestaltet partizipative Systeme und Strukturen, mit denen Unternehmensziele gesetzt, Budgetrahmen definiert, individuelle Ziele abgeleitet und die Zielerreichung nachgehalten und intensiviert werden – immer in Abhängigkeit von den Unternehmenswerten. Performance-Managementsysteme und -strukturen setzen einen Rahmen für die zielorientierte Ausübung der Führungsaufgabe, können diese aber in keinem Fall ersetzen. Personalmanager konzipieren und implementieren agile Performance-Managementsysteme, Führungskräfte setzen sie ein.«

Im agilen Kontext bedeutet dies, dass »Performance« zusätzlich die Fähigkeit umfasst, sich zu verändern und Veränderung zu gestalten. Aus Erfahrungen zu lernen und diese positiv umzusetzen, wird in einer agilen Umgebung ein weiterer Performance-Faktor sein. Es geht also um mehr als um reine »Leistungsergebnisse«.[12]

Herkömmliche und zukünftigeMerkmale von Performance-Systemen im Vergleich

Herkömmliche Performance-Systeme	Zukünftige Performance-Systeme
Feste Struktur und Hierarchie top-down	Flexible Struktur vernetzt
An Dienstleistungsmentalität ausgerichtet	Mit-Unternehmertum des Mitarbeiters fördernd
Umsatz steht im Mittelpunkt	Sinnstiftung und Wertorientierung gleichgewichtig mit Umsatzerfolg
Hierarchiegeprägte Kommunikation	Gleichberechtigte Kommunikation
Planung und Messung lang- bzw. mittelfristig ausgelegt	Planung iterativ

11 Armutat/Becker/Kambeck/Knöfel/Müller/Redmann, Thesen zu einem Performance Management der Zukunft, DGFP Praxispapiere, 2015; siehe auch Juli, Zielvereinbarungen als agiles Performance-Instrument, SPA 18/2018, S. 137.

12 Siehe Interviews in Teil 3 mit Unitymedia, Kapitel 11.3, Immobilien Scout, Kapitel 11.4, whatever mobile, Kapitel 11.6 sowie den Beitrag von Prof. Dr. Stephan Fischer in Kapitel 12.3; Juli, Zielvereinbarungen als agiles Performance-Instrument, SPA 18/2018, S. 137; Günther/Böglmüller, Mitarbeiterführung in der Arbeitswelt 4.0, NZA 2017, 546; Kienbaum Trendstudie: Geld verteilen oder Performance entwickeln, 2017.

Herkömmliche Performance-Systeme	Zukünftige Performance-Systeme
Delegation von Verantwortung im Vordergrund	Übernahme von Verantwortung im Vordergrund
Veränderung und Weiterentwicklung nicht bedacht	Kontinuierliche Veränderung berücksichtigt
Kultur nicht im System berücksichtigt	System prägt und unterstützt die Kultur

10.1.3.1 »Agile« Ziele

Agile Unternehmen verwenden ein Performance-Management, das als (Lern-)Ziel hat, den Umgang mit Veränderung zu leben, mit hoher Komplexität umzugehen und ein unternehmerisches Denken bei allen zu stärken. Das Miteinander, das *Wie etwas getan wird*, ist eine wichtige Kraft. Agilität gelingt nur in der Vernetzung mit anderen und daher betrifft das gemeinsame Commitment zur Zusammenarbeit ebenso die Zielbestimmung. Anderenfalls besteht die Gefahr, dass jeder Mitarbeiter in eine andere Richtung läuft und sich die Synergieeffekte einer Vernetzung nicht entfalten können. Optimal ist es, wenn in einer vernetzten Zusammenarbeit Mitarbeiter bereits in den Prozess der Zielfindung mit einbezogen werden und ihre Ziele sogar selbst definieren und sich diese selbstbestimmt »nehmen«. Ohne Wissen und Bewusstsein des Einzelnen über die strategische Ausrichtung des Unternehmens als wichtigsten, übergeordneten Orientierungspunkt lassen sich solche partizipativen Zielbestimmungen natürlich nicht sinnvoll gestalten.[13] Agiles Performance-Management orientiert sich daher an der strategischen Ausrichtung und den strategischen Zielen eines Unternehmens.[14] Vision, Strategie und notwendige Ziele eines Unternehmens müssen daher nicht nur transparent sein, sondern müssen von allen Mitarbeitern verstanden, nachvollzogen und mitgetragen werden. Es ist einleuchtend, dass Mitarbeiter Unternehmensziele viel leichter zu ihren »eigenen« Zielen erklären können, wenn sie diese kennen, nachvollziehen und auch verstehen. Anders als bei herkömmlichen Performance-Systemen kann ein agiles Performance-Management nur erfolgreich funktionieren, wenn auch diese Voraussetzungen tatsächlich erfüllt sind.

Der gemeinschaftliche Ansatz – beginnend bei der Zielbestimmung bis hin zur Zielerreichung – wirkt sich konsequenterweise auf eine Erfolgsvergütung aus, soweit es eine Verknüpfung mit der Zielerreichung gibt.[15] Sofern sich ein Unternehmen im Rahmen seines agilen Performance-Management-Systems entscheidet, Boni zu zahlen, erscheint es folgerichtig, diese nicht mehr als individuellen Gehaltsbestandteil des

13 DGFP-Praxispapiere, Agile Unternehmen – Agiles Personalmanagement, S. 37.
14 DGFP-Praxispapiere, Agile Unternehmen – Agiles Personalmanagement, S. 37.
15 Siehe Interview mit Karl-Heinz Hageni (IG Metall) in Teil 3, Kapitel 11.10.

Einzelnen auszugestalten, sondern die gemeinsame Team- und auch die Unternehmensleistung mit einem gemeinsamen Gruppenbonus zu entlohnen. Nicht das Zielergebnis des Einzelnen ist dann entscheidend für die Auszahlung, sondern das Erreichen der gemeinsamen Team- bzw. Unternehmensziele. In einer vernetzten Arbeitsorganisation, in der zukünftige Entwicklungen sowohl von Unternehmens- als auch von Marktseite weniger planbar sind, sind individuelle Boni ggf. nicht mehr zielführend.[16]

In einem agilen Performance-System stehen Ziele nicht abstrakt neben der täglichen Arbeit, sondern geben die Ausrichtung für den täglichen Arbeitsprozess. Damit werden sie in die Aufgabenerfüllung eines jeden Einzelnen integriert.[17] Anders als bei gängigen Performance-Systemen sind Aufgabenerfüllung und Zielsteuerung enger miteinander verbunden und sind als Einheit zu betrachten und ggf. auch zu bewerten. Die Ziele selbst dienen einem übergeordneten gemeinschaftlichen Zweck und werden an diesem immer wieder überprüft und daran angepasst.[18]

In seiner Wirkung unterscheidet sich ein »agiler« Performance-Prozess darin, dass er neben der Zielerreichung zu »agiler Leistung« beiträgt, sie entwickelt, stärkt und fördert. Daher sollten Performance-Instrumente zu agilen Arbeitsweisen passen. Konkret bedeutet dies, dass sie genauso iterativ eingesetzt werden, Erfahrungen und Reflexion fördern, sichtbar sind und auf Augenhöhe stattfinden.[19] Damit wird in agilen Unternehmen eine an langen Planungszyklen ausgelegte reine »Top-down«-Bewertung obsolet.

10.1.3.2 »Agile« Instrumente

Wenn Mitarbeitergespräche, Leistungsbeurteilung und Zielvereinbarungen als *agile* Instrumente eingesetzt werden, bedeutet dies, dass die Gespräche aus einem gegenseitigen Verständnis von Gleichwertigkeit heraus verabredet und geführt werden. Hier spielt neben dem Ergebnis auch die Zielsteuerung, das Verhalten, die Weiterentwicklung des Einzelnen, des Teams und genauso die Motivation, die Gesundheit oder der achtsame Umgang mit sich und anderen jeweils eine Rolle.[20] Der jeweilige Einfluss der genannten Faktoren sollte eine Wechselwirkung zur Wertschöpfung haben und sichtbar gemacht werden. Soweit Einzelleistung betrachtet wird, sollte sie ebenfalls im Zusammenhang mit der Wertschöpfung für das gesamte Unternehmen gesehen

16 Siehe Interview mit Karl-Heinz Reitz (Unitymedia) in Teil 3, Kapitel 11.3.
17 Siehe Interviews in Teil 3 mit Frank Schlesinger (Immobilien Scout), Kapitel 11.4 sowie mit Dan Schwarzlmüller und Nils Fuhrmann (whatever mobile), Kapitel 11.6
18 DGFP-Praxispapiere, Agile Unternehmen – Agiles Personalmanagement, S. 37.
19 Siehe hierzu auch Gloger/Häusling, Erfolgreich mit Scrum – Einflussfaktor Personalmanagement, S. 95 ff.
20 Siehe Interview mit Karl-Heinz Hageni (IG Metall) in Teil 3, Kapitel 11.10.

und bewertet werden.[21] Gewonnene Erfahrungen sollten schnell und unmittelbar in den Arbeitsprozess integriert werden, damit Gelerntes direkt verankert und umgesetzt wird.[22]

Damit das gelingen kann, sind Rahmenbedingungen für alle »agilen« Performance-Gespräche zu schaffen. Um den notwendigen lernenden Austausch zu ermöglichen, braucht es individuelle Intervalle. Statt seltener – jährlicher – Mitarbeitergespräche, bedarf es regelmäßiger, schlanker und prägnanter Termine in kurzen Intervallen. Dabei sollten Themen jeweils fokussiert werden können – z. B. die Aufgabenerfüllung, Zielerreichung, Zusammenarbeit oder Weiterentwicklung. Daneben sollte es in größeren Abständen Dialoge mit vertiefendem Charakter geben, in denen es um persönliche und berufliche Fragestellungen geht, wie z. B. über Karriere, Zukunftsplanung oder die individuelle Motivation und das individuelle Wohlbefinden.[23]

Bei Zielvereinbarungen könnte es förderlich sein, Leistungsziele nur im Team oder im Unternehmen zu messen.[24] Das Team trägt die Verantwortung für die Zielerreichung, was z. B. auch für wirtschaftliche Ziele genauso gelten kann. Auch die Zielmessung könnte in einem »agilen« Prozess differenziert werden: Während in herkömmlichen Zielvereinbarungen eher fixe Ziele vereinbart und gemessen werden, sollte in agilen Organisationen die Zielerreichung in Relation gesetzt und auch relativ gemessen werden. Wichtige Bezugsgrößen wären hier beispielsweise externe oder interne Benchmarks, Marktentwicklungen oder auch Vergleiche zu bisherigen Ergebnissen aus der Vergangenheit.[25]

Bisher gibt es wenig praktische Erfahrungsbeispiele zu »agilem Performance-Management«. Hier beginnen einige Unternehmen gerade, neue Pfade zu betreten.[26]

---

21 Siehe auch Interview mit Karl-Heinz Reitz (Unitymedia) in Teil 3, Kapitel 11.3.

22 Siehe Interview mit Frank Schlesinger (Immobilien Scout) in Teil 3, Kapitel 11.4.

23 Siehe hierzu auch Gloger/Häusling, Erfolgreich mit Scrum – Einflussfaktor Personalmanagement, S. 119; siehe Interview mit Frank Schlesinger (Immobilien Scout) in Teil 3, Kapitel 11.4.

24 Siehe Interviews in Teil 3 mit Dan Schwarzlmüller und Nils Fuhrmann (whatever mobile), Kapitel 11.6 und Prof. Dr. Gunther Olesch (Phoenix Contact) in Kapitel 11.1.

25 Siehe hierzu auch Gloger/Häusling, Erfolgreich mit Scrum – Einflussfaktor Personalmanagement, S. 120.

26 Siehe auch Werther, Bedeutung von flexiblen Feedbacktools für einen Kulturwandel in Richtung Agilität in Kompetenzen der Zukunft – Arbeit 2030, Haufe 2018;;https://www.epochtimes.de/wirtschaft/unternehmen/deutsche-bahn-will-fuehrungs-und-karrierevorschriften-aendern-a2027480.html; siehe auch Interviews in Teil 3 mit Immobilien Scout, Kapitel 11.4, whatever mobile, Kapitel 11.6, Unitymedia in Kapitel 11.3.

10.1.3.3 Feedback versus Beurteilungssystem

Um Agilität zu fördern, sollten Performance-Instrumente möglichst unkompliziert und einfach zu handhaben sein. Es braucht eine schnelle und direkte Rückmeldung zwischen den Beteiligten, aus der vornehmlich auch »gelernt« werden soll.[27] Beteiligt in der Gemeinschaft ist nicht nur die Führungskraft, sondern z. B. sind auch das Team, die Kollegen, Lieferanten und möglichst sogar der externe Kunde Teil dessen.[28] Rückmeldungen sollten situativ und schnell sein und weniger durch aufwendige Bewertungsskalen geprägt. Bei der gewünschten Rückmeldung kommt es daher eher auf die subjektive Wahrnehmung eines Einzelnen oder einer Gruppe an.

Der große Unterschied zwischen einem solchen Feedback-Ansatz und einer klassischen Leistungsbeurteilung liegt darin, dass Feedback immer die persönliche Wahrnehmung widerspiegelt. Eine Beurteilung dagegen enthält eine Wertung anhand möglichst objektiver Merkmale. Aus diesem Grund sind Beurteilungen häufig mit festen, im Vorfeld definierten möglichst eindeutigen und nachhaltigen Kriterien versehen. Meist bieten sie wenig –individuellen – Spielraum, um von einer Kriterienskala abzuweichen. Und meist sind sie auch nicht primär auf Lernen oder Reflexion ausgelegt.[29]

Feedback dagegen resultiert aus einer persönlichen Einschätzung und ist auf den Moment konzentriert. Hier gibt es keine im Vorfeld definierte Gradeinteilung. Beurteilungen dienen der Entscheidung und Bewertung, ein Feedback gibt dagegen Möglichkeiten, das eigene Verhalten zu reflektieren und anzupassen.

Feedback	Beurteilung
Rückmeldung	Wertung
Informell möglich – keine ausführliche Dokumentation nötig	Einheitliche Maßstäbe – exakte Definitionen von Kriterien, Anforderungsbezug nötig
Subjektive Wahrnehmung	Möglichst objektive Kriterien
Situativ	Unabhängig von der Situation
Zeitnah	Jederzeit zuverlässig
Konstruktiv	Abgeschlossen
Ziel: Reflexion	Ziel: Eindeutigkeit

27 Siehe auch Bangerth/Danhof, Digitaler Wandel und Organisationskultur – worauf kommt es wirklich an? in Kompetenzen der Zukunft – Arbeit 2030, Haufe, 2018.

28 Siehe Interview mit Stefan Lange (OTTO) in Teil 3, Kapitel 11.5.

29 Siehe auch Werther, Bedeutung von flexiblen Feedbacktools für einen Kulturwandel in Richtung Agilität in Kompetenzen der Zukunft – Arbeit 2030, Haufe 2018.

Durch einen beständigen Austausch im Team oder darüber hinaus mit anderen Kollegen oder Dritten gelingt es den Mitarbeitern, das eigene Verhalten immer wieder neu zu reflektieren, daraus Erkenntnisse zu ziehen und, wenn notwendig, auch Anpassungen vorzunehmen.[30] Aus der korrigierten Verhaltensänderung soll eine verbesserte Leistung hervorgehen und ggf. auch die Leistungsfähigkeit gestärkt werden. Leistung und Ergebnis können damit kontinuierlich angepasst und gesteigert werden.

Um agiles Arbeiten zu fördern, sollten agile Performance-Instrumente daher von ihrem Charakter eher Feedback-Systemen und weniger Beurteilungssystemen entsprechen.[31]

10.1.3.4 Allseitige Sichtbarkeit

Um der subjektiven Wahrnehmung schnell und unkompliziert Ausdruck verleihen zu können, kann eine visuelle Unterstützung für agile Performance-Instrumente sehr dienlich sein. Wir kennen das von Social-Media-Netzwerken, in denen mit Likes bzw. Symbolen eine kurze eindeutige Rückmeldung erteilt wird. Solche Arten des Feedbacks basieren stark auf einer intuitiven Reaktion. Sie unterscheiden sich grundlegend von den nicht intuitiv verständlichen Beurteilungssystemen. Sie sind sehr schnell und sehr einfach zu verwenden. Für den Empfänger wird unmittelbar und ohne große Erklärung erkenntlich, dass z. B. ein »Daumen hoch« eine positive Bedeutung hat und nur einer von fünf möglichen Sternen kein gutes Ergebnis darstellt. Zwar weiß der Empfänger dann noch nicht, warum der Feedback-Geber dies so sieht – er weiß aber, was und wie es dem anderen gefällt oder wie es ihm missfällt. Damit erhält er eine direkte schnelle Rückmeldung. Vorstellbar wäre, dass auch agile Performance-Instrumente nach der gleichen oder einer ähnlich intuitiven Bedienung funktionieren: intuitiv nutzbar und schnell und einfach in der Kommunikation.

Um dem Lernerfordernis Rechnung tragen zu können, müsste im Rahmen eines agilen Performance-Managements auch ein vertiefter Austausch möglich sein. Nur so kann ein Feedback-Nehmer herausfinden, was genau einen Feedback-Geber zu seiner Leistungsaussage bewogen hat. Innerhalb der agilen Methoden wäre dies in den regelmäßigen Austauschterminen, z. B. in einem Review bzw. in einer Retrospektive, denkbar.

Wenn auch die Anwendung von Likes keine großen Trainings erfordern, so erfordern sie doch eine Übung und Erfahrung im Miteinander. Ebenfalls sollten nicht nur aus persönlichen Vorlieben heraus entsprechende Voten abgegeben werden. Ein sinnvoller

30 Siehe auch Nink, »Wie Millennials wirklich und warum die Führungskraft zum Coach werden muss« in Kompetenzen der Zukunft – Arbeit 2030, Haufe, 2018.

31 Siehe hierzu auch Gloger/Häusling, Erfolgreich mit Scrum – Einflussfaktor Personalmanagement, S. 98.

Umgang hiermit erfordert einen klar kommunizierten Nutzen und auch eine besondere Bereitschaft, aus dem Feedback lernen zu wollen. Um hier Missverständnissen und auch Konflikten vorzugreifen, erscheint es sinnvoll und notwendig, Rahmenbedingungen für die Anwendung dieser »Bewertungen« eindeutig festzulegen. Hierzu zählen auch Regeln, wie mit einem Feedback umgegangen wird.

10.2 Legal Check: Agiles Performance-Management

Dass Leistung und Verhalten von Mitarbeitern bewertet wird, ist nicht neu. Ebenso gibt es bereits Beurteilungssysteme, wie z. B. ein 360-Grad-Feedback, in dem verschiedene Personen aus unterschiedlichen Bereichen (Führungskraft, Teamkollege, Kollege, Kunde) eine – meist anonyme – Rückmeldung zu einem Einzelnen geben.

Bezüglich Leistungs- oder Verhaltensbewertungen gelten nun tatsächlich schon heute zu beachtende rechtliche Anforderungen, die aus dem allgemeinen Persönlichkeitsrecht resultieren. Ferner können durch ein Feedback-System und die direkten und transparenten Rückmeldungen bei einem »agilen« Performance-Management z. B. das Allgemeine Gleichbehandlungsgesetz (AGG) und sogar Mitbestimmungsrechte des Betriebsrates tangiert sein.

10.2.1 Persönlichkeitsschutz

Zu einem Arbeitsverhältnis gehört es, die Leistung der Mitarbeiter zu betrachten und ggf. auch zu bewerten. Aus seinem Direktionsrecht heraus (§ 106 GewO), darf der Arbeitgeber das Arbeitsergebnis des Arbeitnehmers überprüfen.[32] Wie schon in Teil 2 im Kapitel zu den agilen Arbeitsmethoden ausgeführt, stellt sich auch hier die Frage, ob und inwieweit ggf. unzulässige Eingriffe in das Persönlichkeitsrecht des Mitarbeiters aus Art. 2 GG vorliegen könnten.[33]

Agile Performance-Instrumente sind ggf. stärker durch Feedback als durch starre Beurteilungen geprägt. Bei einem in der Regel subjektiven Feedback fehlt es an einem vergleichbaren festen Maßstab, da es gerade an Beobachtung und Wahrnehmung ausgerichtet ist. Das Fehlen von Kennzahlen macht Leistung auch weniger direkt vergleichbar. Was geschieht beispielsweise, wenn Mitarbeiter A wie sein Kollege, Mitarbeiter B, ebenfalls »fünf Sterne« für seine Vertriebskompetenz bekommen möchte? In diesen Konfliktfällen wird es daher entscheidend darauf ankommen, wie vertraut

32 ErfK/Preis, 19. Aufl. 2019, GewO § 106 Rn. 5–16.
33 Siehe Ausführungen in Teil 2, Kapitel 9.2.1.3.

und fähig Mitarbeiter sind, sich argumentativ auseinanderzusetzen und ob es ihnen gelingt, mit unterschiedlichen Sichtweisen umzugehen und hier Einsichten und Lösungen zu erreichen. Genauso spielt das Vertrauen untereinander eine große Rolle: Je misstrauischer Mitarbeiter gegenüber der Bewertung ihrer Kollegen sind, desto mehr werden sie ggf. Kriterien verlangen, anhand denen sie die Rückmeldung »überprüfen« können. Die vorwiegend subjektiven Rückmeldungen und das Fehlen eindeutig objektiv definierter Beurteilungsmaßstäbe und fester Kriterien können sogar dazu führen, dass sich Mitarbeiter unfair behandelt fühlen.

10.2.2 Das Allgemeine Gleichbehandlungsgesetz (AGG)

Erfolgt eine Bewertung zu einem Arbeitsergebnis oder einem Verhalten des Mitarbeiters durch eine Vielzahl anderer Kollegen, kann sich die Frage nach der Rechtskonformität der Bewertung stellen. Es ist daher z. B. wichtig, dass keine Bewertungen abgegeben werden, die gegen das Allgemeine Gleichbehandlungsgesetz (AGG) verstoßen. Nach § 1 AGG sind Arbeitnehmer vor Benachteiligungen geschützt, die aus Gründen der Rasse, der ethnischen Herkunft, des Geschlechts, der Religion oder Weltanschauung, einer Behinderung, des Alters oder der sexuellen Identität erfolgen.[34] Unternehmer haben dafür zu sorgen, dass in ihrem Arbeitsumfeld keine rechtswidrigen Beschäftigungs- und Arbeitsbedingungen vorliegen, die zu einer Benachteiligung im Sinne dieses Gesetzes führen können.[35] Aus dem Gesetz selbst (§ 12 Abs. 1 AGG) ergibt sich, dass der Arbeitgeber gesetzeskonforme Rahmenbedingungen zu gestalten hat, die eine Benachteiligung verhindern und einer solchen sogar vorbeugen. Welche Maßnahmen hier geeignet und erforderlich sein können, wird durch die jeweiligen betrieblichen Umstände bestimmt.[36]

Als stets geeignete Maßnahmen benennt § 12 Abs. 2 Satz 2 AGG Schulungen. Der Umfang der Schulungspflicht wird im Gesetz dabei nicht weiter konkretisiert. Die Prävention durch Information soll jedoch so früh und umfassend wie möglich erfolgen, um Benachteiligungen von Mitarbeitern durch andere Mitarbeiter zu verhindern.[37] Um eine Benachteiligung im Sinne des AGG bei Leistungsbewertungen durch subjektives Feedback auszuschließen, empfiehlt es sich, alle Mitarbeiter vorab entsprechend zu schulen, um sie zu einem rechtskonformen Entgegennehmen und Geben von Feedback zu befähigen.

Nicht nur das Feedback als solches, sondern der gesamte Feedback-Prozess sollte den gesetzlichen Anforderungen des AGG entsprechen. Damit es keinen Anlass für denk-

34 ErfK/Schlachter, 19. Aufl. 2019, AGG § 1 Rn. 1.
35 EuGH, Urteil vom 13.07.1995, NZA-RR 1996, 121; BAG, Urteil vom 20.03.2012, NZA 2012, 803.
36 ErfK/Schlachter, 19. Aufl. 2019, AGG § 1 Rn. 2.
37 ErfK/Schlachter, 19. Aufl. 2019, AGG § 1 Rn. 2.

bare Benachteiligungen gibt – und auch der Angst vor (negativen) Rückmeldungen vorgebeugt wird –, sollte der Feedback-Prozess möglichst klar geregelt, vermittelt und beschrieben werden. Dazu gehören z. B. die Art und Weise, wie eine Rückmeldung gegeben wird (persönlich, direkt, mittels eines IT-Systems etc.), wozu genau eine Rückmeldung erfolgen soll (Einbezug welcher Fakten und Faktoren etc.) und welche Konsequenzen aus einer Rückmeldung erfolgen dürfen (Sanktion, Auswirkungen auf das Arbeitsverhältnis, Reflexion des eigenen Verhaltens etc.).

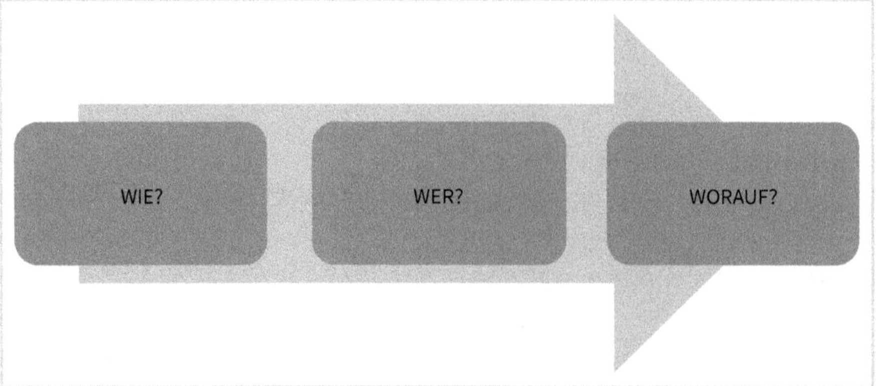

Abb. 19: Regelungen zum Feedback (Grafik: Redmann 2017)

Um Prozessfairness zu garantieren, müssen klare Regeln zur Anwendung von Leistungsrückmeldungen und entsprechenden, ggf. auch IT-basierten, Systemen geschaffen werden. Der Sinn und Zweck der Leistungsrückmeldung sollte deutlich gemacht und verstanden werden. Und schließlich muss auch transparent geregelt sein, was passiert, wenn die Leistung und Entwicklung eines Mitarbeiters dauerhaft nicht stimmt. Hier muss ebenfalls Transparenz über mögliche Konsequenzen bestehen und es muss genauso darüber gesprochen werden können. Für diese klaren Regeln zu sorgen, ist Aufgabe des Unternehmens.

10.2.3 Emotionales Feedback oder Mobbing?

Klare Regeln verhindern Konflikte und erleichtern deren Lösung. Bei einer transparenten Bewertung durch Kollegen sind gleichwohl verschiedene Konfliktszenarien denkbar: Es kann zu einer sozialen Erwünschtheit bezüglich der Rückmeldung kommen. Denkbar sind auch sogenannte Sympathieeffekte, sodass z. B. extrovertierte, kontaktfreudige Menschen in bestimmten Situationen vielleicht besser bewertet werden als introvertierte oder zurückhaltende Personen. Möglicherweise setzen sich ausdrucksstärkere Kollegen offensiver in ihrer Rückmeldung durch als Mitarbeiter, die eher schüchtern sind oder sich auch verbal und schriftlich nicht gut erklären können. Dadurch, dass ein vergleichbarer (vermutlich) objektiver Maßstab nicht vorhanden ist, kann es passieren, dass sogar neues Konfliktpotenzial entsteht. Je unklarer dabei die Richtlinien sind, desto höher das rechtliche Risiko, dass Konflikte zum Mobbing eskalieren oder Bewertungen als Mobbing empfunden werden.

So liegen Benachteiligungen und Mobbing oft nah beieinander. Das BAG verweist insoweit auf das AGG und führt z. B. aus, dass eine Belästigung gemäß § 3 Abs. 3 AGG »*eine Benachteiligung ist, wenn unerwünschte Verhaltensweisen, die mit einem in § 1 AGG genannten Grund in Zusammenhang stehen, bezwecken oder bewirken, dass die Würde der betreffenden Person verletzt und ein von Einschüchterungen, Anfeindungen, Erniedrigungen, Entwürdigungen oder Beleidigungen gekennzeichnetes Umfeld geschaffen wird.*«[38] Diese Beschreibung des Begriffs »Belästigung« setzt das BAG dem des Mobbings gleich,[39] wobei jedoch eine Benachteiligung nicht nur auf die in § 1 AGG definierten Merkmale beschränkt sein muss, sondern »gleich aus welchen Gründen« gegenüber einem Arbeitnehmer erfolgen kann. Die rechtliche Besonderheit des Mobbings wird dabei darin gesehen, dass es nicht um eine einzelne, abgrenzbare Handlung geht, sondern mehrere Einzelakte zusammengefasst und dadurch das Persönlichkeitsrecht oder auch die Gesundheit des Mitarbeiters verletzt werden. Dabei können die »Teilakte« für sich betrachtet rechtlich neutral sein.[40] »*Ein Umfeld wird aber grundsätzlich nicht durch ein einmaliges, sondern durch ein fortdauerndes Verhalten geschaffen. Damit sind alle Handlungen bzw. Verhaltensweisen, die dem systematischen Prozess der Schaffung eines bestimmten Umfeldes zuzuordnen sind, in die Betrachtung mit einzubeziehen.*«[41] Kennzeichen des als Mobbing beschriebenen Verhaltens ist daher eine systematische, sich aus vielen einzelnen Handlungen oder Verhaltensweisen zusammensetzende Verletzung arbeitsrechtlicher Pflichten oder eines Rechts.[42]

Je klarer und transparenter die Feedback-Regeln im Unternehmen sind, umso einfacher wird es sein, Mobbing, Benachteiligungen oder Belästigungen im Sinne der Rechtsprechung zu verhindern.

Es zeigt sich umso mehr, dass es bei Agilität ganz entscheidend auf eine vertrauensvolle Zusammenarbeit ankommt. Ein offener, ehrlicher, angstfreier, vertrauensvoller Umgang ist eine Voraussetzung dafür, dass agile Performance-Instrumente greifen. Je mehr sich Mitarbeiter auf einen verbindlichen Prozess verlassen können und gewiss sind, dass ihre Rechte gewahrt werden, desto stärker ist ihr Vertrauen und desto leichter können sie sich auf diesen Prozess einlassen. Die Einhaltung rechtlicher Vorgaben unterstützt dabei eine offene Kultur, die gleichzeitig auch Verbindlichkeit und Verläss-

38 BAG, Urteil vom 25.10.2007 – 8 AZR 593/06 = BAGE 124, 295.
39 BAG, Urteil vom 25.10.2007 – 8 AZR 593/06 = BAGE 124, 295.
40 Küttner, Personalhandbuch 2019, Mobbing, Rn. 2 ff.
41 BAG, Urteil vom 25.10.07 – 8 AZR 593/06 = BAGE 124, 295.
42 Küttner, Personalhandbuch 2019, Mobbing, Rn. 2.

lichkeit bietet. Daneben ist es genauso wichtig, dass die Mitarbeiter in der Lage sind, sich ein angemessenes gegenseitiges Feedback über die aus ihrer Sicht relevanten Punkte zu geben. Das heißt, sie sollten nicht nur über eine hinreichende Kommunikationsfähigkeit verfügen, sondern auch um die Wichtigkeit von ehrlicher Rückmeldung wissen und diese auch rechtskonform umsetzen können. Dafür braucht es sowohl Mitarbeiter, die diese Fähigkeiten besitzen als auch eine konsequente und dauerhafte Führung, Mitarbeiter entsprechend zu entwickeln.

10.2.4 Rechte des Betriebsrates

Soweit es um die Bewertung von Mitarbeitern geht, sind grundsätzlich Mitbestimmungsrechte des Betriebsrates zu beachten. Insofern ist auch bei einem agilen Performance-Management zu prüfen, inwieweit Rechte des Betriebsrates bestehen. In Betracht kommen hier z. B.

- die Mitbestimmung bezüglich der Lohngestaltung gem. § 87 Abs. 1 Nr. 10 BetrVG sowie
- das Aufstellen von Beurteilungsgrundsätzen gem. § 94 Abs. 2 BetrVG.

10.2.4.1 Mitbestimmung der Lohngestaltung

»Lohn« im Sinne der Vorschrift des § 87 Abs. 1 Nr. 10 BetrVG umfasst alle leistungs- und tätigkeitsrelevanten Vergütungsbestandteile von Mitarbeitern.[43] Somit gehören dazu auch Prämien und sonstige Entlohnungen für das Erreichen von Zielen.

Das Mitbestimmungsrecht bezieht sich, wie die beispielhaft aufgeführten Tatbestände »Entlohnungsgrundsätze« und »Entlohnungsmethoden« dokumentieren, nur auf kollektive Tatbestände. Ein kollektiver Tatbestand liegt vor, wenn Grund und Höhe der Zahlung von allgemeinen Merkmalen abhängig gemacht werden, die von einer Mehrzahl der Arbeitnehmer des Betriebs erfüllt werden können.[44] Das BAG hat hierzu ausgeführt, dass »*die Strukturformen des Entgelts einschließlich ihrer näheren Vollzugsformen*« mitbestimmungspflichtig sind.[45] Sollen im Rahmen eines agilen Performance-Managements Zielerreichungsprämien gezahlt werden, so greift hier das Mitbestimmungsrecht des Betriebsrates aus § 87 Abs. 1 Nr. 10 BetrVG. Ebenso handelt es sich um eine Gestaltungsform der Vergütung, wenn bisher bestehende Zielprämien für einzelne Leistungen von Mitarbeitern auf Teamprämien umgestellt werden sollen. Auch hier ist die Zustimmung des Betriebsrates vorab einzuholen.

43 ErfK/Kania, 19. Aufl. 2019, BetrVG § 87 Rn. 96–98.
44 BAG, Urteil vom 22.06.2010 – 1 AZR 853/08 = BAGE 135, 13.
45 BAG, Urteil vom 22.06.2010 – 1 AZR 853/08 = BAGE 135, 13.

10.2.4.2 Entwicklung von Beurteilungsgrundsätzen

Bei der Aufstellung von Regeln im Rahmen der Beurteilung von Mitarbeitern kann ein Mitbestimmungsrecht des Betriebsrates gemäß § 94 Abs. 2 BetrVG bestehen. Nach § 94 Abs. 2 BetrVG bedarf die Aufstellung allgemeiner Beurteilungsgrundsätze der Zustimmung des Betriebsrates.[46] Beurteilungsgrundsätze sind stets auf die Person eines oder mehrerer bestimmter Arbeitnehmer bezogen. Gegenstand des Mitbestimmungsrechts ist dabei, nach welchen Aspekten Mitarbeiter insgesamt oder auf Teile ihrer Leistung oder ihres Verhaltens bezogen beurteilt oder betrachtet werden sollen.[47] Damit soll ein einheitliches Vorgehen bei der Beurteilung und Bewertung von Mitarbeitern erreicht werden, sodass die Leistungsergebnisse miteinander vergleichbar sind.[48] Entschließt sich also ein Arbeitgeber, allgemeine Kriterien für eine Beurteilung oder auch ein Verfahren zu einer Beurteilung einzuführen, hat der Betriebsrat deren Inhalte mitzubestimmen.[49] Soweit daher Regeln für die Bewertung im Rahmen von agilen Performance-Instrumenten notwendig sind – z. B. wie oben erläutert bei der Anwendung von Feedback – können diese ggf. dem Mitbestimmungsrecht nach § 94 Abs. 2 BetrVG unterliegen.

Einer Mitbestimmung würde nicht entgegenstehen, wenn eine Teilnahme der Mitarbeiter am Feedback freiwillig wäre. Das Mitbestimmungsrecht nach § 94 Abs. 2 BetrVG soll sicherstellen, dass ein Arbeitnehmer ausschließlich nach seiner Arbeitsleistung und der persönlichen Eignung für seine berufliche Entwicklung im Betrieb beurteilt wird.[50] Davon ausgehend ist der Betriebsrat auch dann zu beteiligen, wenn Beurteilungen nicht verpflichtend sind und z. B. nur als Vorgaben zur Orientierung gegeben sind.[51]

Klare Regeln im Umgang mit agilen Performance-Instrumenten sind sinnvoll, um Benachteiligungen im Sinne des AGG auszuschließen. Damit würde das Persönlichkeitsrecht des Mitarbeiters geschützt. Sowohl die Aufstellung dieser Regeln als auch die Durchführung von Beurteilungen ist mitbestimmungspflichtig. Hier empfiehlt sich der Abschluss einer Betriebsvereinbarung, um eine klare Rechtslage für alle Beteiligten zu schaffen.

---

46 BAG, Beschluss vom 17.03.2015 – 1 ABR 48/13 = BAGE 151, 117; ErfK/Kania, 19. Aufl. 2019, BetrVG § 94 Rn. 4.

47 BAG, Beschluss vom 17.03.2015 – 1 ABR 48/13 = BAGE 151, 117; ErfK/Kania, 19. Aufl. 2019, BetrVG § 94 Rn. 4.

48 BAG, Beschluss vom 17.03.2015 – 1 ABR 48/13 = BAGE 151, 117; BAG, Beschluss vom 14.01.2014 – 1 ABR 49/12 = BB 2014, 1460.

49 BeckOK ArbR/Mauer, 51. Ed. 1.12.2018, BetrVG § 94 Rn. 4

50 BAG, Beschluss vom 17.03.2015 – 1 ABR 48/13 = BAGE 151, 117; BAG, Beschluss vom 14.01.2014 – 1 ABR 49/12 = BB 2014, 1460.

51 BAG, Beschluss vom 17.03.2015 – 1 ABR 48/13 BAGE 151, 117; BAG, Beschluss vom 14.01.2014 – 1 ABR 49/12 = BB 2014, 1460; Richardi, BetrVG/Thüsing, 16. Aufl. 2018, BetrVG § 94 Rn. 57–62.

AGILES TO-DO

- Unternehmen haben sich mit ihrer eigenen individuellen Vorstellung und Definition von (gewünschter) Leistung auseinanderzusetzen.
- Bei der Anwendung von agilen Performance-Instrumenten ist die Persönlichkeit des Mitarbeiters zu schützen.
- Benachteiligungen im Sinne des AGG sind durch den Arbeitgeber auszuschließen. Dabei helfen klare Regeln zu den Inhalten und zum Verfahren von gegenseitigen Bewertungen der Mitarbeiter und Teams.
- Das Unternehmen sollte Orientierung geben über Vision, Strategie und Ziele sowie klare Anforderungen an Verhalten und Kultur formulieren.
- Das Unternehmen sollte eindeutige Regelungen darüber schaffen, wie sich gewonnene Informationen auf das Arbeitsverhältnis auswirken.
- Das Unternehmen sollte ein Arbeitsumfeld schaffen, das Mitarbeiter entsprechend vor Benachteiligung und Mobbing schützt.
- Bei der Aus- und Umgestaltung von Zielprämien ist die Zustimmung des Betriebsrates einzuholen.
- Jegliche Beurteilungsgrundsätze unterliegen der Mitbestimmung des Betriebsrates. Eine Betriebsvereinbarung kann hier zu einem rechtssicheren Verhaltensrahmen beitragen.

Teil 3: Beispiele aus der Unternehmenspraxis und Expertenbeiträge

In diesem dritten Teil geht es um unterschiedliche Erfahrungs- und Wissensperspektiven, die ein möglichst breites Spektrum an praktisch gelebter Agilität abbilden. Dazu habe ich Gespräche mit Vertretern aus Unternehmen unterschiedlicher Branchen und Größenordnungen geführt. Allen ist gemeinsam, dass sie ganz oder teilweise agil arbeiten. Im anschließenden Kapitel 12 finden Sie fundierte Beiträge von Experten aus Wissenschaft und Praxis zu agilen Themenstellungen. Im Zusammenhang mit dem theoretischen Input aus Teil 1 und Teil 2 runden diese individuellen und persönlichen Aspekte das Bild zu agilem Arbeiten im Unternehmen ab und ermöglichen eine ganzheitliche Betrachtungs- und Erlebnisweise.

11 Erfahrungen aus agilen Unternehmen

11.1 #Phoenix Contact – Ein Gespräch mit Prof. Dr. Gunther Olesch

Phoenix Contact GmbH & Co.KG, Elektro- und Automatisierungstechnik
Mitarbeiter: 14.500, Sitz: Blomberg
Gesprächspartner: Prof. Dr. Gunther Olesch, CHRO Human Resources, IT, Facility Management

Britta Redmann: Wie würden Sie agiles Arbeiten in Ihrem Unternehmen beschreiben bzw. woran festmachen?
Prof. Dr. Gunther Olesch: Agilität erlebt zurzeit eine besonders große Aufmerksamkeit im Rahmen von Industrie 4.0 und Arbeit 4.0. Die hohe technische Entwicklung bedingt auch veränderte Arbeitsweisen in allen Bereichen. So können Menschen und Maschinen miteinander vernetzt arbeiten, wir können über die Cloud zusammenarbeiten und durch Big Data gelingt es uns, noch schneller Daten zu analysieren. Dies alles hat sich in unserer Arbeitswelt in den letzten Jahren stetig weiterentwickelt. Hier folgte ein Schritt auf den nächsten. Also eher eine Evolution als eine Revolution aus meiner Sicht. Durch den technischen Fortschritt ist es erforderlich, vernetzt zusammenzuarbeiten und schnell zu agieren. Hierbei unterstützt agiles Arbeiten. Agilität ist also kein Selbstzweck, sondern es geht darum, dass die Aufgaben erledigt werden, um den Kundenauftrag zu erfüllen. Auf den Markt und den Kunden muss in der richtigen Weise reagiert werden können. Die Agilität unterstützt dieses Ziel. Obwohl sich also die Arbeitsgesellschaft verändert hat, ist Agilität nach meiner Einschätzung gar nicht so neu, sondern flexibles und agiles Arbeiten ist schon lange in Deutschland möglich. So arbeiten wir bei Phoenix Contact bereits seit bestimmt 15–20 Jahren sehr agil.

Warum wir das tun? Um Erfolg zu haben. Unser Unternehmen wurde 1923 gegründet. Wir haben ca. 84 Jahre benötigt, um unsere erste Milliarde Umsatz zu erreichen. Für unsere zweite Milliarde brauchten wir nur knapp neun Jahre. Das ist auf die hohe Leistungsfähigkeit unserer Mitarbeiter zurückzuführen. Als innovatives Technikunternehmen im globalen Wettbewerb benötigen wir eine kontinuierlich hohe Leistungskraft unserer Mitarbeiter. Um diese zu erreichen, möchten wir die Besten zu uns holen und möchten auch, dass sie bei uns bleiben. Das scheint uns auch zu gelingen: Offene Positionen werden bei uns im Unternehmen schnell und mit den geeigneten Kandidaten besetzt. Unsere Fluktuationsquote liegt bei 0,6 % im Vergleich zum bundesweiten Durchschnitt, der bei ca. 8 % liegt.

Die Leistung muss stimmen, damit Unternehmen erfolgreich sind. Agiles Arbeiten dient daher auch uns in erster Linie dazu, Erfolg zu generieren. Dazu gehört natürlich auch, dass unsere Mitarbeiter sich wohlfühlen. Denn Mitarbeiter, denen es gut geht, tragen zum Erfolg bei. Agiles Arbeiten, Erfolg und Wohlfühlen gehören zusammen.

Britta Redmann: Haben sich Ihre Arbeitszeiten oder Arbeitsräumlichkeiten durch agiles Arbeiten geändert? Wenn ja, wie?
Prof. Dr. Gunther Olesch: Seit jeher haben wir schon sehr flexible Arbeitszeiten. In Abstimmung mit dem Team kann bei uns jeder Mitarbeiter kommen und gehen, wann er will. Entscheidend ist für uns nicht die Anwesenheit eines Mitarbeiters, sondern sein Ergebnis und sein Beitrag, den er leistet. Für uns ist wichtig, dass der Kundenauftrag erfüllt wird. Wir haben hier eine Win-win-Situation mit unseren Mitarbeitern: Auf der einen Seite geht es darum, dass wir unsere unternehmerischen Ziele erreichen, und auf der anderen Seite ist es wichtig, dass unsere Mitarbeiter gleichzeitig die Möglichkeit bekommen, möglichst frei ihre persönlichen zeitlichen Bedürfnisse zu erfüllen. Das kann bei dem einem Kollegen ein familiärer Hintergrund sein, bei dem anderen seine Freizeit oder sein Hobby betreffen und bei wieder einem anderen Kollegen, ganz andere Gründe haben. Das Zusammenspiel zwischen betrieblichen Interessen und Wünschen der Mitarbeiter ist entscheidend für uns. Das Gleiche gilt auch bei unseren Homeoffice-Regelungen: Seit Jahren kann bei uns von zuhause aus gearbeitet werden, immer mit der Prämisse, dass es betrieblich auch passt.

Was haben wir davon? Letztendlich war es für uns als Unternehmen mit einem weniger attraktiven Standort immer wichtig, etwas dafür zu tun, dass wir sehr gute Mitarbeiter gewinnen. Wir sind überzeugt, dass sich Mitarbeiter, die sich wohlfühlen auch eine höhere und bessere Leistung erbringen. In den letzten Jahren ist es für Unternehmen zunehmend schwerer geworden, insbesondere junge Ingenieure zu bekommen. Das Wertesystem bei Mitarbeitern hat sich hier gerade bei den Generationen Y und Z stark dahingehend verändert, dass sie selbstbestimmter und mit mehr Freiraum arbeiten wollen. Für Mitarbeiter wird es zunehmend wichtiger, im privaten Leben ebenfalls flexibel handeln zu können. Die Frage nach der Sinnhaftigkeit des Lebens tritt auch bei den jüngeren Generationen viel stärker in den Vordergrund, als das noch zu meiner Zeit der Fall war. Damit ist es auch wichtiger geworden, Möglichkeiten zu bieten – z. B. durch eine flexible Arbeitszeit- und Arbeitsortgestaltung – die ein sogenanntes erfülltes Leben ermöglichen, in dem es nicht allein nur um die Arbeit geht. Damit zusammen hängt auch der Wert der Arbeit, also die Frage, warum ich etwas tue und auch, warum ein Unternehmen etwas tut und ein bestimmtes Produkt erzeugt oder eine bestimmte Dienstleistung erbringt. Flexibilität, Sinnhaftigkeit und Wert der Arbeit sind daher wesentliche Elemente, die für die heutigen Wertesysteme von Mitarbeitern wichtig sind und daher auch uns wichtig sind.

Zu allen relevanten Themen haben wir mit unserem Betriebsrat Betriebsvereinbarungen abgeschlossen. Das haben wir seit Beginn an so gehandhabt, sei es zur Arbeitszeit oder zum Homeoffice. Für uns ist das ein sehr guter betrieblicher und rechtssicherer Regelungsrahmen, der uns Spielräume ermöglicht.

Britta Redmann: Wie sieht das Performance-Management bei Ihnen aus?
Prof. Dr. Gunther Olesch: Bei uns gibt es auch schon seit vielen Jahren Zielvereinbarungen, und zwar mit allen Mitarbeitern. Diese sind jedoch unterschiedlich ausgestaltet: In der Produktion beispielsweise arbeiten wir in Arbeitsgruppen, die dann auch für ein gemeinsames Ergebnis verantwortlich sind. Daher vereinbaren wir hier Gruppenziele. In anderen Bereichen, z. B. im Vertrieb, gibt es auch einzelne Zielvereinbarungen für Mitarbeiter, da sich hier je nach ihrer Tätigkeit der Erfolg an Einzelergebnissen misst. Auf der Managementebene z. B. haben wir ein gemischtes System: Zu 45 % haben wir hier gemeinsame Ziele, die am gesamten Unternehmenserfolg gemessen werden und zu 55 % individuelle Vereinbarungen. Das Performance-Management ist bei uns daher nicht pauschal zu betrachten, sondern hängt stark davon ab, wo jemand in welchem Bereich und mit welchen Aufgaben eingesetzt ist.

Britta Redmann: Hat Agilität Auswirkungen auf die Unternehmenskultur oder umgekehrt?
Prof. Dr. Gunther Olesch: Aus meiner Sicht muss eine Vertrauenskultur vorhanden sein, bevor ich agil arbeiten kann. Vertrauen ist die Basis, auf der Freiheit aufbaut. Erst darauf kann Agilität dann aufsetzen. In einer Vertrauenskultur muss ich mich als Führungskraft 100 % auf meine Mitarbeiter verlassen können und umgekehrt muss ich als Mitarbeiter dem Management glauben können und erlebt haben, dass das, was erzählt wird, auch tatsächlich getan wird. Es sollten zwischen »Reden« und »Tun« keine Widersprüche bestehen. Die Kultur eines Unternehmens muss daher zur agilen Arbeit passen, was bedeutet, es sollte ein Freiraum gegeben werden können, gegenseitige Wertschätzung bestehen und darauf vertraut werden können, dass jeder sein Bestes gibt.

Ein wesentlicher wichtiger Punkt, den ich hier erwähnen will, ist, dass wir uns regelmäßig Feedback bei unseren Mitarbeitern einholen. So führen wir alle zwei Jahre weltweit Mitarbeiterbefragungen durch, in denen wir explizit nach den Wünschen unserer Mitarbeiter fragen. Anhand der Antworten nehmen wir dann auch entsprechende Veränderungen vor, das heißt, wir setzen hier Themen spürbar um. Für uns ist das ein Ausdruck unserer Wertschätzung füreinander. Das betrifft sowohl das Interesse am Gegenüber als auch unser Anstrengungen, die Wünsche und Bedürfnisse der Mitarbeiter zu erfüllen.

Auch hier habe ich den Eindruck, dass uns das gut gelingt, wenn ich mir z. B. unsere Kununu-Bewertungen ansehe. Und auch diese sind ja wiederum eine Form des Feedbacks, das wir erhalten. Kununu ist für mich tatsächlich ein wichtiger Maßstab, denn hier sehe ich ja, wie zufrieden Mitarbeiter sind. Die Angaben, die sie hier machen, sind absolut anonym und geschützt. Daher vertraue ich auf diese Bewertungen. Dieses Urteil der Mitarbeiter ist für mich viel aussagekräftiger als Angaben auf Webseiten, zu denen etwas zur Kultur und dem Miteinander geschrieben wird. Bei Kununu kann ich mir sicher sein, dass auch eine entsprechende Umsetzung im Unternehmen erfolgt oder eben auch nicht erfolgt ist. Und darin kann ich die Taten eines Unternehmens für Mitarbeiter erkennen und ablesen. Die Umsetzung ist das eigentlich Wesentliche bei der Kulturfrage, nicht die Aussage auf einer Unternehmenshomepage.

Britta Redmann: Welche Vorteile ergeben sich in Ihrem Unternehmen durch Agilität? Gibt es auch Nachteile von agilem Arbeiten?
Prof. Dr. Gunther Olesch: Agiles Arbeiten ist in der aktuellen Arbeitswelt notwendig. Die Gegebenheiten des Marktes erlauben Unternehmen eigentlich gar keine Nine-to-five-Jobs mehr. Der Kunde sagt, was er in welcher Zeit braucht. Agilität wird daher vom Kunden gemacht. Der große Vorteil liegt daher für Unternehmen mit agilem Arbeiten darin, den Kundenbedürfnissen und damit auch den Marktbedürfnissen gerecht werden zu können. Die Flexibilität und Anpassungsfähigkeit, die erfolgreiche Unternehmen hierdurch erhalten, können dann an die Mitarbeiter weitergegeben werden: Auch für diese ist es durch agiles Arbeiten möglich, im Rahmen ihrer persönlichen Work-Life-Balance zu agieren.

Nachteile sehe ich nur dann, wenn eine Vertrauenskultur nicht vorhanden ist und Freiheiten missbraucht werden.

Britta Redmann: Welche drei wichtigen Tipps hätten Sie für andere Unternehmen, die sich agil aufstellen wollen?
Prof. Dr. Gunther Olesch:

- Es geht nicht um einen Modetrend. Daher sollte sich jedes Unternehmen vorher bewusst machen, warum es Agilität benötigt und was es genau damit erreichen will. Wie soll die unternehmensindividuelle Agilität aussehen?
- Wird Agilität eingeführt, müssen die Mitarbeiter daran partizipieren.
- Bei beiden Punkten ist es wichtig, sich als Unternehmen immer daran zu orientieren, was der Kunde wünscht. Das sollte der entscheidende Orientierungspunkt für die Einführung von Agilität im Unternehmen sein.

11.2 #VAUDE – Ein Gespräch mit Miriam Schilling

VAUDE GmbH & Co.KG, Produzent von Bergsportausrüstung
Mitarbeiter: 500, Sitz: Tettnang (Bodensee)
Gesprächspartnerin: Miriam Schilling, Personalleiterin

Britta Redmann: Warum arbeiten Sie mit ganz flexiblen, unterschiedlichen – agilen – Arbeitszeiten?
Miriam Schilling: Da gibt es verschiedene Gründe: Zum einen ist uns Innovation wichtig und wir glauben daran, dass Mitarbeiter innovativer sind, wenn sie neben ihrer Arbeit noch etwas anderes tun – vor allem dann, wenn das die Dinge sind, die sie tun möchten. Zum anderen ist es für uns auch eine Maßnahme, mit der es uns gelingt, Mitarbeiter zu gewinnen und auch miteinander in Beziehung zu bleiben. Wir ermöglichen damit mehr Gestaltung für den Einzelnen, sein Leben nach seinen Vorstellungen zu führen. Unser Firmensitz liegt in einem sehr ländlichen Gebiet und hat kein großes Einzugsgebiet. Für uns sind unterschiedliche, individuelle Arbeitszeitmodelle sicherlich hilfreich, damit wir als Arbeitgeber attraktiv bleiben. Zudem kommt aber noch hinzu, dass wir ein Leben neben der Arbeit für ganz wichtig halten. So hat beispielsweise unsere Geschäftsführerin, Dr. Antje von Dewitz, selbst eine Familie mit vier Kindern und weiß, dass es wichtig ist, Möglichkeiten zu schaffen, Arbeit und Familie gut miteinander verbinden zu können. Es liegt zudem in unserer Firmengeschichte, dass wir immer schon sehr bemüht sind, individuelle Bedürfnisse von Mitarbeitern mit unseren betrieblichen Bedürfnissen in Übereinstimmung zu bringen. Mit dem Wachsen des Unternehmens ist diese Flexibilität mit gewachsen.

Britta Redmann: Wie gelingt das planungstechnisch? Woran haben Sie sich dabei orientiert?
Miriam Schilling: Wir haben bisher das große Glück, dass wir ganz individuell auf die Wünsche der Mitarbeiter eingehen können. Tatsächlich führen wir in der Personalabteilung zusammen mit dem Mitarbeiter und der Führungskraft ausführliche Gespräche darüber, was der Mitarbeiter sich als Zeitmodell vorstellt. In fast allen Fällen haben wir es geschafft, den Wunsch des Mitarbeiters zu verwirklichen. Natürlich schauen wir, ob der Wunsch sich auch innerhalb der betrieblichen Rahmenbedingungen verwirklichen lässt, ob also z. B. das Budget eine zeitliche Aufstockung hergibt oder die Arbeitsbelastung reduziert werden kann. Faktoren wie betriebliche, saisonale Bedürfnisse werden mit einbezogen und müssen auch gegeben sein. Es wird also immer geschaut, ob der jeweilige Wunsch auch mit dem Arbeitsalltag kompatibel ist und wie es ggf. sinnvoll umsetzbar wäre. Wichtig ist hierbei auch, wie die Teamzusammensetzung insgesamt ausschaut: Kann mit den unterschiedlichen Zeitmodellen auch der Arbeitsauftrag reibungslos gewährleistet werden? Schwierig ist es z. B., wenn Mitarbeiter – speziell in der technischen Abteilung – weite Dienstreisen, z. B. nach Asien, unternehmen müssen und dann in Teilzeit arbeiten. Die Dienstreisen werden dann entsprechend zeitlich umgerechnet und anschließend ist der Mitarbeiter erst einmal mehrere Wochen nicht vor Ort, da er so viele Stunden angesammelt hat. Solche Fälle müssen vorher im Team koordiniert, abgestimmt und vor allem durch das Team aufgefangen werden. Hier sind wir daher dazu übergangen, in besonderen Tätigkeitsbereichen bestimmte Schwellenwerte, wie z. B. Verfügbarkeiten von 80 %, als Voraussetzung zu nehmen. Auch bei Führungskräften haben wir in der Regel ein zeitliches Volumen von 70 bis 80 %.

Das Team wird immer sehr transparent und offen in die jeweiligen Belange mit einbezogen. Hierdurch haben wir oft Synergieeffekte, z. B. wenn ein Mitarbeiter aufstocken möchte, ein anderer dagegen eher etwas weniger arbeiten will. Das Gleiche gilt auch für kurzfristige Veränderungen, z. B. weil jemand eine dreimonatige Rucksacktour durch Pakistan antreten möchte und das Team das dann insgesamt als Gruppe auffängt und in dieser Zeit mehr Aufgaben übernimmt.

Britta Redmann: Wer entscheidet?
Miriam Schilling: Es ist uns sehr wichtig, dass das Team die Entscheidung mitträgt – daher auch die transparente Einbindung. Die Entscheidung, ob das Modell gefahren werden kann, obliegt dann der Führungskraft. Die HR-Abteilung ist Begleiter und Berater in diesen Prozessen. Wir sind Anlaufstelle, um den Wunsch dann gemeinsam zu erörtern und um auch zu möglichen Lösungen anzuregen und vielleicht auch bei Konflikten zu vermitteln. Wir stehen der Führungskraft zur Seite und unterstützen bei der Organisation und helfen, neue Modelle zu entwickeln. Die Verantwortung für die Entscheidung obliegt der Führungskraft jedoch allein. Einfach deswegen, weil sie letztendlich auch für einen funktionierenden Arbeitsablauf sorgen muss.

Britta Redmann: Welche Arten von verschiedenen Arbeitsmodellen gibt es?
Miriam Schilling: Bei uns sind alle möglichen Formen denkbar und können vorgebracht werden. Wir haben auch die Möglichkeit des Homeoffice und des mobilen Arbeitens. Das ist besonders für Mitarbeiter günstig, die an einem anderen Ort als dem Arbeitsort wohnen und dann z. B. drei Tage hier arbeiten und den Rest von zu Hause aus. Oder wir haben Modelle, bei denen der Mitarbeiter halbtags in der Firma ist und den Rest des Tages dann im Homeoffice arbeitet.

Britta Redmann: Warum sind die Arbeitsmodelle so erfolgreich?
Miriam Schilling: Wir legen sehr viel Engagement in eine transparente Kommunikation. Jeder Mitarbeiter soll einen möglichst einfachen Zugang zu Informationen haben. Hierfür haben wir eine interne Kommunikationsplattform, ähnlich wie Facebook, auf der Informationen geteilt werden und Mitarbeiter hierzu Stellung nehmen können. Das gilt insbesondere für den Prozess der flexiblen Arbeitszeiten. Hier ist genau beschrieben, welche Möglichkeiten es gibt – z. B. durch Homeoffice, mobiles Arbeiten – und wer wie eingebunden werden muss, um hier flexible Arbeitszeiten zu ermöglichen. Was uns wichtig ist, auch wenn es nicht niedergeschrieben steht, ist, dass wir eine bestimmte Nähe miteinander pflegen. Aus unserer Sicht ist das etwas, was für die Zusammenarbeit und auch das Wohlfühlen im Unternehmen förderlich ist. Es muss sicherlich jeder für sich selbst definieren, wie viel Nähe er hier braucht. Doch für das Gefühl, auch Teil des Ganzen zu sein, ist es aus unserer Sicht wesentlich, dass man auch Dinge mitbekommt, die nicht im Wiki stehen. Sowohl, was die Kollegen anbelangt als auch, was so im Unternehmen passiert und auch wie die Stimmung ist. Wir legen auch Wert darauf, dass Mitarbeiter bei Teamsitzungen oder auch Mitarbei-

tergesprächen persönlich anwesend sind. Wichtig ist in diesem Zusammenhang auch die Teilnahme an gemeinsamen Veranstaltungen, wie z. B. ein Betriebsausflug oder die Weihnachtsfeier. Das sind sehr große Aktivitäten bei uns, an denen viele einfach mitmachen, um die Zusammenarbeit zu pflegen. Das umso mehr, wenn Mitarbeiter nicht regelmäßig vor Ort sind.

Was aus unserer Sicht flexibles, individuelles Arbeiten erleichtert, ist, wenn sich Mitarbeiter und Team und/oder Führungskraft schon länger kennen. Wenn ich den anderen gut kenne, ist es viel einfacher, mitzubekommen, wie es ihm geht, wie seine Stimme am Telefon klingt. Dann bemerke ich vielleicht schon an seinen E-Mails, ob es ihm gutgeht oder nicht. Das ist wesentlich schwieriger, wenn sich die Beteiligten noch nicht so gut kennen und sich noch nicht gut einschätzen können.

Britta Redmann: Gibt es einen Mehrwert für diese agilen Arbeitszeitmodelle?
Miriam Schilling: Ja, den gibt es. Wir sehen, dass es Mitarbeiter glücklicher macht, wenn sie ein ausgeglichenes Leben haben. Und das wirkt sich auf die Leistung aus. Dabei spielen Arbeitszeiten eine große Rolle. Für uns hängt dieser Ausgleich damit zusammen, dass Mitarbeiter entsprechend ihren eigenen Bedürfnissen ihre Arbeitszeit möglichst frei wählen können. Die Bedürfnisse sind dabei ganz unterschiedlich. Bei dem einen sind es familiäre Gründe, bei dem anderen geht es darum, dass er Zeit haben möchte, um sein Hobby zu pflegen. Viele unserer Mitarbeiter sind auch sehr naturverbunden und sehr sportlich. Hier gibt es daher auch oft Interessen und intensive Hobbys, die viel Zeit beanspruchen, wie z. B. längere Reisen oder eine Aktivität als Bergführer. Es ist eine ausgeglichene Situation, die wir für beide Seiten damit schaffen, und darin sehen wir einen Mehrwert. Und was wir auch feststellen, dass gerade Teilzeitmütter sehr effektive Mitarbeiter sind, die hochorganisiert sind und ihr Pensum ganz gezielt »wegschaffen«.

Britta Redmann: Sind Sie bisher an rechtliche Grenzen gestoßen?
Miriam Schilling: Nein. Alle zeitlichen Abänderungen und damit zusammenhängenden Regelungen werden bei uns im Arbeitsvertrag fixiert. Einen Betriebsrat oder ein Mitbestimmungsgremium haben wir derzeit nicht. Außerhalb der Produktion haben viele Mitarbeiter Vertrauensarbeitszeit, sodass wir hier auch sehr unkompliziert mit unterschiedlichen Modellen arbeiten können, ohne diese aufwendig in einem System zu hinterlegen. Sonstige besondere Regelungen zu Arbeitszeit oder Arbeitsorten haben wir nicht.

Britta Redmann: Gibt es bestimmte Faktoren in Ihrer Unternehmenskultur, die das flexible Arbeiten unterstützen?
Miriam Schilling: Wir haben eine sehr offene und familienfreundliche Kultur. Im letzten Jahr hatten wir beispielsweise 33 Geburten und in diesem Jahr haben wir 20 Schwangerschaften. Dadurch verändert sich immer wieder etwas in der Zusammensetzung;

wir sind sehr dynamisch. Unsere Teams arbeiten dabei sehr selbstorganisiert. Ebenso ist die Selbstwirksamkeit bei Mitarbeitern, also die Fähigkeit, dass er für sich selbst gut sorgt und achtsam mit sich umgeht, eine zentrale Kompetenz. Wir haben eine sehr gemischte Altersstruktur in der Belegschaft, von jung bis älter und entsprechend vielseitig sind die Reifegrade dieser Kompetenz. Hier sind wir mitten im Prozess, dass möglichst viele damit gut umgehen können.

Einvernehmen ist ein hohes Gut bei uns. Wir investieren viel in gemeinsame Lösungen. Dazu gehört auch, mal anders zu denken und vielleicht Modelle auszuprobieren, die wir bisher noch nicht hatten, oder auch neue Ideen zu entwickeln und diese auszuprobieren. Wir HR-ler tauschen uns dazu mit Führungskräften und Mitarbeitern intensiv aus, wo vielleicht doch ein Arbeitsablauf anders gestaltet oder umgesetzt werden kann, den es vorher in dieser Form noch nicht gegeben hat.

Britta Redmann: Was sind klare Vorteile durch agile Arbeitszeitmodelle? Wo sind ggf. Nachteile?
Miriam Schilling: Ein Vorteil ist, dass sich Mitarbeiter gesehen und gehört fühlen. Sie merken, dass wir uns für sie interessieren und versuchen, vieles möglich zu machen, um die entsprechenden Wünsche zu realisieren. Insgesamt haben wir ein sehr gutes Betriebsklima. Die große Zufriedenheit des Einzelnen wirkt sich auf die Atmosphäre im Ganzen aus. Wir haben auch festgestellt, dass sich die zeitliche Flexibilität, die Transparenz hierüber und das gemeinsame Abstimmen im Team sehr positiv auf das Miteinander im Team auswirken. So fangen sich Teammitglieder untereinander auf und versuchen, gemeinsam Lösungen zu finden. Darin zeigt sich eine starke gegenseitige Unterstützung. Nachteilig ist, dass wir eine sehr hohe Erwartungshaltung bei Mitarbeitern wecken, von der wir heute nicht sagen können, ob wir sie immer und zukünftig werden erfüllen können. Wie das Beispiel mit dem zeitlichen Mindestumfang im technischen Bereich gezeigt hat, gibt es bestimmte Funktionen oder Arbeitsabläufe, die weniger oder nur in einem bestimmten Maß flexibel sind. Hier hoffen wir mit transparenter Kommunikation, Verständnis und Nachvollziehbarkeit zu schaffen.

Immer eine passgenaue Lösung zu finden, ist kein Nachteil, aber es ist doch für die Organisation auch immer eine große Herausforderung.

Britta Redmann: Welche drei wichtigen Tipps würden Sie Unternehmen geben, die agile Arbeitszeiten einrichten wollen?
Miriam Schilling:

- Einfach ausprobieren und Erfahrungen machen.
- Andere, innovative Zeitmodelle zulassen und auch neue konzipieren.
- Offenheit in der Führung und dadurch neue Formen der Zusammenarbeit zulassen.

11.3 #Unitymedia – Ein Gespräch mit Karl-Heinz Reitz

Unitymedia GmbH, Kabelnetzbetreiber, Mitarbeiter: 2.700, Sitz: Köln
Gesprächspartner: Karl-Heinz Reitz, Vice President HR BP & Organisationsentwicklung

Britta Redmann: Warum arbeiten Sie agil? Seit wann?
Karl-Heinz Reitz: Vielfach wird agiles Arbeiten gleichgesetzt mit effektiverem Arbeiten. Das halte ich für ein Missverständnis. Natürlich möchte ich nicht ausschließen, dass Projekte schneller zum Abschluss kommen, weniger Ressourcen verbrauchen oder bessere Qualität abliefern. Im Prinzip wird im agilen Arbeiten nur das Endprodukt in kleinere Liefereinheiten zerlegt, die schneller an den Markt kommen. Grundsätzlich ist das aber nicht der Unterschied oder der Sinn, warum wir in agiles Arbeiten investieren. Viel gewichtiger ist der kulturelle Aspekt. Agiles Arbeiten entspricht dem Zeitgeist. Es beinhaltet Ideen und Ideale, die ein kollaboratives Arbeiten auf Augenhöhe, jenseits von Silos und Hierarchie, ermöglichen.

An dieser kulturellen Identität und Vision arbeiten wir seit 2012 nach dem Zusammenschluss von Unitymedia und Kabel BW. Das war für uns der Anlass, unsere Kultur grundsätzlich zu überdenken und neu zu definieren, wie wir zusammenarbeiten wollen. Dabei stand immer im Vordergrund, was wir tun müssen, um für unsere Kunden das Beste zu erreichen. Zusammenarbeit mit agilen Methoden ist dabei ein wichtiges Element, um unseren Unternehmenserfolg nachhaltig zu sichern.

Britta Redmann: Wo sind Sie agil? Haben Sie bestimmte Methoden?
Karl-Heinz Reitz: Unser Ziel ist es, so agil wie möglich zu arbeiten – dort, wo es Sinn macht und Werte schafft. Je nach Aufgabe und damit auch je nach Team stellen wir uns die Frage, was wir mit einer agilen Arbeitsweise bewirken wollen. Hilft es uns, unsere Unternehmensziele zu erreichen? Agilität ist kein Selbstzweck. Veränderung ist auch immer mit Unsicherheit verbunden. Daher starten wir nicht mit der Absicht, ein ganzes Unternehmen auf agile Methoden umzustellen.

Es gibt durchaus Bereiche, in denen es nach wie vor sinnvoll ist, weiterhin in stabilen Strukturen und auf Basis traditioneller Prozesse zu arbeiten. Es ist auch möglich, dass wir Abteilungen haben, wo wir im Sowohl-als-auch-Modus agieren. Nehmen wir z. B. unsere HR-Abteilung: Bestimmte Prozesse, wie die Durchführung der Gehaltsabrechnung, sind vollständig standardisiert, werden präzise ausgeführt und unterliegen auch bestimmten Kontrollmechanismen. Ziel ist es, dass am Ende des Monats alle Mitarbeiter das jeweils richtige Gehalt auf ihrem Konto haben. Und das zu 100 % fehlerfrei. Kreativität, Offenheit, Innovation sind in diesem Kontext keine sinnvollen Maßstäbe.

Wenn ich jetzt aber auf unsere Beratungsprozesse schaue, die wir als HR-Business-Partner wahrnehmen, um die Führungskräfte und Teams darin zu unterstützen, wie sie die bei uns vorhandenen Instrumente nutzen können, um bestmögliche Ergebnisse zu erzielen, dann ist das eine sehr anspruchsvolle und kollaborative Tätigkeit. Hier geht es für uns darum, den Sinn zu vermitteln, der hinter unseren Werten und Zielen liegt. Das geht nicht mit Standards. Hier habe ich unterschiedliche Menschen und Bedürfnisse, die ich individuell anspreche und mit denen ich ein gemeinsames Lernen und Verbessern erreichen will. Hier können agile Methoden zum Einsatz kommen, wie Team-Stand-ups, Retrospektiven etc. Letztlich sind diese HR-Teams aber lediglich »Übersetzer« von Standardprozessen. Das tatsächliche agile Arbeiten passiert in kleineren, kundennahen Teams und wir von HR unterstützen deren Arbeit.

Unser Ziel ist es, eine Organisation zu schaffen, die sowohl stabil als auch agil arbeitet. Einerseits benötigen wir Standards, die in hoher Präzision und mit Verlässlichkeit geliefert werden können. Und andererseits brauche ich eine Dienstleistung, die an diese Standards andocken kann und die es schafft, Wertschöpfung zu generieren. Wir möchten keinen harten Schnitt machen und alles Alte von jetzt auf gleich abschneiden. Wir möchten auch keine separaten Einheiten bilden, sodass wir viele kleine parallele Organisationen erzeugen. Wir möchten weiter als großes Ganzes bestehen und verschiedene Arbeitsformen miteinander verbinden, da wir hier eine nützliche Rückwirkung und Ausstrahlung auf die gesamte Organisation sehen. Wir wollen agiles Arbeiten in unsere Unternehmens-DNA integrieren. Damit so etwas gut und erfolgreich gelingen kann, braucht es ein gesundes Wachsen und Ausbreiten dieser Arbeitsweisen. Grundsätzlich haben wir in unserem Unternehmen per se schon eine sehr hohe Affinität gegenüber agilen Methoden. Aufgrund unserer Größe – im Vergleich zu einigen Konkurrenten – haben wir einen Skalenvorteil. Aus unserer Kultur heraus sind wir es schon immer gewohnt, uns schnell an Kundenbedürfnisse anzupassen und je nach Dringlichkeit Probleme zu lösen. Natürlich gibt es definierte Kernprozesse, aber bei der Erstellung von Lösungen gibt es nur wenige, die mit dem Prozesshandbuch unter dem Arm auf starre Vorgänge pochen. Zusammenarbeit war und ist bei uns davon geprägt, dass wir gemeinsam nach Möglichkeiten suchen, die auch abseits von standardisierten Prozessen liegen können. Allerdings funktioniert vieles eher »hemdsärmelig«, mit gesundem Enthusiasmus, aber manchmal eben auch ungesundem Aktionismus. Einen strategischen Ansatz, gezielt agile Methoden einzusetzen, hatten wir bis vor Kurzem nicht.

Um dem zu begegnen, haben wir nun, aus unserem Digital- und Customer- Experience-Bereich kommend, eine unternehmensweite Gruppe aufgesetzt, die sich gezielt um die Unterstützung von Projekten kümmert und diesen Teams mit Wissen um agile Methoden zur Seite steht. Wir probieren jetzt die neue Arbeitsweise in gezielten Piloten aus. Daraus sammeln wir Erfahrungen und bringen diese wieder in unsere Arbeitsprozesse ein. So funktioniert auch unser grundsätzliches Change-Verständnis: Wenn eine Vorgehensweise erfolgreich ist, dann bauen wir sie weiter im Unternehmen aus und adaptieren sie für andere Situationen.

Gleichzeitig müssen diese neuen Dinge »beschützt« werden. Die Beharrungs- und Selbstverteidigungsmechanismen von etablierten Strukturen sind in aller Regel deutlich stärker als die ersten Gehversuche in eine neue Welt. Der jährliche Budgetprozess, Projekt-Priorisierungs-Boards oder auch der Datenschutz haben schon so mancher guten Idee den Garaus gemacht. Es müssen Möglichkeiten geschaffen werden, damit sich neue Ideen entfalten können. Es ist ein langer Weg, bis die agilen Methoden zu einem natürlichen Teil unserer Kultur geworden sind.

Britta Redmann: Woran orientieren Sie sich beim agilen Arbeiten? Gibt es eine Vision?
Karl-Heinz Reitz: Ja, wir haben eine Unternehmensvision: »Leidenschaftlich und innovativ erschließen wir den Menschen eine Welt voll Unterhaltung und Kommunikation. Einfach und zuverlässig.« Sie ist aber nicht spezifisch für das agile Arbeiten geschaffen, sondern im Zuge unseres Mergers 2012 erarbeitet worden. Diese Vision und die dazu gehörenden Werte dienen uns nun im Rahmen der Digitalisierung und im kontinuierlichen Wandel zur Orientierung. Neben dem »Übersetzen« der Werte in das tägliche Erleben der Mitarbeiter, welches durchaus in einem Callcenter anders aussehen kann als in der Marketingabteilung, gilt es, die Kultur auch im digitalen Kontext zu betrachten. Wie lässt sich beispielsweise »Kooperation«, als einer der fünf Werte, in einem agilen Umfeld übersetzen? Was bedeutet Kundenzentrierung? Wie fühlt sich »Vertrauen und Selbstverantwortung« an? In einem Scrum-Umfeld sicher anders als in der traditionellen Funktion. Dennoch bleiben die Werte die Fixpunkte in unserem Koordinatensystem. Wir müssen sie nur kontinuierlich lebendig ausgestalten.

Britta Redmann: Wodurch gelingt agiles Arbeiten?
Karl-Heinz Reitz: Vertrauen schaffen, Mut machen, neugierig bleiben? Vermutlich gibt es darauf keine universelle Antwort. Eine grundlegende Voraussetzung ist es jedoch, Raum zu schaffen – sowohl physisch als auch ideell. Um agiles Arbeiten zu unterstützen, um die Möglichkeit zu haben, in gemischten Teams zusammenzuarbeiten, um schnell und flexibel agieren zu können, braucht es ein Arbeitsumfeld, in dem das möglich ist. Unsere Büros sind alle so gestaltet, dass die Mitarbeiter eines Bereichs in einem großen Raum zusammensitzen und wir »bewegliche« Arbeitsplätze haben. Hier gibt es keine Hierarchien: Der CEO sitzt genauso mitten in der Fläche wie jeder andere Mitarbeiter auch. Alles ist offen und sehr transparent. Für spezielle »Stillarbeiten« oder auch, wenn lange oder viele Telefonate zu führen sind, gibt es kleine Einzelbüros, in die sich Kollegen dann zurückziehen können. Ebenso gibt es kleine und größere Kommunikationsecken, sodass ich mich schnell und nach Bedarf sofort zusammensetzen kann, um Themen zu besprechen. An den größeren Kommunikationsecken

sind der Net Promotor Score (NPS), einer unserer vier Unternehmensziele sowie aktuelle Kunden-Feedbacks in Echtzeit auf Monitoren einfach und anschaulich dargestellt.

Was wir mit dieser Raumgestaltung erreichen wollen, ist, dass wir Platz geben, dass man sich schnell, unkompliziert, über funktionale Grenzen hinweg zusammensetzen und Arbeitsteams bilden kann. Wenn man cross-funktional zusammenarbeiten möchte, ist es wichtig, einen realen Raum zur Verfügung zu stellen, in dem man sich trifft, sieht und austauscht. Das kann ein virtueller Raum so nicht schaffen.

Neben dieser räumlichen Gestaltung gilt es, auch zeitlichen Raum zu schaffen, Plattformen zum Austausch einzurichten und Platz im Kopf für Neues zu schaffen. Hierbei ist Kommunikation oder besser noch Storytelling ein wesentliches Instrument. Allerdings weniger im Sinne von Ankündigen und Informieren, sondern vielmehr handfest, glaubwürdig und authentisch über Erlebtes zu berichten. Dazu müssen Befürworter der neuen Methoden gewonnen werden, die die Botschaft weitertragen und die neue Teams neugierig machen auf diese Art des Arbeitens.

Britta Redmann: Wie sieht agile Führung aus?
Karl-Heinz Reitz: Die Rolle der Führungskraft ändert sich fundamental. In einer agilen Organisation nach Lehrbuch spielen Führungskräfte ja eher eine untergeordnete Rolle. In unserem Fall leben wir aber weiter in einer funktionalen Linienorganisation und haben agile Elemente parallel dazu eingeführt. Daraus ergibt sich ein neues Leitbild für Führungskräfte. Sie sind für uns maßgebliche Unterstützer und Coach für den Mitarbeiter. Die Führungskraft sorgt dafür, dass der Mitarbeiter alle Mittel bekommt, die er braucht, um erfolgreich zu sein. Sie fördert Reflexion und sucht gemeinsam mit dem Mitarbeiter nach Lernmöglichkeiten. Sie spricht natürlich auch Dinge an, die nicht funktioniert haben – aber nicht im Sinne von tadeln und bestrafen, sondern mit Fragen wie: »Was können wir besser machen?« und »Was benötigst du an Unterstützung?« Das ist gelebte Feedback- und Coaching-Kultur – ein weiterer unserer insgesamt fünf Unternehmenswerte. Unser Verständnis von Mitarbeitern ist, dass jeder jeden Tag seine beste Leistung erbringen will. Und wir glauben daran, dass jeder Mitarbeiter grundsätzlich aus sich selbst heraus motiviert ist, in seinem Job eine gute Arbeit zu machen. Damit er das kann, ist es die Aufgabe der Führungskraft, ihn darin zu unterstützen. Dies gelingt nur dann, wenn Führungskräfte auf Augenhöhe mit ihren Mitarbeitern agieren. Echtes Interesse an den Bedürfnissen der Menschen entwickeln, ohne sie in Schubladen oder vordefinierte Kategorien zu stecken.

Britta Redmann: Wie sieht Performance-Management bei Ihnen aus?
Karl-Heinz Reitz: Damit »Gleichberechtigung« und eine Kommunikation auf Augenhöhe funktionieren können, haben wir unseren Performance-Prozess darauf angepasst. Er verfolgt nun primär einen Priorisierungs- und Entwicklungszweck – ohne gleichzeitig eine genormte Leistungsverteilung vorzuschreiben. Die Eingruppierung

in Bewertungskategorien führt lediglich zu einer Normierung auf Mittelmaß – das genaue Gegenteil dessen, was wir anstreben. Unser Mindset ist es, alle Mitarbeiter in die höchste Kategorie zu führen und in ihrer Individualität anzuerkennen. Dann löst sich auch der vorprogrammierte Konflikt für Führungskräfte auf, einerseits Coach auf Augenhöhe und andererseits »Bewerter« zu sein.

Konkret haben wir nach der generellen Abschaffung von Performance-Kategorien zudem die variable Entlohnung von individuellen Boni auf übergreifende Unternehmensziele umgestellt. Dies gilt für jeden Mitarbeiter gleichermaßen – vom Pförtner bis zum CEO – lediglich die prozentuale Höhe der variablen Entlohnung schwankt zwischen 3 % im Tarifbereich auf bis zu 50 % in der Geschäftsführung.

Aber wir haben nach wie vor individuelle Zielvereinbarungen. Im Dialog erarbeiten Führungskraft, Team und Mitarbeiter die Prioritäten – wohlwissend, dass sich diese im Laufe des Jahres verschieben und verändern können. Wir möchten verhindern, dass individuelle Siloziele dem Unternehmensergebnis entgegenstehen. Dieser Schritt manifestiert den Unternehmenswert »Kooperation« und fördert die Zusammenarbeit.

Britta Redmann: Wie wird damit umgegangen, wenn keine gute Leistung erbracht wird?

Karl-Heinz Reitz: Leistung und Erfolg bemisst sich am Unternehmensergebnis. Wir alle tragen dazu bei. Natürlich ist mir bewusst, dass diese Prämisse nicht auf alle und jederzeit zutrifft. Aber unsere Prozesse sind standardisierte Regelprozesse und sollten nicht die Ausnahmen bedienen, sondern für die Masse der Mitarbeiter Wert schaffen. Für die Ausnahmen brauchen wir natürlich Möglichkeiten, um auch damit umgehen zu können. Hierbei spielt aber Leadership die entscheidende Rolle, nicht ein normierender Bonus-Prozess. Führungskräfte müssen auf die beobachtete Leistung eingehen und keine Angst vor dem Konflikt haben. Dabei sollte aber so schnell wie möglich nach den Ursachen der Minderleistung gesucht werden. Sofern sich eine Leistungsminderung nicht nur temporär darstellt und Maßnahmen, die verabredet werden, nicht greifen, also auch eine enge Performance-Begleitung keinen Erfolg zeigt, dann sind wir auch konsequent, was bis hin zur Trennung von dem entsprechenden Mitarbeiter führen kann. Das ist ein sehr schwieriger Prozess und da die Konsequenzen so gravierend sind, gehen wir mit der nötigen Sorgfalt damit um. Woran ich nicht glaube, ist, dass durch individuelle Boni dieses Problem in der Vergangenheit gelöst worden sei. Allenfalls diente eine Zielerreichung unter 100 % als Feigenblatt. Das Problem wurde damit nicht beseitigt.

Britta Redmann: Welche Auswirkungen hatte dies auf tarifliche oder betriebliche Regelungen?

Karl-Heinz Reitz: Alle oben genannten Themen sind mitbestimmungspflichtig. Es kann also nur in Zusammenarbeit mit Betriebsrat und Gewerkschaften etwas verändert werden. Dazu war es erst notwendig, die verschiedenen Perspektiven auf das Thema transparent zu machen. Nachdem dies geschehen war, konnten wir in kürzester Zeit Veränderungen einführen. Im Grunde wurde offensichtlich, dass die Wertvorstellungen und Ziele in diesem Fall sehr nahe beieinander liegen. Vermutlich verlief daher der Prozess sehr konstruktiv. Insgesamt hat es weniger als ein Jahr gebraucht, bis wir einen neuen Abschluss für unseren Haustarifvertrag hatten.

Britta Redmann: Zurück zum agilen Arbeiten. Was sind klare Vorteile, die Sie durch agiles Arbeiten festmachen? Wo sind ggf. Nachteile?
Karl-Heinz Reitz: Den Exkurs zu Leadership und Performance-Management haben wir deshalb gemacht, weil gemeinsame Kultur und Werte für beides so entscheidend sind. Führen auf Augenhöhe, flache Hierarchien, Wertschätzung und Kooperation sind alles Elemente, die entscheidend zum Erfolg von agilem Arbeiten beitragen. Denn diese Aspekte sind sehr viel entscheidender für den Erfolg agiler Methoden als digitale Tools. Und somit ist der erste Vorteil, dass agiles Arbeiten zu unserer Kultur passt. In unserem Segment ist es notwendig, ständig die Kundenwünsche in unsere Produkte zu integrieren und schnell auf Marktverschiebungen reagieren zu können. Resilienz zu zeigen gegenüber der permanenten Anforderung, flexibel zu sein. Zudem entspricht die Selbstorganisation unserem Verständnis, Verantwortung maximal zu verteilen. Das ist Ausdruck einer Vertrauenskultur, vielleicht der fundamentalste Wert im Wertekanon von Unitymedia.

Wie jede Methode, so hat auch Agilität ihre Schattenseiten. Für einige Mitarbeiter ist die Unsicherheit ein permanenter Stressfaktor. Zudem passen die Methoden auch nicht für jede Aufgabe und jeden Unternehmensbereich. Da wo Stabilität, Verlässlichkeit, Zero-Defekt gefragt sind, muss man nicht zwangsläufig auf agile Methoden setzen. Durch das iterative, kleinschrittige Vorgehen besteht zudem ein erhöhtes Risiko, vor lauter »Fahren auf Sichtweite« das große Ganze aus den Augen zu verlieren.

Alles in allem steht grundsätzlich immer die Sinnfrage im Raum: Wozu brauche ich agile Methoden? Was möchte ich damit erreichen? Solange ich darauf keine spezifischen Antworten habe, wäre meine Empfehlung, nicht blind einem Trend hinterherzulaufen.

Britta Redmann: Welche drei wichtigen Tipps würden Sie Unternehmen geben, die sich agil aufstellen wollen?
Karl-Heinz Reitz:

- Bevor man Agilität einführt, solle genau geklärt werden, was damit erreicht werden soll und was dies für das entsprechende Unternehmen bedeutet. Der Sinn und das spezifische Ziel hierfür sollten klar sein.
- Keine radikale Komplettlösungen anstreben, sondern mit agilem Arbeiten klein anfangen und dann bei Erfolg weiter ausbauen.

- Die kulturelle DNA eines Unternehmens berücksichtigen. Mittel- und langfristig können agile Methoden diese verändern. Aber es hilft, den eigenen »positiven Kern« zu kennen und diesen zu bewahren.

11.4 #Immobilien Scout – Ein Gespräch mit Frank Schlesinger

Immobilien Scout GmbH, Online-Portal zur Vermittlung von Immobilienobjekten, Mitarbeiter: 600, Sitz: Berlin
Gesprächspartner: Frank Schlesinger, Head of Technology; Marktsegment: Residential

Britta Redmann: Warum ist Ihr Online-Portal agil geworden?
Frank Schlesinger: Das hat sich aus einer Notwendigkeit heraus ergeben. Bis ca. 2008 haben wir in einer klassischen Projektorganisation gearbeitet. Es ging zu der Zeit alles ziemlich langsam und zäh und wie das so ist: Die IT war immer dafür verantwortlich, weil sie angeblich so langsam arbeitet. Unser CTO hat dann davon gehört, dass »die da drüben«, im Silicon Valley, so was Verrücktes machen wie Scrum und dass das ganz toll sein soll. Er wusste vermutlich nicht wirklich, was das ist. Trotzdem fand er, dass es sich lohnt, hier in diese neue Methode zu investieren, und hat entschieden, dass wir das »einfach mal machen«. Er hat dann Berater hinzugezogen, die uns ein Jahr begleitet und uns Scrum beigebracht haben: Das war für uns der Startschuss. Niemand hat damals wirklich vor Augen gehabt, dass uns das auch kulturell auf ganz neue Pfade führen wird und über die Zeit verändern wird. Dass damit auch eine Kulturveränderung verbunden ist, dass sich diese Kultur, diese Haltung, die hinter Agilität steckt, auch im ganzen Unternehmen (Immobilien Scout GmbH) auswirkt – das hatten wir damals überhaupt nicht im Sinn.

Wir haben dann einfach mal gemacht. Und haben mit Scrum schnell Erfolg erzielt. Und so sind wir da dran geblieben und haben uns immer weiter mit Agilität beschäftigt und uns entsprechend intern aufgestellt. Wir glauben, dass wir als Unternehmen nicht so erfolgreich wären, wenn wir nicht agil arbeiten würden.

Britta Redmann: Wo sind Sie überall agil? Haben Sie bestimmte Methoden?
Frank Schlesinger: Im ganzen Unternehmen. Wir leben das gemeinsam. Worin wir uns unterscheiden, das sind die Methoden. Hier arbeiten wir z. B. in der Softwareentwicklung mit Scrum, Kanban und Extreme Programming. Das macht der Vertrieb beispielsweise nicht. Da hat jede Abteilung ihre eigenen Arbeitsweisen. Was uns aber verbindet, ist unser Mindset. Alle unsere 600 Mitarbeiter arbeiten agil zusammen. Wir sehen uns durch die Agilität miteinander verbunden – und das ist für uns besser, als sich auf eine unternehmensweite Methode zu einigen.

Britta Redmann: Wie beschreiben Sie Ihre Kultur? Woran machen Sie Ihre Kultur fest?

Frank Schlesinger: Das hängt davon ab, von wo ich da draufschaue. Wenn ich als Externer und Produktinteressent einfach nur unser Internetportal betrachte, dann bemerke ich hier schon, dass sich der Auftritt des Portals zügig ändert. Hier ist innerhalb von einer Woche immer wieder etwas neu dargestellt und das Benutzererlebnis verbessert sich kontinuierlich. Das heißt, von außen betrachtet, kann ich uns als reaktionsschnell, innovativ und kreativ bezeichnen.

Wenn man dann unser Firmengebäude betritt und z. B. in unseren Bereich kommt, dann fällt schon mal auf, dass wir alle zusammen in einem Büro sitzen – in meinem Segment sind wir ca. 100 Mitarbeiter. Es gibt also einen großen Raum für uns alle in unserem Geschäftbereich. Das wird im ganzen Haus so praktiziert. Innerhalb dieses Raums sitzen wir in cross-funktionalen Teams zusammen. Das heißt, in jedem Geschäftsbereich sitzen Mitarbeiter mit ganz unterschiedlichen Aufgaben: Produktentwicklung, Vertriebler, Marketing, IT sitzen und arbeiten zusammen an einem bestimmten Produkt. Jedes Bereichssegment ist eine eigene kollaborative Gemeinschaft.

Wir haben alle ein gemeinsames Verständnis von Agilität. Auch wenn wir teilweise unterschiedliche Methoden anwenden, so haben wir alle eine gleiche Sicht auf die Zusammenarbeit. Zum Beispiel macht sich das darin fest, dass es besser ist, sich zusammenzusetzen und miteinander zu sprechen, als sich den ganzen Tag E-Mails zu schreiben.

Britta Redmann: Wodurch klappt diese Zusammenarbeit? Wie sieht hier eine Führung aus?

Frank Schlesinger: Auch wenn es bei uns durch die gemischten Teams vielleicht »bunt« aussieht, so haben wir eine klare Führung. Unter agiler Führung verstehen wir, dass die Richtung eindeutig vorgegeben wird. Und die Rahmenbedingungen werden klar von der Führung geschaffen. Das wird auch nicht demokratisch verhandelt – Richtung und Rahmen sind klare Vorgaben. Und Führungskräfte gewähren jede Art von Unterstützung: Sie besorgen Arbeitsmittel, sie kümmern sich und lösen die Konflikte, die auftauchen, und sie zeigen auf, wie und wo sich Mitarbeiter weiterentwickeln können.

Unsere Führungskräfte sagen aber nicht, *wie* jemand seinen Job zu machen hat. Das weiß der Mitarbeiter, nach unserer Erfahrung, viel besser selber.

Die Mitarbeiter, die Teams, sind für das *Wie* in Eigenregie verantwortlich. Auf welche Art und Weise ein Team oder ein Mitarbeiter etwas tut, ist ihm selbstständig überlassen. Bei der Verwirklichung des *Wie* haben wir im Unternehmen sehr große Freiheit.

Wir haben die Erfahrung gemacht, dass eine klare Führung bezüglich dessen, *was* erreicht werden soll, sehr wichtig ist. Ohne diese, kann das mit der Freiheit im *Wie* nicht funktionieren.

Britta Redmann: Sind Sie an rechtliche Grenzen gestoßen?
Frank Schlesinger: Wir akzeptieren insoweit, dass sich rechtliche Rahmenbedingungen immer etwas langsamer verändern als die unternehmerische Realität. Das ist quasi ein Paradigma, in dem wir leben. Und im Zweifelsfall machen wir Dinge einfach, die wir zum Wohle unseres Unternehmens und unserer Kunden und unserer Mitarbeiter für richtig halten. Wir schauen dann aber auch, wenn wir damit ein Problem bekommen, dass wir das im Nachhinein lösen. Ein wesentlicher Baustein dafür ist, einen guten Juristen im Haus zu haben, der versteht, warum wir wie arbeiten der uns hin- und wieder sensibilisiert und im Wesentlichen auch Dinge hinter uns wegräumt. Wichtig ist hier natürlich auch, dass auch der Jurist Agilität sinnvoll findet und sie versteht. Eine pragmatische Rechtsberatung ist da absolut hilfreich.

Britta Redmann: Haben Sie einen Betriebsrat? Wenn ja, wie übt er seine Mitbestimmung aus?
Frank Schlesinger: Ja, wir haben einen Betriebsrat. Der setzt sich bei uns aus Mitarbeitern aller Bereiche zusammen, insofern sind dort auch Mitarbeiter aus der IT im Gremium. Wenn man so will, dann verfügt unser Betriebsrat also über das entsprechende Fachwissen über Scrum und Agilität. Wir haben ihn von Anfang an immer mit ins Boot geholt und eingebunden. Grundsätzlich gab es immer mal wieder Dinge, die ihm aufgestoßen sind und wozu er Fragen hatte.

Für diese Selbstorganisation der Mitarbeiter und der Teams ist es z. B. notwendig, dass ein Team transparent macht, wer woran arbeitet. Das machen wir über Boards. Natürlich war dem Betriebsrat dann auch klar, dass es hier um völlige Transparenz und Offenlegung von Leistung des einzelnen Mitarbeiters geht. Dadurch findet, wenn man so will, eine gegenseitige Leistungskontrolle statt. Das war ein Punkt, bei dem der Betriebsrat schon gesagt hat, dass dies eine individuelle Leistungsmessung ist. Wir haben daraufhin unsere agile Arbeitsmethode – in dem Fall konkret Scrum – einfach erklärt. Und hier kam noch der wesentliche Punkt hinzu, dass alle Mitarbeiter mitmachen und mitmachen wollen. Die Mitarbeiter haben gezeigt und erklärt, dass sie selbst so arbeiten möchten und das für sinnvoll erachten: Jeder will Teil des Teams sein. Es gibt ein Commitment zum Team und zu den Aufgaben und es ist eine viel angenehmere Art der Leistungskontrolle, als z. B. durch oder an den Vorgesetzten zu reporten. Für unseren Betriebsrat war das ausreichend und hat ihn überzeugt. Wir haben diesbezüglich, was agiles Arbeiten betrifft, auch keine eigene Betriebsvereinbarung.

Britta Redmann: Haben Sie besondere Regelungen zur Arbeitszeit oder zum Arbeitsort?
Frank Schlesinger: Wir alle haben Arbeitsverträge, in denen wir uns verpflichten, 40 Wochenstunden zu arbeiten. Es gibt auch so etwas wie eine kulturelle Kernzeit, die wir haben. Letztendlich ist es aber egal, wann ich arbeite – entscheidend ist das Ergebnis, welches ich in der Zeit gestalte.

Vergleichbar ist es mit dem Arbeitsort: Wir arbeiten in der Regel alle im Büro. Dies erachten wir aus Gründen der cross-funktionalen Zusammenarbeit auch als sinnvoll. Es ist auch möglich, mal im Homeoffice zu arbeiten. Dies ist aber auch kein fest geschriebener Grundsatz, sondern passiert in Absprache.

Britta Redmann: Gibt es ein Performance-Management bei Ihnen?
Frank Schlesinger: Ja, wir haben eines und wir haben es auch im Rahmen unserer agilen Arbeitsweise verändert. Früher haben wir sehr klassisch mit Jahreszielvereinbarungen gearbeitet. Als wir dann agil wurden, haben wir in den letzten Jahren in der IT ohne formale Zielvereinbarungen gearbeitet. Mittlerweile sind wir davon jedoch wieder abgekommen, da wir auch ein Teil des ganzen Unternehmens sind und Ziele im Sinne von klaren Vorgaben für uns alle gelten und auch gelten sollen.

Was wir aber verändert haben, ist zum einen, dass wir mit abstrakten Zielen arbeiten (z. B.: Wie viel Jahresumsatz wollen wir erreichen?). Und zum zweiten, dass wir die Zeiträume, in denen wir über Ziele sprechen, wesentlich kürzer gestalten. Im Prinzip sprechen wir fast täglich über unsere Zielstände und Erreichbarkeiten. Durch diese kontinuierliche Betrachtung sind wir viel näher an unseren Zielen dran.

Des Weiteren haben wir quartalsweise sogenannte Dialoggespräche, die zwischen Führungskraft und Mitarbeiter stattfinden. Bei diesen Gesprächen geht es um das Befinden, um das Werteverständnis, die eigene Weiterentwicklung und auch um die Leistung. Das Besondere hierbei: Wir schauen uns wirklich gegenseitig in die Augen: Auch die Führungskraft bekommt vom Mitarbeiter zu den gleichen Punkten ein Feedback und wird von diesem evaluiert. Es ist ein wirklicher, gleichberechtigter Austausch auf beiden Seiten.

Unser Verständnis von Performance-Management fasse ich daher so zusammen, dass es um die Verbindung von Verhalten und Leistung geht und diese stetig gemeinsam reflektiert wird.

Britta Redmann: Was sind klare Vorteile, die sich durch agiles Arbeiten festmachen lassen? Wo sind ggf. Nachteile?
Frank Schlesinger: Für uns ist es ein klarer Vorteil, dass wir wirtschaftlich dadurch einfach erfolgreich sind. Je dynamischer das Geschäftsumfeld ist, die Märkte und die

technologische Entwicklung, also, je mehr Veränderung um mich herum stattfindet, desto vorteilhafter ist Agilität, denn desto weniger kann ich planen. Das einzige, was ich dann tun kann, ist, eine hohe Reaktionsgeschwindigkeit zu haben und mich immer wieder schnell den jeweiligen Umständen leicht anzupassen. Wir haben das für uns erreicht und das macht sich betriebswirtschaftlich und auch gegenüber dem Wettbewerb bemerkbar.

Die Zusammenarbeit macht Spaß und insofern wirkt sich das auch auf die Zufriedenheit der Mitarbeiter aus.

Eindeutige Nachteile sehe ich nicht. Was mit Agilität eben nicht möglich ist, ist eine absolute Planungssicherheit. Die habe ich einfach nicht.

Britta Redmann: Welche drei wichtigen Tipps würden Sie Unternehmen geben, die sich agil aufstellen wollen?
Frank Schlesinger:

- Die Geschäftsführung muss voll und ganz hinter der Einführung von Agilität stehen, mit allen Konsequenzen. Soll heißen, für die gesamte Kulturveränderung, die das mit sich bringt.
- Einen externen Berater hinzuziehen. Es ist einfach wichtig, immer wieder auch eine andere Perspektive und Impulse zu bekommen (auch wenn man sich dann nicht dafür entscheidet, erhält man eine Anregung, darüber nachzudenken).
- Akzeptieren, dass Veränderung zu Agilität gehört und dieser Prozess nie abgeschlossen ist.

11.5 #OTTO – Ein Gespräch mit Stefan Lange

OTTO GmbH & Co KG, E-Commerce Handel, Mitarbeiter: 4.350, Sitz: Hamburg
Gesprächspartner: Stefan Lange, Leiter Produktmanagement & Entwicklung Spezialshops

Britta Redmann: Wo und warum arbeiten Sie agil?
Stefan Lange: In unserer Abteilung betreiben und entwickeln wir acht Spezialshops. Mit diesen zusätzlichen Vertriebswegen für starke Sortimente will OTTO im Rahmen einer Mehrmarken-Strategie weiter wachsen. Wir sind für das Produktmanagement und die Entwicklung dieser Onlineshops zuständig. Diese Aufgabe setzen wir in unserer Abteilung nicht alleine um, sondern arbeiten sehr eng mit externen Agenturen zusammen, die die technische Entwicklung der Software übernehmen. Sowohl in unserer eigenen Produktentwicklung als auch in der Steuerung der externen Agenturen arbeiten wir agil. Warum wir agil arbeiten? Weil es für unser Geschäftsmodell sehr nützlich ist. Als E-Commerce-Anbieter müssen wir sehr reaktionsfähig und schnell

sein. Wir müssen ständig Prioritäten setzen und komplexe Entwicklungsvorhaben in kleinen Schritten umsetzen. Wenn uns Fehler passieren oder wir falsche Entscheidungen treffen, müssen wir sichergehen können, dass wir dies frühzeitig bemerken, sofort darauf reagieren und daraus lernen können. Alle diese Einflussfaktoren haben dazu geführt, dass agiles Arbeiten für uns sinnvoll ist, und unsere Ergebnisse entscheidend verbessert.

Im Wesentlichen arbeiten wir mit drei externen Agenturen zusammen. Methodisch verwenden wir Scrum und Kanban. Wobei ich es für wichtig halte, zu erwähnen, dass die Methode allein kein agiles Arbeiten ausmacht. Unabhängig von der Methode ist die Einstellung und Haltung derjenigen entscheidend, mit denen ich etwas zusammen gestalte. In unserem Team stehen wir alle 100-prozentig hinter agilem Arbeiten. Und unsere Agenturen und Dienstleister lassen sich auf unsere agile Arbeitsweise ein.

Britta Redmann: Was bedeutet Agilität für die Zusammenarbeit mit externen Dienstleistern?
Stefan Lange: Einige unserer Dienstleister sind mit agilem Arbeiten besser vertraut als andere. Letztendlich ist es für unser gemeinsames Tun kein Hindernis, wenn es keine oder wenig Vorerfahrungen mit Agilität gibt. Egal, welchen Hintergrund Agenturen haben, Feedback und Transparenz sind immer wichtige Faktoren in unserer Zusammenarbeit. Wir tauschen uns hierzu regelmäßig in Terminen aus und geben uns gegenseitig Rückmeldung über unsere Ergebnisse und auch über die Art und Weise unseres Arbeitsprozesses. Wir wollen aus dem Feedback unserer Dienstleister lernen, was wir für ein noch besseres Ergebnis und eine noch bessere Zusammenarbeit auch bei uns intern tun können. Das Ziel ist es, gemeinsam eine erfolgreiche Geschäftsbeziehung zu gestalten und am gleichen Strang zu ziehen. Und gleichermaßen geben wir natürlich Rückmeldungen zu unseren Erfahrungen und aus unserer Perspektive. Für diese Austauschrunden machen wir eigene regelmäßige Retrospektiven mit unseren externen Partnern – ich spreche hier bewusst von Partnern und nicht von Auftragnehmern. Wir haben festgestellt, dass der Aspekt der »Zusammenarbeit« dabei trainiert werden will. Meistens klappt das nicht alles auf Anhieb, sondern es geht darum, sich kennenzulernen, sich aufeinander einzustellen und auch voneinander zu lernen. Das braucht am Anfang schon etwas Zeit. Und sicher erreicht man dabei nie einen finalen Zustand: Veränderung auch im Prozess gehört zum agilen Geschäft.

Die vertraglichen Bedingungen müssen dabei zu unserem Ansatz passen. Mit einer agilen Arbeitsweise ist es aus unserer Sicht schwierig, z. B. Festpreise zu vereinbaren. Das würde mit unserem Verständnis von agiler Arbeit nicht funktionieren. Aus diesem Grund haben wir uns für ein Modell entschieden, dass klar nach Aufwand, d. h. in der Regel auf Stundenbasis, abgerechnet wird.

Britta Redmann: Wie passt Ihre agile Abteilung in die Gesamtorganisation des Konzerns?
Stefan Lange: Im Bereich der Spezial-Shops sind wir insgesamt knapp 30 Mitarbeiter in vier Abteilungen. Nicht alle arbeiten dabei bewusst agil, cross-funktionale Zusammenarbeit ist bei uns aber selbstverständlich. Auch im Konzern arbeiten wir nicht grundsätzlich agil. Allerdings verbreitet sich der agile Ansatz zunehmend über alle Bereiche hinweg.

Als Abteilung sind wir ganz »normal« in die Organisationsstruktur des Konzerns eingebunden. Hier gelten keine Unterschiede für uns. Wir haben auch keine besonderen Reglungen, was unsere Arbeitsverhältnisse anbelangt. Wir unterliegen allen vertraglichen und betrieblichen Bestimmungen, wie andere Mitarbeiter im Konzern auch. Wir sind also operativ agil, formal organisatorisch, aber in eine klassisch hierarchische Organisation eingebunden.

Es ist sicherlich ein Vorteil, dass alle Teammitglieder agil arbeiten wollen und daher auch immer bemüht sind, den Rahmen dafür zu schaffen bzw. mitzugehen. Zum Beispiel hatten wir bisher im Konzern Mitarbeiterjahresgespräche, insbesondere was Zielvereinbarungen anbelangt. Diese Gespräche haben wir dann für uns nicht nur jährlich geführt, sondern hier häufigere Intervalle gesucht. So haben wir bisher auch schon Ziele regelmäßig anpassen können. Unabhängig von festen Mitarbeitergesprächen oder Beurteilungssystemen haben wir schon immer parallel wöchentliche Gesprächsrunden abgehalten oder geben uns kontinuierlich Feedback. Aus meiner Sicht ist es hier wichtig, dass die Mitarbeiter die Arbeitsweise mittragen. Dann finden sich auch automatisch Wege, wie dies – auch in ggf. etwas konservativen Strukturen – ohne Probleme umgesetzt werden kann. Zusätzlich läuft derzeit ein großer Kulturwandel in unserem Unternehmen, der agiles Arbeiten grundsätzlich noch weiter unterstützen wird.

Britta Redmann: Gibt es aus Ihrer Sicht klare Vorteile durch agiles Arbeiten für Unternehmen?
Stefan Lange: Wesentliche Vorteile entstehen tatsächlich durch eine veränderte Wahrnehmung der eigenen Arbeit. Durch agiles Arbeiten bekommen alle Beteiligten mehr Freiheit und gleichermaßen auch mehr Verantwortung. Das muss man beides wollen und können. Wenn ich gerne agil arbeite, dann schafft das mehr Engagement und durch ein wesentlich tieferes Involviertsein in die Aufgaben auch mehr Herzblut. Bei sehr vielen entsteht dadurch mehr Spaß an der Arbeit und auch im Miteinander. Und das entsteht eben nicht nur intern, sondern auch im Kontakt mit unseren externen Partnern. Hier erleben wir genauso eine positive Stimmung und Einstellung, was die Arbeit und den Spaß an der gemeinsamen Produktgestaltung und den gemeinsamen Erfolgen betrifft.

Nachteile ergeben sich dann, wenn die vertraglichen Konstrukte nicht passen, wir also z. B. gezwungen sind, Teilprojekte im Rahmen eines Festpreismodell mit umzusetzen. Dann sind Probleme in der Priorisierung und der Erwartungen an Zeitschienen vorprogrammiert. Ansonsten überwiegen – insbesondere für unseren Geschäftsbereich – klar die Vorteile.

Britta Redmann: Welche drei wichtigen Tipps würden Sie Unternehmen geben, die sich agil aufstellen wollen?
Stefan Lange:

- Agilität ist kein Selbstzweck und kein eigener Karrierepfad. Es geht darum, den Sinn und Nutzen für das Geschäftsziel zu klären und dann den eigenen Weg individuell für die jeweilige Organisation oder auch einzelne Einheiten zu finden.
- Wichtig ist, immer selbst zu lernen und sich nicht nur von anderen etwas berichten oder erzählen zu lassen. Dazu braucht es eigene Erfahrungen. Mit kleinen Projekten ausprobieren, wie etwas funktioniert und sich dann an umfangreichere und mehr Themen zu wagen.
- Wer sich agil aufstellt, sollte sich auch Zeit geben, Fehler zu machen und aus diesen zu lernen.

11.6 #whatever mobile – Ein Gespräch mit Dan Schwarzlmüller und Nils Fuhrmann

whatever mobile GmbH, Anbieter für Mobiltechnologie, Mitarbeiter: ca. 50
Sitz: Hamburg
Gesprächspartner: Dan Schwarzlmüller, Nils Fuhrmann, Member Management Board

Britta Redmann: Warum sind Sie agil geworden?
Dan Schwarzlmüller/Nils Fuhrmann: Wir hatten ursprünglich gar nicht den Plan, agil zu werden. Wir haben allerdings festgestellt, dass es für unser Empfinden viel zu lange gedauert hat, bis neu entwickelte Funktionen tatsächlich unseren Kunden zur Verfügung standen. Es gab eine Art Graben zwischen der Softwareentwicklung und der Inbetriebnahme der Software: Was aus Sicht der Softwareentwicklung fertig war, brauchte noch einige Zeit, bis es installiert und einsatzbereit war. In diesem Prozess waren wir für unsere Ansprüche viel zu langsam.

Aus dieser Erkenntnis heraus haben wir angefangen, uns intensiv damit zu beschäftigen, wie wir in Zukunft unsere Produktentwicklung gestalten wollen. Wir haben uns aus diesem Grund einige Best Practices für Softwareentwicklung angeschaut und sind dabei auf Scrum gestoßen. Scrum ist eine sehr verbreitete und anerkannte Methode aus dem agilen IT-Projektmanagement, bei der wir entsprechend auf viele Erfahrungen anderer zurückgreifen konnten.

Diese Erfahrung hat uns wiederum geholfen, den gesamten Entwicklungsprozess viel transparenter zu gestalten und Mitarbeiter aus der Softwareentwicklung und anderen Betriebsbereichen näher zusammenrücken zu lassen.

Allerdings ist uns dadurch auch sehr schnell klar geworden, dass für eine Produktentwicklung nah am Bedarf des Kunden bzw. des Marktes auch die Expertise aller anderen Beteiligten im Unternehmen frühzeitig einfließen muss. Das haben wir letztendlich zum Anlass genommen, die agilen Grundprinzipien auf das gesamte Unternehmen zu übertragen.

Wir sahen und sehen für uns hier eine tolle Chance, Reibungsverluste im Unternehmen abzubauen und Prozesse so zu gestalten, dass wir uns immer schnell – und zwar deutlich schneller als unsere Wettbewerber – an neue Anforderungen anpassen können. Damit sehen wir uns für die Zukunft gut aufgestellt, um langfristig erfolgreich zu sein.

Britta Redmann: Wie sind Sie vorgegangen, um im ganzen Unternehmen agil zu werden?
Dan Schwarzlmüller/Nils Fuhrmann: Zu allererst haben wir uns in unserem vierköpfigen Management Board ganz intensiv mit dem Thema Agilität beschäftigt. Im Fokus standen dabei die Fragen, was wir uns von einer agilen Organisation versprechen, worin genau wir den Nutzen sehen und was das insgesamt für uns und unsere Organisation bedeutet. Zu diesem Zeitpunkt hatten wir noch eine klassische Organisationsstruktur mit Führungskräften und zugeordneten Mitarbeitern. In dieser ersten intensiven Phase haben wir deswegen einen externen Berater hinzugezogen, der uns in der Entwicklung von Perspektiven unterstützt und vor allem auch Impulse, Ideen und den Blick von außen mit eingebracht hat. Das war sehr hilfreich für uns, da er regelmäßig unsere blinden Flecke aufgedeckt hat.

Wir haben entschieden, dass dort, wo keine komplexen Probleme zu lösen sind, wir zwar eine agile Einstellung benötigen, jedoch nicht unbedingt eine agile Arbeitsweise. Nicht komplex sind bei uns alle Prozesse, die vorhersehbar sind und bei denen zur Umsetzung hauptsächlich Fachwissen und ausreichende Kapazitäten wichtig sind. Dazu zählen z. B. unterstützende verwaltende Tätigkeiten, wie Buchhaltung, Office Management oder auch interne IT. Diese oftmals standardisierten Tätigkeiten haben wir in einen sogenannten »Adminbereich« zusammengefasst und zudem angefangen, einzelne Aufgaben, die nicht zu unserer eigentlichen Wertschöpfung gehören, an externe Dienstleister zu vergeben. Um Mitarbeiter aus allen Bereichen bei dem Prozess der Umgestaltung dabei zu haben, wurde ein sogenanntes Transition-Team gegründet. Zur Erreichung einer möglichst großen Diversität bestand es aus Mitarbeitern aus allen Bereichen und mit unterschiedlichem fachlichen Hintergrund. Das Transition-Team hatte das Ziel, die agile Arbeitsweise im Unternehmen nachhaltig zu gestalten und zu unterstützen. Unsere Vision war, dass eines Tages alle Mitarbeiter

Mitglied im Transition-Team sind und dadurch überall die neue Arbeitsweise umgesetzt wird. Als das erreicht war, wurde das Transition-Team aufgelöst. Wir werden hin und wieder gefragt, wann wir denn fertig sind? Aus unserer Sicht ist dieser Wandel aber eine Reise, die nicht enden wird. Alle Veränderungen dieser Reise sieht man am besten, wenn man einmal zurückblickt. Wie beim Bergsteigen, wenn man kurz innehält, nach unten schaut und sieht, welche Höhe bereits erreicht ist. Uns fällt in diesen Momenten oft auf, dass das, was uns »damals« noch sehr viele Schwierigkeiten bereitet hat, jetzt für alle selbstverständlich ist. Die Projektion in die Zukunft fällt dagegen schwerer und eines ist klar: Es dauert oft länger als gedacht und die notwendige Geduld zu haben, ist wichtig!

Britta Redmann: Wie beschreiben Sie Ihre Kultur? Woran machen Sie Ihre Kultur fest?
Dan Schwarzlmüller/Nils Fuhrmann: Am besten erfahren wir etwas über unsere Kultur, wenn wir Personen außerhalb der Organisation befragen, welchen Eindruck diese von uns haben. Das passiert z. B. regelmäßig, wenn potenzielle Mitarbeiter bei uns einen ganzen Tag im Rahmen des sogenannten »Kennenlernen-Tages« verbringen. Anschließend bitten wir sie im Abschlussgespräch um ein Feedback. Da erhalten wir ziemlich oft ähnliche Einschätzungen, die unsere Kultur ganz gut beschreiben. Dazu gehört beispielsweise die offene und freundliche Art, wie wir miteinander umgehen. Hohe Transparenz und viel Kommunikation sind da wichtige Eckpfeiler. Jeder kann jeden fragen und findet ein offenes Ohr.

Bei uns sind alle wesentlichen Informationen, die zur Erfüllung der Arbeit notwendig sind, transparent verfügbar und werden auch von den Mitarbeitern selbst gepflegt. Das betrifft einfache Prozessbeschreibungen ebenso wie Geschäftsergebnisse und KPIs der einzelnen Produkte.

Unsere offene und transparente Kommunikation unterstützen wir zudem über einen regelmäßigen Austausch. Jedes Team trifft sich morgens zu einem »Daily«, die tägliche Austauschrunde, in dem die Ergebnisse des letzten Tages und die Fokusthemen des aktuellen Tages ausgetauscht werden.

Alle zwei Wochen gibt es ein sogenanntes Review, in dem dann alle Teams ihre Ergebnisse vorstellen. Was ganz wichtig ist: Hier geht es nicht nur um Erfolge. Uns ist genauso das Teilen von Misserfolgen wichtig, denn hier besteht für die ganze Organisation eine Chance, etwas zu lernen. Wir haben durch diesen sehr offenen und durchaus positiven Umgang mit Fehlern eine ganz neue Lernkultur ins Unternehmen gebracht.

Ein weiteres kulturprägendes Merkmal ist, wie wir Entscheidungen treffen. Wir stellen uns innerhalb der Teams primär die Frage, welches Problem wir eigentlich lösen wollen, und fokussieren uns darauf. Dabei kommen dann unterschiedliche Herangehensweisen zum Einsatz. Wichtig ist, dass jede Entscheidung nachvollziehbar ist und erklärt werden kann und dass das ganze Team dahintersteht. Gerne wird eine Entscheidung per »Konsent« (im Gegensatz zum Konsens) verabschiedet. Ein Vorschlag kommt auf den Tisch und es wird nicht gefragt, wer dafür ist, sondern wer ein Veto einlegen möchte. Dies wird dann mit einem klaren Bezug auf den Fokus, der vorher gesetzt wurde, begründet – idealerweise direkt mit einem alternativem Vorschlag. Das fördert eine Lösungsorientierung, an der jeder mitwirken kann. Wer dabei ist und sich inhaltlich nicht beteiligt, drückt damit seine Zustimmung aus. Diesen Entscheidungsweg durchlaufen wir im Management Board genauso wie in den einzelnen Teams.

Insgesamt erleben wir, dass immer mehr Mitarbeiter sich einmischen und mitgestalten wollen. Dabei werden auch zunehmend unangenehme Themen angesprochen. Das sehen wir als eine sehr positive Entwicklung, denn es ist für uns ein Indikator, dass Vertrauen vorhanden ist und die Mitarbeiter sich sicher fühlen, sagen zu können, was sie denken. Wir glauben, dass Agilität keine Arbeitsweise ist, sondern eine Haltung.

Britta Redmann: Wenn es keine Führungskräfte gibt, wie sieht bei Ihnen Führung aus?

Dan Schwarzlmüller/Nils Fuhrmann: Wir haben uns sehr intensiv mit dem Thema Führung in einem agilen Umfeld beschäftigt. Wir sehen Führung eher im Kontext einer Aufgabe oder einer Verantwortung. Führungsaufgaben werden bei uns nicht »von oben« direkt an Mitarbeiter übertragen, sondern über definierten Rollen ausgeübt. Das führt dazu, dass eine Person auch mehrere Rollen bekleiden kann. Im Ergebnis haben wir keine Führungskräfte mehr, so wie sie in anderen Unternehmen bekannt sind. Unsere mittlere Leitungsebene haben wir komplett aufgelöst. Und wir als Management Board sind auch nicht »die da oben«, sondern bekleiden eine Rolle und agieren entsprechend mitten im Geschehen.

Bei der Definition der Rollen ist klar getrennt, wer für das *Warum*, das *Was* und das *Wie* verantwortlich ist. Die Rolle »Management« gibt das *Warum* vor. Das sind strategische Entscheidungen, die das große Ganze betreffen. Zum Beispiel, wenn ein ganz neues Produkt entwickelt werden soll und dafür größere Investitionen notwendig sind. Die Rolle »Product Owner« ist für das *Was* zuständig. Damit ist gemeint, dass Product Owner in Storys festhalten, was genau erreicht werden soll. Dazu sprechen sie mit allen »Stakeholdern« – intern als auch extern –, um hier die für das Unternehmen bestmögliche Wahl treffen zu können.

Die Rolle »Team« entscheidet dann selbstverantwortlich das *Wie* in Bezug auf die fachliche Umsetzung der Story. Sie besitzen die Expertise und Diversität, um komplexe Themenstellungen zu lösen und sind hier deswegen eigenständig in ihrer Entscheidung zum konkreten Vorgehen.

Wie zusammengearbeitet wird und welche Prozesse hier zum Tragen kommen, ist in der Verantwortung einer weiteren Rolle, die wir »whatever Master« nennen. Dieser lässt sich mit dem »Scrum Master« vergleichen. Diese Rolle begleitet die Teams als Moderator, gibt Tipps und Hinweise, räumt »Hindernisse« aus dem Weg und achtet darauf, dass die Teams sich innerhalb unserer definierten Rahmenbedingungen bewegen. Dazu werden entsprechende Tools innerhalb von Retrospektiven oder Workshops genutzt.

Insgesamt ist es sehr wichtig, dass wir streng nach Prioritäten arbeiten. Damit stellen wir sicher, dass wir immer an den wichtigsten Themen zuerst arbeiten. Das hört sich banal an, ist aber in der Praxis oft eine Herausforderung.

Britta Redmann: Wie werden Gehälter festgelegt?
Dan Schwarzlmüller/Nils Fuhrmann: Da sich unsere Prioritäten regelmäßig verändern und wir flexibel agieren wollen, haben wir keine Gehälter mit variablen Anteilen. Einem Tarifvertrag unterliegen wir nicht. Wir gehen bei unserem Gehaltsmodell von der Grundannahme aus, dass jeder Mitarbeiter bei Beginn des Arbeitsverhältnisses mit dem vereinbarten Gehalt zufrieden ist.

Danach greifen hauptsächlich zwei Faktoren, welche die Höhe einer Anpassung beeinflussen: die Entwicklung des Mitarbeiters im Unternehmen und der externe Vergleich im Arbeitsmarkt. Wir haben uns einen fairen Gehaltsprozess auf die Fahnen geschrieben. Das bedeutet für uns auf der einen Seite, überdurchschnittliche Gehälter zu zahlen und auf der anderen Seite, über Verfahrensgerechtigkeit alle im Gehaltsprozess gleich zu behandeln. Wir haben dazu Anfang 2016 das erste Mal ein ganz neues Verfahren angewendet, welches aus zwei Modulen besteht.

Das erste Modul ist die automatische Anpassung des Gehaltes am Anfang des Jahres, bei der die Gehälter anhand der aktuellen Marktentwicklung automatisch prozentual angepasst werden. Bei den Prozentwerten orientieren wir uns an einer Gehaltsstudie über die Entwicklung der Gehälter in Deutschland. Dabei werden alle unsere Mitarbeiter den vergleichbaren Positionen der Studie zugeordnet. Voraussetzung einer Anpassung ist allerdings, dass das Unternehmensergebnis dies zulässt.

Das zweite Modul ist ein individueller Prozess, der von jedem Mitarbeiter zu jeder Zeit im Jahr gestartet werden kann. Hier geht es darum, dass Mitarbeiter, die sich überdurchschnittlich entwickelt haben und dadurch den Beitrag zum Erfolg des Unternehmens erhöhen, auch ein höheres Gehalt erhalten. Das passiert z. B. bei der Übernahme einer neuen Rolle mit mehr Verantwortung. Den Beitrag zum Erfolg konkretisieren wir in einem Fragebogen, dem insgesamt sechs Kernkompetenzen für ein erfolgreiches Unternehmen zugrunde liegen.

Dabei gehen wir davon aus, dass das unmittelbare Umfeld etwas von der Entwicklung des Mitarbeiters mitbekommen hat, und bitten dieses durch die Beantwortung des Fragebogens um ein Feedback. Zusätzlich schätzt sich der Mitarbeiter selbst über den Fragebogen ein, was zu interessanten Feedback-Gesprächen führen kann, insbesondere, wenn es Abweichungen zwischen der Eigen- und der Fremdwahrnehmung gibt. Für viele Mitarbeiter ist dieses Feedback wertvoll und unterstützt sie bei ihrer Entwicklung. Wir erleben, dass dieser Prozess eine gesunde Feedback-Kultur unterstützt.

Der Fragebogen ist nicht anonym und das Ergebnis dient dem Management als Hilfestellung für eine Entscheidung über die Höhe der Anpassung.

Auch wenn der Prozess transparent aufgebaut ist, die Gehälter werden von uns nicht offengelegt. Das liegt aber mehr daran, dass sich viele Mitarbeiter bei einer Befragung dagegen ausgesprochen haben. Unabhängig davon berücksichtigt das Management bei allen Gehaltsentscheidungen den internen Vergleich zwischen den Mitarbeitern. Damit sind wir gut vorbereitet, falls sich die Organisation eines Tages dazu entscheiden sollte, die Gehälter transparent zu machen.

Britta Redmann: Wie wird Leistung gemessen? Gibt es ein Performance-Management?
Dan Schwarzlmüller/Nils Fuhrmann: Wir haben keine direkte Leistungsmessung, bezogen auf einzelne Mitarbeiter. Wir organisieren unsere Arbeit in Meilensteinen, Storys und Aufgaben. Die Meilensteine beschreiben, warum wir was für wen machen wollen. Eine Story ist ein verdaulicher »Happen«, der innerhalb von zwei Wochen von einem Team ohne externe Abhängigkeiten erledigt werden kann. Dazu werden vom Team selbst die notwendigen Aufgaben definiert. Sind alle Aufgaben erledigt, ist die Story fertig und ein Wert geschaffen. Das ist für alle transparent und erfolgt nach unserer Priorisierung. Wir sitzen jede Woche zusammen und besprechen aktuelle Meilensteine und deren Prioritäten. Bei Bedarf scheuen wir uns nicht, Prioritäten radikal zu ändern oder auch einen Meilenstein fallen zu lassen. Die Hauptsache ist, dass der Prozess für alle nachvollziehbar ist und wir uns auf die erfolgreiche Fertigstellung umsetzbarer Meilensteine konzentrieren. Wie genau das passiert und welcher Weg dafür genommen wird, ist in der Verantwortung der Mitarbeiter.

Durch die hohe Transparenz kann aber jeder nachvollziehen, wo wir gerade stehen, spätestens zum Review, bei dem jedes Team seine erreichten Ergebnisse vorstellt. Da wird für alle sichtbar, was wir uns vorgenommen haben, was davon geschafft wurde, was nicht und welche Lernerfahrungen wir dabei gemacht haben. Mit der Zeit bekommt jeder ein gutes Bild davon, ob wir gerade gute Leistung abliefern oder ob es irgendwo hakt.

Wir gehen grundsätzlich davon aus, dass jeder seinen Teil zu einem guten Ergebnis beitragen will und investieren in Rahmenbedingungen, die fördern, statt behindern.

Britta Redmann: Gibt es rechtliche Besonderheiten?
Dan Schwarzlmüller/Nils Fuhrmann: Natürlich haben auch rechtliche Rahmenbedingungen einen Einfluss. Wir gestalten beispielsweise die Arbeitsverträge mit einem breiten Aufgabenbereich, da sich dieser ändern kann. So trennen wir beispielsweise in der IT nicht mehr zwischen Development und Operations, sondern fassen es als DevOps zusammen. Jeder hat zwar zu jedem Zeitpunkt seine Schwerpunkte, kann diese aber durchaus verändern.

Wir sind innerhalb der Organisation der Auffassung, dass wir keinen Betriebsrat benötigen, da durch unsere Organisationsform eine Mitbestimmung auf vielen Ebenen nicht nur gewährleistet, sondern unabdingbar notwendig ist. Wir gehen mit der freien Zeiteinteilung sehr offen um und versuchen, so wenig wie möglich starr zu regeln. Damit fahren wir bislang sehr gut.

Britta Redmann: Welche Vorteile oder auch Nachteile sind durch agiles Arbeiten entstanden?
Dan Schwarzlmüller/Nils Fuhrmann: Wir sind insgesamt als Unternehmen flexibler und anpassungsfähiger geworden. Veränderungen können deutlich schneller umgesetzt werden und es besteht eine größere Lösungsorientierung und -motivation. Als Reaktion auf neue Ideen hört man viel öfter ein »Warum nicht?« anstelle eines »Ja, aber ...«.

Durch die gute Kommunikation und Transparenz gelingt es uns außerdem, neue Mitarbeiter viel schneller einzuarbeiten. Der Fokus ist klarer und die Zeit, die wir bei der Formulierung unserer Ziele verwenden, ist gut investiert, da wir bei der Umsetzung viel schneller sind. Viele Reibungsverluste haben sich reduziert und Kompetenzgerangel ist kaum noch zu beobachten. Wir haben weniger administrativen Aufwand und arbeiten alle insgesamt viel dichter an der direkten Wertschöpfung.

Nachteilig ist, dass es nicht so leicht ist, Mitarbeiter zu finden, die sich auf diese Arbeitsweise voll und ganz einlassen. Diejenigen, die Karriere mit der Übernahme von Personalverantwortung gleichsetzen, können wir nicht bedienen. Agiles Arbeiten muss deswegen mit den eigenen Karrierevorstellungen vereinbar sein. Wir haben deswegen mehrere Mitarbeiter der vormals mittleren Führungsebene verloren. Hier war es schwierig, eine Rolle zu definieren, die für beide Seiten gepasst hat.

Ein weiterer Punkt ist, dass wir oftmals eine Transferleistung erbringen müssen, wenn wir im »Außenkontakt« sind. So etwas tritt z. B. auf, wenn der Kunde nach einer klaren Zuständigkeit fragt und wir diese nicht geben können, eben, weil wir sie in einem gesamten Team haben und nicht konzentriert in einer Person. Dieses Kunden zu vermitteln, die bisher keinen oder wenig Kontakt mit agilem Arbeiten hatten, ist nach wie vor nicht leicht.

Mittlerweile merken wir aber, dass sich das Thema Agilität immer weiter verbreitet und dass auch viele große Kunden beginnen, sich mit agilen Themen zu beschäftigen. Insofern gehen wir davon aus, dass sich das im Laufe der Zeit immer weiter angleichen wird.

Britta Redmann: Welche drei wichtigen Tipps würden Sie Unternehmen geben, die sich agil aufstellen wollen?
Dan Schwarzlmüller/Nils Fuhrmann:

- Bevor agiles Arbeiten eingeführt wird, sollte ganz klar sein, was sich das jeweilige Unternehmen davon verspricht, wo es den Nutzen sieht und was es genau damit erreichen möchte.
- Es gibt nicht *die* Agilität. Jede Firma muss hier für sich selbst den eigenen Weg und den Mut dazu finden und sich klar machen, dass es viel Geduld braucht.
- Agilität bringt Konsequenzen mit sich. Unternehmen müssen bereit sein, diese zu tragen. Nur die vermeintlichen Vorteile herauszupicken, funktioniert nicht.

11.7 #Dark Horse – Ein Gespräch mit Jasper Grote

Dark Horse GmbH & Co. KG, Entwicklung von Produkten und Services für Kunden; Beratung zu Innovation im Sinne von kultureller Entwicklung zu New Work und digitaler Transformation, 30 Kommanditisten, Sitz: Berlin
Gesprächspartner: Jasper Grote, Gesellschafter

Britta Redmann: Warum sind Sie mit Ihrem Unternehmen agil geworden?
Jasper Grote: Wir haben alle Design Thinking studiert, was ja eine kreative agile Arbeitstechnik ist. Nach unserem Studium wollten wir auf jeden Fall gemeinsam in dieser Form weiterarbeiten. So haben wir uns zusammengeschlossen und eine für uns passende Gesellschaftsform gefunden, in der wir ausschließlich agil arbeiten können. Aus dem Grund sind wir eine GmbH & Co. KG, und wir alle sind als Kommanditisten beteiligt. Das war vor sieben Jahren.

Britta Redmann: In welchen Bereichen sind Sie agil? Haben Sie bestimmte Methoden?
Jasper Grote: Wir sind in unserer ganzen Organisation agil. Es war ja unser Wunsch, speziell mit der Methode Design Thinking arbeiten zu können. Hierfür sind agile Strukturen und Prozesse Voraussetzung bzw. durch die Methode haben wir unsere Organisation natürlich geprägt. Durch die Gründung der GmbH & Co. KG hatten wir die Mög-

lichkeit, das so zu gestalten, wie wir es für nützlich halten. Insofern haben wir direkt entsprechende Strukturen und Prozesse agil eingerichtet.

Britta Redmann: Woran orientieren Sie und Ihre Kollegen sich?
Jasper Grote: Im herkömmlichen Sinne haben wir keine Vision oder Strategie. Im Alltag ist es natürlich schon so, dass wir entscheiden, welche Arbeitsaufträge wir annehmen und ob wir sie bewältigen können. Es ist uns ganz wichtig, dass es uns allen, also wirklich allen, gutgeht. Was das Arbeitsaufkommen und die Projekte anbelangt, so haben wir quartalsweise feste Treffen, in denen wir die Auftragslage, Projekteingang, Ressourcenplanung besprechen und priorisieren. Das tun und entscheiden wir gemeinsam. Da wir alle am Umsatz prozentual beteiligt sind, ist eine Orientierungsgröße für manche unserer Entscheidungen auch der Gewinn.

Britta Redmann: Wie beschreiben Sie Ihre Unternehmenskultur? Woran lässt sich diese Kultur festmachen?
Jasper Grote: Wir haben eine soziokratische Kultur. Das bedeutet: Alle Entscheidungen werden gemeinsam und einstimmig getroffen. Jeder hat das Recht, eine Entscheidung zu blockieren, also ein Veto einzulegen. Wenn es ein Veto gibt, dann wird hier nach einer gemeinsamen Lösung gesucht. Ist ein schnelles Übereinkommen nicht möglich, dann erhalten diejenigen, die das Veto eingelegt haben, die Aufgabe, eine Lösung zusammen zu erarbeiten. Dieser Grundsatz gilt für alle Entscheidungen bei uns. Er bezieht sich auf das Arbeitsaufkommen genauso wie auf die Geldverteilung. Möchten z. B. mehrere gleichzeitig an einem bestimmten Projekt eine bestimmte Rolle übernehmen, wird darüber erst dann endgültig entschieden, wenn es eine gemeinsame Lösung gibt, mit der sich alle wohlfühlen und die von allen akzeptiert ist.

Britta Redmann: Wodurch gelingt diese Zusammenarbeit? Gibt es noch Führungskräfte?
Jasper Grote: Vertrauen spielt bei uns eine sehr große Rolle. Wir gehen alle davon aus, dass jeder sein Bestes gibt und geben will, und darin unterstützen wir uns gegenseitig. Soweit Fehler passieren, werden diese als Erfahrungen aufgegriffen. Jeder bei uns weiß, dass er deswegen keine Konsequenzen befürchten muss, z. B., dass Fehler Auswirkungen auf seinen Job hätten oder er dadurch seine Stellung verlieren könnte. Letzteres ginge aufgrund unserer Beteiligungen ja sowieso nicht. Verantwortung heißt bei uns, sein Bestes zu geben und Fehler machen zu dürfen. Es besteht bei uns keine Angst, über Dinge, die gescheitert sind, zu sprechen. Sie gehören für uns genauso dazu, wie die erfolgreichen Verläufe. Wir geben uns alle ein Maximum an Vertrauen.

Dadurch sind wir sehr frei in unserem Arbeiten. Wir können selbst bestimmen und entscheiden. Jeder legt für sich fest, wie er arbeitet. Wir erfassen unsere Arbeitszeiten auch nicht. Da wir alle als Kommanditisten beteiligt sind und uns somit nicht in einem »klassischen« Arbeitsverhältnis befinden, hängt die Ausschüttung nicht von der geleisteten Zeit ab. Hier ist vielmehr der Output, das Ergebnis, entscheidend. Ähnlich verhält es sich auch mit dem Arbeitsort. Wir haben feste Termine, wie z. B. einen Jour Fixe oder Teambesprechungen, an denen wir zusammenkommen und bei denen es auch wichtig ist, dass wir uns persönlich austauschen. Das Gleiche gilt für feste Termine im Rahmen der Produktentwicklungsphase. Dann sind und müssen wir auch im Büro sein. Ansonsten kann jeder hier frei entscheiden, ob er zu Hause oder an einem anderen Ort arbeitet.

Wir befinden uns alle in einem Alter von ca. 30 bis Anfang 40. Sicherlich sind wir damit alle in einem ähnlichen Alter, trotzdem befinden wir uns alle in unterschiedlichen Lebenssituationen. Einige planen eine Familie, andere gehen für ein bis zwei Jahre ins Ausland. Hier gibt es ganz unterschiedliche Bedürfnisse. Wir sind immer bemüht, die Bedürfnisse eines jeden möglichst zu erfüllen und dafür auch immer wieder passende gemeinsame Lösungen zu finden.

Wir haben keine Führung im Sinne von Weisungsgebundenheit. Führung zeigt sich bei uns nur im Rahmen der funktionalen Zuständigkeiten, wenn eine Rolle bestimmte Themen, Aufgaben vorgibt. Wir sind alle absolut gleichberechtigt untereinander. Das Gleiche gilt auch für unsere Geschäftsführer. Wir haben Geschäftsführer, weil es die gesetzliche Form so vorschreibt. Und diese haften auch letztendlich mit ihrem privaten Vermögen. Sie sind aber nicht stärker stimmberechtigt oder haben einen besonderen Titel oder so.

Britta Redmann: Sind Sie an rechtliche Grenzen gestoßen?
Jasper Grote: Auch wenn wir keine Arbeitsverhältnisse im Sinne des Arbeitsrechts haben – da wir Beteiligte sind und keine Arbeitnehmer –, stoßen wir oft an rechtliche Grenzen. Um uns als Organisation wirklich konsequent weiterzuentwickeln, was ja Agilität entscheidend mit ausmacht, müssten wir unsere Organisationsform viel einfacher ändern können. Dies ist aber gesetzlich recht kompliziert und mit so großem juristischen wie steuerlichen Aufwand verbunden, dass sich das weder schnell noch einfach umsetzen lässt.

Bei jeder organisatorischen Entscheidung, die wir treffen, müssen wir genau überlegen, welche rechtlichen Konsequenzen dies haben kann. Wenn wir z. B. überlegen, unsere Gewinnausschüttung zu verändern oder als Unternehmen wachsen zu wollen, dann hat das direkte Auswirkungen auf unsere Gesellschaftsform. Bestimmte Veränderungen funktionieren nur in einem anderen Gesellschaftskonstrukt. Das schränkt das »Ausprobieren« und Lernen erheblich ein.

Sehr schwierig und wenig anschlussfähig sind auch Regelungen wie Elterngeld oder Ähnliches. Hier passen wir durch unsere Form und als Kommanditisten nicht wirklich ins System. Alles, was wir hier beantragen, erfordert einen sehr hohen administrativen

Aufwand und ist nicht per se schon geregelt. Ähnliches passiert bei Projektausschreibungen: Viele der geforderten Formalitäten passen nicht zu einer agilen Arbeitsweise. Angaben hierzu lassen sich für uns teilweise schwierig abbilden.

Agilität zu leben und gleichzeitig gesetzliche Anforderungen zu erfüllen, ist manchmal gegensätzlich und wir erleben es als zäh. Es erfordert eine intensive Auseinandersetzung mit der rechtlichen Materie und auch Wissen, um Dinge dann möglich zu machen.

Britta Redmann: Woran machen Sie Erfolg fest?
Jasper Grote: Erfolg machen wir daran fest, dass wir uns fragen, wie es uns geht. Und zwar uns persönlich. Ob wir also Spaß haben, zufrieden sind und eine gute Zeit haben. Und auch, ob der Kunde zufrieden ist und ob genügend Geld reinkommt, das gehört alles mit zu unserem Erfolg.

Dabei ist es schon unser großes Ziel, nicht nur auf den Einzelnen zu schauen, sondern, dass es uns allen 30 gut geht. Soweit wir feststellen oder jemand auch sagt, dass er nicht zufrieden ist, versuchen wir, zu helfen. Wir schauen und klären, was dahinter steckt, ob es Gründe sind, die im Einzelnen selbst liegen oder dies ggf. eine systemische oder strukturelle Ursache hat. Wir besprechen und lösen dies gemeinsam. Erfolg ist für uns, wenn wir alle 30 glücklich und zufrieden sind.

Da wir immer sehr eng und nah mit dem Kunden zusammenarbeiten, stellen wir hier im intensiven Kontakt schnell fest, ob auch er mit uns zufrieden ist. Letztendlich ist unsere Arbeitsweise ja auch so ausgerichtet, dass wir schnell eine Rückmeldung erhalten und uns so direkt auf die Kundenanforderungen einstellen können.

Britta Redmann: Was sind die wichtigsten Erfahrungen, die Sie und Ihre Kollegen mit agilem Arbeiten gemacht haben?
Jasper Grote: Vertrauen ist ein entscheidender Punkt. Es kommt nicht einfach so daher, sondern es ist wichtig, dass alle positive Erfahrungen damit machen und es sich bilden und wachsen kann. Dabei hilft, dass wir uns füreinander interessieren und gut miteinander umgehen. Da wir auch zueinander stehen, wenn mal Fehler passieren. Fehler sind bei uns kein »Karriere-Aus«. Es muss die Möglichkeit bestehen, scheitern zu können. Vertrauen heißt für uns, die Möglichkeit, dass ein gravierender Fehler passieren könnte, auszublenden und daran zu glauben, dass es gut geht.

Britta Redmann: Was sind klare Vorteile Ihrer agilen Arbeitsweise? Wo sind ggf. Nachteile?
Jasper Grote: Ein großer Vorteil ist, dass wir alle sehr frei sind in unserem Tun und selbst entscheiden können. Trotzdem sind wir Teil des Ganzen. Jeder macht wirklich das, was ihm entspricht, und jeder kann gleichberechtigt teilhaben.

Ein Nachteil ist zum einen die schon erwähnte gesetzliche Anschlussfähigkeit. Ein weiterer Nachteil besteht darin, dass wir eine wenig planbare finanzielle Situation haben. Das ist ähnlich wie bei einem Selbstständigen: Ich weiß zwar, was gerade im Topf ist, ich weiß aber nicht, was in drei Monaten an Aufträgen reinkommen wird.

Britta Redmann: Welche drei wichtigen Tipps würden Sie Unternehmen geben, die sich agil aufstellen wollen?
Jasper Grote:

- Flexible Hierarchien einführen.
- Bereit sein, alles, was in der Vergangenheit nicht funktioniert hat, über Bord zu schmeißen.
- Allen Mitarbeitenden ein Maximum an Vertrauen und Freiheit geben.

11.8 #Sipgate – Ein Gespräch mit Thu Pakasathanan

Sipgate GmbH, Telefonieanbieter, Mitarbeiter: 120, Sitz: Düsseldorf
Gesprächspartner: Thu Pakasathanan, HR People Operations

Britta Redmann: Warum arbeiten Sie agil und seit wann?
Thu Pakasathanan: Die Firma besteht seit 1998 und für uns waren Teamarbeit und Transparenz schon immer entscheidende Säulen unserer Zusammenarbeit. Das mit der Agilität war dann fast eine logische Folge. Der hauptsächliche Treiber, warum wir dann intensiv ab 2010 mit Scrum gearbeitet haben, waren Schnelligkeit, Flexibilität und die hohe Kundenorientierung.

Auch wenn wir schon immer in Teams und ohne herkömmliche Führungsebene gearbeitet haben, war es doch ein langer Prozess für unser Unternehmen, bis wir in allen Unternehmensbereichen agil gearbeitet haben. Das hat schon einige Jahre gedauert und war auch nicht für alle Mitarbeiter von Anfang an einfach.

Britta Redmann: In welchen Bereichen sind Sie agil? Wie machen Sie das in der HR-Abteilung?
Thu Pakasathanan: Wir sind tatsächlich im gesamten Unternehmen agil. Daher auch im HR-Bereich und in der Buchhaltung. Wir in der HR-Abteilung nutzen ebenfalls Scrum- und Kanban-Elemente, wie das Stand-up oder die Retrospektive. So startet der Tag bei uns – ebenso wie bei den anderen Teams – immer mit einem Stand-up. Die wichtigen Themen kommen ans Kanban-Board, so dass wir den Verlauf nachvollziehen können. Viel wichtiger ist aber unser Commitment, das aus dem Stand-up heraus entsteht. Auch wenn es nur ein kurzer Austausch sein mag, so sagen meine Kollegin und ich uns immer unsere jeweiligen Tagesziele, worauf wir heute unseren Fokus

legen und was wir schaffen wollen. Durch das gegenseitige Mitteilen entsteht noch einmal eine ganz andere Verbindlichkeit zu der Aufgabe.

Britta Redmann: Woran orientieren Sie sich beim agilen Arbeiten im HR-Bereich?
Thu Pakasathanan: Wir haben keine festen konkreten Werte oder Leitlinien. Was wir haben, ist ein Verständnis von uns und unserer Zusammenarbeit. Das haben wir für uns alle definiert. Das prägt uns in unserem Zusammenwirken.

Im Prinzip verstehen wir Personaler uns als Unterstützer für die Teams. Wir sind diejenigen, die möglichst die richtigen Fragen stellen und dabei den Teams helfen, sich immer weiter selbstverantwortlich zu entwickeln. So führen wir z. B. das Recruiting gemeinsam mit dem Team durch. Die Anforderungen für eine Ausschreibung werden gemeinsam entwickelt. Daraufhin setzen wir die Anzeige auf. Alle Schritte in einem dann folgenden Auswahlprozess erfolgen durch das Team. Das Vorstellungsgespräch wird gemeinsam mit dem Team geführt und das Team entscheidet auch selbstverantwortlich, ob der Bewerber passt oder nicht. Wir geben zwar unter Umständen Hinweise – aber wir mischen uns nicht in die Entscheidung ein. Wir moderieren den Entscheidungsprozess. Die gleiche Rolle nehmen wir auch ein, wenn es um die Entscheidung nach der Probezeit geht, ob ein Mitarbeiter übernommen werden soll.

Wenn wir bei uns im Unternehmen neue Konzepte einführen möchten, z. B. ein neues Feedback-System, dann gehen wir ganz ohne Konzept oder konkrete Vorstellung an die Mitarbeiter heran. Es gibt bei uns sogenannte Open-Fridays, die alle 14 Tage stattfinden, bei denen Kollegen Ideen vortragen können. Wenn wir also der Auffassung sind, wir bräuchten ein neues Konzept oder einen Vorschlag oder wenn wir eine neue Idee haben, so stellen wir dies im Open-Friday vor. Die Rückmeldungen nehmen wir auf und konkretisieren unsere Idee oder den Vorschlag. Das Konzept wird dann wieder in der Runde vorgestellt und wieder nehmen wir Ideen und Anregungen auf und probieren es dann in der Regel auch zügig aus. Die daraus gewonnenen Erfahrungen nehmen wir wieder mit in die Runde und tauschen sie untereinander aus. Dabei werden möglichst die Abstände, in denen wir Systeme oder Vorgehensweisen ausprobieren, immer länger. Wichtig ist aber: Wir probieren sehr viel aus und wir beziehen alle mit ein, die daran mitwirken wollen. Jeder, der sich für dieses Thema interessiert, erhält somit die Gelegenheit, daran mitzuwirken und einen Beitrag zu leisten. Mitarbeiter können somit an unserer Personalarbeit direkt mitwirken.

Britta Redmann: Was macht Ihre agile Unternehmenskultur aus? Warum klappt das so gut in der Zusammenarbeit?
Thu Pakasathanan: Der Kern unserer Kultur ist Feedback. Das fängt schon bei der Bewerbung an: Jeder Bewerber erhält von uns ein ganz individuelles Feedback auf seine Bewerbung – und das innerhalb von 24 Stunden nach seiner Bewerbung. Dabei setzen wir uns ganz dezidiert mit der Bewerbung auseinander und teilen dieses mit,

gerade bei Absagen. Das ist sehr intensiv und bedarf auch rechtlich einer genauen Formulierung. Dazu gehört viel Engagement. Es ist uns aber ein ganz wichtiges Anliegen und entspricht auch unserem Verständnis von Transparenz. Für unsere sehr ausführlichen und individuellen Rückmeldungen erhalten wir sehr viel positives Feedback – und das, obwohl es sich um Absagen handelt.

Der Feedback-Gedanke zieht sich komplett durch unsere Zusammenarbeit. Während der Probezeit haben wir mehrere Feedback-Runden, die wir als Personaler in den Teams moderieren. Davon abgesehen, haben wir jetzt ganz neu zwei Feedback-Runden im Jahr eingeführt, in denen Mitarbeiter sich Rückmeldung einholen können. Der Mitarbeiter kann hier frei wählen, ob er z. B. lieber ein Feedback vom gesamten Team oder lieber ein Eins-zu-eins-Feedback möchte. Die Mitarbeiter dürfen auch frei entscheiden, von wem sie eine Rückmeldung erhalten. Dieser Prozess ist jetzt ein Jahr durchgelaufen und wir werden ihn am Ende des Jahres evaluieren und dann sehen, wie wir ihn nächstes Jahr ggf. verändern und aus unseren gemachten Erfahrungen heraus anpassen.

Ein weiterer Grund, warum das bei uns so gut funktioniert, ist, dass wir wirklich in hohem Maße selbstorganisierte Teams haben. Themen zur Zusammenarbeit untereinander werden selbst in den Teams angesprochen und geregelt. Natürlich gibt es auch die Ausnahmen. Wenn wir als HR sehen, dass sich vielleicht ein Mitarbeiter nicht wohlfühlt oder es Spannungen gibt, dann fragen wir im Team nach und geben auch unsere Wahrnehmung kund. Die Entscheidung, wie dann damit umgegangen wird, trifft aber auch hier das Team selbst.

Jeder hat bei uns die Wahl, ob er sich einlassen möchte oder nicht. Auch die Feedback-Runden sind keine Pflicht. Sie sind ein Angebot. Allerdings ist es auch transparent, wer daran teilnimmt und wer nicht.

Ähnlich ist es auch mit unserer Weiterbildung: Es liegt uns sehr am Herzen, dass sich unsere Mitarbeiter weiterbilden. Jeder kann bei uns Lektüre bestellen, wenn er der Auffassung ist, das dies für seinen Job, seine Aufgabe oder seine Tätigkeit wichtig ist. Wir haben auch eine gemeinsame Bibliothek, die unsere Mitarbeiter nutzen können.

Genauso verhält es sich mit der Teilnahme an Konferenzen, Seminaren oder Foren. Wenn ein Mitarbeiter an einer Maßnahme teilnehmen möchte, bespricht er das im Team und dann kann er frei entscheiden, ob er dahin geht oder nicht.

Es kann auch seine Unterkunft und sein Reisemittel frei wählen. Wir erleben unsere Mitarbeiter als sehr selbstverantwortlich. Dabei haben sie immer auch das unternehmerische Ziel im Auge.

Britta Redmann: Wie sehen Ihre Arbeitsbedingungen aus?
Thu Pakasathanan: Wir haben ein eigenes Vergütungsmodell, das bestimmte Faktoren berücksichtigt: Das sind die Rolle des Mitarbeiters, seine Berufserfahrung und die Betriebszugehörigkeit. Nach diesen Faktoren wird jeder Mitarbeiter bezahlt. Dieses System sieht auch automatische Gehaltssteigerungen vor, die z. B. nach einem Jahr greifen, weil der Mitarbeiter dann in puncto Erfahrung einen weiteren Sprung gemacht hat. Wenn es sich um einen Mitarbeiter handelt, der schon länger bei uns ist, wächst vielleicht weniger seine Erfahrung, dafür steigt sein Loyalitätsfaktor. Somit ist die Vergütung bei uns ganz klar geregelt.

Das bedeutet auch, dass das jährliche Vergütungsgespräch entfällt. Durch die automatische Gehaltsanpassung ist dies nicht mehr erforderlich.

Wir haben keine festgeschriebenen Arbeitszeiten, arbeiten aber mit einer Zeiterfassung. Es ist uns wichtig, dass jeder Mitarbeiter nicht mehr als 40 Wochenstunden arbeitet. Deswegen soll jeder Mitarbeiter einen Überblick über seine Zeiten haben. Dafür stempelt sich jeder morgens ein und abends aus. Auch wenn wir keine festen Arbeitszeiten haben, so gibt es doch verbindliche Termine, wie z. B. die Scrum-Meetings, Stand-ups oder Reviews. Es ist uns auch wichtig, dass wir alle hier an einem Ort zusammenarbeiten. Aus dem Grund haben wir z. B. keine Homeoffice-Regelung.

Britta Redmann: Gab es bisher rechtliche Schwierigkeiten?
Thu Pakasathanan: Mit allen Veränderungen gehen wir offensiv auf die Mitarbeiter zu. Wir haben auch hauseigene Juristen, die wir bei arbeitsrechtlichen Belangen zurate ziehen. Zum Beispiel, als wir entschieden haben, dass wir unsere Absageschreiben auf Bewerbungen ganz individuell formulieren möchten. Da haben wir uns zusammengesetzt und uns darlegen lassen, welche Formulierungen hier erlaubt sind und was kompliziert werden kann. Es ist aber nicht so, dass wir jetzt jede Absage dem Hausjuristen zeigen, vielmehr, dass wir die Dinge vorab ansprechen, versuchen, zu regeln und es dann aber ausprobieren und machen.

Britta Redmann: Wo sind für Sie klare Vorteile durch agiles Arbeiten entstanden? Wo sind ggf. Nachteile?
Thu Pakasathanan: Auf jeden Fall werden die Teams in ihrer Selbstorganisation gestärkt. Dadurch, dass wir kaum etwas vorgeben und nur durch Fragen führen, dauert es am Anfang länger. Was als Ergebnis dann herauskommt, ist aber aus unserer Sicht immer besser. Und wird von allen mitgetragen. Und wie schon am Anfang gesagt: Unsere Produktivität hat sich durch agiles Arbeiten um ein Vielfaches gesteigert.

Nachteile sehe ich weniger. Wie bei jeder Arbeitsform muss es halt immer zum Einzelnen passen.

Britta Redmann: Welche drei wichtigen Tipps würden Sie Unternehmen geben, die sich agil aufstellen wollen?
Thu Pakasathanan:

- Keine Kultur kopieren! Jede Firma ist anders und es kommt einfach darauf an, wo man kulturell steht und wo man hinwill. Dabei ist es ganz wichtig, dass Unternehmen ihren eigenen Weg gehen.
- Ausprobieren und machen! Und dann iterativ wieder anpassen und weiter ausprobieren. Agiles Arbeiten ist immer ein Prozess.
- Dieser Prozess bedingt, dass Mitarbeiter und Teams Erfahrungen – sprich: auch Fehler – machen dürfen. Also nicht alles vorgeben, sondern durch Fragen unterstützen. Ansonsten es auch einfach aushalten können, wenn Fehler passieren und diese in Erfahrung umsetzen.

11.9 #Malerbetrieb Heyse – Ein Gespräch mit Matthias Schultze

Malerfachbetrieb Heyse, GmbH & Co. KG, Malerarbeiten, Fassaden, Sanierung, Mitarbeiter: 30, Sitz: Isernhagen
Gesprächspartner: Matthias Schultze, Inhaber

Britta Redmann: Was ist für Sie agiles Arbeiten in Ihrem Handwerk?
Matthias Schultze: Agiles Arbeiten ist für mich, auf Augenhöhe und partnerschaftlich miteinander umzugehen, und vor allem auch, mich zu vernetzen. Das gilt für den Kontakt mit den Kunden, mit meinen Mitarbeitern und auch mit anderen Malerbetrieben, aber auch mit dem Handwerk an sich. Agiles Arbeiten bedeutet für mich, vernetzt zu arbeiten. Menschen miteinander zu verbinden, ist ein ganz wesentlicher Baustein für mich persönlich, auf den ich auch in der Führung meines Geschäftsbetriebes setze. Um dies tun zu können, kommuniziere ich. Dabei ist das Internet und natürlich auch viele sogenannte Social-Media-Plattformen eine große Unterstützung. Unsere Website ist als »Austauschplattform« zu verstehen. Hier werden nicht nur unsere Dienstleistungen angeboten, sondern es finden sich Blogs zu den unterschiedlichsten aktuellen Themen, persönliche Kundenreaktionen, Posts von Menschen, die sich von unseren Inhalten angesprochen fühlen und tatsächlich dann auch über unsere Website miteinander in Kommunikation treten. Es ist eine Seite, auf der man sich informieren kann, über die man sehr viel über uns persönlich, und damit meine ich vor allem auch über mein Team und mich als Menschen, erfährt. Aber auch eine Seite, auf der man Fragen stellen und über die man miteinander in den Dialog treten kann. Zu allem, was an Anfragen an uns herangetragen wird, nehmen wir Stellung. Jeder bekommt eine Rückmeldung und das innerhalb kürzester Zeit.

Britta Redmann: Warum machen Sie das?
Matthias Schultze: Es ist für mich die beste Art, mich einem Kunden zeigen zu können und meine Dienstleistung und meine Mitarbeiter zu präsentieren. Das soll für den Kunden möglichst »erlebbar« sein. Wie das geht? Ganz einfach: Unsere Mitarbeiter erzählen selbst ihre Geschichte und stellen sich vor. Wenn sich jemand für uns interessiert, hat er so die Möglichkeit, unser Team kennenzulernen, bevor überhaupt ein Geschäftsverhältnis zustande gekommen ist. Er kann sich somit ein umfängliches Bild von uns machen und weiß ggf. dann auch schon im Vorfeld, wer zu ihm kommen wird, um den Auftrag auszuführen. Es ist so, dass uns der Kunde dann zumindest schon ein bisschen kennt.

Das Gleiche gilt auch für unsere Arbeit. In meinem Blog berichte ich unter anderem darüber, was wir tun. Für unsere Kunden und auch für unsere Nicht-Kunden sind unsere Arbeiten immer transparent. Und nicht nur das: Auch Reaktionen unserer Kunden selbst, die wir erhalten und die eine der größten Motivationen für uns sind, stellen wir ins Netz. Da kommen ganz unterschiedliche Beiträge zustande, die unter anderem sehr emotional und berührend sind. Das hat nicht nur etwas mit der fachlichen Ausführung der Malerarbeiten zu tun – hier geht es um unseren Austausch und unsere Beziehung miteinander. Der Austausch über das Internet ermöglicht es uns daher, nicht nur zu zeigen, was wir *tun*, sondern auch, was es bei anderen *bewirkt*. Das sehe ich als großes Geschenk.

Und warum ich mich in dieser Form vernetze? Weil ich möchte, dass Kunden zu mir finden. Weil ich mein Handwerk erfolgreich in die Zukunft führen möchte. Es ist mein Anspruch, meinen Mitarbeitern einen sicheren Arbeitsplatz möglichst bis zu ihrer Rente bieten zu können und ihnen dafür eine Top-Auftragslage zu beschaffen. Ich nutze das Internet und insbesondere Social Media insofern für meine geschäftlichen Ziele.

Britta Redmann: Was sind für Sie die größten Vorteile des agil vernetzten Arbeitens?
Matthias Schultze: Die Wertschätzung, die wir hierüber von Kunden bekommen und die Wertschätzung, die ich hier auch von meinen Mitarbeitern erhalte. Dabei ist Wertschätzung der Kunden nicht allein die positive Resonanz, die wir hier erfahren. Jede Information des Kunden ist für uns eine wichtige Information, aus der wir lernen. Und wir nutzen jede Chance, um daraus zu lernen. Wenn jemand etwas nicht versteht oder nicht zufrieden ist, dann setzen wir uns umgehend mit ihm zusammen und besprechen und klären die Angelegenheit, bis wir eine gemeinsame Lösung gefunden haben. In unseren Gesprächen mit Kunden sind wir sehr lösungsorientiert. Dies erreichen wir durch bestimmte fokussierte Fragetechniken. Durch unsere technische Ausstattung – jeder Mitarbeiter bei uns verfügt über ein Smartphone oder Tablet – können wir uns auch direkt untereinander zusammen mit dem Kunden in Verbindung setzen, wenn es Unklarheiten oder Probleme gibt. Wir lösen das möglichst direkt in dem Moment,

in dem eine Frage auftaucht und sprechen miteinander. Und durch Face Time oder WhatsApp ist es ja auch kein Problem, sich unmittelbar untereinander auszutauschen.

Auf der Website sehen meine Mitarbeiter genauso wie ich alle Beiträge von unseren Kunden. Jegliches Feedback – also z. B. von Kunden oder Partnerfirmen – ist immer für alle gleichermaßen transparent. Darüber können wir uns dann auch gemeinsam austauschen.

Zu Entscheidungen, die ich treffe, hole ich mir vorher die Meinung von allen Mitarbeitern ein. Auch das geht quasi online über unsere WhatsApp-Gruppe schnell, direkt und einfach. Jeder ist dadurch immer sofort informiert und eingebunden.

Die Transparenz, die ich durch unsere Website schaffe, kommt mir noch an anderer Stelle zugute: Ich erreiche damit auch potenzielle Bewerber, die dann auch wieder einen sehr authentischen Einblick in unsere Arbeit und über uns bekommen. Diese Form der Vernetzung verbindet unser Geschäft einfach in vielfältiger Weise mit der »Außenwelt«, um es mal so zu formulieren.

Britta Redmann: Was hat Sie persönlich angetrieben, sich agil aufzustellen?
Matthias Schultze: Ich hatte schon immer ein großes Faible für alles, was Computer und Internet anbelangt. Schon 1997, als es so etwas wie Facebook und Twitter noch gar nicht gab, habe ich bereits Fotos und Daten meiner Freunde »digitalisiert«. Für mich war digitale Datenerfassung und das Nutzen von digitalen Prozessen immer schon eine große Erleichterung. Insofern habe ich eigentlich von Beginn an versucht, die Vorteile, die ich darin sehe, direkt in meinem Betrieb zu einzusetzen und Prozesse ebenfalls zu nutzen.

Britta Redmann: Wie gelingt es Ihnen, Ihre Mitarbeiter hierfür zu gewinnen?
Matthias Schultze: Meine Mitarbeiter sind sehr begeistert von der Art und Weise, wie wir hier zusammenarbeiten und wie wir uns als Betrieb aufstellen und uns sowohl nach außen als auch nach innen vernetzen. Das ist für einen Handwerksbetrieb anscheinend noch eher ungewöhnlich. Meine Mitarbeiter schätzen es sehr und sind stolz darauf, dass das, was und wie wir etwas tun, so eine große Reichweite erfährt. Gerade auch das Team und das Miteinander sind für uns wesentliche Faktoren, die durch unsere direkte und transparente Kommunikation ebenfalls sehr gut unterstützt werden. Zudem haben meine Mitarbeiter jederzeit die Möglichkeit, Entwicklungen mitzugestalten und ihre Meinung einzubringen. Soweit ich Änderungen oder Neuerungen plane, stelle ich diese allen Mitarbeitern vor und lasse darüber abstimmen. Dafür müssen wir uns nicht immer treffen – auch das passiert als Videokonferenz oder über WhatsApp. Damit hat jeder auch die Möglichkeit, teilzunehmen und gleichzeitig kann ich meine Ideen unmittelbar mitteilen.

Britta Redmann: Welche drei wichtigen Tipps hätten Sie für Unternehmen, die sich agil aufstellen wollen?
Matthias Schultze:

- Der Kunde und das Team sind der Boss. Insofern ist es wichtig, sich als Unternehmer weniger wichtig zu nehmen und sich am Kunden und am Team zu orientieren.
- Mir als Unternehmer die Frage zu stellen, was ich mir wirklich vom Leben wünsche.
- Und anschließend mir die Frage zu stellen, ob das, was ich tue, das ist, was ich wirklich immer tun wollte. Wer sich diese Fragen beantworten kann, dem helfen die Antworten auch bei der Klärung, sich agil aufzustellen.

11.10 #IG Metall – Ein Gespräch mit Karl-Heinz Hageni

IG Metall, Gewerkschaft, Mitglieder: 2,2 Millionen, Sitz: bundesweit
Gesprächspartner: Karl-Heinz Hageni, IG Metall, Vorstandsressort Angestellte, IT, Studierende

Britta Redmann: Was verstehen Sie unter agilem Arbeiten? Kennen Sie Beispiele?
Karl-Heinz Hageni: Wenn ich von der Wortbedeutung ausgehe, dann heißt »agil« beweglich, flink zu sein, sich schnell an veränderte Rahmenbedingungen anpassen zu können. Auf das konkrete Arbeitsumfeld bezogen, bedeutet es für ein Projekt oder ein Produkt, dass dieses in kleinen Schritten und im Takt mit einem sich selbstorganisierten Team entwickelt wird. Merkmale von Agilität sind der regelmäßige Austausch im Sinne einer Reflexion als auch die Transparenz der Arbeit. Teams arbeiten stärker eigenverantwortlich, entscheiden gemeinsam über den nächsten Arbeitsschritt und die zu leistenden Arbeitspakete. Bei allem, was getan wird, stehen der Kunde und sein Nutzen immer im Mittelpunkt. Klassische Unternehmenshierarchien weichen Netzwerkorganisationen, in denen kooperativ zusammengearbeitet wird.

Durch sich beschleunigende Digitalisierung wird Flexibilität und vor allem kurzfristiges Reagieren auf Kundenwünsche heutzutage immer wichtiger. Damit auch Agilität. So sind beispielsweise bei einer App-Entwicklung übliche Entwicklungszeiten von neun bis achtzehn Monaten nicht mehr akzeptabel. Durch agiles Arbeiten können die Zyklen hier auf sechs Monate verkürzt werden.

Agilität ist dabei durchaus nicht nur ein Thema für Start-ups. Auch in Entwicklungsabteilungen oder im Office-Bereich arbeiten immer mehr Teams mit agilen Methoden. Bei der Softwareentwicklung wird meist Scrum oder Kanban verwendet. Das Kanban-Prinzip wird auch oft in der Projektarbeit oder im Office-Bereich zur erhöhten Transparenz genutzt. Design Thinking unterstützt die Entwicklung neuer Geschäftsmodelle oder Produkte.

Britta Redmann: Wo besteht Ihrer Meinung nach bei agilem Arbeiten eine Mitbestimmung?
Karl-Heinz Hageni: Es gibt viele Themen, die eine rechtzeitige Einbindung und Mitwirkung des Betriebsrates bedürfen. Angefangen bei der Arbeitszeit genauso wie bei Zeiten, die eingeplant werden sollten, um auch Ruhepausen nach einem Projekt zu haben oder um auch sogenannte Kreativzeiten sicherzustellen. Auch sollten Regeln zur Vermeidung von Überstunden vereinbart werden. Hier sind wiederum gesundheitliche Aspekte betroffen, wie z. B. Erholungsbedürfnisse, als auch Prävention und Gefährdungsbeurteilungen von Anfang an bei der Planung zu berücksichtigen.

Das komplette Performance-Management müsste neu gedacht werden: Individuelle Leistungsbeurteilungen sind zu hinterfragen, ob sie im agilen Umfeld noch sinnvoll sind oder ob hier nicht neue, ggf. kollektive Regelungen gefunden werden müssten. Weiterhin darf die durch Agilität geschaffene Transparenz und der offene Austausch im Team nicht zur individuellen Leistungskontrolle genutzt werden.

Zu denken ist auch an Regelungen für die Einsätze und die Entscheidungsprozesse in den Teams. Damit agil gearbeitet werden kann, sollten auch Räumlichkeiten zur Verfügung gestellt werden, die Teamarbeit und agiles Arbeiten leichter ermöglichen.

Und letztendlich geht es auch um Fragestellungen der Qualifizierung und Befähigung für die neuen Methoden, Rollen und für die Teamarbeit. Gerade für Führungskräfte sollte hier eine Qualifizierung zu ihrer neuen Rolle als »Unterstützter« eingefordert werden. Weg vom alten »Command & Control« hin zu einer dienenden Führung.

Britta Redmann: Welche Vorteile ergeben sich aus dem agilen Arbeiten für Arbeitnehmer?
Karl-Heinz Hageni: Vorteile für Beschäftigte können sein, dass durch agiles Arbeiten sowohl für den Einzelnen als auch für das Team mehr Selbstbestimmung ermöglicht wird. Das wiederum kann zu einem ausgeglichenen Arbeiten führen und weniger Stress bedeuten. Ein weiterer Vorteil ist das gegenseitige Voneinander-Lernen, insbesondere im Team. Auch kann das Wissen, für den wirklichen Kundennutzen zu arbeiten, bei Mitarbeitern die Sinnhaftigkeit ihrer Arbeit und auch ihre Motivation erhöhen.

Britta Redmann: Welche Vorteile ergeben sich daraus für Arbeitgeber?
Karl-Heinz Hageni: Für Unternehmen gibt es sicherlich ähnliche Vorteile: Dass der Kunde in den Mittelpunkt gestellt wird, wirkt sich positiv auf die Kundenorientierung aus. Kürzere Entwicklungszyklen und eine bessere Umsetzung und Anpassungsfähigkeit stärken die Wettbewerbsfähigkeit und dienen daher dem Unternehmenserfolg. Die stetige Reflexion der Beschäftigten und Teams hilft Betrieben, sich hin zu einer »lernenden Organisation« zu entwickeln.

Britta Redmann: Gibt es aus Ihrer Sicht auch Nachteile?
Karl-Heinz Hageni: Nachteile können sich dann ergeben, wenn durch zu hohe Ergebnisorientierung und eine zu hohe Taktung Erholungsbedürfnisse nicht gelebt werden können und Zeit für die Weiterbildung verloren geht oder gar nicht vorhanden ist. Passieren könnte auch, dass das Team zu hohe Ansprüche an sich selbst stellt, sich in der Aufgabenschätzung übersteuert und die Zeitvorgaben zu knapp bemessen sind. Dadurch könnte Leistungs- und Bewährungsdruck entstehen. Ständige Transparenz könnte auch zu Leistungsvergleichen führen und sogenannten »Pranger-Effekte« erzeugen. Ein weiterer möglicher Nachteil kann auch entstehen, wenn das Performance-System nicht zur agilen Arbeit passt und z. B. durch individuelle Zielvereinbarungen und Konkurrenzdenken das Teamplay erschwert wird.

Britta Redmann: Welche drei wichtigen Tipps hätten Sie für Unternehmen, die sich agil aufstellen wollen?
Karl-Heinz Hageni:

- Wichtig ist es, ein gemeinsames Verständnis von agilen Werten zu haben, bevor agil gearbeitet wird, z. B. Vertrauen und gegenseitige Unterstützung. Wenn diese Werte gelebt werden, wird es leichter sein, in einem Meeting über Fehler zu sprechen, diese auch zuzugeben oder sogar schon im Vorfeld nach Unterstützung zu fragen.
- Betriebsvereinbarungen ermöglichen es, Rahmenbedingungen und Spielräume zu beschreiben und damit Rechtssicherheit zu schaffen.
- Gerade das mittlere Führungsmanagement sollte qualifiziert werden, die neue Rolle als unterstützende Führungskraft wahrzunehmen.

11.11 #Deutsche Telekom – Ein Gespräch mit Dr. Wolf Wehner

Deutsche Telekom AG – Products & Innovation, IT, Mitarbeiter: ca. 2.500, Sitz: Darmstadt
Gesprächspartner: Dr. Wolf Wehner, Product Owner Agile Transition Team

Britta Redmann: Was war der Auslöser für den Abschluss einer Betriebsvereinbarung zu Agilität?
Dr. Wolf Wehner: Auslöser für den Abschluss einer Betriebsvereinbarung war die Einführung agiler Methoden, die wir seinerzeit zunächst im Konzernbereich »Products & Innovation« angewandt haben. Im Wesentlichen ging es hierbei um Scrum und Kanban. Bei der Einführung haben wir relativ schnell gemerkt, dass sich durch agile Methoden die Zusammenarbeit stark verändern kann und hier ein hohes Maß an Transparenz herrscht. Dies hat bei uns dazu geführt, dass wir uns die Frage gestellt haben, inwieweit dieses neue Modell der Zusammenarbeit denn zustimmungspflichtig sei. Aus diesem Impuls heraus haben wir bereits sehr früh Kontakt mit unserem

Betriebsrat aufgenommen. Gleichzeitig wollten wir hier der Sorge vom Betriebsrat als auch von Mitarbeitern vorgreifen, nicht die individuelle Leistung zu erfassen, sondern vielmehr Vorteile von agilem Arbeiten, wie Selbstorganisation und Selbstmotivation, fördern. Mit der Betriebsvereinbarung stellen wir das für alle klar. Daher war es uns wichtig, direkt von Anfang an auf den Betriebsrat zuzugehen und eine solche Vereinbarung gemeinsam und partnerschaftlich aufzusetzen.

Britta Redmann: Wer saß mit am Tisch?
Dr. Wolf Wehner: Es waren Vertreter aus der HR-Abteilung, dem Betriebsrat und auch Mitglieder des »Agil Transition Team« dabei. Hierbei war es sicherlich ein hilfreicher Zufall, dass einige Betriebsratsmitglieder schon Kontakt mit agilen Methoden hatten – wie beispielsweise in der Rolle des Scrum Masters – und dadurch von der Einführung direkt betroffen waren. Die Betriebsvereinbarung ist eine lokale Vereinbarung und gilt nur für die Angestellten des Bereichs »Product Innovation«. Vom Startschuss bis zur Unterschrift hat es insgesamt so um die sechs Monate gedauert.

Britta Redmann: Welche Vorteile hat die Betriebsvereinbarung?
Dr. Wolf Wehner: Durch die Vereinbarung wurden agile Arbeitsmethoden – und damals waren wir ja noch in der Einführung – viel leichter bei den Mitarbeitern akzeptiert. Wir haben z. B. das »Agile Manifest« in die Präambel aufgenommen und wollten durch die Betriebsvereinbarung ein einvernehmliches Commitment zu agilem Arbeiten von beiden Seiten – Arbeitgeber und Betriebsrat – gestalten und zusichern. Dadurch haben wir Rechtsicherheit geschaffen.

Britta Redmann: Was sind die Besonderheiten bei dieser Betriebsvereinbarung?
Dr. Wolf Wehner: Es war uns klar, dass, wenn wir eine Vereinbarung über agiles Arbeiten abschließen, wir auch Raum lassen müssen für die späteren Erfahrungen, die wir mit Agilität machen. Zwei Punkte waren uns daher besonders wichtig: Zum einen wollten wir eine schlanke Vereinbarung und zum anderen, dass wir die gleichen Prinzipien anwenden wie im agilen Prozess. Dies bedeutet in der Praxis, dass wir uns auf bestimmte Punkte verständigt haben, dann aber immer wieder in bestimmten Zyklen gemeinsam über die Vereinbarung schauen und reflektieren, wie agiles Arbeiten bei uns funktioniert und ob wir ggf. Anpassungen in den Regelungen oder in dem BV-Prozess vornehmen müssen. Dies geschieht in vorher fest vereinbarten Terminen, ähnlich wie in Retrospektiven und Reviews. Die Betriebsvereinbarung gibt uns einen groben Rahmen, in dem wir Handlungsspielräume nutzen können und hier auch »ausprobieren können« und gleichzeitig verbindlich Rechte wahren.

Britta Redmann: Welche drei wichtigen Tipps hätten Sie für Unternehmen, die eine Betriebsvereinbarung zu agilem Arbeiten abschließen möchten?
Dr. Wolf Wehner:

- Ganz wichtig ist, den Verhandlungspartner, also den Betriebsrat, frühzeitig einzubinden.
- Für eine größtmögliche Akzeptanz ist eine offene Kommunikation in das gesamte Unternehmen über die Einführung und den Nutzen von Agilität entscheidend.
- Eine Betriebsvereinbarung sollte zum Thema Agilität nicht statisch, sondern beweglich sein. Es lohnt sich hier, agile Prozesselemente auch auf eine solche Vereinbarung anzuwenden und somit auch hier schon in der Erarbeitung und im Abschluss agil zusammenzuwirken.

11.12 #ReweDigital – Ein Gespräch mit Sudan Jackson

Rewe Digital/REWE Group Mitarbeiter: 360.315 weltweit, Sitz: Köln
Gesprächspartner: Sudan Jackson, Manager Organisational and Cultural Development

Britta Redmann: Was sind die Kernpunkte und Vorteile agilen Arbeitens bei Rewe Digital?
Sudan Jackson: Bei uns ist es enorm wichtig, dass wir mit cross-functional Teams arbeiten – nur so können wir sicherstellen, dass alles, was benötigt wird, um Kundennutzen zu generieren, auch abgedeckt ist. Außerdem ist ein absoluter Kernpunkt unserer Arbeitsweise die offene Kultur der Zusammenarbeit, die darauf ausgerichtet ist, die guten Ideen und Skills der Menschen einzubeziehen. Vorteile dabei sind, dass wir uns auf die Sachen konzentrieren, die auf unsere Kundenziele einzahlen und interne Politik oder Silodenken nicht an erste Stelle setzen.

Britta Redmann: Was sind Ihre Erfolgsfaktoren?
Sudan Jackson: Um das zu ermöglichen, braucht es die richtige Umgebung – nicht nur die physische, sondern auch die menschliche Umgebung, die bestimmte Freiheitsgrade zulässt. Aber die Freiheit braucht ebenfalls Regeln. Wie wir miteinander umgehen in einer »freien«, modernen Umgebung, muss von gemeinsamen Werten, Regeln und Rechten als auch Pflichten begleitet werden. Diese legen wir zusammen fest.

Britta Redmann: Wie gelingen die Schnittstellen zu weniger agilen Einheiten der REWE Group?
Sudan Jackson: Wir sehen uns als einen Haupt-Treiber der Digitalisierung in unserem Konzern. Das bedeutet, dass wir da, wo es notwendig ist, als Berater und Impulsgeber zur Verfügung stehen. Wir arbeiten eng mit unseren Kollegen der REWE Group zusammen, teilweise als Mitglied in den entsprechenden Gremien. Ein Beispiel hierfür ist die Arbeitsgruppe »agil@REWE Group« – ein internes Netzwerk welches einen Beitrag dazu leistet, die REWE Group zukunftsfähig zu machen, in dem agiles Arbeiten, Lean und weitere New-Work Themen vorangetrieben werden.

Britta Redmann: Gibt es besondere (Lern-)Erfahrungen aus den letzten Jahren? Was würde morgen anders gemacht werden mit dem Wissen von heute?
Sudan Jackson: Diese Frage beantworte ich aus meiner persönlichen Sicht: Wir müssen die Vernunft und sogar den Mut haben, nicht immer komplett alles verändern zu wollen. Agil sein, neue Arbeitsformen zu finden, Digitalisierung – das sind alles gute Sachen, die wir konsequent machen sollten. Das bedeutet nicht, dass alle »Alte« zwingend aussterben muss. Stattdessen müssen wir den gemeinsamen Raum schaffen und pflegen, in dem sich genau »alt« und »neu« treffen.

Britta Redmann: Welche drei wichtigen Tipps hätten Sie für andere Unternehmen, die sich agil aufstellen wollen?
Sudan Jackson: Ich glaube, die größte Herausforderung, vor der wir bei der Digitalisierung stehen, ist eine dreiteilige Geschichte:

- Zu allererst müssen wir erkennen, dass Innovation nicht dazu führt, dass wir uns den Kopf zerbrechen und unsere Ressourcen erschöpfen, um etwas »völlig Neues und noch nie Dagewesenes« zu finden. Innovation entsteht aus dem Verständnis dafür, was funktioniert, was verfügbar ist, was wir nutzen und verbessern können. Es geht darum, den richtigen Weg zu finden, um diese Dinge zu verbinden und somit intelligente, nutzbare »Neuerungen« zu erschaffen.
- Zweitens sage ich gerne: »Hört auf mit Disruptionen!« Stattdessen: »Warum nicht neu kreieren?« Aber denken Sie daran, was ich als Erstes erwähnt habe: Sie müssen nicht immer etwas Neues erfinden. Sie müssen auch nicht Dinge »stören«, die in gutem Zustand sind.
- Was mich letztendlich zu meinem dritten Punkt bringt: In diesem digitalen Zeitalter müssen wir auch vor allem den Mut haben, nicht alles digitalisieren zu wollen.

11.13 #VEDA GmbH – Ein Gespräch mit Dr. Ralf Gräßler

VEDA GmbH, HR Software & Services
Mitarbeiter: 160, Sitz: Alsdorf
Gesprächspartner: Dr. Ralf Gräßler, geschäftsführender Gesellschafter

Britta Redmann: Wie fördert Ihre Software eine agile Zusammenarbeit in einem Unternehmen?
Dr. Ralf Gräßler: Gut gemachte Technologie ist durchaus ein starker »Enabler« in Unternehmen, um eine Veränderung bspw. der Zusammenarbeit in Richtung Agilität zu fördern. Ist die Technologie – in diesem Fall HR Software – schlecht gemacht, bewirkt sie das Gegenteil und wird zur Barriere. Hier haben sich die Anforderungen an Unternehmenssoftware in den letzten Jahren deutlich gewandelt, weil Mitarbeiter und Führungskräfte stark in Prozesse und Informationen im Unternehmen eingebunden sind, es aber zunehmend leid sind, mit schlechten Software-Lösungen zu arbei-

ten. Heutzutage ist jeder im privaten Bereich aufgrund von Tablets, Smartphones etc. einen sehr leichtfüßigen Umgang mit Software gewohnt. Man probiert neue Apps aus, versteht sofort ihre Bedienung und sie stiften unmittelbaren Nutzen. Anderenfalls wird die App entsorgt. Des Weiteren sind wir fast alle den Umgang mit vernetzter Kommunikation in Social Media gewohnt – in Verbindung mit einer »Sofortness«-Mentalität. Und die Förderung von agiler Zusammenarbeit bedeutet genau dieses – vernetzte Kommunikation zu unterstützen und einfache Prozesse und Informationen bedarfsgerecht und schnell bereitzustellen. Da hat veraltete, komplexe und funktionsüberfrachtete Software keinen Platz mehr im Unternehmen.

Britta Redmann: Was ist an einer »agilen« Software-Lösung anders?
Dr. Ralf Gräßler: Zunächst einmal ist die Unternehmensstrategie eine andere – im Gegensatz zu traditionellen Unternehmen, die häufig ihre Prozesse und Informationen zentral steuern und standardisieren, stellen sich agile Unternehmen mitarbeiterzentriert auf. Das heißt, weg von »Command and Control« hin zu mehr Eigenverantwortung. Weniger »Closed shop«, sondern mehr Transparenz. Weniger Anwesenheit, dafür mehr Ergebnisse. Weniger Skills, stattdessen Haltung. Agilität öffnet das Unternehmen – nach innen und außen. Diese Offenheit ist Voraussetzung für eine neue, kollaborative Kultur, die alles betrifft: den Umgang miteinander, Führung, Lernen, Wissenserwerb und -austausch, die Kommunikation untereinander und mit Partnern und Kunden.

Damit bedarf es auch gänzlich anderer HR-Software-Systeme. Weniger transaktional auf starre Prozesse und Experten-User (»den Personaler«) ausgerichtet, sondern vielmehr dem flexiblen Plattformgedanken folgend. Das heißt, allen Mitarbeitern, Führungskräften und Personalern die relevanten Informationen bereitzustellen, flexible Prozesse anzubieten und vernetzte Kommunikation zu fördern, indem beispielsweise eine Collaboration-Funktion integraler Bestandteil der Lösung ist. Die »agile« Software – wir nennen sie bei uns »VEDA Horizon« – bietet zudem in hohem Maße die Möglichkeit, nicht nur »top-down« zu agieren. So können z. B. Mitarbeiter in agilen Teams sich untereinander Kompetenzen zuweisen und einschätzen oder sich im Rahmen von Recruiting zu Team-Interviews organisieren. Auch sofortiges 360-Grad-Feedback, offene Kommunikation in Gruppen oder spontane Umfragen sind unabhängig von Hierarchie möglich.

Britta Redmann: Was brauchen Unternehmen zuerst: die Software oder die passende agile Kultur?
Dr. Ralf Gräßler: Es braucht zumindest eine Vision, wohin das Unternehmen sich kulturell und strategisch hin entwickeln möchte. »Command and Control vs. mitarbeiterzentriert« bzw. »Fokus auf Effizienz vs. Fokus auf Innovation« sind grundsätzliche Entscheidungen, die dann auch die Wahl der richtigen Technologie beeinflussen. Das heißt nicht, dass ein Innovations-Unternehmen nicht auch effizient organisiert sein

sollte. Das kulturelle Mindset und die strategische Priorität sind aber anders. Wie gesagt, die richtige Technologie kann dann den Kulturwandel positiv unterstützen. Wer jedoch digitale Transformation nur unter technologischen Aspekten betrachtet, greift zu kurz. Es ist allerdings von hoher Bedeutung, dass die Software sich bezüglich Transparenz von Informationen flexibel an den agilen Reifegrad des Unternehmens durch Parametrierung von Berechtigungen etc. anpassen lässt. Schließlich müssen Mitarbeiter und insbesondere Führungskräfte lernen, mit der höheren Eigenverantwortung, die ein solches System plötzlich ermöglicht, umzugehen. Was früher noch leicht mit einem Wink in Richtung Personalabteilung abgetan werden konnte, liegt nun in der vollen Verantwortung bei Mitarbeitern und Führungskräften. Hierzu zählt z. B. der Umgang mit Krankenstand, Fehlzeiten oder Überschreitung von zulässigen Arbeitszeiten. Aber ebenso das Management von Kompetenzentwicklung und Personalentwicklungsmaßnahmen. Auch der Umgang mit Collaboration-Funktionen will gelernt sein – eine unbedachte Äußerung erzeugt schnell einen unternehmensweiten Shitstorm an Kommentaren, der Produktivität lahmlegt und empfindlich das Miteinander stören kann.

Britta Redmann: Gibt es aus Ihrer Sicht klare Vorteile für Unternehmen, die agil arbeiten wollen, wenn sie sich dabei durch eine Software unterstützen lassen?
Dr. Ralf Gräßler: Ich behaupte, dass es nicht ohne Software geht – aber die richtige muss es sein. Allein das Schaffen von Transparenz, die Förderung von Vernetzung – in einer zunehmend mobilen Arbeitswelt – oder die Unterstützung von schnellen Entscheidungen (bspw. in einem Mitarbeitergespräch) geht doch nur noch mithilfe passender State-of-the-Art Software. Hierbei ist es entscheidend, dass die Software nicht nur die typischen HR-Arbeitsprozesse optimal unterstützt, sondern durch ein integriertes Collaboration-Tool auch die vernetzte Kommunikation im Unternehmen fördert. So bedeutet heute doch modernes Employer Branding, einen neuen Mitarbeiter im Onboarding nicht nur durch einen schlanken, automatisierten Prozess ins Unternehmen zu führen, sondern über die HR-Plattform direkt die Integration in die Mitarbeiter-Community so leicht wie möglich zu machen – bspw. durch Einladung in die Badminton-Sportgruppe oder das nächste Sommerfest. Und nicht zuletzt ist eine coole HR-Software auch ein Mittel, um die Arbeitgeberattraktivität in Zeiten des Fachkräftemangels zu steigern.

Britta Redmann: Welche drei wichtigen Tipps geben Sie Unternehmen, die Software für agiles Arbeiten einführen möchten?
Dr. Ralf Gräßler:

- Vision und strategische Grundausrichtung (»Innovation« vs. »Effizienz«) definieren und kommunizieren. Hier ist meines Erachtens die Unternehmensleitung gefragt und weniger ein demokratischer Prozess angesagt.

- Projekt als ganzheitliches (digitales) Transformationsprojekt aufsetzen (»Kultur- und Technologiewandel«). Dabei engagierte Mitstreiter suchen und die Sorgen und Ängste von Mitarbeitern proaktiv aufgreifen. Denn nicht jeder findet »Digitalisierung« toll und erstrebenswert.
- Dort anfangen, wo der Bedarf am größten ist und der am schnellsten greifbare Nutzen liegt (bspw. ein Software-Team als Piloten nehmen, welches auf agile Methoden wechseln möchte). Und natürlich die Erfolge feiern und weiterverbreiten, damit einem unternehmensweiten Wandel nichts mehr im Wege steht.

12 Analysen von Experten

12.1 #Unternehmenskultur und Agilität – Ein Beitrag von Prof. Dr. Sarah Hatfield

Prof. Dr. Sarah Hatfield, Hochschule Augsburg, Fakultät für Wirtschaft
Ressort: Human Resources Management & Change Management

Was ist Unternehmenskultur?
Wenn wir nach einer Kultur eines Unternehmens fragen, dann fragen wir uns im Wesentlichen, wie ein Unternehmen denn eigentlich so tickt. Und was macht es, dass es auf eine bestimmt Art und Weise tickt? Die Kultur beschreibt so etwas wie eine gemeinsame Logik. Und das, was dieser Logik zugrunde liegt, sind geteilte Werte und Annahmen sowie Regeln und Vorstellungen derjenigen, die sie zum Ausdruck bringen – der Menschen.

Die Menschen sind damit direkte Kulturträger. An ihren Verhaltensweisen wird sichtbar, was die Kultur eines Unternehmens ausmacht: wie mit Fehlern umgegangen wird, wie Führungskräfte mit ihren Mitarbeitern umgehen usw. Es gibt auch indirekte Indikatoren einer Unternehmenskultur, wie z. B. Leitsätze oder der Code of Conduct, in welchem man nachlesen kann, welche Verhaltensweisen gewünscht und nicht gewünscht werden, was letztlich auch kulturprägend sein kann. Jedoch ist eine Kultur nicht schwarz auf weiß regelbar, sondern ergibt sich aus dem, was aus solchen formalen (Regel-)Werken gemacht wird.

Kann man denn wirklich von *der* Unternehmenskultur sprechen?
Kann man schon. Dennoch braucht es das Bewusstsein, dass in einer Firma diverse Bereiche aber auch unterschiedlich voneinander »ticken«. Der Vertrieb hat andere Logiken als die Forschung und Entwicklung, die sich wieder von dem unterscheidet, wie »die in der Produktion so ticken«. Es gibt also auch so etwas wie Bereichs- oder Abteilungskulturen. Um das ganze also in eine formale Definition zu überführen, kann eine Beschreibung von Spencer-Oatey[1] bemüht werden:

> »Kultur ist die Gesamtheit von Attitüden, Grundsätzen, Annahmen, Werten und Wertvorstellungen, Verhaltensnormen und Grundeinstellungen, die von einer Gruppe geteilt werden, die das Verhalten von Gruppenmitgliedern beeinflussen und […] das Verhalten anderer interpretieren.«

1 Spencer-Oatey, Culturally Speaking, Culture, Communication and Politeness Theory, 2008.

Der Betrachtungsbereich (der Gruppe) bestimmt also, welche (Sub-)Kultur gemeint ist. Interessant ist auch der Teil des Satzes, der hinter dem Auslassungszeichen steht: Kultur bestimmt auch, wie das Verhalten *anderer* interpretiert wird. Die bloße Art und Weise, wie etwas interpretiert wird, kann schon von der Kultur beeinflusst sein.

Was fällt unter Unternehmenskultur?

Wenn man diesen Ausführungen folgt, dann fallen unter Unternehmenskultur alle beobachtbaren Verhaltensweisen, die ein gemeinsames Muster aufweisen – aber auch alle nicht beobachtbaren gemeinsamen Elemente, wie die der Wahrnehmung und der Interpretation. Was kann man also heranziehen, um zu sagen, dieses oder jenes sei jetzt ein Teil der Unternehmenskultur? Neben den wiederkehrenden Verhaltensmustern können das auch Sätze sein, die häufig zitiert werden, oder Mythen und Geschichten, die immer wieder verwendet werden. Ein Beispiel für einen Satz könnte sein »Wir sind ein deutsches Unternehmen, also sprechen wir hier auch Deutsch.« Dieser Satz lässt Schlussfolgerungen über den Bereich zu, aus dem er stammt. Ein Mythos kann z. B. eine Gründungsfigur sein, um die Geschichten gesponnen werden, die herangezogen werden, um das zu erklären, wovon man meint, dass es den Kern des Unternehmens ausmacht: wie z. B. der Gründer, der sich gegen widrige Umstände durchsetzen und ein Produkt erfolgreich platzieren konnte, obwohl er kaum Befürworter fand. Dieses kann sinnbildlich für die Resilienz eines Unternehmens stehen, was auch im turbulenten Wettbewerbsumfeld erfolgreich gute Ergebnisse erzielt.

Leitbilder können auch dazu dienen, Teile der Unternehmenskultur zu transportieren, aber nur wenn zuvor ein Prozess der Kulturarbeit stattgefunden hat. Leitbilder funktionieren demnach auch nur, wenn ein gemeinsames *Sense-Making*, also eine Art der »Handhabbarmachung«, stattgefunden hat und sie damit kraftvoll und anschlussfähig werden.

Wie ist Unternehmenskultur zu fassen?

Unternehmenskultur ist schwierig zu fassen. Sie wird häufig als schwammig empfunden. Am besten wird Kultur an Entscheidungen und Handlungen sichtbar. Es bietet sich an, solche beobachtbaren Verhaltensweisen herzunehmen, um »Unbeobachtbares besprechbar« zu machen, also das vermutete Dahinterliegende zu thematisieren. Dies würde dann einen Prozess der Kulturarbeit in Gang setzen.

Aber auch Strukturen im Unternehmen können ein Indikator für die Kultur der Zusammenarbeit sein, da sie bestimmte Verhaltensweisen fördern. Eine divisionale Struktur könnte stärkeres Arbeiten in den sogenannten Silos hervorrufen – muss es aber nicht. Eine Matrixstruktur könnte das Hand-in-Hand-Arbeiten unter komplexen Bedingungen fördern – kann aber auch genau das Gegenteil bewirken, wenn denn vorher keine richtige Kultur der Zusammenarbeit etabliert worden ist. Für Methoden gilt das Gleiche. Agile Methoden, wie Scrum, können eine Grundlage sein, um effizient und unvoreingenommen mit Fehlern umzugehen – dies muss aber nicht gelingen, wenn nicht vorher ein bestimmter Umgang mit Fehlern kultiviert wurde. Kultur wird in jedem Moment geschaffen, da sie in einem ständigen Kreislauf der Entstehung begriffen ist: Geteilte Werte und Annahmen formen Kultur, die wiederum einen Einfluss auf unser Denken hat und damit auch auf Entscheidungen und Verhalten von Organisationsmitgliedern, was dann wieder Auswirkungen auf unsere grundlegenden Annahmen hat.

Wie ist Kultur zu machen?

Kultur wird gemacht durch die Kulturschaffenden. Im Falle der Unternehmen sind das die Führungskräfte. Sie haben eine Vorbildfunktion und prägen die Kultur durch ihre Handlungen und Entscheidungen. Denn Handlungen und Entscheidungen fungieren als »Erlauber« oder als »Verbieter«. Lästert eine Führungskraft über externe Dienstleister, so nehmen Mitarbeiter diese Haltung als Erlaubnis, Ähnliches zu tun. Würde eine Führungskraft hingegen eine abwertende Äußerung eines Mitarbeiters gegenüber einem externen Dienstleister mit einer mahnenden Bemerkung begegnen, so würde eine solche Handlung als unerwünscht wahrgenommen werden.

Kultur lebt also von Beispielen – von Vorbildern, die Beispiele von Kultur vorleben. Organisationen werden häufig als selbsterhaltende Systeme verstanden. Dies hängt im Falle der (Führungs-)Kultur damit zusammen, dass Organisationen oft bestimmte Führungstypen hervorbringen, die typische Muster verstärken. Es werden Führungskräfte befördert, die der allgemeinen Vorstellung dessen, was eine gute Führungskraft in einem speziellen Unternehmen ausmacht, entsprechen.

Will man eine Unternehmenskultur bewusst kreieren oder verändern und nicht nur der eigenen Selbsterhaltung überlassen, dann braucht es neue Impulse. Ein neuerer Ansatz aus der Dialogischen Organisationsentwicklung geht davon aus, dass generative Bilder einen Einfluss auf Denk- und Handlungsmuster haben. Generative Bilder werden verstanden als Ideen, Konzepte oder Leitsätze, die eine kraftvolle Wirkung entfalten. Die generative Qualität besteht darin, dass sie individuelle Assoziationen erwecken, die als attraktiv wahrgenommen werden. Auch wenn diese Assoziationen unterschiedlicher Natur sind, so haben sie durch das gemeinsame kraftvolle Bild die gleiche energetische Ausrichtung.

Ein allgemeines, durch Bushe[2] beschriebenes Beispiel, ist, dass durch das Konzept der »nachhaltigen Entwicklung« (generatives Bild) ehemals konträre Lager eine neue Form der kooperativen Zusammenarbeit gefunden haben, nämlich Umweltaktivisten und technologische Innovatoren. Diese Veränderung wäre ohne die Idee der »ökologischen Nachhaltigkeit« nicht denkbar gewesen. In Unternehmen können je nach

2 Bushe, Dialogic OD – A Theory of Practice, in OD Practitioner, Vol. 45 No. 1, 2013.

Veränderungsvorhaben ähnliche Bilder entstehen und genutzt werden, die eine kulturprägende Wirkung entfalten.

Im Themenfeld der Agilität bedeutet dies, dass Firmen in einem partizipativen Prozess der Fragestellung nachgehen, was denn in ihrer speziellen Organisation Agilität bedeutet und was dabei der erstrebenswerte neue Zustand ist, der erreicht werden soll. Durch intensive Kulturarbeit, d.h. mit den richtigen Personen und den richtigen Fragen, wird dann ein generatives Bild erschaffen, welches durch unterschiedliche Perspektiven und Geschichten viele positive Assoziationen erweckt. Die richtige Zusammenstellung von Personen bedeutet in diesem Kontext eben auch, mehrere Perspektiven auf das gewählte Thema zusammenzubringen, z.B. aus mehreren Ebenen der Organisation, Innen- vs. Außenperspektive etc. Die richtigen Fragen wären dementsprechend offene Fragen, die aus der Sicht der gewählten Perspektiven gestellt werden oder die mehrere Perspektiven nahelegen.

Was sind Auswirkungen von Veränderungen?

So schwer Unternehmenskultur zu fassen ist, so kraftvoll kann sich eine Intervention durch gezielte Kulturarbeit entwickeln. Dies kann Konsequenzen in der Art und Weise haben, wie Verhaltensweisen formell und informell gelobt, angemahnt oder sanktioniert werden. Ist eine Bewegung attraktiv, gewinnt sie mehrere Folger (followers). Eine solche Sogwirkung kann durch wünschenswerte Bilder von Zielzuständen erzeugt werden. Ist eine Bewegung erst einmal entstanden, ist es allerdings auch schwierig, sie zu stoppen. Man muss also die Geister, die man ruft, auch wollen.

In einem wirklich agilen Unternehmen wird es beispielsweise schwer sein, Problemlösungen so lange *nicht* anzugehen, wie keine Genehmigung von oben erteilt wird. Das Selbstverständnis verlangt aber, dass Ressourcen mobilisiert werden, um in kürzester Zeit bestimmten Herausforderungen zu begegnen. Das hört sich gut an, bedeutet aber, dass, wenn eine solche Kultur erst mal geschaffen wurde, bestimmte Führungsebenen mit der Eigendynamik und der Initiative in unterschiedlichen Unternehmensbereichen auch tatsächlich klarkommen müssen.

Gibt es *die* agile Kultur?

Nein, die agile Kultur gibt es nicht. Es gibt viele Indikatoren, die auf das, was ein Unternehmen agil macht, hinweisen können. Wie z.B. die Tatsache, dass Fehler erlaubt sind und als Chance zur Verbesserung gelten. Oder dass Führungskräfte ihre Mitarbeiter zur Selbstorganisation und -steuerung im Sinne eines eigenverantwortlichen Handelns anleiten. Ebenso, dass Strukturen bereitgestellt werden, die das Netzwerken und das spontane Bilden von Fokusgruppen ermöglichen, und Ressourcen geteilt werden können. Nicht zuletzt können Methoden wie Scrum oder Design Thinking ein Indikator sein, dass hier agile Menschen am Werk sind, die in ihrem Arbeitsbereich dafür sorgen, dass die Firma schnell und effektiv auf sämtliche Herausforderungen reagieren kann. Können – müssen aber nicht.

Schließlich muss jedes Unternehmen für sich selbst definieren, was Agilität bedeutet. Warum und für wen es agil sein will. Woran man das dann erkennt und wie man einander dafür bestärken kann, wenn es am Anfang noch ungewohnt erscheinen mag. Dafür geeignete Instrumente und Strukturen bereitzustellen, ist das eine. Ohne diese Grundlage wird es nicht gehen. Ohne aber die richtigen Personen mit dem richtigen Mindset, also der mentalen Einstellung zu allem, was an dem Konzept Agilität dranhängt, wird es auch nicht gehen. Und schließlich braucht es ein starkes Bild, dem zu folgen sich lohnt. Dies kann für bestimmte Unternehmen nur ein individuelles Bild sein – und genauso individuell wird dann auch *die* agile Kultur dieser Firma sein.

12.2 #Kollaboration als Rahmen – Ein Beitrag von Dr. Winfried Felser

Dr. Winfried Felser, Gründer der Competence Site
Ressort: Kollaboration, Netzwerk-Ökonomie, Digitalisierung

Kollaboration als Rahmen für die agile Organisation

Damit Agilität nicht auf einzelne Inseln oder Methoden beschränkt bleibt, braucht Agilität einen paradigmatisch neuen Rahmen. Eine hierarchische und arbeitsteilige Organisation wird der Agilität immer Grenzen setzen. Eine neue Kollaborationslogik beeinflusst hingegen konsistent alle Bereiche der Organisation einschließlich des Personalmanagements. Dabei ist eine neue Kollaboration kein Zufallsprodukt.

Was treibt den Wandel?

Die Wertschöpfung und die Art unserer Zusammenarbeit werden sich in Zukunft fundamental wandeln. Dabei treiben nach Hagel et al. (»Big Shift«)[3], und Pflaeging et al.[4] drei Faktoren den Wandel: Technologie und neue Kultur als Befähiger und neue Komplexität als Treiber. So wird Wandel zur Option und Notwendigkeit.

Paradigmen der Kollaboration

In Abb. 20 sind, angelehnt an Hagels Teilparadigmen der »Power of Pull« (Access, Achieve, Attract) und an Paradigmen des Webs (Web 1.0, Web 2.0, …), verschiedene Formen der Zusammenarbeit skizziert. Dabei wechseln sich neue Paradigmen mit vor allem technologischer Innovation und Paradigmen mit neuer Sinnlogik ab:

3 Hagel, et al., The Power of Pull.
4 Pflaeging, et al. Komplexithoden.

- Die **Pre-Smith Economy (Manufaktur)** wird durch Arbeitsteilung und den Sinn der komplementären Egoismen zur
- **Division-of-Labour/Transaktions Economy.** Diese Old Economy mit ihren nachfolgenden Paradigmen wird durch die Technik Internet zur
- **Internet Economy.** Die neue Ökonomie wird dann im zweiten Schritt durch die Entdeckung des Sozialen als neuem Sinn-Mechanismus zur
- **Social Economy.** Durch die zunehmende Reife von »sozialen« Technologien wie Kultur und Standards und Software-Technologie zeichnet sich jetzt ab die
- **Plattform Economy.** Das ist aber auch nicht das Ende, wie nicht nur Rifkin mit seinen »Collaborative Commons« zeigt. Konsens durch einen gemeinsamen Sinn auch jenseits komplementärer Egoismen kreiert die
- **Purpose bzw. Collaborative Commons Economy.**

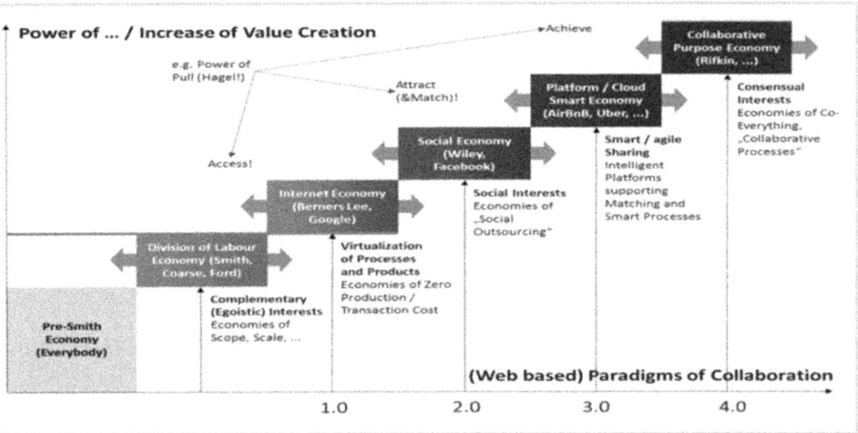

Abb. 20: Paradigmen der Kollaboration (illustrativ, vereinfachende Darstellung) (Grafik: Dr. Winfried Felser)

Natürlich ist eine solche in diskrete Teile zerlegte Evolution nur aus pädagogischen Gründen sinnvoll, wie es analog für alle »4.0«-Konzepte gilt. Diese Vereinfachung geschieht hier also bewusst und nicht naiv. Dies einschränkend seien nun die Auswirkungen der einzelnen Paradigmen, ihre *Economies of* ... oder *Powers of* ... im Detail beleuchtet.

Adam Smith ist sicher der wichtigste Ur-Theoretiker der heutigen Ökonomie (»Old 1.0«). Sein Heilsversprechen der arbeitsteiligen Gesellschaft, die auf komplementären Egoismen basiert, ermöglichte Economies of Scope und Co. Wenn heute noch jeder seine Brötchen selber backen und jede Nation wie im Merkantilismus alle Produkte selbst produzieren müsste, würde der heutige Wohlstand der Nationen[5] deutlich niedriger ausfallen.

Diesem Paradigma »1.0« der »Old Economy« folgten diverse andere, und zwar nicht nur Taylor, Ford & Co, sondern eben auch bereits kollaborativere Alternativen, wie Lean, Gruppenarbeit Konsortien etc., die hier zumindest erwähnt werden sollten (siehe dazu auch Syskas Kritik[6]).

So ist die »alte Logik« keineswegs exklusiv »tayloristisch«. Hier sei aber vor allem die weitere Entwicklung der Kollaboration in der sogenannten »New Economy« bzw. der zunehmend webbasierten Ökonomie beleuchtet. Das Internet sorgte im ersten Schritt für die Reduktion von Investments sowie von Transaktions- und Produktionskosten durch Digitalisierung und Dematerialisierung (»Web 1.0«, »New 1.0«). Diese neuen Optionen ließen dann Giganten wie Amazon, Google, eBay & Co in kürzester Zeit entstehen, die im Sinne Hagels nur durch die kollaborative Power of Pull im Sinne seines »Access«-Ansatzes möglich wurde.

Auch wenn sich die alte Brick-&-Mortar- und die neue Internet-Ökonomie diesbezüglich fundamental unterschieden, wurde die Netz-Ökonomie erst mit der offiziellen Entdeckung des »Sozialen« auch in der »Sinn-Logik« erweitert. Menschen wurden nicht mehr nur wie bisher aus komplementären Egoismen und Anreizen über Geld oder Produkte produktiv, sondern aufgrund ihrer »Social Interests« (»New 2.0«). Hagel et al. nennen diese Variante der Power of Pull »Attract«. Hiervon profitierte z. B. das Marketing von Unternehmen im Kontext von Social bzw. Viral Sharing. Facebook musste keine Werbung schalten, um neue Märkte zu erobern. Aber auch alte Giganten wie Amazon profitierten vom neuen Engagement, z. B. im Rahmen der sozialen Empfehlungen von Büchern etc. Wie früher gilt auch in diesem Kontext: Im Idealfall sozialisiert man Aufwand und privatisiert Gewinn.

Die neue Plattform- und Sharing-Ökonomie kann dann als späte Realisierung des Web 3.0 interpretiert werden, das zunächst außer Berners-Lee und einem innersten Kreis niemand beachtet. Auch wenn das »semantische« Web im Sinne der erhofften Standards nicht in der Breite und einheitlich Wirklichkeit wurde, schaffen Plattformen neue Kontexte, die durch vereinheitlichende Governance bzw. Regeln, Standards etc. zumindest innerhalb dieser Inseln wie Uber oder Airbnb ein Mehr an Kollaboration (»New 3.0«) ermöglichen, wie es Ziel des nie wirklich relevanten Web 3.0 war. Durch diese Rahmenbildung können die enormen latenten Werte von ungenutzten Produkten/Services (»Sharing«) und bisher nicht realisierten Neukombination gehoben wer-

5 Smith, A., Wohlstand der Nationen.

6 Syska, A., Illusion 4.0.

den. So können z. B. Micro-Multinationals[7] als virtuelle bzw. Hyper-Organisationen auf Basis von Netzwerken entstehen. In gewisser Weise stellen aber viele der Plattformen gegenüber dem Gedanken von Social auf der Sinnebene einen Rückschritt durch ihre wenig soziale, monopolistische Logik dar.

Kollaboration 4.0

Am Horizont zeichnet sich aber eine neue Hoffnung ab (»New 4.0«), die noch enorme Potenziale hat: Kollaboration 4.0 auf Basis eines konsensualen Sinns. Rifking[8] und andere sehen durch sie sogar einen Systemwechsel voraus. Das Konsensuale nutzt synchrone Interessen und komplementäre Fähigkeiten. Die konsensualen Potenziale sind vielfältig und existieren auch heute schon in einer scheinbar egoistischen Welt:

- **Core-Mitarbeiter** (früher: Festangestellte) in einem Unternehmen operieren im Idealfall nicht (nur) als Söldner auf der Basis einer Vergütung, wie es Cloud Worker (früher: Freie Mitarbeiter) tun müssen. Die Core Worker eint im Idealfall ein gemeinsamer Sinn, der einen »Dienst nach Vorschrift« und »Principle-Agent-Probleme« eben durch das Konsensuale verhindert. Solche Mitarbeiter sind auch bereit, sich »altruistisch« auf unternehmensinternen kollaborativen Plattformen einzubringen und bleiben auch jenseits der Kontrolle kollaborativ.
- Auch für **komplementäre Produkt- und Service-Anbieter** lohnt es sich, über die eigenen Ego-Interessen hinaus im und für das Eco-System zu agieren. So sind komplementäre Anbieter für Kunden gemeinsam – z. B. im Rahmen einer integrativen Web-Plattformen – attraktiver als alleine.
- **Selbst-Wettbewerber** können im Rahmen von Coopetition voneinander dort profitieren, wo ihre Ziele nicht konfliktär sind, z. B. beim Marktausbau. So hat sich z. B. die Zukunftsinitiative Personal zusammengeschlossen, um gemeinsam für innovative Lösungen im Personalmanagement zu werben.
- Vor allem aber sind **Kunden und Anbieter** dann konsensual verbunden, wenn es darum geht, nach Abschluss eines Kaufes bzw. einer Transaktion für eine hohe Kundenzufriedenheit zu sorgen, z. B. durch eine ko-kreative Dienstleistung, wo Kunde und Anbieter gemeinsam den Wert schaffen.

Kollaboration 4.0 ist dabei natürlich nicht vollkommen neu und auch niemals ausschließlich. Es gab schon immer konsensuale Arbeitsformen, ob in der Old Economy Lean Management oder Konsortien oder in der New Economy Wikipedia oder Open Source Development von Linux & Co. Was hier an diesen alten und neuen Beispielen deutlich wird: Eigentlich umfassen die meisten Formen der Kollaboration in verschiedenen Kontexten sowohl komplementäre und solidarische als auch konsensuale Formen.

7 http://www.ibusiness.de/aktuell/db/975620jg.html.

8 Rifkin, Die Null-Grenzkosten-Gesellschaft.

Manchmal muss auch erst einmal die unteren Maslow-Ebene befriedigt sein, bevor dann andere Motivatoren greifen.

»Erst kommt das Fressen, dann die Moral.«
Brecht

Das alles klingt so, als ob Kollaboration »4.0« eine neue Produktivität ohne Anstrengung verspricht. Das ist natürlich nicht so. Vielmehr gilt es, in einer kollaborativen Ökonomie sowohl die Gestaltung der Wertschöpfungsplattform (virtuelle Hyper-Organisation im Ecosystem) als auch der Wertschöpfungsprozesse (umfassende Kollaboration) auszuweiten. Wer also gerne von Mitarbeitern, Kunden, Partnern und Wettbewerbern konsensual – also ohne Bezahlung – profitieren möchte, muss neu denken:

- An die Stelle der Organisation bzw. der Organisation-Kunden-Beziehung treten nun Eco-Systeme bzw. umfassende Netzwerke, die es auszubauen und dann zu hegen und pflegen gilt.
- Nurturing (Pflege, Reifung, Wachstum ...) bedeutet jetzt nicht mehr nur, offene Leads sukzessiv reifen zu lassen, sondern insgesamt mit dafür zu sorgen, dass sich das Eco-System qualitativ entwickelt. An die Stelle einfacher Transaktionen treten umfassende kollaborative Prozesse in diesen Eco-Systemen von der gemeinsamen Bestimmung von Sinn über kollaboratives »Netzwerken«, gemeinsames Lernen und Motivieren in Netzwerken bis hin zu Ko-Produktion, Co-Kreation und Co-Promotion.
- Bei aller Liebe wird kein Kunde aktiv einen Anbieter empfehlen, wenn man ihn nicht darum bittet, und manchmal muss der Kunde erst einmal lernen, welche Chancen eine Kollaboration bietet, bevor es dann zum Wunder der gemeinsamen Wertschöpfung kommt. Mindshifting in Netzwerken ist manchmal genauso wichtig wie Touchpoint-Management, was natürlich im Idealfall auch optimal kollaborativ ist.

Kollaboration 4.0 als Rahmen der agilen Organisation?

Neue Formen der Kollaboration verändern aber nicht nur den Scope des Unternehmens im Sinne breiter Eco-Systeme, sondern auch die Qualität aller Gestaltungsebenen eines Unternehmens. Im Haus der Collaborative Networking Economy in Abb. 21sind anhand der alten 7S-Struktur von McKinsey wesentliche Unterschiede im Überblick dargestellt.

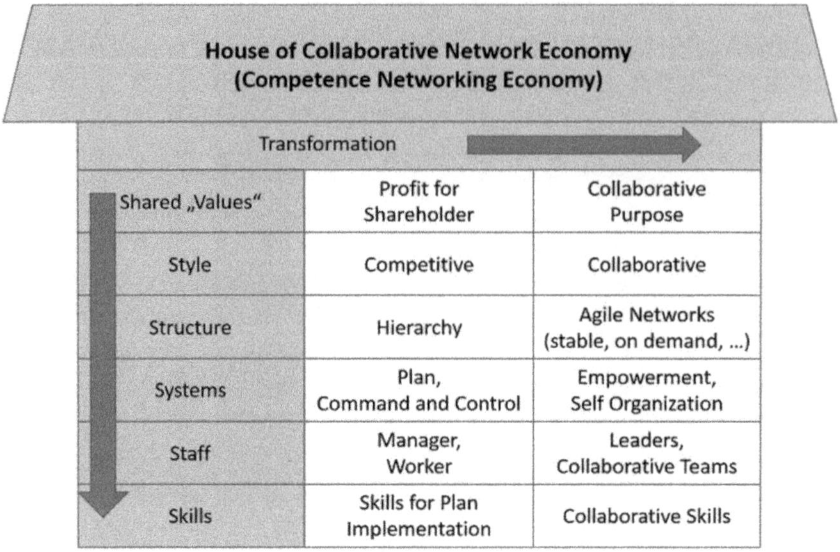

Abb. 21: Transformation der 7 S (Grafik: Dr. Winfried Felser)

Der wichtigste Unterschied ist der Unterschied an der Spitze, der alles andere als Veränderung treibt oder befähigt: Wer nur an den Profit der Shareholder dachte, musste in der Vergangenheit eigentlich über Pläne Hierarchien und Kontrolle koordinieren. Nur bei einem gemeinsamen Sinn kann Freiheit mit weniger Kontrolle gewagt werden. Dann und nur dann gelingen auch die gewünschten agilen, selbstorganisierenden Netzwerke. Bei der Organisation (»Structure«) lassen sich die Unterschiede am einfachsten verdeutlichen. Der bisherige Egoismus und die Trennung der Abteilungen und Organisationen wird durch übergreifende Netzwerke überwunden, die dual sowohl nach innen nachhaltig Kompetenzen einer kollaborativen Netzwerk-Hyper-Organisation bündeln als auch nach außen kundenzentriert alle für den »Markt« notwendigen Kompetenzen verknüpfen, wie es Pflaeging[9] et al. in ihrer dualen, kundenzentrierten Organisation für Komplexität (»Pfirsich«) aufgezeigt haben. Das sind die Grundzellen bzw. Fraktale der kollaborativen Netzwerk-Ökonomie, deren »Interfusions-« statt Arbeitsteilungslogik sich auch über die Organisation hinaus bis zu den Ecosystemen fortsetzt.

9 Pflaeging, et al. Komplexithoden.

12.3 #Leistung in agilen Unternehmen – Wie kann sie gefördert werden? – Ein Beitrag von Prof. Dr. Stephan Fischer

Prof. Dr. Stephan Fischer, Hochschule Pforzheim, Studiendekan Human Resources Management (M.Sc.), Direktor des Instituts für Personalforschung
Ressort: Human Resources Management

Unter Agilität wird die Fähigkeit eines Unternehmens verstanden, sich kontinuierlich und schnell an seine komplexe, turbulente und unsichere Umwelt anzupassen.[10] Dazu muss es diese Veränderungen rechtzeitig antizipieren, selbst innovativ und veränderungsbereit sein, ständig lernen und dieses Wissen allen relevanten Personen zur Verfügung stellen.[11] So soll Agilität zu einem essenziellen Faktor für den Erhalt der Wettbewerbsfähigkeit und damit letztlich für das Überleben eines Unternehmens werden.[12] Agilität ist kein neues Thema, sondern existiert bereits seit fast 70 Jahren in unterschiedlichen Facetten und Ausprägungen.[13]

Dabei ist Agilität nicht die Lösung für alle Probleme und auch nicht per se geeigneter oder besser als andere Modelle. Vielmehr kommt es auf die spezifischen Anforderungen an, die aus der Um- und Inwelt eines Unternehmens gestellt werden.[14] Aktuelle Überlegungen gehen davon aus, dass Unternehmen nicht nur Elemente von Agilität, sondern auch traditionelle Muster von trägen Unternehmen beinhalten sollten. Beide Charakteristika (die des agilen und die des trägen Unternehmens) sollen danach wie bei einer Alpha-Doppel-Helix die DNA eines Unternehmens ausmachen und parallel existieren.[15] Es scheint dabei aber so, dass Agilität insbesondere in der sogenannten VUKA-Welt eine wichtige Rolle spielt, in der große **V**olatilität, **U**nsicherheit, **K**omplexität und **A**mbiguität herrscht. Hier ändern sich Märkte vollständig. Damit verbunden ist, dass eine bestehende Technologie, ein bestehendes Produkt oder eine bestehende Dienstleistung durch ein neues Angebot vollständig verdrängt wird. Der dafür geprägte Begriff ist die »Disruption«.[16] Bei einem solchen Wandel wird vermutet, dass jedes Unternehmen sein Geschäftsmodell auf den Prüfstand stellen muss, um in Zukunft noch zu den Überlebenden etwa der digitalen Transformation zu gehören. Diese Vermutung wird bestätigt, wenn Kreutzer und Land vom digitalen Darwinismus sprechen und einen Angriff auf etablierte Geschäftsmodelle und Marken postulie-

---

10 Vgl. Goldman/Nagel/Preiss/Warnecke, Agil im Wettbewerb: Die Strategie der virtuellen Organisation zum Nutzen des Kunden.
11 Vgl. Dove, Response Ability: The Language, Structure, and Culture of the Agile Organization, John Wiley and Sons, Inc.
12 Vgl. Lin/Chiu/Chu, Agility index in the supply chain. In: Int. J. Production Economics 100, 285–299.
13 Fischer/Häusling, A., Das agile Unternehmen im disruptiven Wandel der Industrie 4.0 (im Erscheinen).
14 Fischer/Häusling, A., Das agile Unternehmen im disruptiven Wandel der Industrie 4.0 (im Erscheinen).
15 Vgl. Kotter, Accelerate: Strategischen Herausforderungen schnell, agil und kreativ begegnen.
16 Christensen, The Innovator's Dilemma: The Revolutionary Book that will Change the way you do Business.

ren.[17] Auch Cole[18] argumentiert vergleichbar, wenn er von Gewinnern und Verlierern der digitalen Transformation spricht. Um zu überleben – so die Vermutung –, müssen Unternehmen agil sein.

Unternehmen werden aber nur dann agil sein, wenn die Mitarbeitenden selbst agil handeln. Das ist zwar eine Binsenweisheit, wirft aber die Frage auf, wodurch denn genau die Leistung eines Mitarbeitenden in einem agilen Unternehmen gefördert werden kann. Welchen Einfluss hat die Führungskraft? Wodurch vermittelt sie, was die Mitarbeitenden dürfen und sollen? Gibt es spezielle Kompetenzen, die für eine agile Leistung benötigt werden, die also das Können entwickeln? Bisher gibt es in der Literatur nur vereinzelte Versuche, die Leistung agiler Unternehmen, aber nicht die Leistung der Mitarbeitenden zu messen.[19]

Leistung in agilen Unternehmen

Leistung in agilen Unternehmen zielt darauf ab, die Charakteristika von Agilität weiter zu fördern und zu entwickeln.[20] Dazu gehören laut einer aktuellen Studie:

- der Ausbau einer Fehlerkultur,
- die Entwicklung von Schnelligkeit und Flexibilität bezüglich der Produkte, Arbeitsergebnisse und Informationen,
- die Vernetzung über verschiedene Bereiche im Unternehmen,
- die Förderung von Offenheit und Transparenz (Ziele, Strukturen, Prozesse),
- die veränderte Zusammenarbeit und Führung für zufriedene und motivierte Mitarbeitende,
- das höhere Qualitätsbewusstsein durch mehr Verantwortung der Mitarbeitenden,
- das Lernen in Teams und im Unternehmen.[21]

Leistung müsste also danach bemessen werden, ob und inwieweit die Mitarbeitenden einen Beitrag zur Entwicklung des Unternehmens in diese Richtung leisten.

Förderung, Führung und Leistung in agilen Unternehmen?

Agile Unternehmen richten sich nach den Prinzipien der Selbstorganisation aus.[22] Charakteristische Merkmale sind »*kleine autonome Einheiten, Mehrfachqualifikation der Mitarbeiter, überlappende Aufgaben, eine instabile Rollen- und Statusverteilung,*

17 Kreutzer/Land, Digitaler Darwinismus.

18 Cole, Digitale Transformation: Warum die deutsche Wirtschaft gerade die digitale Zukunft verschläft und was jetzt getan werden muss!

19 Yauch, Measuring agility as a performance outcome, Journal of Manufacturing Technology Management, Vol. 22, Iss. 3 S. 384–404.

20 Siehe auch Teil 2, Kapitel 10.

21 Fischer/Weber/Zimmermann, Auf dem Weg zur agilen Organisation – Ergebnisse einer qualitativen Untersuchung. Bisher unveröffentlichtes Arbeitspapier des Instituts für Personalforschung an der HS Pforzheim.

22 Vgl. Förster/Wendler, Theorien und Konzepte zu Agilität in Organisationen, Dresdner Beiträge zur Wirtschaftsinformatik.

eine offene kontroverse Kommunikation, Flexibilität, Kreativität, Initiative und eine partizipative Führung«.[23] Den Führungskräften wird beim Wandel zu mehr Agilität eine zentrale Rolle zugedacht. Ihr Profil und ihre Rolle ändern sich im agilen Kontext, was allerdings zunächst verstanden, akzeptiert, erlernt und gelebt werden muss.[24] In agilen Unternehmen hat sich die Führungsrolle radikal verändert: Führungskräfte »dienen« hier ihren Mitarbeitenden, um diesen die optimalen Arbeitsbedingungen für den größtmöglichen Erfolg zu bieten.[25]

In agilen Unternehmen handeln die Führungskräfte nach dem Menschenbild Y[26], nach dem Mitarbeitende per se ehrgeizig und bereit sind, zur Zielerreichung auch größere Anstrengungen in Kauf zu nehmen. Leistung zu bringen, bereitet Freude und macht zufrieden. Dieses positive Menschenbild bedingt Kooperationsbereitschaft, Mut, Offenheit, Transparenz und Respekt als zentrale Werte der Führungskräfte. Ihr Führungsverständnis basiert auf einem stärkeorientierten Mitarbeitereinsatz. Sie kennen und schätzen die Qualitäten ihrer Mitarbeitenden und besitzen auch die Kompetenz, diese angemessen zu fördern, für das Unternehmen gewinnbringend einzusetzen und weiterzuentwickeln.[27] Als Menschenspezialisten, die auch beim Thema Menschenführung entsprechend qualifiziert sind, ziehen sie Motivation und Zufriedenheit aus der Förderung ihrer Mitarbeitenden. Sie nehmen diese Aufgabe ernst und gewichten Führungsaufgaben hoch. Sie begreifen sich als »Servant Leader«,[28] also als »dienende Führungskräfte« und handeln mit einer sehr hohen Kunden- und Mitarbeiterorientierung.

Ein wesentlicher Bestandteil des agilen Unternehmens ist die Ermächtigung der Mitarbeitenden, Verantwortung zu übernehmen, Entscheidungen zu treffen, sich selbst zu organisieren und aktiv mitzugestalten. Dieses Phänomen lässt sich unter dem Begriff »Empowerment« zusammenfassen.[29] Damit bezeichnet man Strategien und Maßnahmen, die den Grad an Autonomie und Selbstbestimmung im Leben von Menschen oder Gemeinschaften erhöhen sollen und es ihnen ermöglichen, ihre Interessen eigenmächtig, selbstverantwortlich und selbstbestimmt zu vertreten. Es ist definiert als das Verhalten einer Führungskraft, welches durch das Teilen von Entscheidungsmacht die Arbeitsmotivation der Mitarbeitenden erhöht, da diese mehr Mitverantwor-

23 Bea und Göbel, 2010, S. 136 zit. nach Förster/Wendler, Theorien und Konzepte zu Agilität in Organisationen, Dresdner Beiträge zur Wirtschaftsinformatik, S. 18.

24 Vgl. McKenzie/Aitken, Learning to lead the knowledgeable organization: developing leadership agility, Strategic HR Review, Vol. 11, S. 329–334.

25 Vgl. Wolf/Preuss/Reupke-Sieroux, Der agile Manager, in: Scherber/Lang, M., (Hrsg.): Agile Führung. Vom agilen Projekt zum agilen Unternehmen, S. 17–35.

26 Vgl. McGregor, The Human Side of Enterprise: Annotated Edition, Mcgraw-Hill Education Ltd, 2005.

27 Vgl. Arnander, We are all Leaders – Leadership is not a position, it's a mindset.

28 Vgl. Greenleaf, The Servant as Leader.

29 Vgl. Blanchard/Carlos/Randolph, Das neue Führungskonzept: Mitarbeiter bringen mehr, wenn sie mehr dürfen.

tung erhalten.[30] Amundsen und Martinsen[31] identifizieren acht Verhaltenselemente, die das Empowerment auszeichnen:

- Delegation von Aufgaben und Verantwortung
- Koordination und Teilung von Informationen
- Ermutigung zu Eigeninitiative
- Ermutigung zur Zielfokussierung
- Unterstützung bei der Effizienz der Arbeit
- Inspiration des Teams
- Modellbildung im Sinne von Lernen durch Erfolge
- Anleitung und Beratung als Führungsstil.

Diese Elemente sollten in einem agilen Unternehmen Bestandteil der Führung sein.

Diese Auffassung findet man auch in der Praxis. Die aktuelle Forschung zeigt, dass Agilität auch hier als Anpassungsfähigkeit, Anpassungsgeschwindigkeit und Kundenzentriertheit eines Unternehmens verstanden wird.[32] Agilität als Ausrichtung ist dabei erst vollständig, wenn sich agile Methoden und Werkzeuge sowie eine bestimmte Haltung ergänzen. Unter agilen Methoden werden z. B. Ansätze wie Scrum verstanden. Unter »agiler Haltung« werden die Veränderungsbereitschaft, Reflexionsfähigkeit und Offenheit bei den Mitarbeitenden, die Zu- und Übernahme von Verantwortung (Selbst- und Eigenverantwortung) sowie der wertschätzende Umgang miteinander und die Begegnung auf Augenhöhe verstanden.

Die Ergebnisse zeigen auch, dass Verhaltensweisen von Führungskräften, wie fehlende Unterstützung und Vertrauen der Mitarbeitenden, Kontrollorientierung und Mikro-Management, Führung über Angst (z. B. per »command and control«) sowie Verlustängste hinsichtlich Prämien, Status und Macht die Entwicklung von Agilität in Unternehmen klar behindern. Im Gegenzug scheint es, dass Führungskräfte,

- die durch das Schaffen von Rahmen und Prinzipien des agilen Arbeitens Orientierung geben,
- die alle Personen entsprechend befähigen und entwickeln bzw. die Selbstbefähigung und Selbstentwicklung unterstützen,
- die die Selbstverantwortung und Selbstorganisation aller Personen ermöglichen,
- die die Kollaboration mit allen internen wie externen Personen (unabhängig vom jeweiligen »Silo«) fördern und

30 Srivastava/Bartol/Locke, Empowering Leadership in Management Teams: Effects on Knowledge Sharing, Efficacy, and Performance, in: The Academy of Management Journal, Vol. 49, No. 6, S. 1239–1251.

31 Amundsen/Martinsen, Empowering leadership: Construct clarification, conceptualization, and validation of a new scale. The Leadership Quarterly, 25, S. 487–511.

32 Vgl. Fischer/Weber/Zimmermann, Auf dem Weg zur agilen Organisation – Ergebnisse einer qualitativen Untersuchung. Bisher unveröffentlichtes Arbeitspapier des Instituts für Personalforschung an der HS Pforzheim.

- die den Fokus konsequent auf die Mitarbeiter und die Kunden legen,

einen entscheidenden Beitrag zur Förderung von Agilität leisten können. Paradox ist dabei, dass Agilität bzw. die selbstorganisierte Arbeitsweise innerhalb der Unternehmen über die »Hierarchie« angestoßen werden, zumindest jedoch gefördert und unterstützt werden müssen, um im Unternehmen etabliert und verankert zu werden. Das erfordert viel Weitsicht und eine gewisse Portion Altruismus, denn genau diese Personen tragen auch das größte Verlustrisiko, wenn sie in herkömmlichen Kategorien wie Macht und Prestige verhaftet sind.

Welche Kompetenzen fördern Leistung in agilen Unternehmen?

Neben der Führung kann vermutet werden, dass die Förderung bestimmter Kompetenzen eine wichtige Rolle zur Förderung der Leistung in agilen Unternehmen spielt. Zhang und Sharifi[33] bieten mit ihrem Modell eine Orientierung, wie ein agiles Unternehmen entstehen kann und welche Kompetenzen dazu erforderlich sind. Sie benennen dabei u.a. sogenannte Agilitätserzeuger und Agilitätsbefähiger. Zu den **Agilitätserzeugern** zählen sie etwa das Training von Mitarbeitenden und Arbeitsteams in agilen Methoden, Förderung von Teamwork, Verhinderung von Demotivation, flexible Vergütungssysteme, moderne Produktionsmethoden, Integration der Wertschöpfungskette in die tägliche Arbeit, Förderung der internen Kooperation zwischen den Abteilungen, Förderung der externen Kooperation mit Lieferanten und Kunden, schnelle Produktentwicklung (Simultaneous Engineering), funktionsübergreifende Teams, ständige Optimierung während des Prozesses, Wissensmanagement, Fehlerkultur die zum Ausprobieren anregt und den Zugang zu Unternehmenswissen.[34]

Daraus leiten sich bestimmte Anforderungen an die Kompetenzen aller Mitarbeitenden in einem agilen Unternehmen ab:[35] Demnach müssen die Mitarbeitenden zur Agilität befähigt werden. Dies erfordert bestimmte fachliche (z.B. die Kompetenz, Tätigkeiten an verschiedenen Stationen durchzuführen) und extra-fachliche Kompetenzen zur selbstgesteuerten Arbeitsplanung und -ausführung. Dabei scheinen insbesondere die folgenden **vier Agilitätsbefähiger** besonders relevant:[36]

33 Zhang/Sharifi, A methodology for achieving agility in manufacturing organisations, International Journal of Operations & Product Management, Vol. 20, Iss. 4, S. 496–513.

34 Vgl. Vázquez-Bustello/Avella/Fernández, Agility drivers, enablers and outcomes: Empirical test of an integrated agile manufacturing model. International Journal of Operations & Production Management, S. 1303–1332.

35 Vgl. Owusu, Importance of employee involvement in world-class agile management systems, International Journal of Agile Management Systems, Vol. 1, Iss. 2, S. 107–115.

36 Vgl. Zhang/Sharifi, A methodology for achieving agility in manufacturing organisations, International Journal of Operations & Product Management, Vol. 20, Iss. 4, S. 496–513; vgl. Bernardes/Hanna, A theoretical review of flexibility, agility and responsiveness in the operations management literature. International Journal of Operations & Production Management, S. 30–53.

- **Responsiveness:** Fähigkeit zum Erfassen, Erkennen und Antizipieren von Veränderungen, unmittelbare Reaktion auf diese Veränderungen, schnelles Erholen von diesen Veränderungen.
- **Competency:** Fähigkeit zu strategischer Vision, ausreichender technologischer Kompetenz, Produkt- und Servicequalität, Kosteneffektivität und Liefertreue.
- **Flexibility:** Fähigkeit, an unterschiedlichen Anlagen zu arbeiten und verschiedene Ergebnisse zu erzielen: Flexibilität im Produktionsvolumen, in den Produktmodellen, in der Organisation und im Einsatz der Mitarbeitenden.
- **Speed:** Fähigkeit, die anstehenden Aufgaben in der kürzest möglichen Zeit zu erledigen. Neuprodukte mit schneller Time-to-Market, kurze Lieferzeiten von Produkten und Dienstleistungen.

Zu vermuten ist darüber hinaus, dass ergänzend noch die Kompetenz zu selbststeuerndem Handeln eine besondere Bedeutung hat. Beim selbststeuernden Handeln kann dabei ein Bezug zu den generischen Prinzipien nach Haken und Schiepeck[37] vermutet werden.[38]

Zusammenfassung und Ausblick

Wie kann Leistung in agilen Unternehmen gefördert werden? Die Antwort lautet: Durch eine Führung, die sich durch das Menschenbild Y auszeichnet, die das Grundverständnis als dienende Führungskraft mit dem Ziel des Empowerment beinhaltet, die die Nutzung agiler Methoden und die Entwicklung einer agilen Haltung fördert. Daneben braucht es die Entwicklung bestimmter Kompetenzen bei den Mitarbeitenden, damit diese die neue Verantwortung tragen und ihr Verhalten so ausrichten können, dass die gewünschte Leistung auch tatsächlich gezeigt und so die Agilität des Unternehmens gefördert werden kann. All das sind bisher aber nur Vermutungen. In einem nächsten Schritt steht an, diese Vermutungen so zu operationalisieren, dass mittels empirischer Forschung deren Evidenz auch und gerade für agile Unternehmen belegt werden kann.

12.4 #Agiles Personalmanagement – Was bedeutet Agilität für HR? – Ein Beitrag von Dr. Frank Edelkraut

Dr. Frank Edelkraut, Geschäftsführer Mentus GmbH
Ressort: HR/Personalmanagement

Agil! Die relativ laute Diskussion der letzten Zeit wirkt schon ein wenig verbraucht und viele haben den (berechtigten) Eindruck, dass zu viel zum Thema gesagt wurde. Egal, nun wird es ruhiger um das Thema und für die Personal-Community ist es an der Zeit,

37 Haken/Schiepek, Synergetik in der Psychologie.
38 Vgl. Schiersmann/Thiel (Hrsg), Beratung als Förderung von Selbstorganisationsprozessen – eine Theorie jenseits von Schulen und Formaten.

sich intensiv mit dem Kern von Agilität und der eigenen Rolle darin zu befassen. Denn eines ist sicher: Agil wird bleiben und eine zunehmend wichtige Rolle in der Unternehmensorganisation spielen.

Für HR steht eine arbeitsreiche und anstrengende Zeit ins Haus, denn agile Arbeitsorganisation unterscheidet sich von den etablierten Organisationsformen an einigen Stellen deutlich. Um agil arbeiten zu können, werden somit neue HR-Systeme gebraucht.

Die Wirksamkeit agilen Arbeitens entsteht durch folgende Kernprinzipien:

- Klare Priorisierung durch Fokus auf Wertschöpfung und Reduktion von nicht wertschöpfenden Tätigkeiten und Aufwendungen
- Durchsatzoptimierung durch Reduzierung von Komplexität in der Kommunikation, im Prozess und in den organisatorischen Strukturen
- Anpassung der Menge an Arbeit im System an die tatsächlich vorhandene Kapazität (Work-in-process-Limitierung, Pull-Prinzip, statt push)
- Kontinuierlicher Verbesserungsprozess, der Engpässe und Blockaden abbaut und Lernen auf allen Ebenen der Organisation treibt.

Damit diese Prinzipien zum Tragen kommen können, liegt die Hauptverantwortung für die Arbeitsorganisation bei cross-funktionalen, end-to-end-verantwortlichen Teams und nicht mehr bei den Führungskräften. Man braucht als Personaler nicht viel Fantasie, um sich auszumalen, dass viele bewährte HR-Systeme in einem solchen Organisationskontext nicht funktionieren. Der Vergleich der aktuell bestehenden HR-Systeme mit der Idealvorstellung für agile HR-Systeme zeigt, dass vor allem die Themenfelder Leistungsmanagement und Vergütung, Personal- und Führungskräfteentwicklung und Führungs- und Selbstkompetenz einer grundlegenden Überarbeitung bedürfen.[39]

Schauen wir uns exemplarisch das Thema agile Personalentwicklung an. In vielen Unternehmen basiert die Personal- und Führungskräfteentwicklung noch immer auf dem Prinzip des »Vorratslernens«, in dem ein Experte (Trainer) den Lernenden auf Basis eines definierten Curriculums Wissen vermittelt. Der Ablauf ist ebenfalls standardisiert mit festen Terminen, an vordefinierten Lernorten – extrem selten ist dies der betroffene Arbeitsplatz/-kontext. Der Transfer in die Praxis wird mit kurzen Rollenspielen, Übungen etc. versucht. Dieser Standard ist hochgradig statisch und un-agil!

In einem agilen Arbeits- und auch eben Lernkontext kommen die agilen Werte und Prinzipien zum Einsatz. Nehmen wir das Beispiel einer Basisqualifizierung zu agilem

39 Edelkraut/Mosig, Schnelleinstieg Agiles Personalmanagement, Haufe 2019.

Arbeiten. Damit die Teilnehmer von Beginn an erleben und verinnerlichen können, was agil bedeutet, werden diese agilen Werte und Prinzipien auch angewandt. Konkret am Beispiel von sechs agilen Prinzipien bedeutet das:

- Our highest priority is to satisfy the customer through early and continuous delivery of valuable learning. → Die Lernenden definieren eigenständig Inhalte sowie die zu nutzenden Formate und Methoden. Gelernt wird in kurzen, zeitlich synchronisierten Zyklen.
- Welcome changing requirements, even late in development. → Veränderte Ziele im Business oder der Person führen sofort zu einer Anpassung des Lernprozesses.
- Agile processes promote sustainable development. → Wir lernen agil durch agiles Vorgehen!
- Simplicity – the art of maximizing the amount of work not done – is essential. → Auf kleine Erfolge fokussieren und schnell realisieren. Schritt für Schritt.
- The best architectures, requirements, and designs emerge from self-organizing teams. → Peer-group learning ist das Rückgrat des Designs!

Eine ideale Umsetzung der agilen Werte und Prinzipien wird in der Praxis selten gelingen, da Rahmenbedingungen zu Kompromissen zwingen. Vor allem aber kann ein rein agiles Konzept nur dann umgesetzt werden, wenn Erfahrung und Verständnis für agiles Arbeiten vorhanden sind. Dies ist z. B. bei Führungskräften, die erstmals an agiles Arbeiten herangeführt werden sollen nicht der Fall. Dies dürfte der noch immer häufigen Situation in den Unternehmen entsprechen und damit ein gutes Umsetzungsbeispiel sein. Wichtig aus Sicht einer agilen Personalentwicklung ist, möglichst viele der agilen Prinzipien anzuwenden und die Lerner im Lernprozess zu begleiten und zu unterstützen und Design und Umsetzung von Lernformaten dem Fortschritt der Individuen und Lerngruppen kontinuierlich anzupassen.[40]

Denkt man die oben genannten Beispiele für agile Lernprinzipien weiter, wird sofort klar, dass die Organisation des Lernens sich ebenso verändert, wie die Rollen der Personalentwicklung, der Führungskräfte und aller Lerner.[41] Hier wird HR einen nicht unerheblichen Aufwand in der Umstellung des eigenen Angebotes, der eigenen Qualifizierung und dem Heranführen der Kollegen an die neue Art des Lernens betreiben.

Was sollte eine Personalabteilung konkret tun, um die Verantwortung für die Realisierung einer agilen Organisation übernehmen zu können? Der erste und wichtigste Schritt ist, sich intensiv mit agiler Arbeitsorganisation und deren Konsequenzen zu befassen und eigene Erfahrung zu sammeln. Leider kann man agiles Arbeiten nicht theoretisch erschließen, die Tücken des Alltags spielen eine große Rolle und die MUSS

40 Edelkraut, Agil qualifizieren – Wie Führungskräfte Agiles Arbeiten erleben https://www.linkedin.com/pulse/agile-methoden-agiles-arbeiten-und-f%C3 %BChrung-ein-frank-edelkraut/?originalSubdomain=de.
41 Graf et al., Agiles Lernen, Haufe 2017.

man erlebt haben, um das Thema professionell bearbeiten zu können. Gleichzeitig ist es ratsam, die bereits agil arbeitenden Kollegen in der Organisation in »freier Wildbahn« zu begleiten. Die Beobachtung der realen Ausprägung der agilen Arbeitsorganisation ist essenziell für die Konzeption und Implementierung neuer, passender HR-Systematiken.

Schließlich ist ein Grundprinzip der Agilität die Anpassung der Systeme an den eigenen Kontext und die permanente Weiterentwicklung. Somit wird keine agile Organisation gleich einer anderen sein. Last but not least hilft es erfahrungsgemäß, die Werte und Prinzipien agilen Arbeitens so oft wie irgend möglich auf die eigene Tätigkeit anzuwenden und so immer wieder selbst in die Reflexion zu gehen, ob und wie die eigene Tätigkeit effizienter und agil-effektiver gestaltet werden kann. Schließlich stehen wir Personaler vor der Herausforderung, etwas grundlegend Neues zu erlernen. Fangen wir an!

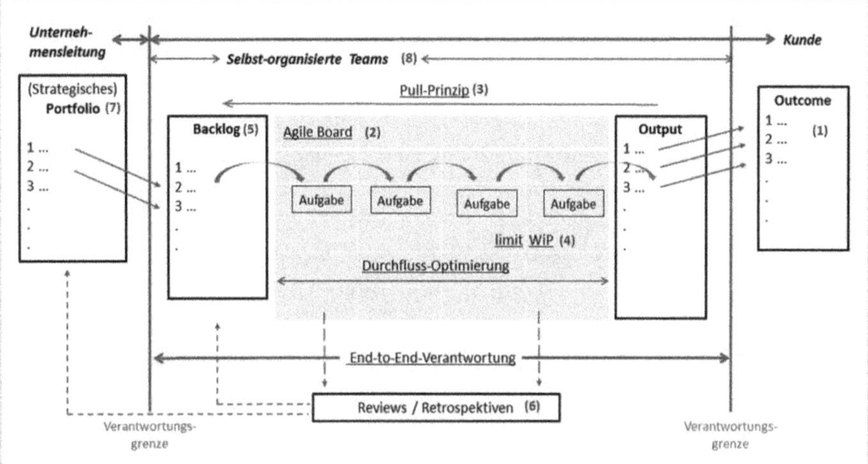

Abb. 22: Agiles Personalmanagement (Grafik: Frank Edelkraut)

12.5 #Wie gestaltet sich gesetzliche Mitbestimmung agil? – Ein Beitrag von Sandra Bierod-Bähre

HIER ÜBERSCHRIFT EINFÜGEN

Sandra Bierod-Bähre, Präsidiumsmitglied des Bundesverbandes der Arbeitsrechtler in Unternehmen e. V. (BVAU)
Ressort: Mitbestimmung

Was ist eine »agile Mitbestimmung«?

Unter dem Oberbegriff »agile Mitbestimmung« werden mehrere Themen zusammengefasst. Zum einen werden darunter mit arbeitsrechtlichem Fokus die Mitbestimmungsrechte des Betriebsrats bei der Einführung und Anwendung agiler Arbeitsmethoden verstanden. Zum anderen wird diskutiert, wie die Arbeit des Betriebsrates selbst agiler (und damit in der Regel digitaler) werden kann. Wie Mitarbeiter direkter in der Mitbestimmung beteiligt werden können, ist ein weiteres aktuell sehr wichtiges Thema, da Mitarbeiter immer mehr Individualität und Eigenständigkeit in der Gestaltung ihrer Arbeit einfordern und damit sowohl die Entscheidungskompetenz des Betriebsrats hinterfragen als auch deutlich wird, dass die Aufgabe des Betriebsrats, die Interessen der Mitarbeiter zu vertreten, kaum mehr sinnvoll im Suchen eines einheitlichen kollektiven Interesses bestehen kann.

Der Kern agiler Mitbestimmung ist in meinen Augen die agile Gestaltung der Zusammenarbeit zwischen Arbeitgeber und Betriebsrat. Agile Methoden helfen, diese flexibler zu gestalten und schneller zu umsetzbaren Lösungen zu führen. Ein starres Abarbeiten der im BetrVG sehr formal bestimmten Mitbestimmung liefe nämlich Gefahr, zum anachronistischen Störfaktor in einem agilen Umfeld zu werden. Das wäre weder im Sinne des Arbeitgebers noch der Mitarbeiter, denn es würde auf Dauer die wirksame demokratische Teilhabe durch die Institution des Betriebsrats und den Unternehmenserfolg gefährden. Den schnellen Zyklen notwendiger Veränderungen kann eine Mitbestimmung, die aus monatelangen Verhandlungen und danach noch einer schlichtenden Einigungsstelle besteht, nicht gerecht werden. Besonders Einigungsstellen sind nach meiner Beobachtung in komplexen fortlaufenden Themen, wie z. B. der Anwendung von IT-Systemen, die sich praktisch täglich ändern können, immer mehr ungeeignet, um eine dauerhafte umsetzbare Lösung der Mitbestimmung zu erzielen. Entweder schaffen sie ein so umfangreiches Regelungswerk, das jegliche Eventualität versucht, vorab aufzunehmen, dass die notwendige Flexibilität für das Unternehmen fehlt oder sie entscheiden nur die tagesaktuelle Ist-Situation, was dazu führt, dass bei jeder Änderung und jedem Update erneut eine Einigungsstelle droht. Das ist ein großes Problem, wenn der gesetzlich vorgesehene Klärungsweg immer häufiger zu keinem zufriedenstellenden Ergebnis führt.

Um das Problem zu veranschaulichen, möchte ich gerne eine Gedankenreise beschreiben. Stellen Sie sich vor, Sie möchten Scrum im Unternehmen nutzen. Sie teilen Ihre Idee begeistert im nächsten Team-Meeting mit und überlegen gemeinsam die ersten Schritte, damit alle auf dem notwendigen Wissensstand sind. Wenige Zeit nach dem Meeting steht Ihr Betriebsrat in Ihrem Türrahmen. Er ist höchst irritiert, dass er nicht rechtzeitig informiert wurde. Er verweist auf seine umfangreichen Mitbestimmungsrechte. Unter anderem nennt er § 87 Abs. 1 Nr. 1, 2, 6 und 13 BetrVG. Da der Betriebsrat sich mit Scrum nicht auskennt, hat er beschlossen, einen externen Sachverständigen zu beauftragen und dieser hat ihm bereits einen Entwurf einer Betriebsvereinbarung zur Einführung von Scrum geschickt. Den Entwurf überreicht er Ihnen mit der Aufforderung, vor dem Abschluss der Verhandlungen nichts weiter zu unternehmen, um Scrum einzuführen. Beim ersten Überfliegen sehen Sie an mehreren Stellen wiederholt, dass keine Daten erhoben werden dürfen und Leistungs- sowie Verhaltenskontrolle grundsätzlich ausgeschlossen sind sowie darüber hinaus jegliche arbeitsrechtliche Maßnahme, die auch nur mittelbar im Zusammenhang mit Scrum steht.

Die Gedankenreise setzt sich fort mit den nächsten Etappen: Diskussionen der externen rechtlichen Berater über die Rechtslage, über Monate verteilt mehrere Verhandlungstermine zum Betriebsratsentwurf und einem Einigungsstellenverfahren, das mit Spruch des Vorsitzes endet. Das ist das Gegenteil von agiler Mitbestimmung und unter Umständen das Ende agilen Arbeitens im Unternehmen, bevor es überhaupt angefangen hat.

Unternehmen, denen dieser Ablauf bekannt vorkommt, sollten sich den vielfältigen Herausforderungen der Zukunft bewusst werden – die deutlich vom Fortschreiten der digitalen Transformation und einem heute noch nicht absehbaren Wandel der Arbeitswelt, insbesondere der Berufsbilder und Qualifizierung der Mitarbeiter, gekennzeichnet sein wird. Diese Gedanken sollten eigentlich Einladung genug sein, sich mit agiler Mitbestimmung zu beschäftigen.

Wie gestaltet sich gesetzliche Mitbestimmung agil? Was ist ein »Mitbestimmungs-Scrum«?

Um die gesetzliche Mitbestimmung agil zu gestalten, bedarf es als Grundlage Vertrauen, Offenheit, Sicherheit und Mut. Mut deshalb, weil die Betriebsparteien an der einen oder anderen Stelle gemeinsam in den Graubereich der rechtswirksamen Ausübung der Mitbestimmung gehen werden. Das BetrVG geht nicht von einem agilen Unternehmen aus, sondern von hierarchisch getroffenen Entscheidungen, über die der Betriebsrat mitbestimmt. In der Unternehmenspraxis geschieht das immer noch häufig so, dass der Arbeitgeber oder beide Betriebsparteien Entwürfe von Betriebsvereinbarungen vorlegen, über die im Detail und nicht selten zum einzelnen Wort verhandelt und diskutiert wird. Agile Methoden beim Gestalten von Betriebsvereinbarungen sind heute noch die Ausnahme. Es wird vielmehr über vorformulierte Texte eine Einigung ausgehandelt.

In Unternehmen erlebe ich immer mehr virtuelle Teams, die unter Umständen global verteilt in volatiler Zusammensetzung arbeiten, wodurch sich Führung, soweit sie bisher noch auf Präsenz und der Zuordnung der Leistung zu einzelnen Mitarbeitern basierte, elementar wandelt. Nicht mehr Prozess-, sondern Innovationssicherheit wird als erfolgsentscheidend angesehen. Die Geschwindigkeit, mit der Unternehmen sich auf veränderte Kundenerwartungen und Marktentwicklungen einstellen müssen, ist von hierarchisch geführten Strukturen kaum mehr zu leisten. Besondere Teamleistungen zu ermöglichen, wird zukünftig im Vordergrund stehen und nicht der Erfolg einzelner Führungskräften.

An dieser Gegenüberstellung ist leicht ablesbar, warum es in einigen Unternehmen aktuell in der Mitbestimmung »hakt«. Sie ist – übertragen gesprochen – noch im analogen Zustand stecken geblieben, während die Arbeit der Mitarbeiter zunehmend agil tickt.

Um die Vorteile agiler Arbeitsmethoden für die Betriebsparteien erlebbar zu machen, nutze ich einen »Mitbestimmungs-Scrum«, der die Prinzipien und Elemente des Scrums auf die betriebliche Mitbestimmung überträgt. Diese Art der Zusammenarbeit unterscheidet sich grundlegend von dem bisher üblichen Aushandeln einzelner Forderungen, Abringen von Kompromissen oder gar bewusster Blockade und macht nach meiner Erfahrung zumindest in den ersten »Mitbestimmungs-Scrums« einen »Mitbestimmungsmaster« notwendig, der Arbeitgeber und Betriebsrat davon abhält, wieder in die alten Verhaltensweisen zurückzufallen und beide Seiten trainiert, zukünftig ohne Unterstützung erfolgreich zu gestalten.

Jedes neu eingebrachte Mitbestimmungsthema hat einen Product Owner. Das sind in der Regel die Geschäftsführung, der Betriebsrat oder einzelne Fachbereiche des Unternehmens, die ein mitbestimmungsrelevantes Thema bearbeiten. Sobald ein neuer Mitbestimmungs-Scrum eröffnet wird, wird über das Scrum-Team entschieden. All diejenigen sollen beteiligt werden, die einen inhaltlichen Beitrag zum Thema oder zu den zu erwartenden bzw. zu erzielenden Konsequenzen liefern können. Das Team besteht deshalb nicht zwingend nur aus Betriebsratsmitgliedern oder Führungskräften. Im Produkt Backlog werden als Besonderheit nicht nur die Interessen des Product Owners, sondern aller Beteiligten auf Arbeitgeber- und Betriebsratsseite herausgearbeitet. Welche Erwartungen hat jede Seite, die in der Vereinbarung erfüllt werden müssen? Hier geht es noch in keiner Weise um kleinteilige Formulierungen, sondern darum, welche voranstehenden Ziele jede Seite verfolgt. Nicht selten sind diese Ziele sehr ähnlich, was äußerst lohnend ist, vor Beginn der Sprints herauszuarbeiten. In welcher Reihenfolge die Unterthemen in die Sprints gebracht werden, hängt zum einen von deren Priorität ab und zum anderen davon, wie weit die Interessen auseinanderliegen. Es macht keinen Sinn, den ersten Sprint zu einem Unterthema anzusetzen, in dem die Betriebsparteien besonders weit entfernt sind. Solange das Gesamtpaket noch nicht klar erarbeitet ist, würde in diesem Sprint die Gestaltung nur unnötig erschwert. Jedes Sprintergebnis bildet einen neuen Baustein der zuvor geschlossenen Rahmenbetriebsvereinbarung und kann sofort umgesetzt werden, sodass gerade bei Themen, in denen es häufig zu inhaltlichen Änderungen kommt, die einzelnen Bausteine schnell angepasst werden können.

Soviel in ganz knapper Kürze zum Mitbestimmungs-Scrum. Die wesentliche Veränderung ist nicht, dass es ein anderer formaler Ablauf des Verhandelns wäre, sondern dass anstelle eines Aushandelns zweier gegenüberstehender Positionen die Betriebspartner vom ersten Schritt an ein Thema gemeinsam gestalten.

Gibt es positive Beispiele zu agilen Regelungen?
Gerne möchte ich zwei etwas »exotische« Regelungen nennen.

In einem Unternehmen, das die bisher in Abteilungen aufgegliederte Organisation ausnahmslos in agile Teams umwandelte, machte der Betriebsrat von seinem Mitbestimmungsrecht nach § 87 Abs. 1 Nr. 13 BetrVG Gebrauch. Hiernach ist der Betriebsrat bei der Durchführung von Gruppenarbeit zu beteiligen. Der Begriff »Gruppenarbeit« definiert das BetrVG danach, dass eine Gruppe von Mitarbeitern im Rahmen des betrieblichen Arbeitsablaufs zusammenarbeitet und der Gruppe eine Gesamtaufgabe übertragen worden ist, die sie im Wesentlichen eigenverantwortlich erledigt. Gerade das Merkmal der Eigenverantwortlichkeit passt auf agile Teams, sodass dieses Mitbestimmungsrecht durchaus Bedeutung erlangen kann. Obwohl der Arbeitgeber zunächst einiges versuchte, um das Mitbestimmungsrecht des Betriebsrats zu verhindern und eine Vereinbarung scheute, schafften wir eine sehr angemessene Regelung, die den beteiligten Mitarbeiter Sicherheit bei dem für sie großen Wandel brachte. Wir haben einige Kommunikationswege geregelt, so z. B. ein wöchentliches Gespräch unter allen Teammitgliedern, wie Konflikte mit anderen agilen Teams geklärt werden, ohne eine Führungsebene einzuschalten, wie die Aufgaben im Team verteilt werden und wie Teammitglieder aufzeigen können, dass sie glauben, zu viele oder zu wenige Aufgaben zu haben. Diese Kommunikation findet in der ersten Stufe immer ohne Einbindung des Betriebsrats statt und erst für den Fall, dass keine Klärung erfolgt, wurde geregelt wie der Betriebsrat unkompliziert unterstützt. Es mag zwar sein, dass die einzelnen Regelungen in der Lebendigkeit des Arbeitsalltages zukünftig flexibler gehandhabt werden, als sie formuliert sind. Die Vereinbarung hatte allerdings zum Start der agilen Teams eine unglaublich wichtige Bedeutung, um allen Beteiligten die Ziele des agilen Arbeitens noch einmal zu verdeutlichen, sie auf diesem Weg transparent mitzunehmen und jedem Sicherheit zu geben.

Mit dem zweiten Beispiel möchte ich auf § 28a BetrVG aufmerksam machen, der seit seiner Einführung 2001 nach meiner Beobachtung kaum Beachtung erhielt, im Zusammenhang mit agiler Arbeit allerdings zukünftig eine wichtige Bedeutung erlangen könnte.

§ 28a BetrVG erlaubt in Betrieben mit mehr als 100 Arbeitnehmern dem Betriebsrat, bestimmte Mitbestimmungsthemen auf Arbeitsgruppen zu übertragen, sodass die Arbeitsgruppe selbstständig mit dem Arbeitgeber Vereinbarungen schließen kann, die wie eine Betriebsvereinbarung wirken. Mit dem Begriff »Arbeitsgruppe« ist keine Gruppe innerhalb des Betriebsrats gemeint. Sie muss daher nicht aus Mitgliedern des Betriebsrats bestehen. Eine Arbeitsgruppe besteht vielmehr aus Mitarbeitern, die im Betrieb ein Projektteam bilden oder mit einer bestimmten Aufgabe betraut sind. Der Betriebsrat kann daher entscheiden, dass ein Team spezielle, sie betreffende Themen besser für sich selbst regeln kann, als dies der Betriebsrat übernehmen könnte. Die Mitbestimmung gilt als rechtswirksam ausgeübt, wenn die Arbeitsgruppe mit dem Arbeitgeber eine Vereinbarung abgeschlossen hat.

Auf dieser Grundlage konnte ich z. B. eine Vereinbarung zur Arbeitszeitgestaltung eines agilen Teams begleiten. Nur eine Vereinbarung nach § 28a BetrVG machte eine sinnvolle Ausübung der Mitbestimmung überhaupt möglich. Der Inhalt der Vereinbarung ist mit wenigen Passagen, dass das Team sehr unkompliziert und nach selbstverantwortlicher Entscheidung jedes einzelnen Teammitgliedes die Arbeitszeiten festlegt. Diese Regelung hätte der Betriebsrat so jedoch nicht mit dem Arbeitgeber schließen können. Er kann rechtswirksam weder auf sein Mitbestimmungsrecht verzichten noch dem Arbeitgeber das alleinige Gestaltungsrecht über einen mitbestimmungspflichtigen Sachverhalt zugestehen. Die Gestaltung der Arbeitszeit dem agilen Team selbstverantwortlich zu übertragen, ist ein sehr gutes Beispiel, wie sich agile Mitbestimmung in den Gesamtkontext der agilen Arbeit einfügen kann.

Was sind Erfolgsfaktoren für eine erfolgreiche Mitbestimmung in agilen Unternehmen?
In den letzten Jahren habe ich etliche Verhandlungen zwischen Führungskräften und Betriebsräten moderiert – meist dann, wenn man sich ohne Hilfe von außen nicht konstruktiv einigen konnte. Die Unternehmenssituationen und Branchen waren zwar sehr unterschiedlich, dennoch traf ich auffallend häufig auf dieselben Gründe: Unsicherheit, fehlendes Konzept, Misstrauen und keine Methodenkompetenz.

Sind Führungskräfte oder Betriebsräte in einem Thema unsicher und damit überfordert, für das Unternehmen oder die von ihnen vertretenden Mitarbeiter gute Lösungen zu gestalten, wird unter Umständen aus reiner Schutzhaltung zunächst blockiert. Über anstehende Themen und Veränderungen muss daher rechtzeitig umfangreich und transparent zu jeder Zeit informiert werden. Soll z. B. über die Einführung agiler Arbeitsmethoden verhandelt werden, müssen Betriebsräte und Führungskräfte zunächst diese Methoden kennen und verstanden haben.

Ich stelle zudem nicht selten fest, dass auf Arbeitgeber- und/oder Betriebsratsseite ein klares Konzept fehlt, welche Ziele mit den zu gestaltenden Maßnahmen erreicht werden sollen. Man verhakt sich dann schnell in der kleinteiligen operativen Umsetzung und hat in der eigenen Vorbereitung und dem gemeinsamen Austausch kaum Zeit dafür verwendet, die Hintergründe und Visionen zu erklären bzw. Optionen zu erarbeiten, die die Interessen beider Seiten berücksichtigen können.

Erfolgreiche Mitbestimmung setzt stabiles Vertrauen voraus. Ich wiederhole das nur zu gerne. Fehlt das Vertrauen, muss der Fokus darauf liegen, es dauerhaft aufzubauen. Dass es fehlt, erkennen sie als Außenstehende schnell daran, dass für jede Eventualität eine Absicherung verhandelt werden soll und Betriebsvereinbarungen selbst zu Kleinstthemen schnell seitenlang werden. Jederzeitiger Respekt, die Bereitschaft zum Perspektivwechsel und eine ehrliche Kommunikation dürfen zu keiner Zeit infrage gestellt werden.

Nach meiner Beobachtung scheitert erfolgreiche Mitbestimmung zudem häufig an der fehlenden Methodenkompetenz zum gemeinsamen Gestalten. Haben Führungskräfte nur gelernt, Entscheidungen vorzugeben und diese durchzusetzen und glauben Betriebsräte, dass ihre Chance, sich Gewicht zu verschaffen, in der Blockadehaltung liegt, ist der Schritt zum agilen Miteinander riesig. Die externe Moderation eines neuen gemeinsamen Gestaltens kann dann eine sehr gute Alternative dazu sein, dass z. B. zunächst jede Seite sich mit (kostspieligen) Sachverständigen aufrüstet, um danach nur mithilfe einer (zumeist ebenfalls kostspieligen) Einigungsstelle den Dissens auflösen zu können, wenn ich hier den schlechtesten Fall der »Zusammenarbeit« als Gegensatz nehme. Ich bin immer wieder begeistert, wie sich durch strukturiert moderierte Gespräche selbst verhärtete Verhandlungsthemen auflösen lassen.

Gab es Situationen, in denen die Betriebsräte agiler sein wollten als die Firma?
Ich freue mich über diese Frage, denn es ist in der Tat so, dass Betriebsräte manchmal agiler denken und einen stärkeren Wandel einfordern als die Führungskräfte. Diese Betriebsräte ärgern sich zu Recht, dass teilweise der Eindruck verbreitet wird, als würden Betriebsräte agile Arbeit blockieren und starr am Bisherigen festhalten wollen. Betriebsräte erkennen häufig vor den Führungskräften, dass die Führungskultur im Unternehmen nicht mehr zeitgemäß ist und Erwartungen der Mitarbeiter nicht erfüllt werden. In diesen Fällen habe ich es bereits mehrmals erlebt, dass Betriebsräte agiler als das Unternehmen sein wollten.

Welche Tipps gibt es für Unternehmen, die agil arbeiten und in denen ein Betriebsrat besteht?
Ich möchte mich sogar auf einen Tipp begrenzen, der mir besonders am Herz liegt: Beschäftigen Sie sich mit Ihrer Mitbestimmungskultur! Nehmen Sie sich diesem Thema an. Ihre Mitbestimmungskultur ist Teil ihrer Unternehmenskultur. Fragen Sie sich, ob Ihre Zusammenarbeit mit dem Betriebsrat für die Herausforderungen der Zukunft trägt. Sehen Sie Defizite, dann arbeiten Sie frühzeitig daran; sei es am beiderseitigen Vertrauen, das thematisiert und gestärkt werden muss, am strukturierten Miteinander oder an der Methodenkompetenz der Führungskräfte und/oder der Betriebsräte im gemeinsamen Gestalten. Bilden Sie z. B. die Beteiligten zu Business-Moderatoren aus. Der größte Fehler, den man meines Erachtens machen kann, ist nicht zu hinterfragen, wie zukunftsgeeignet die betriebliche Mitbestimmung im Unternehmen ist und alle Herausforderungen ungesteuert auf sich zukommen lassen. Wenn sich z. B. ihr Marktumfeld aufgrund der digitalen Transformation elementar ändert und ihr Unternehmen zu schnellen grundlegenden Änderungen zwingt, könnte es fatal sein, sich nicht zuvor um ein Miteinander mit dem Betriebsrat gekümmert zu haben, dass schnelle und komplexe Änderungen ebenfalls schnell und angemessen zulässt. Monatelange Blockaden und langwierige kostspielige Einigungsstellen können das Aus für rechtzeitige notwendige Veränderungen bedeuten – im schlimmsten Fall sogar für das Unternehmen.

13 Muster/Checklisten

13.1 Betriebsvereinbarung zur Mobilen Arbeit[1]

Zwischen

der ... GmbH
______________ – nachfolgend Arbeitgeber genannt –

und

dem Betriebsrat der ... GmbH‹
______________ – nachfolgend Betriebsrat genannt –

wird die nachfolgende Betriebsvereinbarung zur Mobilen Arbeit geschlossen.

Präambel
Die Arbeitswelt ist aufgrund verschiedener Einflüsse, wie beispielsweise der Globalisierung, der Internationalisierung des Wettbewerbs sowie zunehmender Technologisierung, einem raschen Wandel unterworfen. Ebenso wirken sich gesellschaftliche Veränderungen, wie der verstärkte Wunsch nach Vereinbarkeit von Beruf und Privatleben sowie der demografische Wandel, nachhaltig auf die Arbeitswelt aus.

Viele Beschäftigte wünschen sich mehr Flexibilität, um ihren Beruf mit ihrer jeweiligen Lebenssituation besser vereinbaren zu können. Die Wünsche unterscheiden sich dabei in unterschiedlichen Lebensphasen vom Berufseinstieg über Familiengründung oder Pflege von Angehörigen bis zum Ausstieg aus dem Erwerbsleben.

Als attraktiver Arbeitgeber bietet die ... mit dieser Regelung zur Mobilen Arbeit den Beschäftigten die Möglichkeit zu einer zeitlich und räumlich flexibleren Arbeit.

Mobile Arbeit dient nicht dazu, die individuelle regelmäßige wöchentliche Arbeitszeit zu verändern. Erreichbarkeit wird unter Berücksichtigung betrieblicher und privater Erfordernisse festgelegt; außerhalb der vereinbarten Zeiten hat der Beschäftigte das Recht, nicht erreichbar zu sein.

1 Schrader in Schaub et al, Arbeitsrechtliches Formular- und Verfahrenshandbuch, 2017.

Ziele Mobiler Arbeit sind,

- den beteiligten Beschäftigten eine bessere Vereinbarkeit von Beruf und individueller Lebensführung zu ermöglichen,
- eine höhere Arbeitszufriedenheit durch mehr Selbstverantwortung der Beschäftigten bei der Gestaltung und Durchführung der Arbeit zu erreichen und
- die Arbeitsqualität und -produktivität zu verbessern und damit die Wettbewerbsfähigkeit des Unternehmens zu steigern.

Zur besseren Lesbarkeit wird in dieser Betriebsvereinbarung das generische Maskulinum verwendet. Eine Benachteiligung im Sinne von § 1 AGG, gleich welcher Art, von Arbeitnehmern ist damit nicht intendiert.

§ 1 Geltungsbereich

Diese Betriebsvereinbarung erstreckt sich auf nachfolgende Betriebe und Arbeitnehmer:

(1) Räumlich:

Diese Betriebsvereinbarung gilt für alle Betriebe der …

(2) Persönlich:

Diese Betriebsvereinbarung gilt für alle Arbeitnehmer mit Ausnahme von:

a) leitenden Angestellten im Sinne von § 5 Abs. 3 BetrVG,
b) Auszubildenden, studentischen Hilfskräften, Praktikanten und Beschäftigten im Rahmen einer Abschlussarbeit.

§ 2 Begriffsbestimmung mobile Arbeit

Mobile Arbeit liegt vor, wenn ein Beschäftigter gelegentlich oder an festgelegten Wochentagen außerhalb des Betriebs tätig ist.

Dabei ist eine flexible Aufteilung der Arbeit auf Tätigkeiten im Betrieb sowie an Arbeitsorten außerhalb des Betriebs möglich. Ebenso kann die Arbeitszeit außerhalb des Betriebs ganztägig oder tagesanteilig flexibel gestaltet werden. Es ist unerheblich, ob der Beschäftigte an Bildschirmgeräten arbeitet oder sonstige, nicht an Bildschirmgeräte gebundene Arbeitsaufgaben erledigt.

Nicht unter Mobile Arbeit im Sinne dieser Regelung fallen Arbeitszeiten der Rufbereitschaft, Dienstreisen und Arbeitszeiten in Bereichen, in denen für das Arbeiten außerhalb des Betriebs Sonderregelungen (z. B. Außendienst) gelten. Tätigkeiten, die aufgrund der Arbeitsaufgabe außerhalb des Betriebs erbracht werden müssen (z. B. Kundenbesuche, Messen), gehören ebenfalls nicht zu Mobiler Arbeit.

§ 3 Grundsätze

a) Doppelte Freiwilligkeit

Die Teilnahme an Mobiler Arbeit ist freiwillig. Es besteht weder vonseiten des Unternehmens noch vonseiten des Beschäftigten ein Anspruch auf Mobile Arbeit. Betriebliche Erfordernisse und persönliche Interessen sind bei der Entscheidung zu berücksichtigen.

b) Geeignete Arbeitsaufgabe

Um an Mobiler Arbeit teilnehmen zu können, muss die Arbeitsaufgabe geeignet sein. Eine Arbeitsaufgabe ist dann geeignet, wenn sie ohne Beeinträchtigung des Arbeitsergebnisses, des Betriebsablaufs und des Kontakts zum Betrieb eine zeitweilige Abwesenheit von dem betrieblichen Arbeitsplatz zulässt.

c) Kontakt zum Betrieb

Der Kontakt zum Betrieb darf durch Mobile Arbeit nicht beeinträchtigt werden. Es ist sicher-zustellen, dass der Beschäftigte in die betriebliche Kommunikation eingebunden bleibt. Dazu können auch aktuelle Kommunikationsmittel genutzt werden, die dem ... Standard entsprechen. Die Teilnahmemöglichkeit an betrieblichen Veranstaltungen, insbesondere an Betriebs- und Abteilungsversammlungen, bleibt unberührt. Anwesenheitszeiten im Betrieb (z. B. zur Teilnahme an Teamrunden) können verbindlich festgelegt werden.

d) Erhalt des betrieblichen Arbeitsplatzes

Beschäftigten mit Mobiler Arbeit steht der ursprüngliche Arbeitsplatz in der organisatorischen Einheit zur Verfügung. Abweichungen hiervon werden zwischen Vorgesetztem und Beschäftigtem geregelt. Bei Nichteinigung werden der Personalbereich und Betriebsrat einbezogen.

e) Personalentwicklung

Beschäftigte mit Mobiler Arbeit bleiben in alle Personalplanungs- und Personalentwicklungsmaßnahmen einbezogen.

f) Rechte des Betriebsrats

Die Mitbestimmungsrechte des Betriebsrats bleiben von dieser Vereinbarung unberührt. Bereits im Antragsverfahren sind die Rechte des Betriebsrats zu berücksichtigen.

§ 4 Verfahren

Der Beschäftigte kann unter Berücksichtigung der in §§ 2 und 3 genannten Voraussetzungen Mobile Arbeit beantragen. Der betriebliche Vorgesetzte entscheidet unter Berücksichtigung dieser Voraussetzungen, ob der Beschäftigte an Mobiler Arbeit teilnehmen kann. Härtefälle werden einvernehmlich zwischen Fachbereich, Personalbereich und Betriebsrat geregelt. Für Mobile Arbeit erhält der Beschäftigte eine Zusatzvereinbarung zum Arbeitsvertrag. Der Betriebsrat wird hierüber informiert.

Die Inhalte der Zusatzvereinbarung werden zwischen betrieblichem Vorgesetzten und Beschäftigtem festgelegt. Sie beinhaltet die maximalen Arbeitsstunden pro Monat in Mobiler Arbeit. Darüber hinaus können folgende Punkte geregelt werden:

- Festlegung der Arbeitstage in Mobiler Arbeit,
- Verteilung der mobilen Arbeitsstunden,
- Zeiten der Erreichbarkeit während Mobiler Arbeit,
- Art und Weise der gegenseitigen Information während Mobiler Arbeit,
- überlassene Arbeits- und Kommunikationsmittel für Mobile Arbeit.

Die Zusatzvereinbarung wird für die maximale Dauer von einem Jahr befristet. Nach Ablauf dieses Zeitraums besteht – unter dem Vorbehalt doppelter Freiwilligkeit – die Möglichkeit weiterer Verlängerungen. Hierbei sind die Inhalte zu überprüfen und ggf. anzupassen.

§ 5 Arbeitszeit
Die bisherige Arbeitszeit des Beschäftigten wird durch Mobile Arbeit nicht verändert. Mobile Arbeit dient nicht dazu, die individuelle regelmäßige wöchentliche Arbeitszeit zu erhöhen oder zu reduzieren. Die jeweilige Arbeitszeit setzt sich zusammen aus der Anwesenheit im Betrieb und Mobiler Arbeit (in der Regel von Montag bis Freitag). Die gesetzlichen, tarifvertraglichen und betrieblichen Regelungen, insbesondere zu Ruhezeiten sowie zur maximalen täglichen und wöchentlichen Arbeitszeit, sind einzuhalten. Arbeit an Urlaubstagen sowie an Tagen der Entnahme sonstiger Freizeiten ist nicht erlaubt.

Eine Ober- bzw. Untergrenze an Arbeitstagen und -stunden in Mobiler Arbeit wird durch diese Betriebsvereinbarung nicht vorgegeben. Ausschließlich Mobile Arbeit ist grundsätzlich nicht zulässig.

Die vereinbarte Mobile Arbeit kann in Abstimmung mit dem betrieblichen Vorgesetzten und unter Berücksichtigung der betrieblichen Erfordernisse ganztägig oder tagesanteilig erfolgen. Die vereinbarte Anzahl an Arbeitsstunden für mobiles Arbeiten muss nicht voll ausgeschöpft werden. Die nicht ausgeschöpften Stunden sind jedoch nicht auf Folgemonate übertragbar.

Der Beschäftigte kann seine mobile Arbeitszeit außerhalb des Betriebs im Rahmen der getroffenen Vereinbarung eigenverantwortlich unter Beachtung gesetzlicher und tariflicher Bestimmungen in einem Zeitrahmen zwischen 06:00 und 22:00 Uhr frei gestalten und verteilen. Die Zeiteinteilung durch den Beschäftigten hat so zu erfolgen, dass ohne Freigabe durch den Vorgesetzten keine Ansprüche auf Zahlung von Zuschlägen – z. B. für Nachtarbeit – entstehen. Die mit dem Vorgesetzten vereinbarten Zeiten der Erreichbarkeit sind von beiden Seiten einzuhalten. Ausreichende Ruhezeiten und Ruhepausen sind zu berücksichtigen.

Die betrieblichen Regelungen zur Arbeitszeitgestaltung im Rahmen der gleitenden Arbeitszeit gelten auch bei Mobiler Arbeit, mit Ausnahme eines festgelegten Arbeitsbeginns bzw. Arbeitsendes.

a) Erreichbarkeit während Mobiler Arbeit
Der Beschäftigte und der betriebliche Vorgesetzte vereinbaren – unter Berücksichtigung und Abwägung betrieblicher sowie privater Erfordernisse – die Erreichbarkeit während Mobiler Arbeit. Außerhalb der vereinbarten Zeiten hat der Beschäftigte das Recht, nicht erreichbar zu sein. Samstage, Sonn- und Feiertage, Urlaubstage sowie Tage der Entnahme sonstiger Freizeiten sind von der Erreichbarkeit ausgenommen.

b) Zeiterfassung
Die durch elektronischen Datenaustausch anfallenden Verbindungsdaten (z. B. Log-in-Daten und Telefondaten) werden nicht für Zeitkontrollen oder weitergehende Leistungs- und Verhaltenskontrollen genutzt. Eine unternehmensseitige Erfassung der täglichen Arbeitszeit erfolgt auch bei Mobiler Arbeit nicht.

§ 6 Arbeits- und Kommunikationsmittel
Der betriebliche Vorgesetzte entscheidet nach Abstimmung mit dem Beschäftigten, welche Arbeits- und Kommunikationsmittel für das Mobile Arbeiten zur Verfügung gestellt bzw. mitgenommen werden können. Über Art und Umfang der Ausstattung entscheidet der betriebliche Vorgesetzte anhand der konkreten Arbeitsaufgabe und des betriebsüblichen Standards. Die Berechtigung zur Mitnahme von Arbeits- und Kommunikationsmitteln sowie von Arbeitsunterlagen wird vom betrieblichen Vorgesetzten sichergestellt.

Es wird grundsätzlich keine Zusatzausstattung (z. B. Möbel) gestellt. Darüber hinaus erfolgt keine Beteiligung an möglichen Kosten (z. B. Raum-, Energie- und Internetkosten) bei Mobiler Arbeit.

Während Mobiler Arbeit dürfen die zur Verfügung gestellten Arbeits- und Kommunikationsmittel entsprechend den Nutzungsmöglichkeiten im Betrieb verwendet werden.

Die zur Verfügung gestellten Arbeits- und Kommunikationsmittel verbleiben im Eigentum der ..., die hieran einen jederzeitigen Herausgabeanspruch besitzt, der nicht begründet sein muss. Rechte Dritter (z. B. Sicherungsübereignung, Verpfändung o. Ä.) sind auszuschließen bzw. abzuwehren.

Die Wartung der zur Verfügung gestellten Hard- und Software erfolgt im Auftrag und auf Kosten der ... Es dürfen ausschließlich die von ... zur Verfügung gestellte Hard- und Software sowie Dienste verwendet werden.

Der Beschäftigte hat die Nutzung durch Familienangehörige und andere Dritte auszuschließen.

§ 7 Informations- und Datensicherheit sowie Datenschutz
Der Beschäftigte hat eigenverantwortlich darauf zu achten, dass die betrieblichen Regelungen zur Daten- und Informationssicherheit sowie zum Datenschutz während Mobiler Arbeit uneingeschränkt eingehalten werden. Arbeitsunterlagen, Daten und Informationen dürfen weder an öffentlichen Orten noch in Privaträumen für Dritte sichtbar und zugänglich sein. Die Entsorgung von Unterlagen, Datenträgern etc. darf ausschließlich im Betrieb erfolgen.

§ 8 Arbeitssicherheit und Arbeitsschutzanforderungen an den mobilen Arbeitsplatz
Beschäftigte erhalten vor Beginn der Mobilen Arbeit geeignete Informationen zu Arbeitssicherheit und Arbeitsschutz. Dazu gehören u. a. Informationen zu ergonomischen Gestaltungsmöglichkeiten der Arbeitsplätze nach den aktuellen arbeitswissenschaftlichen Erkenntnissen und die entsprechenden Vorschriften. Darüber hinaus besteht der Anspruch auf eine Beratung.

Der Beschäftigte ist für die Einhaltung der Arbeitsschutz- und Arbeitsplatzvorschriften während Mobiler Arbeit verantwortlich.

Die für den Arbeitseinsatz erforderlichen Geräte und deren Installation müssen den gesicherten arbeitswissenschaftlichen Erkenntnissen entsprechen.

§ 9 Information zu Mobiler Arbeit
Alle Beschäftigten werden durch ihre betrieblichen Vorgesetzten vor Beginn der Mobilen Arbeit über alle relevanten Themen informiert, insbesondere zu folgenden Punkten:
- Informations- und Datensicherheit sowie Datenschutz,
- Arbeitsplatzgestaltung,
- Gesetzliche (z. B. ArbZG), tarifvertragliche und betriebliche Regelungen,
- Rechte und Pflichten aller Beteiligten.

§ 10 Beendigung der Zusatzvereinbarung zu Mobiler Arbeit
Die Zusatzvereinbarung zu mobiler Arbeit kann von der ... sowie von dem Beschäftigten beendet werden. Hierfür gilt eine Frist von drei Monaten zum Monatsende.

Darüber hinaus kann die Zusatzvereinbarung vonseiten der ... aus wichtigem Grund ohne Einhaltung der o. a. Frist in Absprache mit dem Betriebsrat widerrufen werden.

Als wichtige Gründe gelten insbesondere betriebliche, personen- und/oder verhaltensbedingte Gründe.

Wechselt der Beschäftigte die organisatorische Einheit, verliert die Zusatzvereinbarung am ersten Arbeitstag des Wechsels ihre Gültigkeit. Der Vorgesetzte und der Beschäftigte prüfen, ob und in welchem Umfang Mobile Arbeit fortgesetzt werden kann.

Der Beschäftigte hat bei Beendigung der Mobilen Arbeit die ihm im Rahmen der Mobilen Arbeit überlassenen Arbeits- und Kommunikationsmittel unverzüglich zurückzugeben. Dies gilt auch im Falle des Ausscheidens aus der ...

§ 11 Inkrafttreten und Geltungsdauer

(1) Diese Betriebsvereinbarung tritt ab dem 01.XX.20XX in Kraft.

(2) Diese Betriebsvereinbarung kann mit einer Frist von sechs Monaten zum Monatsende gekündigt werden.

(3) Für den Fall der Kündigung gilt diese Betriebsvereinbarung solange weiter, bis sie durch eine anderweitige Vereinbarung der Betriebsparteien oder durch Spruch einer Einigungsstelle ersetzt wird.

§ 12 Schriftform

Die Kündigung oder die Änderung dieser Betriebsvereinbarung oder einzelne Bestimmungen dieser Betriebsvereinbarung bedürfen zu ihrer Rechtswirksamkeit der Schriftform.

§ 13 Salvatorische Klausel

Etwaige ungültige Bestimmungen dieser Betriebsvereinbarung berühren nicht die Rechtswirksamkeit der Vereinbarung im Ganzen. Sollten Bestimmungen dieser Betriebsvereinbarung unwirksam sein oder werden oder sollten sich in dieser Betriebsvereinbarung Lücken herausstellen, wird infolgedessen die Gültigkeit der übrigen Bestimmungen nicht berührt. Anstelle der unwirksamen Bestimmungen oder zur Ausfüllung einer Lücke ist eine angemessene Regelung zu vereinbaren, die, soweit rechtlich zulässig, dem am nächsten kommt, was die Betriebsparteien gewollt haben würden, sofern sie diesen Punkt bedacht hätten.

..., den ...

Arbeitgeber ________________________ Betriebsrat

13.2 Muster Remote Arbeitsvertrag (Homeoffice/Telearbeit)[2]

Zwischen ....

– nachfolgend Arbeitgeber genannt –

und ....

– nachfolgend Arbeitnehmer genannt –

wird folgender

Remote-/Telearbeitsvertrag

geschlossen:

§ 1 Vertragsgegenstand
Gegenstand dieses Arbeitsvertrags ist ein Arbeitsverhältnis in der Beschäftigungsform der alternierenden Telearbeit. Der Arbeitnehmer wird seine Arbeitsleistung in dem in diesem Vertrag geregelten Umfang an einem Arbeitsplatz in seiner Wohnung (häuslicher Tätigkeitsbereich) und im Betrieb des Arbeitgebers (betriebliche Arbeitsstätte) verbringen.

§ 2 Anwendbare Normen
Auf das Arbeitsverhältnis findet der zwischen dem Arbeitgeber und dem Arbeitnehmer abgeschlossene Arbeitsvertrag vom .... Anwendung, sofern nichts anderes vereinbart wird.

§ 3 Arbeitsort
(1) Der Arbeitnehmer wird seine Arbeitsleistung in dem in diesem Vertrag geregelten Umfang in seiner Wohnung (»häusliche Tätigkeitsstätte«) ... (Adresse) erbringen.

(2) Auf Anordnung des Arbeitgebers ist der Arbeitnehmer verpflichtet, auch an der Betriebsstätte des Arbeitgebers in ... (Adresse) ... tätig zu werden, sofern dies betrieblich erforderlich ist. Hierdurch wird für die Laufzeit dieser Vereinbarung kein Anspruch des Arbeitnehmers auf einen dauerhaften Arbeitsplatz in dieser oder einer anderen Betriebsstätte des Arbeitgebers begründet.

2 Pletke/Schrader/Siebert/Thomas/Klagges, Rechtshandbuch Flexible Arbeit, 2017.

(3) Der Arbeitnehmer wird regelmäßig über alle betrieblichen Ereignisse informiert und hat das Recht, an allen für ihn relevanten Versammlungen und Besprechungen im Betrieb teilzunehmen.

§ 4 Anforderungen an die häusliche Tätigkeitsstätte

(1) Der Arbeitnehmer versichert, dass die häusliche Tätigkeitsstätte für die Erbringung der Arbeitsleistung geeignet ist und die Anforderungen der einschlägigen arbeitsschutzrechtlichen Bestimmungen erfüllt werden. Der häusliche Telearbeitsplatz muss sich in der Wohnung des Arbeitnehmers in einem abschließbaren Raum befinden, der für einen dauernden Aufenthalt zugelassen und vorgesehen sowie für die Aufgabenerledigung unter Berücksichtigung der allgemeinen Arbeitsplatzanforderungen geeignet ist. Sofern der Raum vom Arbeitnehmer angemietet ist, weist er nach, dass der Vermieter mit der Nutzung als Telearbeitsplatz einverstanden ist.

(2) Der Arbeitnehmer ist verpflichtet, in dem als häusliche Tätigkeitsstätte zu nutzenden Raum die notwendigen technischen Vorrichtungen vorzuhalten.

§ 5 Tätigkeit

Mit der Aufnahme der alternierenden Telearbeit sind insbesondere folgende Aufgaben verbunden: …

§ 6 Arbeitsmittel

(1) Die notwendigen und den Arbeitsschutzbestimmungen entsprechenden Arbeitsmittel werden für die Zeit des Bestehens dieses Telearbeitsplatzes vom Arbeitgeber kostenlos zur Verfügung gestellt. Eine Inventarliste ist als Anlage diesem Vertrag beigefügt. Der Auf- und Abbau der vom Arbeitgeber gestellten Arbeitsmittel sowie eine eventuelle Wartung erfolgen durch den Arbeitgeber.

(2) Ebenfalls werden die Kosten für die Unterhaltung dieser Arbeitsmittel vom Arbeitgeber getragen. Die zur Verfügung gestellten Arbeitsmittel verbleiben im Eigentum und im Besitz des Arbeitgebers. Sie sind nach Beendigung dieser Vereinbarung unverzüglich vollständig an den Arbeitgeber herauszugeben.

(3) Der Arbeitnehmer stellt sicher, dass Dritte – dazu gehören auch Personen, die im Haushalt des Arbeitnehmers leben – keinen Zugang und Zugriff zu den Arbeitsmitteln bzw. auf die Arbeitsmittel haben.

Der Arbeitnehmer ist verpflichtet, die überlassenen Arbeitsmittel nur zum bestimmungsgemäßen, dienstlichen Gebrauch einzusetzen und diese pfleglich zu behandeln. Auftretende Störungen, Mängel und Schäden sind dem Arbeitgeber unverzüglich mitzuteilen.

(4) Auf Wunsch des Arbeitnehmers können eigene Arbeitsmittel in der häuslichen Tätigkeitsstätte eingesetzt werden, sofern diese den Arbeitsschutzbestimmungen genügen. Der Einsatz dieser Arbeitsmittel erfolgt auf Kosten und Risiko des Arbeitnehmers.

§ 7 Aufwendungsersatz

(1) Der Arbeitgeber leistet ... eine Pauschale in Höhe von ... € an den Arbeitnehmer als Beteiligung an den Miet-, Betriebs-, Heiz- und Reinigungskosten der häuslichen Arbeitsstätte.

(2) Der Arbeitgeber trägt die Einrichtungs- und Verbindungskosten eines rein dienstlich genutzten Telefon-/Telefax-/Internetanschlusses. Der Arbeitnehmer legt zur Abrechnung der Verbindungskosten für den o. g. Anschluss die Originalrechnung nebst Verbindungsnachweis beim Arbeitgeber vor.

§ 8 Arbeitszeit und Ansprechzeiten

(1) Die wöchentliche Arbeitszeit beträgt ohne Pausen ... Stunden

(2) Der Arbeitnehmer wird seine Arbeitsleistung an folgenden Werktagen in seiner häuslichen Arbeitsstätte erbringen: ...

An den übrigen Wochentagen erbringt der Arbeitnehmer die Arbeitsleistung in der betrieblichen Arbeitsstätte.

(3) Der Arbeitnehmer verpflichtet sich, zu folgenden Zeiten an seinem Telearbeitsplatz anwesend und erreichbar zu sein: ...

Darüber hinaus ist der Arbeitnehmer in der Einteilung und Lage seiner Arbeitszeit frei (selbstbestimmtes Lernen).

(4) Der Arbeitnehmer ist verpflichtet, die Bestimmungen des ArbZG einzuhalten. Dies gilt insbesondere für die Einhaltung der täglichen Höchstarbeitszeit von acht Stunden (§ 3 ArbZG) und für die zwischen zwei Arbeitstagen liegende Ruhepause (§ 5 Abs. 1 ArbZG).

(5) Fahrten von der häuslichen zur betrieblichen Tätigkeitsstätte sind keine zu vergütenden Arbeits-/Wegezeiten.

§ 9 Versicherungsschutz/Haftung

(1) Der Arbeitnehmer hat Beschädigungen, Verlust oder sonstige Funktionsbeeinträchtigungen der Arbeitsmittel unverzüglich dem Arbeitgeber anzuzeigen und das weitere Vorgehen mit ihm abzustimmen.

(2) Der Arbeitgeber versichert auf seine Kosten die von ihm zur Verfügung gestellten Arbeitsmittel gegen Schäden durch Dritte.

(3) Die Haftung des Arbeitnehmers für Beschädigung und Verlust der am Telearbeitsplatz eingesetzten Hard- und Software ist auf Vorsatz und grobe Fahrlässigkeit beschränkt.

§ 10 Dienstverhinderung, Arbeitsunfähigkeit

(1) Jede Arbeitsverhinderung und deren voraussichtliche Dauer ist dem Arbeitgeber unverzüglich anzuzeigen und zu begründen. Sollte die Arbeitsverhinderung länger als zunächst angenommen andauern, ist auch hierüber der Arbeitgeber unverzüglich zu unterrichten.

(2) Sollte die Arbeitsverhinderung auf einer krankheitsbedingten Arbeitsunfähigkeit beruhen, ist diese dem Arbeitgeber spätestens am dritten Werktag nach ihrem Eintritt durch ärztliches Attest nachzuweisen. Diese Verpflichtung besteht auch dann weiter, wenn dem Arbeitnehmer ein Anspruch auf Entgeltfortzahlung im Krankheitsfalle nicht mehr zusteht.

(3) Der Arbeitnehmer ist bei einer Arbeitsverhinderung ferner verpflichtet, den Arbeitgeber auf dringende Aufgaben hinzuweisen und dem Unternehmen im Rahmen der gegebenen Möglichkeiten die erforderlichen Informationen und Unterlagen zur Verfügung zu stellen.

§ 11 Zugangsrechte

(1) Während der Laufzeit dieser Vereinbarung ist der Arbeitnehmer im zumutbaren Rahmen und nach vorheriger angemessener Ankündigung verpflichtet, Vertretern des Unternehmens, Personen, die vom Arbeitgeber beauftragt wurden sowie Personen, die aufgrund rechtlicher oder behördlicher Vorgaben Zugang zur häuslichen Tätigkeitsstätte haben müssen, Zugang zur häuslichen Tätigkeitsstätte zu gewähren.

(2) Der Arbeitnehmer hat auch die mit ihm in häuslicher Gemeinschaft lebenden Personen über diese Regelung zu informieren und für die Einhaltung zu sorgen.

(3) In dringenden Fällen ist der Zugang auch ohne vorherige Abstimmung zu gewähren.

§ 12 Datenschutz

(1) Schutz von Daten und Informationen sowie die Datensicherheit richten sich nach den Regelungen des Arbeitsvertrags vom ... sowie den einschlägigen gesetzlichen und unternehmensinternen Regelungen in der jeweils gültigen Fassung.

(2) Der Arbeitgeber stellt sicher, dass alle datenschutzrechtlichen Bestimmungen eingehalten werden. Neben einer entsprechenden Unterweisung des Arbeitnehmers hat er ferner dafür zu sorgen, dass die Hard- und Software so gestaltet ist, dass sie den Arbeitnehmer wirksam bei der Einhaltung der Datenschutzbestimmungen unterstützt und entlastet.

(3) Der Arbeitnehmer ist verpflichtet, diese Regelungen vollständig und genau einzuhalten. Insbesondere hat der Arbeitnehmer dafür Sorge zu tragen, dass keine Dritten – dies sind auch Personen, die mit ihm in der Wohnung in häuslicher Gemeinschaft wohnen – Zugriff erhalten auf Unterlagen und Dateien, die personen- oder unternehmensbezogene Daten enthalten bzw. die im Zusammenhang mit der Erfüllung seiner arbeitsvertraglichen Verpflichtungen stehen. Auch dürfen Passwörter und Zugangswege zum Datennetz des Arbeitgebers nicht an Dritte weitergegeben oder sonst zugänglich gemacht werden.

§ 13 Laufzeit und Beendigung

(1) Diese Vereinbarung über die Tätigkeit in der häuslichen Tätigkeitsstätte ist unbefristet. Sie endet spätestens zu dem Zeitpunkt, zu dem das Arbeitsverhältnis der Parteien sein Ende findet.

(2) Diese Vereinbarung kann mit einer Ankündigungsfrist von ... Monaten durch schriftliche Erklärung von jeder Seite beendet werden. Sofern der Arbeitgeber von diesem Recht Gebrauch macht, hat er die Interessen des Arbeitnehmers zu berücksichtigen.

Die Beendigung aus wichtigem Grund ohne Einhaltung einer Ankündigungsfrist bleibt hiervon unberührt.

(3) Mit Ablauf der Ankündigungsfrist endet die häusliche Arbeit, sodass der Arbeitnehmer dann verpflichtet ist, seine Arbeitsleistung in den Unternehmensräumen zu erbringen.

§ 14 Wohnungswechsel

(1) Im Falle eines Wohnungswechsels durch den Arbeitnehmer wird die Telearbeit fortgeführt, sofern die neuen Räumlichkeiten ebenfalls die o. g. Voraussetzungen für die Einrichtung eines Telearbeitsplatzes erfüllen. Erfüllt die neue Wohnung diese Voraussetzung nicht, endet diese Vereinbarung automatisch mit dem Wohnungswechsel.

(2) Der Arbeitnehmer hat den Arbeitgeber rechtzeitig, d. h. mindestens sechs Wochen vorher, über einen anstehenden Wohnungswechsel zu informieren.

§ 15 Schlussbestimmung

(1) Mündliche Nebenabreden bestehen nicht. Änderungen und Ergänzungen dieser Vereinbarung bedürfen zu ihrer Rechtswirksamkeit der Schriftform. Dies gilt auch für die Aufhebung, Änderung oder Ergänzung des vorstehenden Schriftformerfordernisses. Der Vorrang individueller Vertragsabreden bleibt unberührt (§ 305 b BGB).

(2) Die Unvereinbarkeit einzelner Bestimmungen dieses Vertrages mit gesetzlichen bzw. tarifvertraglichen Regelungen oder Regelungen in Betriebsvereinbarungen setzt nur diese, nicht aber den gesamten Vertrag außer Kraft.

…, den …

------------------	------------------
(Arbeitgeber)	(Arbeitnehmer)

13.3 Muster agile Versetzungsklauseln[3]

Mögliche agile Versetzungsklauseln, bezogen auf den Arbeitsort und oder auch die Tätigkeit, können sein:[4]

Arbeitsort:

Regelmäßiger Tätigkeitsort ist XY.

Der Arbeitgeber behält sich im Rahmen seines Direktionsrechtes vor, den Mitarbeiter an einen anderen Arbeitsort und/oder vorübergehend auch an auswärtigen Arbeitsplätzen des Arbeitgebers einzusetzen. Hierbei werden persönliche Belange des Mitarbeiters angemessen berücksichtigt.

Tätigkeit:

Vorname Nachname, Mitarbeiter, wird als XX eingestellt.

Der Mitarbeiter erklärt sich bereit, jederzeit auch eine andere, gleichwertige Tätigkeit als die beschriebene oder langfristig ausgeübte Tätigkeit oder auch ein anderes Arbeitsgebiet innerhalb des Unternehmens zu übernehmen, sofern Tätigkeit und Arbeitsgebiet seiner Ausbildung und/oder Fähigkeiten und der bisherigen Vergütung entsprechen.

---

3 Siehe auch Klagges, Schaub/Schrader/Straube/Vogelsang, Arbeitsrechtliches Formular- und Verfahrenshandbuch, Arbeitsvertrag.

4 Siehe auch Klagges, Schaub/Schrader/Straube/Vogelsang, Arbeitsrechtliches Formular- und Verfahrenshandbuch, Arbeitsvertrag.

13.4 Muster Betriebsvereinbarung zur Einführung neuer Techniken[5]

Zwischen

der ... GmbH
______________ – nachfolgend Arbeitgeber genannt –

und

dem Betriebsrat der ... GmbH
______________ – nachfolgend Betriebsrat genannt –

wird eine Betriebsvereinbarung über die Zusammenarbeit von Arbeitgeber, Betriebsrat und Mitarbeitern bei der Einführung neuer Techniken geschlossen:

§ 1 Grundsätze

(1) Arbeitgeber und Betriebsrat werden bei der Einführung neuer Techniken und der Verbesserung von Organisationsabläufen zusammenarbeiten, um das Unternehmen leistungs- und wettbewerbsfähig zu halten.

(2) Unter neuen Techniken werden technische Einrichtungen und ihre Anwendung verstanden, die über elektronische oder anderweitige Verarbeitungs-, Speicherungs- oder Auswertungsmöglichkeiten von Daten verfügen und sich auf Arbeitsplätze und deren Mitarbeiter beziehen.

(3) Die Einführung oder Änderung neuer Techniken soll zur Verbesserung und Humanisierung der Arbeit und der Arbeitsplätze beitragen. Arbeitsplätze und Arbeitsabläufe sind so zu gestalten, dass sie den gesicherten arbeitswissenschaftlichen Erkenntnissen über die menschengerechte Gestaltung der Arbeit entsprechen. Eine Kontrolle der Arbeitsleistung und des Verhaltens der einzelnen Mitarbeiter unter Nutzung elektronisch gespeicherter personenbezogener Daten ist mit der Einführung neuer Techniken grundsätzlich nicht beabsichtigt.

5 Siehe Schaub/Schrader/Straube/Vogelsang, Arbeitsrechtliches Formular- und Verfahrenshandbuch 12. Auflage 2017.

§ 2 Rechte des Betriebsrats

(1) Der Betriebsrat wird bereits während der Planung über die Einführung neuer Techniken unterrichtet. Es werden ihm dafür die erforderlichen Unterlagen vorgelegt.

(2) Die Unterrichtung bezieht sich auf:

a) die Planung und Planungsalternative,
b) die Systemwahl und Systemeinführung,
c) Systemtests, Einführung und Ausbau.

(3) Die Unterrichtung erstreckt sich insbesondere auf:

a) Ziel, Ort, Umfang und Einsatzzeiträume des Vorhabens,
b) die sich aus dem Vorhaben ergebenden personellen Auswirkungen,
c) die Auswirkungen auf Arbeitsinhalte, Arbeitsumfang, Arbeitsverfahren und Arbeitsmethoden,
d) die Auswirkungen auf Anlagen und Arbeitsplätze,
e) die Qualifikationsänderungen der davon Betroffenen.

(4) Die Einführung und Änderung neuer Techniken ist mit dem Betriebsrat umfassend zu beraten. Unberührt bleiben weitergehende Mitwirkungs- und Mitbestimmungsrechte.

§ 3 Rechte der Mitarbeiter

(1) Vor der Einführung oder Änderung neuer Techniken werden die davon betroffenen Mitarbeiter unterrichtet. Sie werden an ihrem Arbeitsplatz mit diesen Techniken durch eine angemessene Einarbeitungszeit vertraut gemacht.

(2) Im erforderlichen Umfang werden Mitarbeiter systematisch weitergebildet. Die Weiterbildung findet grundsätzlich während der Arbeitszeit unter Fortzahlung der Bezüge statt. Soweit dies im Einzelfall nicht möglich ist, wird hierüber eine besondere Vereinbarung geschlossen. Die Kosten der Weiterbildung übernimmt der Arbeitgeber.

(3) Erreicht ein Mitarbeiter die mit der Einführung neuer Techniken verbundenen Qualifikationen nicht, soll ihm ein gleichwertiger und gleichartiger zumutbarer Arbeitsplatz entsprechend der bisherigen Tätigkeit angeboten werden. Eine Rückforderung der Weiterbildungskosten erfolgt nicht. Der Mitarbeiter bleibt in seiner bisherigen Vergütungsgruppe eingereiht.

§ 4 Menschengerechte Arbeitsgestaltung

(1) Arbeitsplatz, Arbeitsablauf und Arbeitsbedingungen sind menschengerecht zu gestalten. Hierzu gehört insbesondere, dass bei der Gestaltung der Bildschirme Informationsdichte und Tempo der Informationsabfolge so gestaltet werden, dass keine überhöhten Anforderungen eintreten.

(2) Die Betriebsvereinbarung über die Einführung von Bildschirmarbeitsplätzen gilt entsprechend.

§ 5 Inkrafttreten und Kündigung
Diese Betriebsvereinbarung tritt am ... in Kraft. Sie ist mit einer Kündigungsfrist von drei Monaten zum Monatsende, erstmals zum ..., kündbar.

..., den ...
Arbeitgeber _________________________ Betriebsrat

13.5 Muster Prozess für eine vertrauensvolle Zusammenarbeit mittels agiler Vorgehensweise[6]

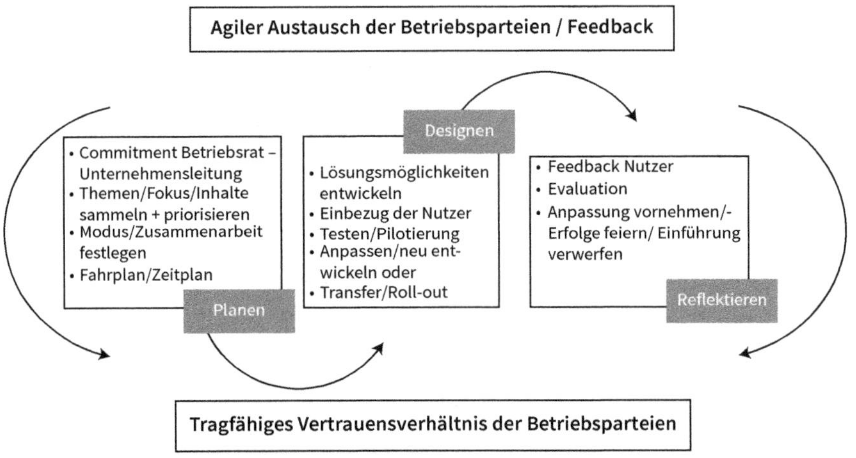

Abb. 23: Beispielprozess für agile vertrauensvolle Zusammenarbeit (Grafik: B. Redmann)

6 https://www.borisgloger.com/blog/2018/01/18/der-weg-zu-agilen-betriebsvereinbarungen/; Spengler/Ettlinger, Neues gestalten, Arbeit im Betrieb 4/2019; siehe auch Sommer, Personalsysteme agil mitbestimmen, Computer und Arbeit 12/2018.

14 #Agiles Fazit

Agilität ist heute schon rechtssicher möglich.

Flexible Arbeitsorte und Arbeitsplätze, offen gestaltete Arbeitszeiten, vernetzte Organisationen, agile Arbeitsmethoden und ein entsprechendes agiles Performance-Management können in Unternehmen rechtlich einwandfrei eingesetzt werden.

Richtig ist aber auch, dass viele dieser Konzepte nicht einseitig gegen Mitarbeiter oder Betriebsräte durchgesetzt werden können. Für manche agile Konzepte ist die vorherige Zustimmung von Mitarbeitern bzw. Betriebsräten erforderlich. Für agile Arbeitsweisen und Konzepte zu begeistern und zu überzeugen, ist daher oft die erste Bewährungsprobe und Ausdruck einer agilen Kultur.

Agiles Recht folgt auf eine agile Kultur.

Abkürzungsverzeichnis

Abs.	Absatz
AGB	Allgemeine Geschäftsbedingungen
AGG	Allgemeines Gleichbehandlungsgesetz
AiB	Arbeitsrecht im Betrieb (Zeitschrift)
a. M.	anderer Meinung
ArbRAktuell	Arbeitsrecht Aktuell (Zeitschrift)
ArbSchG	Arbeitsschutzgesetz
ArbStättV	Arbeitsstättenverordnung
ArbZG	Arbeitszeitgesetz
AuA	Arbeit und Arbeitsrecht (Zeitschrift)
Aufl.	Auflage
AÜG	Arbeitnehmerüberlassungsgesetz
BAG	Bundesarbeitsgericht
BAGE	Sammlung der Entscheidungen des Bundesarbeitsgerichts
BB	Betriebs-Berater (Zeitschrift)
BDSG	Bundesdatenschutzgesetz
BetrVG	Betriebsverfassungsgesetz
BGB	Bürgerliches Gesetzbuch
BMAS	Bundesministerium für Arbeit und Soziales
BR-Drs.	Bundesrat-Drucksache
BT-Drs.	Bundestags-Drucksache
BVerfG	Bundesverfassungsgericht
DB	Der Betrieb (Zeitschrift)
DSGVO	EU-Datenschutzgrundverordnung
EntgTranspG	Gesetz zur Förderung der Entgeltransparenz zwischen Frauen
ErfK	Erfurter Kommentar
EuGH	Europäischer Gerichtshof
FD-ArbR	Fachdienst Arbeitsrecht
GG	Grundgesetz
GewO	Gewerbeordnung n
ggf.	gegebenenfalls
HAG	Heimarbeitsgesetz
HR	Human Resources
Hrsg.	Herausgeber
KSchG	Kündigungsschutzgesetz
LAG	Landesarbeitsgericht
NachwG	Nachweisgesetz
NJW	Neue Juristische Wochenschrift (Zeitschrift)
Nr.	Nummer
NZA	Neue Zeitschrift für Arbeitsrecht

NZA-RR	Neue Zeitschrift für Arbeitsrecht Rechtsprechungsreport
RdA	Recht der Arbeit (Zeitschrift)
Rn.	Randnummer
SPA	Schnellinformation für Personalmanagement und
TV MobA	Tarifvertrag Mobile Arbeit
TzBfG	Teilzeit- und Befristungsgesetz
usw.	und so weiter
vs.	versus
z. B.	zum Beispiel
ZIP	Zeitschrift für Wirtschaftsrecht

Literaturverzeichnis

Amundsen/Stein/Martinsen/Øyvind: Empowering leadership: Construct clarification, conceptualization, and validation of a new scale. The Leadership Quarterly 2014.

Anderson/Uhlig: Das agile Unternehmen – Wie Organisationen sich neu erfinden, 2015.

Armutat/Becker/Kambeck/Knöfel/Müller/Redmann, Britta: Thesen zu einem Performance Management der Zukunft, DGFP Praxispapiere, 2015.

Arnander, Frederick: We are all Leaders – Leadership is not a position, it's a mindset, 2012.

Arnold/Günther: Arbeitsrecht4.0, 2018.

Ascheid/Preis/Schmidt: Kündigungsrecht, 4. Auflage 2012.

Bangerth/Danhof: Digitaler Wandel und Organisationskultur – worauf kommt es wirklich an? in Kompetenzen der Zukunft – Arbeit 2013, Haufe, 2018.

Bergmann, Frithjof: Neue Arbeit, Neue Kultur, 2005.

Bissels/Krings: »Dringend gebotene Reform des Arbeitszeitgesetzes«, NJW 2016, 3418.

Bernardes, Ednilson; Hanna, Mark: A theoretical review of flexibility, agility and responsiveness in the operations management literature, International Journal of Operations & Production Management, 2008.

Bertelsmann Stiftung, Studie Plattformarbeit, 2019.

Bertelsmann Stiftung, Vereinbarkeit 4.0, 2019.

Blanchard/Carlos/Randolph: Das neue Führungskonzept: Mitarbeiter bringen mehr, wenn sie mehr dürfen. Rowohlt Verlag, Hamburg, 1998.

Bundesministerium für Arbeit und Soziales, Nutzung von Crowdworking durch Unternehmen: Ergebnisse einer ZWE-Unternehmensbefragung; Zentrum für Europäische Wirtschaftsförderung, November 2016.

Bundesverband der Unternehmensjuristen (BUJ)/Luther Rechtsanwaltsgesellschaft mbH/ Corporate Legal Insights (CLI) (Hrsg.), CLI Studie Agile Arbeit, 2019.

Bundesvereinigung der Deutschen Arbeitgeberverbände, BDA, Digitalisierung von Wirtschaft und Gesellschaft: Die technologische Zukunftsfähigkeit Deutschlands auf dem Prüfstand, Bd. 56, 2016.

Bürkert/Seibold: Blinder Fleck »Lean Office«, IMU Institut, Informationsdienst 04/2015.

Bushe, Gervase: Dialogic OD – A Theory of Practice, in OD Practitioner, Vol. 45 No. 1, 2013.

Christensen, Clayton: The Innovator's Dilemma: The Revolutionary Book that will Change the way you do Business, 1997.

Cole, Tim: Digitale Transformation: Warum die deutsche Wirtschaft gerade die digitale Zukunft verschläft und was jetzt getan werden muss!, 2015.

De Molina/Kaiser: Kompetenzen der Zukunft – Arbeit 2030, 2018.

Dengler/Matthes: BERUFENET, 2013, 2016.

DGFP: Praxispapier zu einem Performance Management der Zukunft, 2015.Dove, Rick: Response Ability: The Language, Structure, and Culture of the Agile Organization, 2001.

Edelkraut/Mosig: Schnelleinstieg Agiles Personalmanagement, 2019.

Egenter, Thomas: Mehr Flexibilität für Mitarbeiter und Unternehmen, http://www.humanresourcesmanager.de/ressorts/artikel/mehr-flexibilitaet-fuer-mitarbeiter-und-unternehmen-581918933

Elert, Nicole; Raspels, Petra (Hrsg.): Praxishandbuch Flexible Einsatzformen von Arbeitnehmern, 2013.

Eufinger, Alexander, Burbach, Nils, New Work – eine arbeitsrechtliche Standortbestimmung, DB 2019, 1147.

Erbeldinger/Ramge: Durch die Decke denken: Design Thinking in der Praxis, 2013, Expertenkommission Forschung und Innovation (Hrsg.): Informations- und Kommunikationstechnologien in Deutschland und im internationalen Vergleich – ausgewählte Innovationsindikatoren. Studien zum deutschen Innovationssysteme, Nr. 11, Berlin 2014, http://www.e-fi.de/fileadmin/Innovationsstudien_2014/StuDIS_11_2014.pdf

Erfurter Kommentar zum Arbeitsrecht, Beck online, 17. Auflage 2017.

Erfurter Kommentar zum BGB, 19. Auflage.

Ernst & Young, Studie Black Box Mittelstand, 2018.

Fay/Wagner/Wick: Flexibel in der Zeit, Arbeit im Betrieb 5/2019, 10 ff.

Fischer, Thomas: Chemie digital – Wie ändert sich die Führung, in: Chemie Digital Arbeitswelt 4.0, 2016.

Fischer/Häusling: Das agile Unternehmen im disruptiven Wandel der Industrie 4.0, 2017 (im Erscheinen).

Fischer/Weber/Zimmermann: Auf dem Weg zur agilen Organisation – Ergebnisse einer qualitativen Untersuchung, 2017; bisher unveröffentlichtes Arbeitspapier des Instituts für Personalforschung an der HS Pforzheim.

Fischer/Weber/Zimmermann: Was ist Agilität und welche Vorteile bringt eine agile Organisation?, Personalmagazin 4/2017; Flesch, Oliver: »Vertrauensvolle« Kommunikation in sozialen Netzwerken, Perspektiven-Zeitschrift für Fach- und Führungskräfte, 12/2016.

Fitting/Auffahrt/Engels/Schmid/Trebinger/Linsenmaier: Kommentar zum Betriebsverfassungsgesetz, 28. Auflage 2016.

Förster/Wendler: Theorien und Konzepte zu Agilität in Organisationen, Dresdner Beiträge zur Wirtschaftsinformatik, 2012.

Fraunhofer Institut, New Work Best Practices und Zukunftsmodelle, Studie 2019.

Franke/Hornung/Nobile: NewPay, 2019.

Gola/Klug/Körffer/Gola/Schomerus: Bundesdatenschutzgesetz, 12. Auflage 2015.

Goldman/Nagel/Preiss/Warnecke: Agil im Wettbewerb: Die Strategie der virtuellen Organisation zum Nutzen des Kunden, 1996.

Gloger/Häusling: Erfolgreich mit Scrum- Einflussfaktor Personalmanagement, 2011.

Günther, Jochen: Die Zukunft des kollaborativen Zusammenarbeitens, Fokus IK 03/2015.

Günther/Böglmüller: Einführung agiler Arbeitsmethoden – was ist arbeitsrechtlich zu beachten, NZA 2019, 273 ff, 417 ff.

Günther/Böglmüller: Digital Leadership – Mitarbeiterführung in der Arbeitswelt 4.0, NZA 2017, 546 ff.

Günther/Böglmüller: Mitarbeiterführung in der Arbeitswelt 4.0, NZA 2017, 546.

Günther/Böglmüller: Arbeitsrecht 4.0 – Arbeitsrechtliche Herausforderungen in der vierten industriellen Revolution, NZA 2015, 1025/1028.

Graf et al. : Agiles Lernen, Haufe 2017.

Greenleaf, Robert: The Servant as Leader; The Robert K Greenleaf Center, 1991.

Grünbuch Arbeiten 4.0, https://www.bmas.de/SharedDocs/Downloads/DE/PDF-Publikationen-DinA4/gruenbuch-arbeiten-vier-null.pdf?__blob=publicationFile

Hackl/Wagner/Attmer/Baumann: NewWork: Auf dem Weg zur neuen Arbeitswelt, 2017.

Hagel, John, et al.: The Power of Pull, 2012.

Haken/Schiepek: Synergetik in der Psychologie, 2010.

Hammermann/Stettes: Mobiles Arbeiten in Deutschland und Europa, Eine Auswertung auf Basis des European Working Conditions Survey 2015, Institut der Deutschen Wirtschaft Köln, IW-Trends 3/2017.

Hanau, Hans: »Schöne digitale Arbeitswelt«, NJW 2016, 2613.

Hannan/Freeman: »Organizations and Social Structure«, in: Organizational Ecology, 1989.

Häusling/Fischer: Mythos Agilität – oder Realität, Personalmagazin 4/2016.

Häusling, André: Agile Organisationen, 2017.

Haußmann, Katrin: Arbeit 4.0 – Update Arbeitsrecht ?!, RdA 2019, 131.

Hochschule Koblenz: GPM, Status Quo Agile Studie zu Verbreitung und Nutzen agiler Methoden, 2015.

Hoffmann-Remy, Till: Arbeitsrechtliche Herausforderungen bei der Agilen Transformation von Unternehmen, DB 2018, 2757 ff.

Hofert, Svenja: Das agile Mindset, Springer Gabler, 2018.

IG Metall (Hrsg.): digital DL, Agiles Arbeiten gestalten, 2018;

Initiative D21(Hrsg.): D21 Digital-Index 2018/2019, Eine Studie der Initiative D21(Hrsg.), durchgeführt von Kantar.

Institut für Arbeitsmarkt- und Berufsforschung: »Homeoffice bietet Vorteile, hat aber auch Tücken«, IAB-Kurzbericht 11/2019, Juni 2019.

Institut der deutschen Wirtschaft Köln und IW Consult (Hrsg.): Wohlstand in der digitalen Welt, Erster IW-Strukturbericht 2016.

Joussen, Jacob: Die Zulässigkeit von vorbeugenden Torkontrollen nach dem neuen BDSG, NZA 2010, 254.

Juli, Sebastian: Zielvereinbarungen als agiles Performance-Instrument, SPA 18/2018, S. 137.

Kienbaum Management Consultants: Agility – überlebensnotwendig in unsicheren Zeiten und dynamischen Zeiten, Change-Management-Studie 2014/2015.

Kienbaum Trendstudie: Geld verteilen oder Performance entwickeln, 2017.

Klagges/Schaub/Schrader/Straube/Vogelsang: Arbeitsrechtliches Formular- und Verfahrenshandbuch, 2019.

Körner, Peter: Agile Arbeit 2019.

Kotter, John: Accelerate: Strategischen Herausforderungen schnell, agil und kreativ begegnen, 2015.

Küttner, Wolfdieter: Personalhandbuch 2019, 26. Auflage.

Kunz/Henssler/Brand/Nebeling: Praxis des Arbeitsrechts, 6. Aufl. 2018.

Kramer, Stefan: IT-Arbeitsrecht, Rn. 19–21, 2017.

Kreutzer/Land: Digitaler Darwinismus, 2013.

Laloux, Frederic: Reinventing Organizations – Ein Leitfaden zur Gestaltung sinnstiftender Formen der Zusammenarbeit, 2015.

Leimeister/Durward/Zogaj: Crowd Worker in Deutschland, Eine empirische Studie zum Arbeitsumfeld auf externen Crowdsourcing-Plattformen, Hans-Böckler-Stiftung, Juli 2016.

Lin/Chiu/Chu: Agility index in the supply chain, in: Int. J. Production Economics 100, 2006.

Lüthge, Henrik: Digitalisierung und Arbeitszeit, Arbeit und Arbeitsrecht, 12/2016.

McGregor, Douglas: The Human Side of Enterprise, 2005.

McKenzie/Aitken: Learning to lead the knowledgeable organization: developing leadership agility, Strategic HR Review, Vol. 11, 2012.

Martin, Peter: Neue Bürokonzepte und Mitbestimmung, Arbeit im Betrieb 11/2007.

Martin, Peter; Rundnagel Regine: Gute Arbeit im Büro – Neue Bürokonzepte gemeinsam gesund gestalten, Arbeitshilfe 20, IG-Metall 2004.

Moll, Willhelm: Münchener Anwaltshandbuch Arbeitsrecht, 2017.

Montag, Anja: Kommunikation bringt kollaborative Geschäftsmodelle zum Leben: https://jp-kom.de/blog/wissen/kommunikation-bringt-kollaborative-geschaeftsmodelle-zum-leben

Münchner Handbuch zum Arbeitsrecht, Bd. 1, 4. Auflage, 2018

Nahles, Andrea: Chemie digital – Arbeitswelt 4.0, S. 17, in: Chemie Digital Arbeitswelt 4.0.

Nink, Marko: »Wie Millennials wirklich und warum die Führunskraft zum Coach werden muss« in Kompetenzen der Zukunft – Arbeit 2030, Haufe, 2018.

Nowotny, Valentin: Agile Unternehmen – Nur was sich bewegt, kann sich verbessern, 2. Auflage 2016.

Olesch, Günther: Unternehmenserfolg im digitalen Zeitalter durch werteorientiertes HR-Management in Kompetenzen der Zukunft – Arbeit 2030, Haufe, 2018.

Onpulson: Wirtschaftslexikon, online.

Owusu, Ya: Importance of employee involvement in world-class agile management systems, International Journal of Agile Management Systems, Vol. 1, 1999.

Pearce/Conger: Shared Leadership: Reframing the How's and Why's of Leadership, 2003.

Peren, Klaus: Agiltät – wer braucht das eigentlich? https://www.humanresourcesmanager.de/ressorts/artikel/agilitaet-wer-braucht-das-eigentlich-1025971859

Pflaeging/Hermann: Komplexithoden, 2015.

Pfeiffer, Stefan: Zum Thema Homeoffice, Vereinbarkeit 4.0, Bertelsmann Studie 2019.

Pfeiffer/Sauer/Ritter: »Gute Arbeit und Digitalisierung«, S. 81 ff., Verdi, Berlin 2015.

Piele/Piele: Mobile Arbeit, Studie Frauenhofer Institut, 2017 http://publica.fraunhofer.de/eprints/urn_nbn_de_0011-n-4560656.pdf

Pletke/Schrader/Siebert/Thoms/Klagges: Rechtshandbuch Flexible Arbeit, 2017.

Porth, Wilfried: Daimler nutzt die großen Potentiale auch in der Arbeitswelt 4.0, Chemie Digital Arbeitswelt 4.0.

Redlich/Wulfsberg: Interdisziplinäre Perspektiven zur Zukunft der Wertschöpfung, Springer Gabler 2017.

Redmann, Britta: Vergütungssysteme gestalten: agil, rechtssicher, nicht-monetär, Haufe 2019.

Redmann, Britta: Tarifvertrag Mobiles Arbeiten, Vereinbarkeit 4.0, Bertelsmann Stiftung, 2019.

Redmann, Britta: »Werte bestimmen die Leistung von morgen«, Personalwirtschaft 09/2014.

Redmann, Britta: Modernes Leistungs-(Performance-)Management – Ohne Dampf keine Leistung, Arbeit und Arbeitsrecht 03/2015.

Redmann, Britta: http://www.competence-site.de/anspruch-und-wirklichkeit-der-zeiterfassung-im-digitalen-wandel/

Rheinhard, Barbara: Mitbestimmung 4.0 selbst gestalten, ArbRB 5/2019, S. 154 ff.

Richardi, Richard: Betriebsverfassungsgesetz, Beck online, 15. Auflage 2016.

Richter, Tim: Arbeitsrechtliche Herausforderungen bei der Einführung und Durchführung von Homeoffice, ArbRAktuell 2019, 142 ff, 166 ff.

Rifkin, Jeremy: Die Null-Grenzkosten-Gesellschaft, 2014.

Rolfs/Giesen/Kreikebohm/Udsching: Beck'scher Online-Kommentar Arbeitsrecht, 41. Edition.

Rump/Walter: Arbeitswelt 2030: Trends, Prognosen, Gestaltungsmöglichkeiten, 2013.

Rump, Jutta: Weitreichender Kulturwandel, Arbeitsrecht im Betrieb, Sonderausgabe Digitalisierung, Dezember 2016.

Rundnagel, Martin: Gute Arbeit im Büro – Neue Bürokonzepte gemeinsam gesund gestalten S. 25 ff.

Sattelberger, Thomas: Mehr Mut, mehr Kapital, mehr Pioniergeist in Chemie Digital – Arbeitswelt 4.0.

Schaub, Günter: Arbeitsrechtliches Formular und Verfahrenshandbuch, bearbeitet von Dr. Peter Schrader, 11. Auflage 2015.

Scherber/Lang (Hrsg.): Agile Führung. Vom agilen Projekt zum agilen Unternehmen, 2015.

Schiefer, Bernd: Abrufarbeit – Sozialversicherungspflichtiges Beschäftigungsverhältnis – Mindestlohn, Personalpraxis + Recht, 05/2019, 115.

Schiersmann/Thiel: Beratung als Förderung von Selbstorganisationsprozessen – eine Theorie jenseits von Schulen und Formaten, in: Schiersmann/Thiel (Hrsg.): Beratung als Förderung von Selbstorganisationsprozessen, 2012.

Schröder/Urban: »Gute Arbeit« – Digitale Arbeitswelt – Trends und Anforderungen, 2016.

Schubert, Claudia: Neue Beschäftigungsformen in der digitalen Wirtschaft – Rückzug des Arbeitsrechts?, RdA 2018, 200 ff.

Schütt/Staneff: Scrum unter Einbeziehung von Fremdkräften – wie agil kann das noch sein?, SPA 2019, 53 ff.

Shareground, Universität St. Gallen: ARBEIT 4.0: Megatrends digitaler Arbeit der Zukunft – 25 Thesen, August 2015.

Smith/Stirner: Wohlstand der Nationen, 2013.

Spencer-Oatey, Helen: Culturally Speaking, Culture, Communication and Politeness Theory, 2nd edition, 2008.

Spengler, Bernd: Die Regeln müssen stimmen, Arbeit im Betrieb, 5/2019, 18 ff.

Spengler/Ettlinger: Neues gestalten, AiB 4/2019.

Springer Gabler Verlag (Hrsg.): Gabler Wirtschaftslexikon, online.

Srivastava/Bartol/Locke: Empowering Leadership in Management Teams: Effects on Knowledge Sharing, Efficacy, and Performance, in: The Academy of Management Journal, Vol. 49, No. 6, 2006.

Stettes, Oliver: »Digitaler Wandel: keine Bedrohung für betriebliche Mitbestimmung«, IW Köln, 04.11.2016.

Stettes, Oliver: IW-KURZBERICHT NR. 64, 09/2018.

Stock, Patricia: Arbeitsorganisation erfolgreicher Unternehmen – Auf den Menschen kommt es an, AWV-Informationen 6/2016.

Suckale, Margret (Hrsg.): Chemie Digital Arbeitswelt 4.0, 2016.

Sowka, Hans-Harald: Diva – das zukünftige Arbeitszeitsystem, Personal und Recht, 2/13.

Stück, Volker, NewWork – new rules? Ausgewählte arbeitsrechtliche Aspekte der Planung und Umsetzung moderner Bürokonzepte, ArbRAktuell 2018, 409 ff.

Syska/Lievre: Illusion 4.0, 2016.

Tomicic, Stefan (Noerr LLP): Beck'sche Online-Formulare Vertrag; 38. Edition 2016, Stand: 01.09.2016.

Ullah, Maité: »Das Zusammenspiel von Kompetenz- und Performancemanagement« in Kompetenzen der Zukunft – Arbeit 2030, Haufe, 2018.

Vassiliadis, Michael: »Industrie- und Arbeitsbeziehungen im digitalen Wandel, Chemie Digital Arbeitswelt 4.0«.

Vázquez-Bustello/Avella: Agility drivers, enablers and outcomes: Empirical test of an integrated agile manufacturing model. International Journal of Operations & Production Management, 2007.

Vogl/Nie: Mobile Arbeit, 2013.

Werther, Simon: Bedeutung von flexiblen Feedbacktools für einen Kulturwandel in Richtung Agilität in Kompetenzen der Zukunft – Arbeit 2030, Haufe 2018.

Yauch, Charlene: Measuring agility as a performance outcome, Journal of Manufacturing Technology Management, Vol. 22, 2011.

Zhang/Sharifi: A methodology for achieving agility in manufacturing organisations, International Journal of Operations & Product Management, Vol. 20, 2000.

Zumkeller, Alexander: Anforderungen an ein Arbeitsrecht 4.0, BB 2015, Heft 30.

Stichwortverzeichnis

T

U

V

W

Z

Die Autorin

Britta Redmann ist Rechtsanwältin, Mediatorin und Coach. Sie ist Autorin verschiedener Fachbücher. Als Personalleiterin und Organisationsentwicklerin hat sie in den Branchen der Metallindustrie, Banken, Fernseh- und Rundfunk, Versorgungswirtschaft und Software Organisationsentwicklungen begleitet, geleitet und arbeitsrechtlich umgesetzt. Aus dieser Praxis und besonders aus den von ihr mit Betriebsratsgremien geführten Verhandlungen, so auch Interessensausgleichs- und Sozialplanverhandlungen, ist ihr die Sicht der Arbeitnehmerseite unmittelbar bekannt. Ihre besondere Expertise liegt auf der Entwicklung und Veränderung von Organisationsformen und Strukturen bis hin zu agilen und kollaborativen Formen der Zusammenarbeit und Führung. Auch für Organisationen und Institutionen mit ehrenamtlich Tätigen hat sie Führungsgrundsätze und Schulungskonzepte entworfen, so z. B. ein Webtraining für den DFB. Moderne Organisationskonzepte, wie z. B. zu Agilität, NewWork und Digitalisierung, werden von ihr arbeitsrechtlich transformiert und organisatorisch implementiert. Bei ihrer Arbeit berücksichtigt sie individualrechtliche, betriebsverfassungsrechtliche und auch tarifrechtliche Fragestellungen genauso wie Faktoren der Unternehmenskultur.

HAUFE.
Werden Sie uns weiterempfehlen?
www.haufe.de/feedback-buch
Teilnehmen und eReader gewinnen!
Feedback